TORIYAMA SHORT STORIES BAND 8

SAND LAND

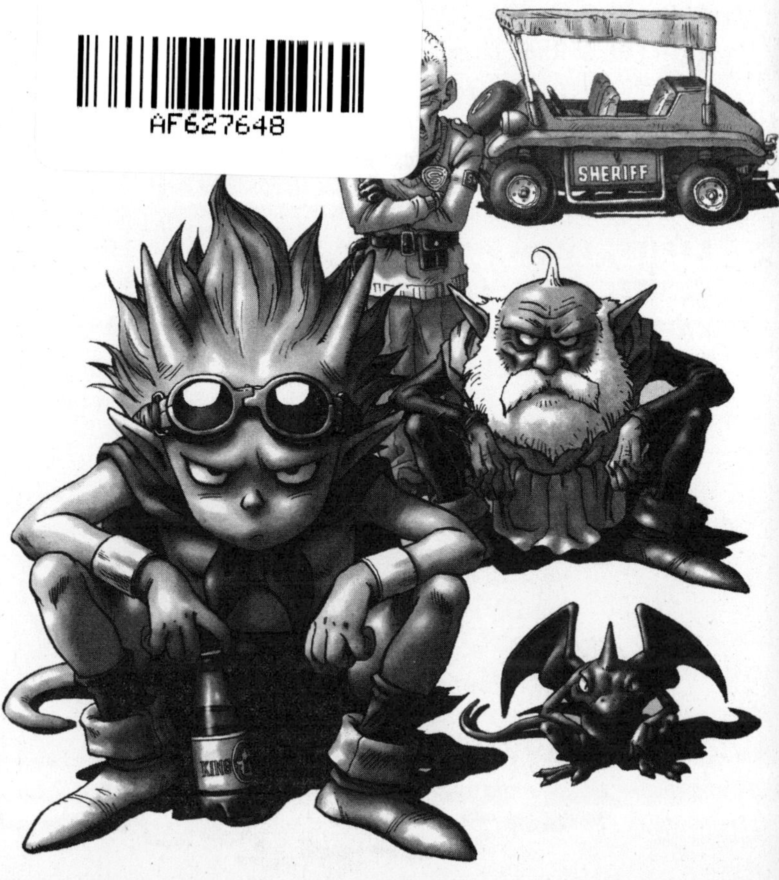

TORIYAMA SHORT STORIES BAND 8

SANDLAND

INHALT

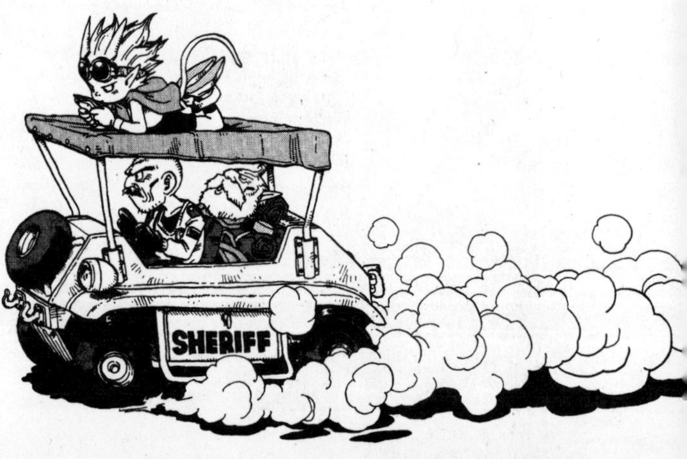

SAND LAND

KAPITEL 1: LET'S GO!

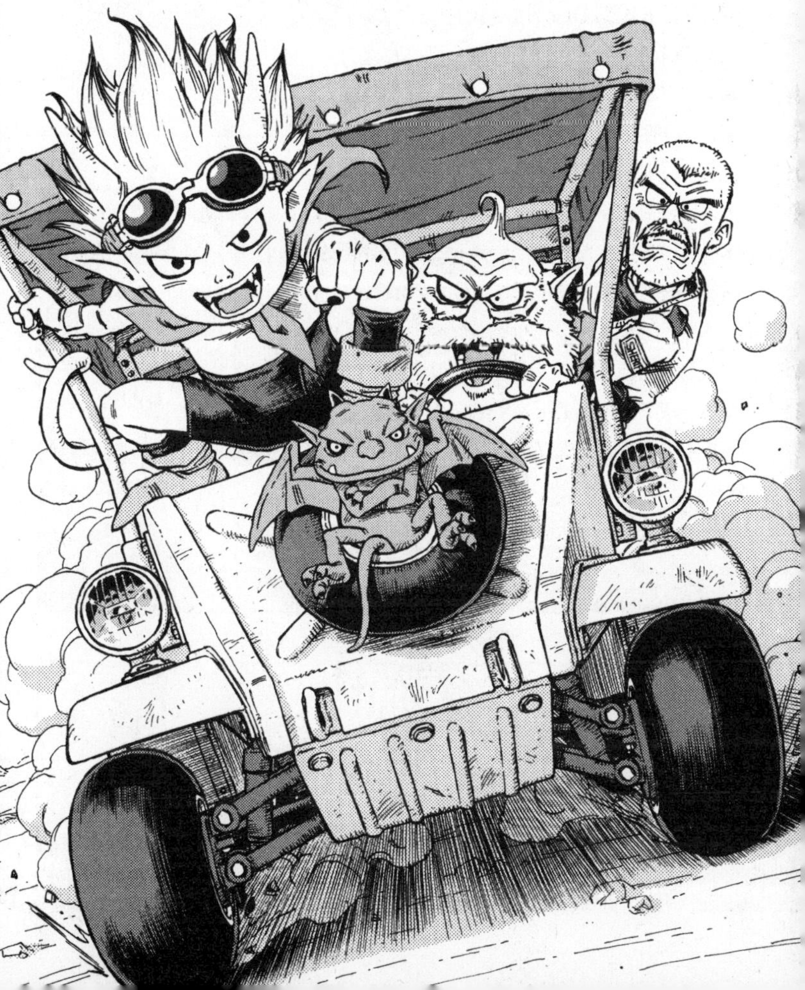

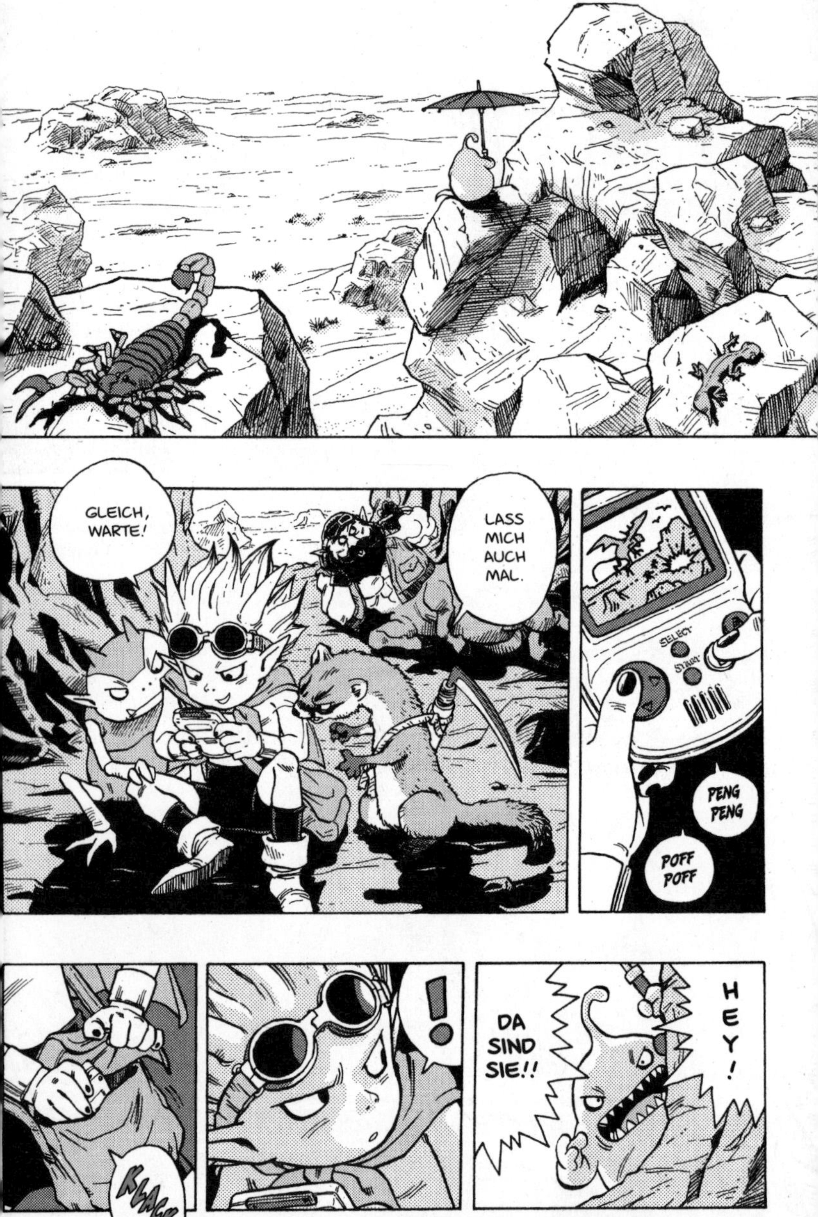
LASS MICH AUCH MAL.
GLEICH, WARTE!
PENG PENG
POFF POFF
SELECT
START
HEY!
DA SIND SIE!!
!
KLACK

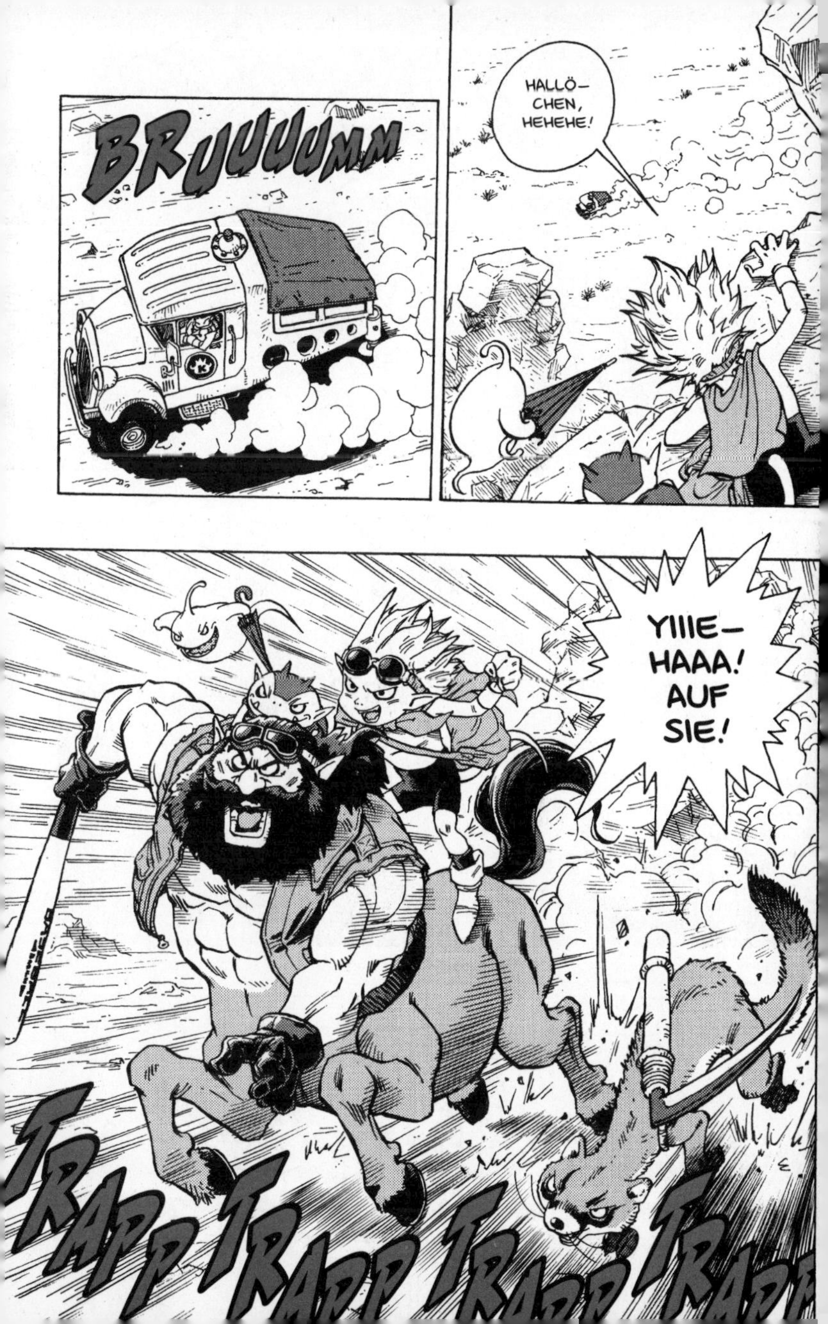
HALLÖ-
CHEN,
HEHEHE!
BRUUUUMM
YIIIE-
HAAA!
AUF
SIE!
TRAPP TRAPP TRAPP TRAPP

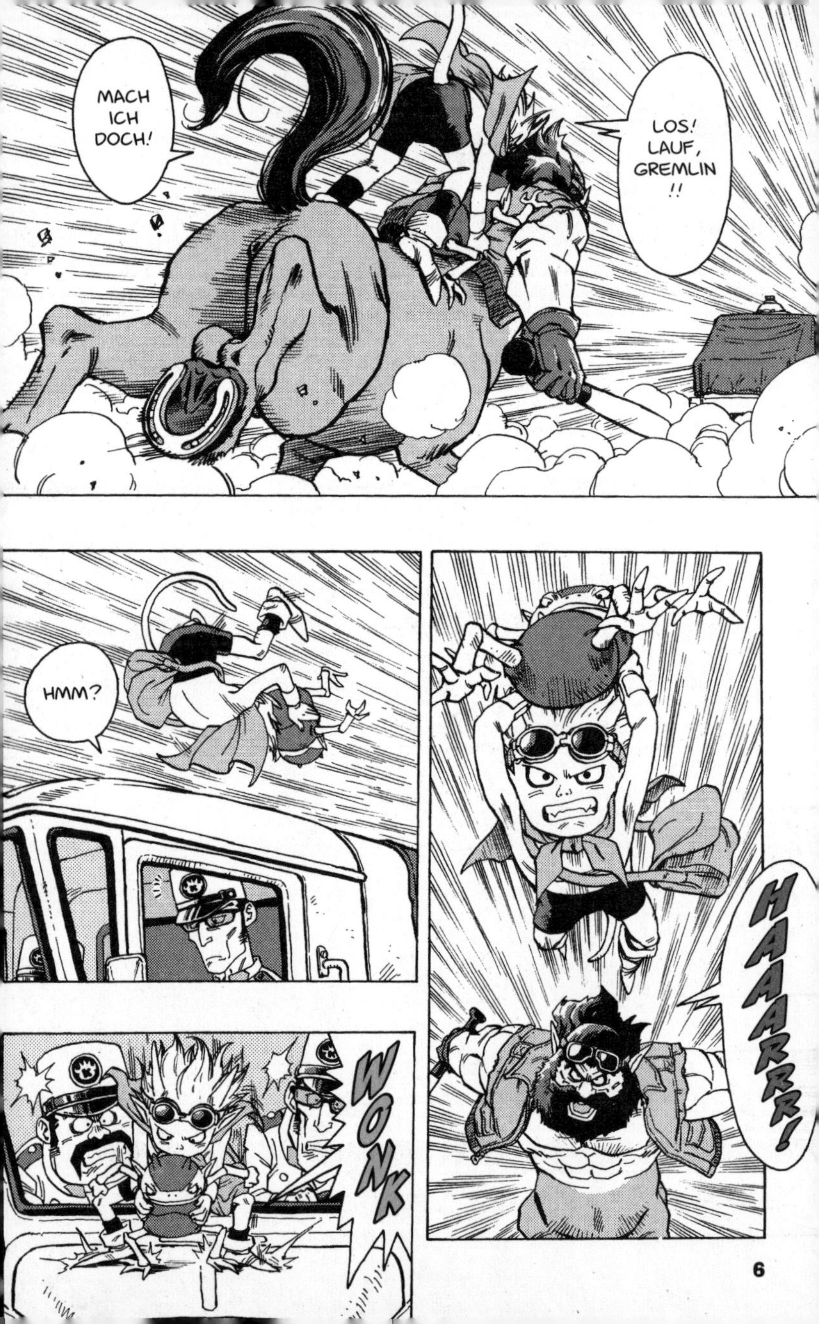
LOS! LAUF, GREMLIN!!
MACH ICH DOCH!
HAAAARRR!
HMM?
WONK

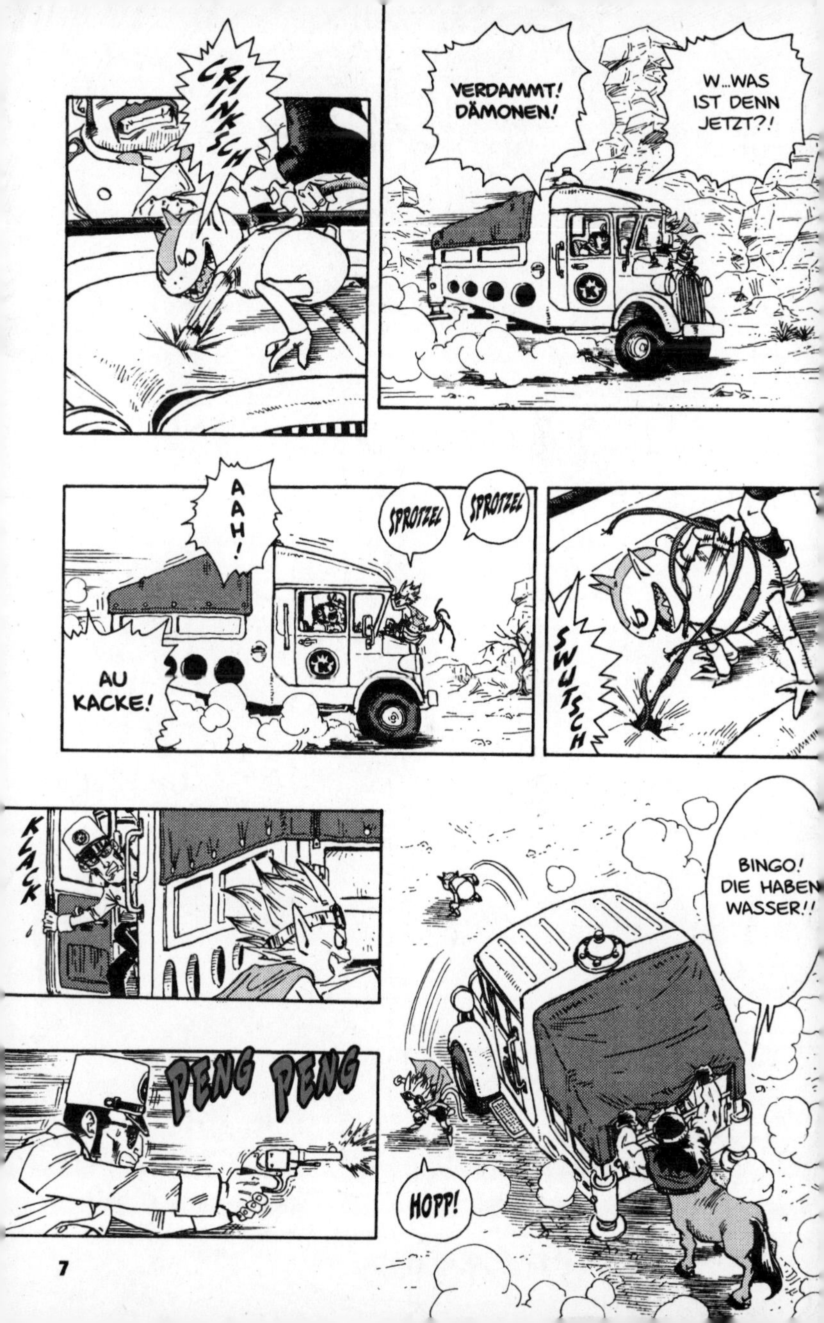
W...WAS IST DENN JETZT?!
VERDAMMT! DÄMONEN!
CRINKSCH
SWUTSCH
SPROTZEL
SPROTZEL
AAH!
AU KACKE!
BINGO! DIE HABEN WASSER!!
HOPP!
KLACK
PENG PENG

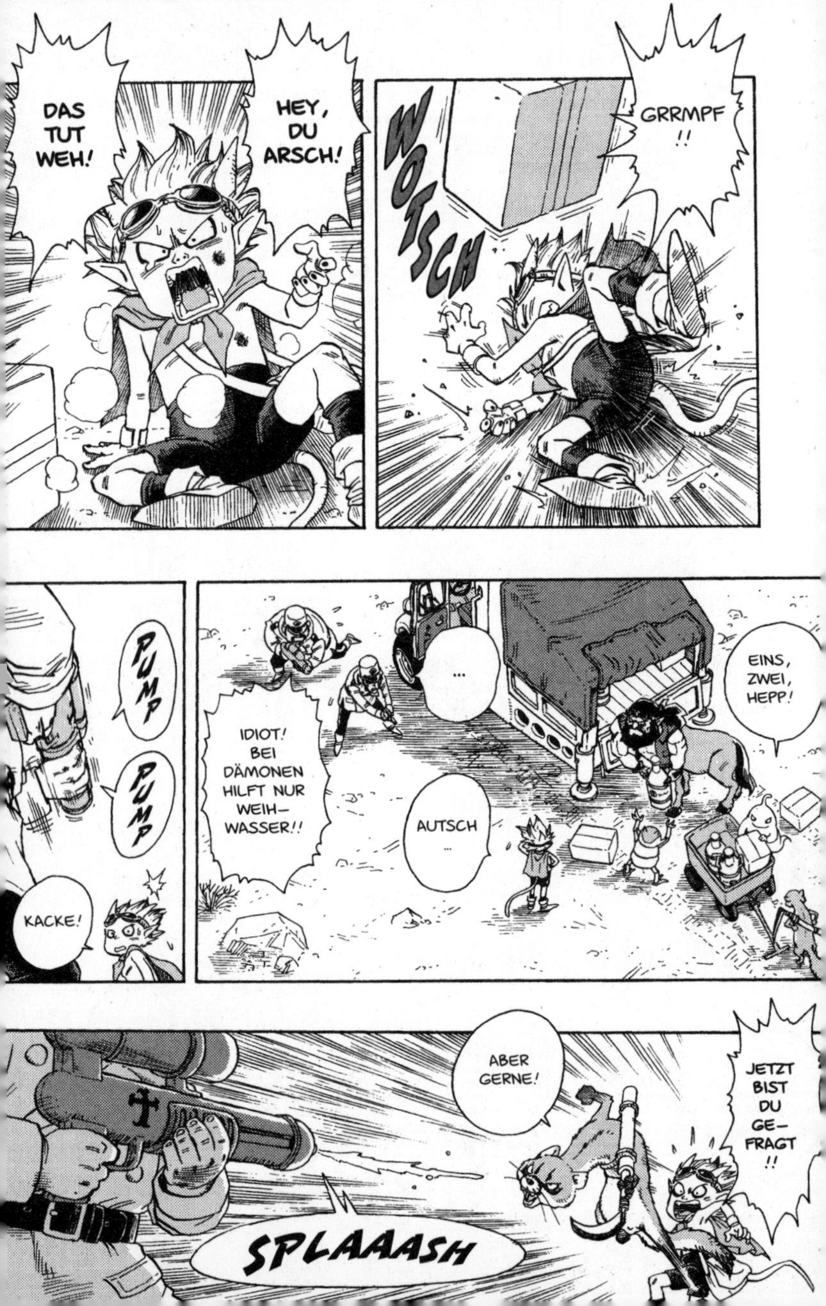

GRRMPF !!
WOTSCH
HEY, DU ARSCH!
DAS TUT WEH!
EINS, ZWEI, HEPP!
...
IDIOT! BEI DÄMONEN HILFT NUR WEIH-WASSER!!
AUTSCH ...
PUMP
PUMP
KACKE!
JETZT BIST DU GE-FRAGT !!
ABER GERNE!
SPLAAASH

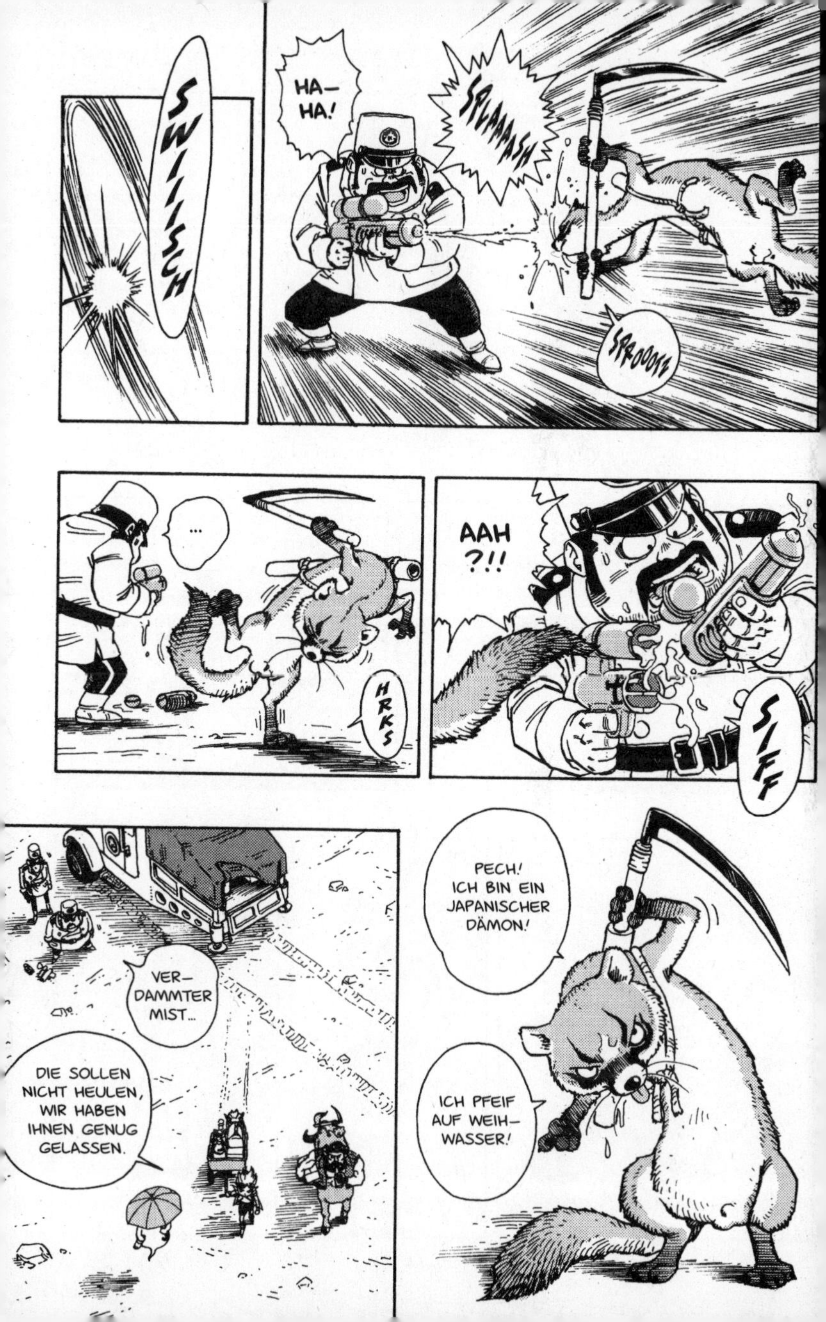

HA-HA!
SPLAAAASH
SPROOOSH
SWIIISCH
AAH ?!!
SIFF
...
HRKS
PECH! ICH BIN EIN JAPANISCHER DÄMON!
ICH PFEIF AUF WEIH-WASSER!
VER-DAMMTER MIST...
DIE SOLLEN NICHT HEULEN, WIR HABEN IHNEN GENUG GELASSEN.

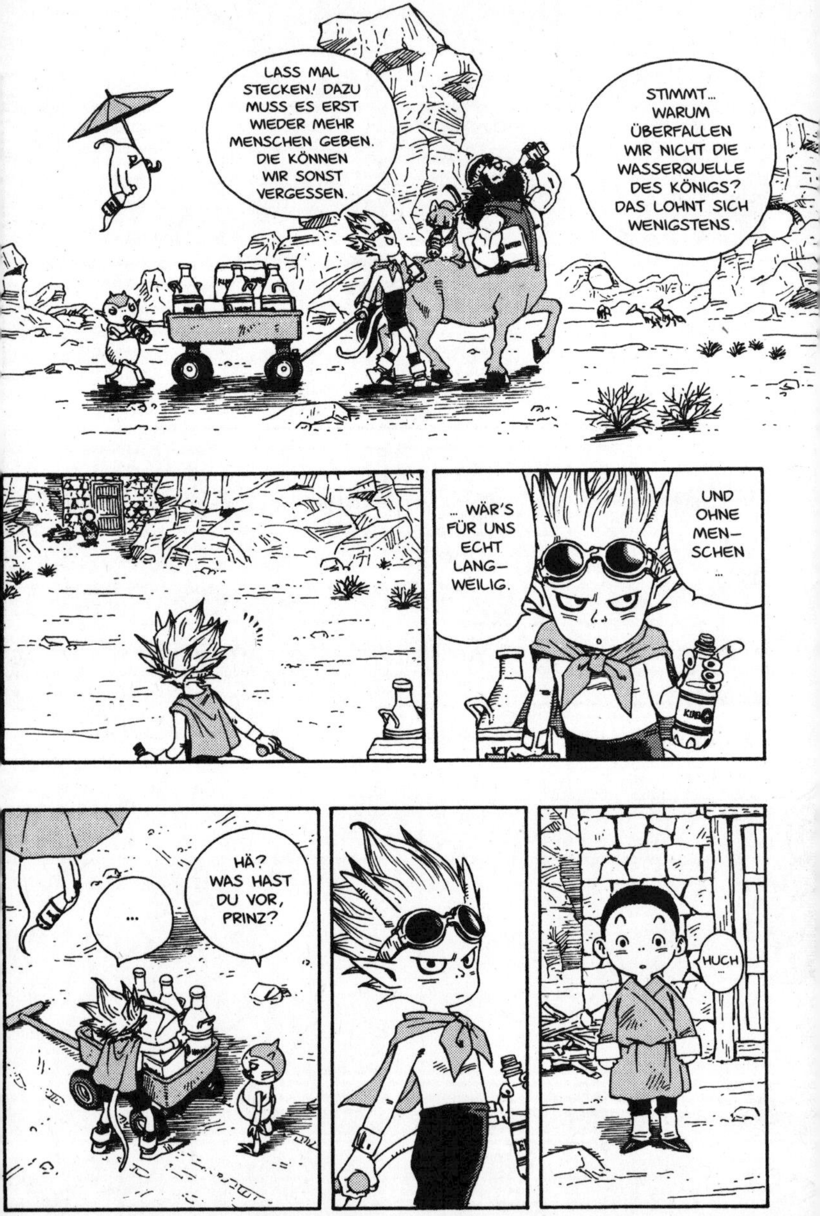
STIMMT... WARUM ÜBERFALLEN WIR NICHT DIE WASSERQUELLE DES KÖNIGS? DAS LOHNT SICH WENIGSTENS.
LASS MAL STECKEN! DAZU MUSS ES ERST WIEDER MEHR MENSCHEN GEBEN. DIE KÖNNEN WIR SONST VERGESSEN.
UND OHNE MEN-SCHEN ...
... WÄR'S FÜR UNS ECHT LANG-WEILIG.
HÄ? WAS HAST DU VOR, PRINZ?
...
HUCH ...

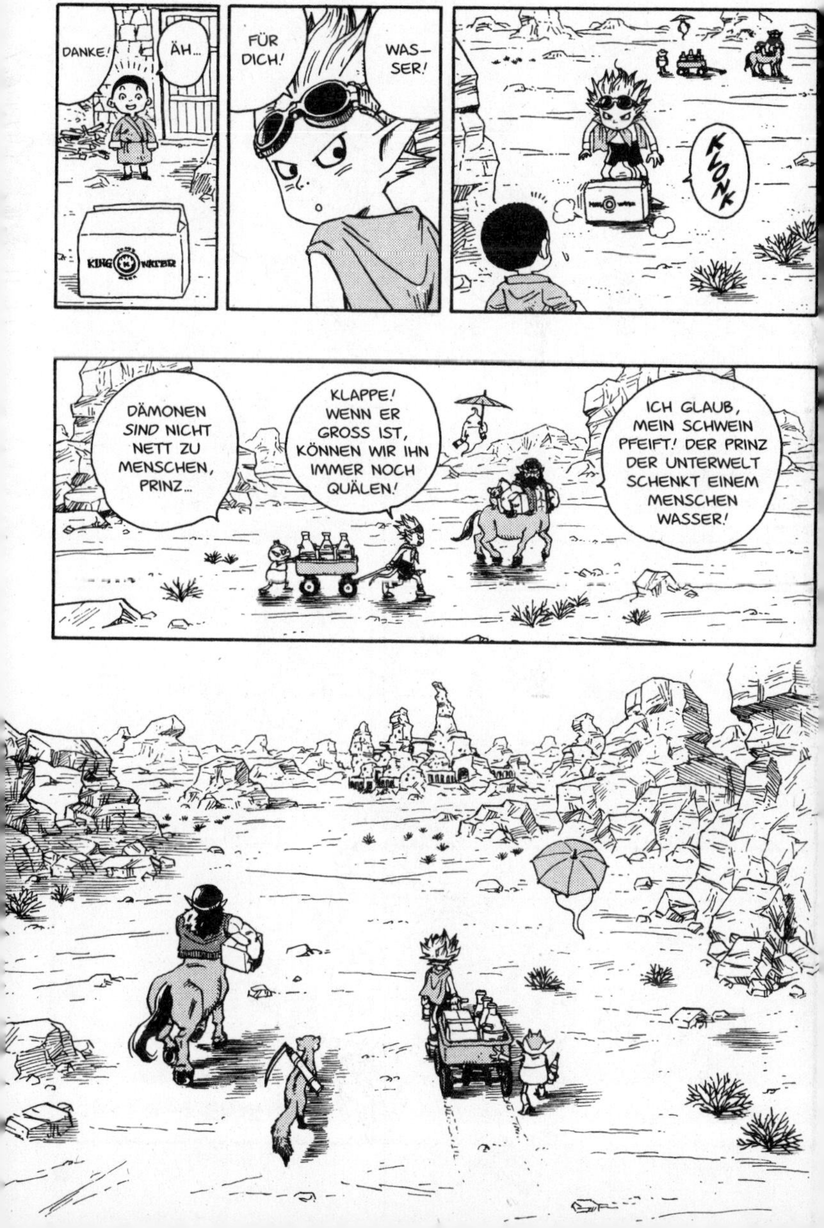
DANKE!
ÄH...
FÜR DICH!
WAS-SER!
KLONK
KING WATER
DÄMONEN SIND NICHT NETT ZU MENSCHEN, PRINZ...
KLAPPE! WENN ER GROSS IST, KÖNNEN WIR IHN IMMER NOCH QUÄLEN!
ICH GLAUB, MEIN SCHWEIN PFEIFT! DER PRINZ DER UNTERWELT SCHENKT EINEM MENSCHEN WASSER!

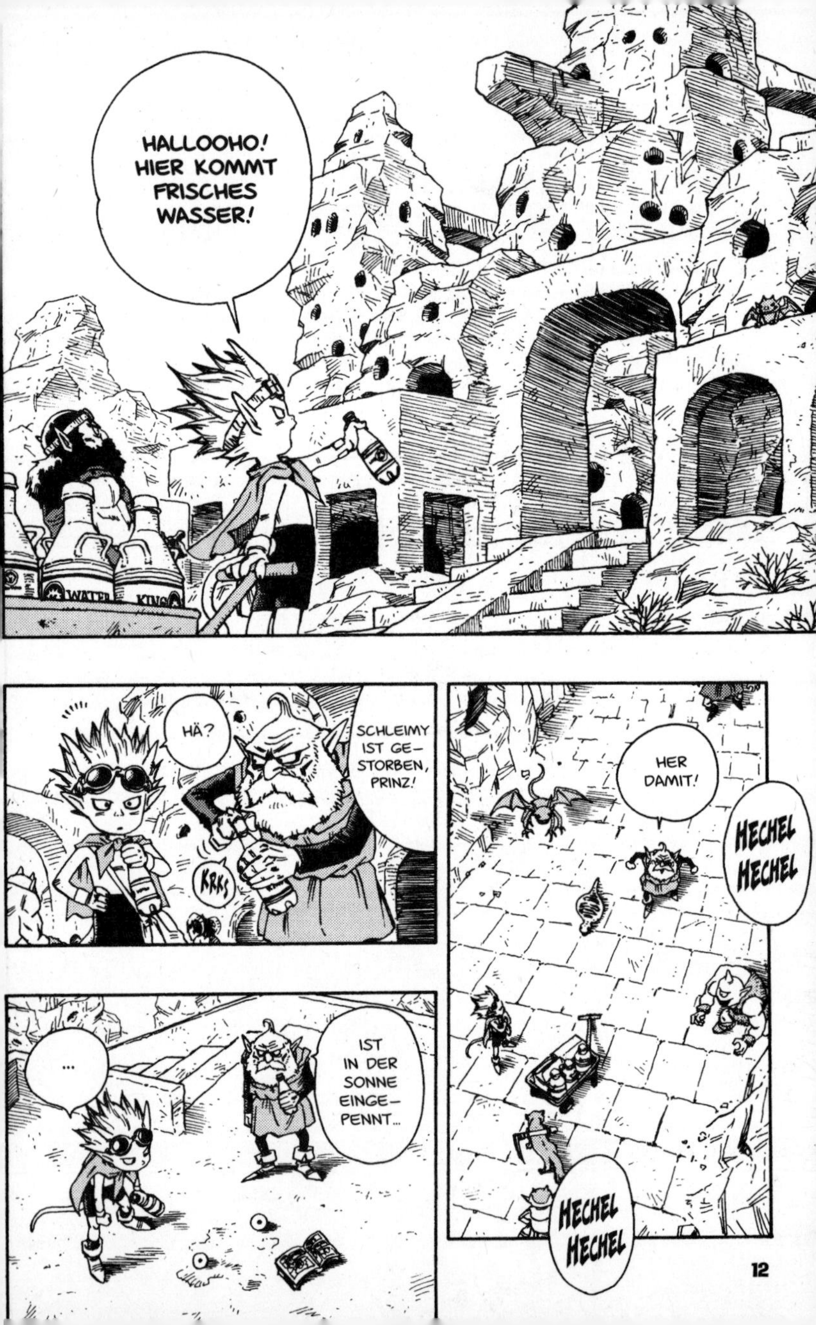
HALLOOHO! HIER KOMMT FRISCHES WASSER!
WATER KING
HÄ?
SCHLEIMY IST GE- STORBEN, PRINZ!
KRKS
...
IST IN DER SONNE EINGE- PENNT...
HER DAMIT!
HECHEL HECHEL
HECHEL HECHEL

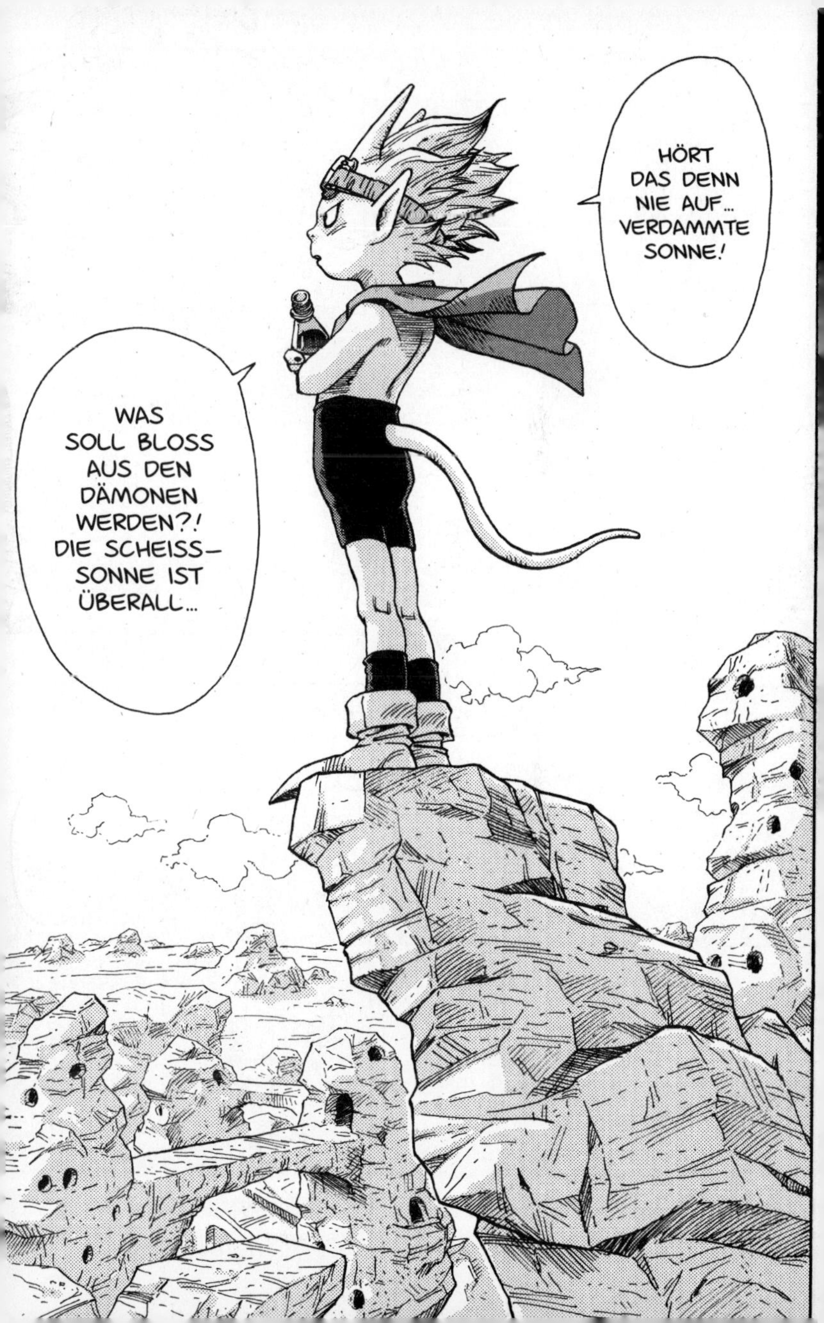
HÖRT DAS DENN NIE AUF... VERDAMMTE SONNE!
WAS SOLL BLOSS AUS DEN DÄMONEN WERDEN?! DIE SCHEISS-SONNE IST ÜBERALL...

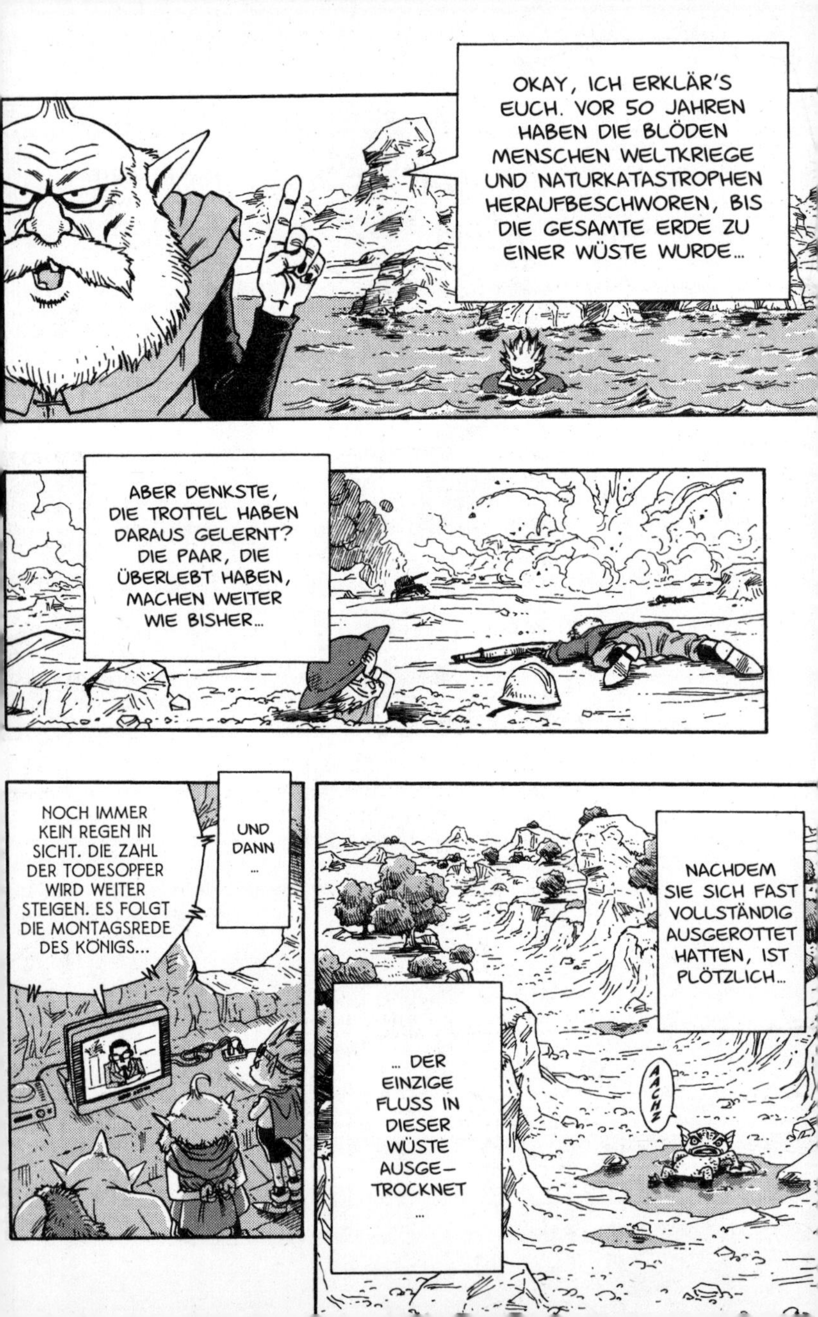
OKAY, ICH ERKLÄR'S EUCH. VOR 50 JAHREN HABEN DIE BLÖDEN MENSCHEN WELTKRIEGE UND NATURKATASTROPHEN HERAUFBESCHWOREN, BIS DIE GESAMTE ERDE ZU EINER WÜSTE WURDE...
ABER DENKSTE, DIE TROTTEL HABEN DARAUS GELERNT? DIE PAAR, DIE ÜBERLEBT HABEN, MACHEN WEITER WIE BISHER...
NACHDEM SIE SICH FAST VOLLSTÄNDIG AUSGEROTTET HATTEN, IST PLÖTZLICH...
... DER EINZIGE FLUSS IN DIESER WÜSTE AUSGE-TROCKNET ...
AACHZ
UND DANN ...
NOCH IMMER KEIN REGEN IN SICHT. DIE ZAHL DER TODESOPFER WIRD WEITER STEIGEN. ES FOLGT DIE MONTAGSREDE DES KÖNIGS...

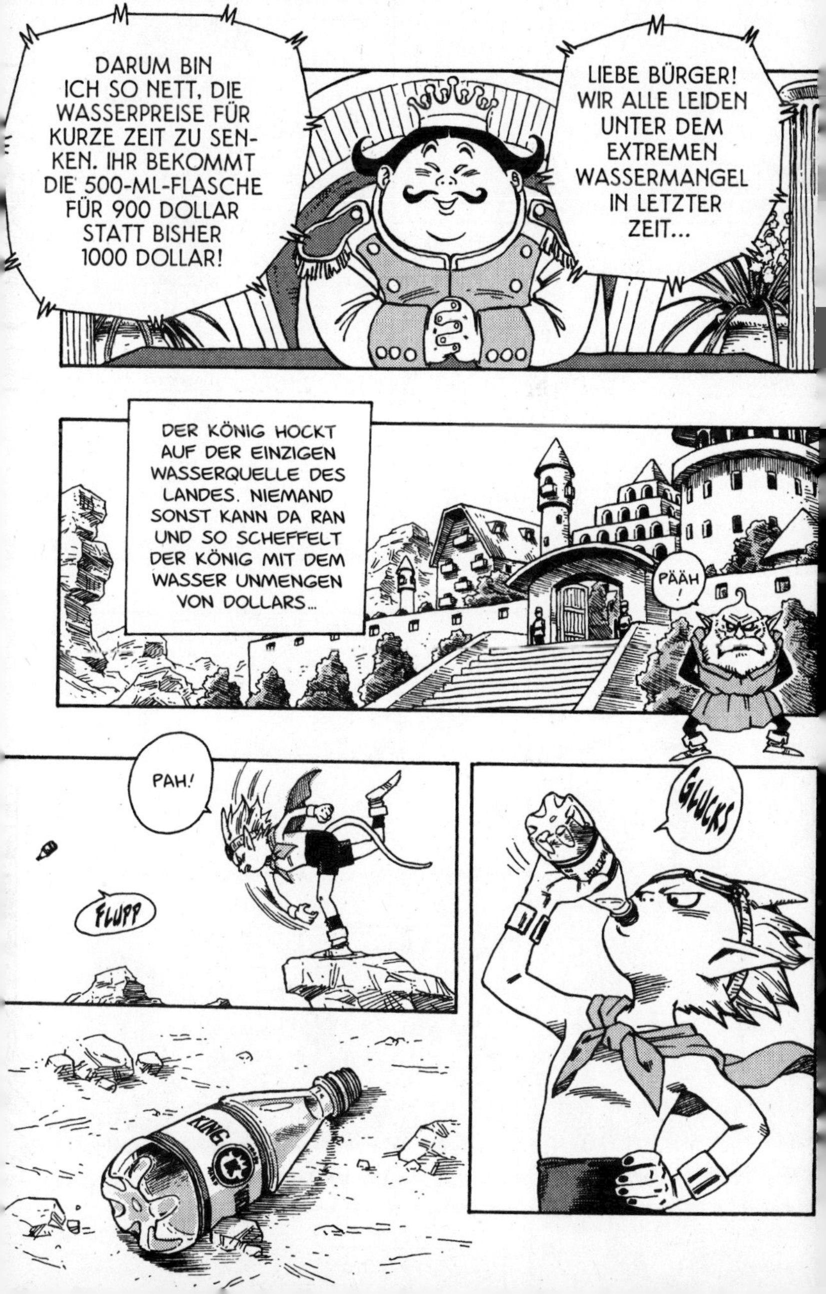
LIEBE BÜRGER! WIR ALLE LEIDEN UNTER DEM EXTREMEN WASSERMANGEL IN LETZTER ZEIT...
DARUM BIN ICH SO NETT, DIE WASSERPREISE FÜR KURZE ZEIT ZU SENKEN. IHR BEKOMMT DIE 500-ML-FLASCHE FÜR 900 DOLLAR STATT BISHER 1000 DOLLAR!
DER KÖNIG HOCKT AUF DER EINZIGEN WASSERQUELLE DES LANDES. NIEMAND SONST KANN DA RAN UND SO SCHEFFELT DER KÖNIG MIT DEM WASSER UNMENGEN VON DOLLARS...
PÄÄH!
GLUCKS
PAH!
FLUPP
KING

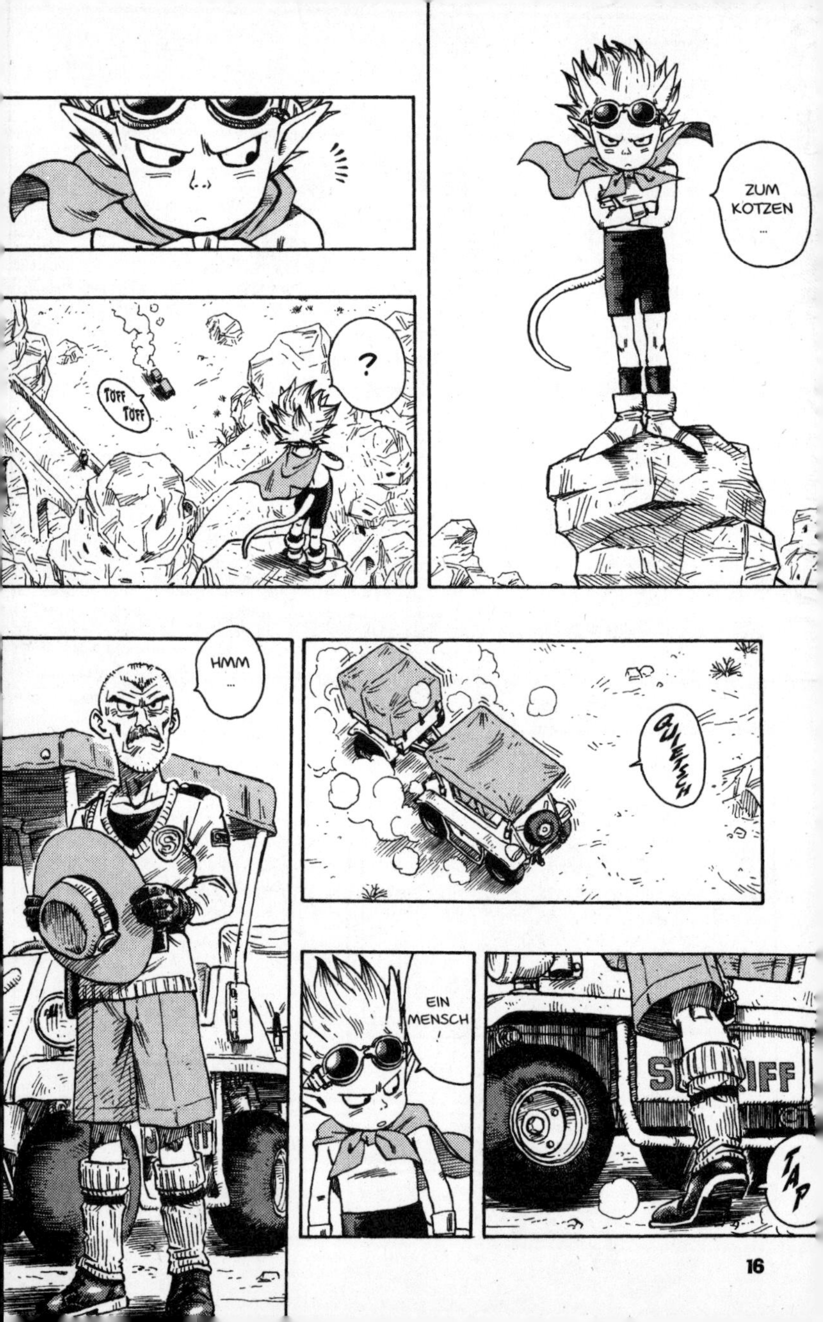
ZUM KOTZEN ...
?
TÖFF TÖFF
QUIETSCH
HMM ...
TAP
EIN MENSCH !

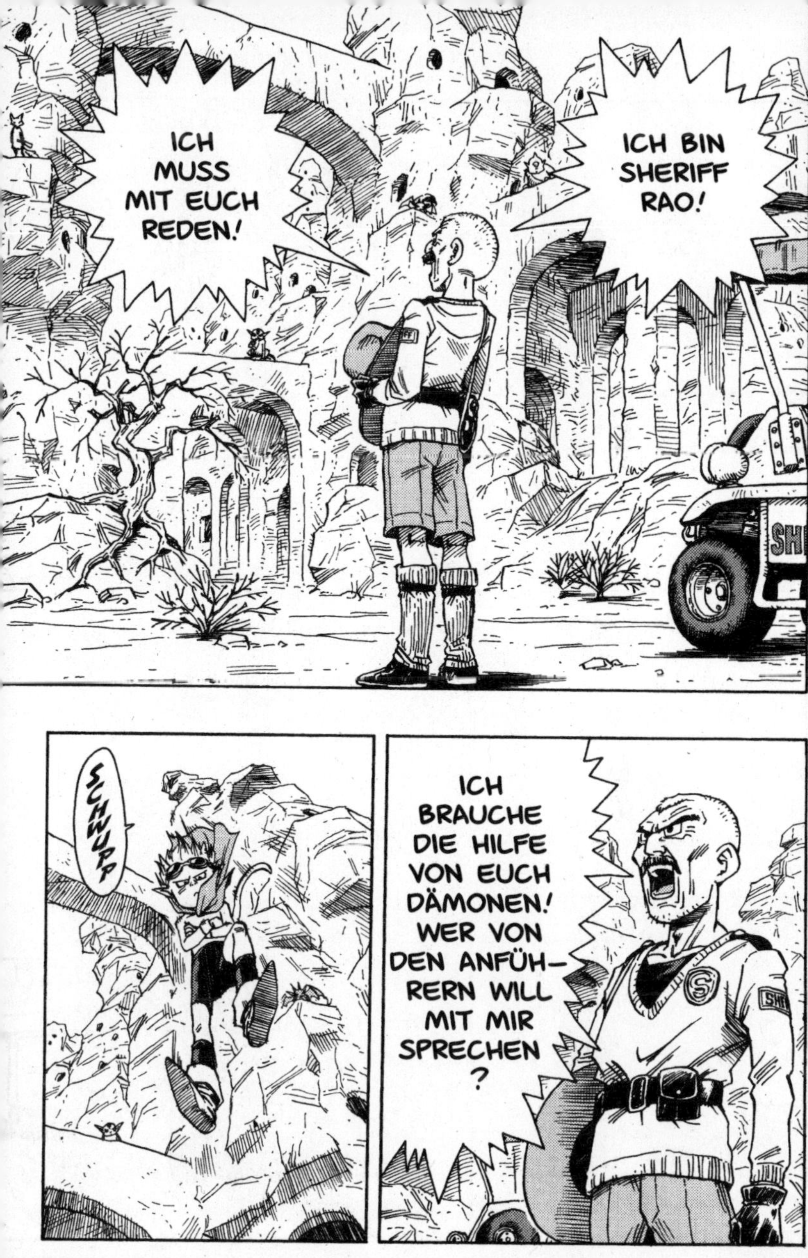
ICH BIN SHERIFF RAO!
ICH MUSS MIT EUCH REDEN!
ICH BRAUCHE DIE HILFE VON EUCH DÄMONEN! WER VON DEN ANFÜH-RERN WILL MIT MIR SPRECHEN?
SCHWUPP

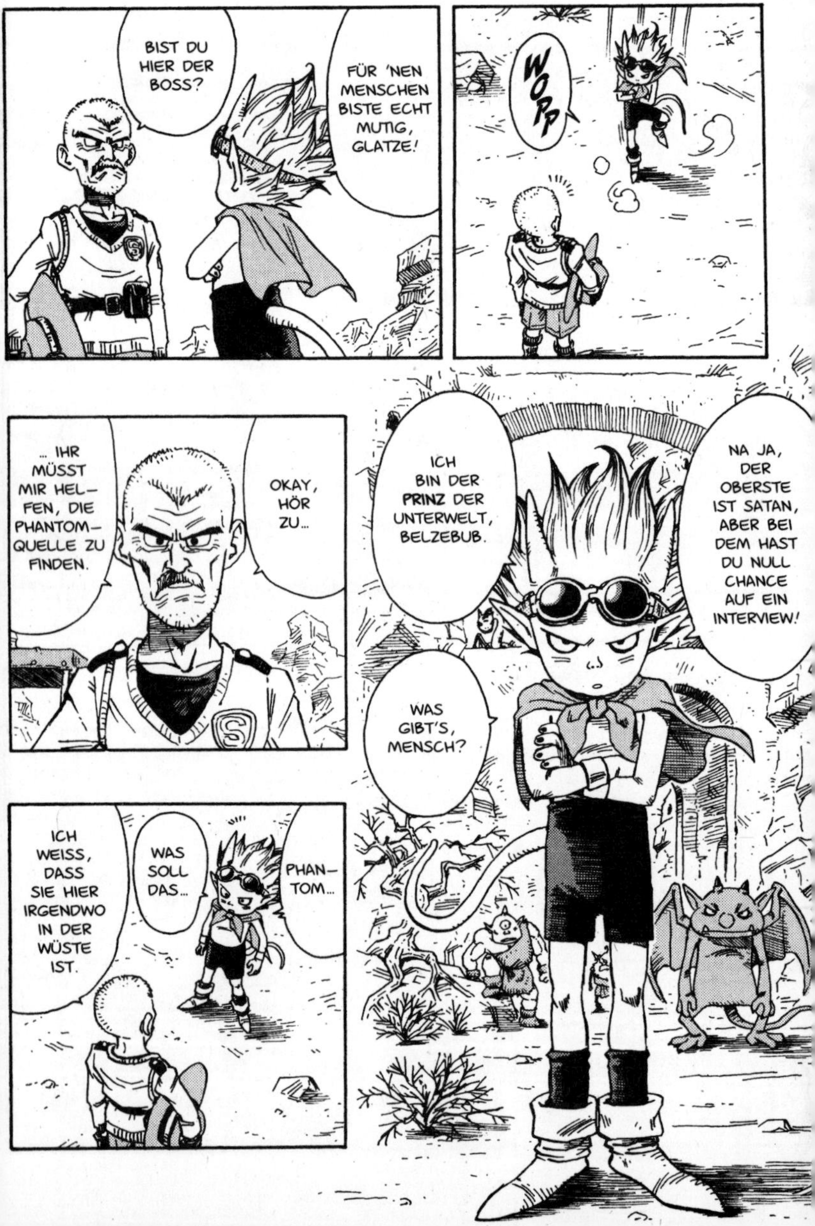
WOPP
BIST DU HIER DER BOSS?
FÜR 'NEN MENSCHEN BISTE ECHT MUTIG, GLATZE!
ICH BIN DER **PRINZ** DER UNTERWELT, BELZEBUB.
NA JA, DER OBERSTE IST SATAN, ABER BEI DEM HAST DU NULL CHANCE AUF EIN INTERVIEW!
WAS GIBT'S, MENSCH?
OKAY, HÖR ZU...
... IHR MÜSST MIR HEL-FEN, DIE PHANTOM-QUELLE ZU FINDEN.
PHAN-TOM...
WAS SOLL DAS...
ICH WEISS, DASS SIE HIER IRGENDWO IN DER WÜSTE IST.

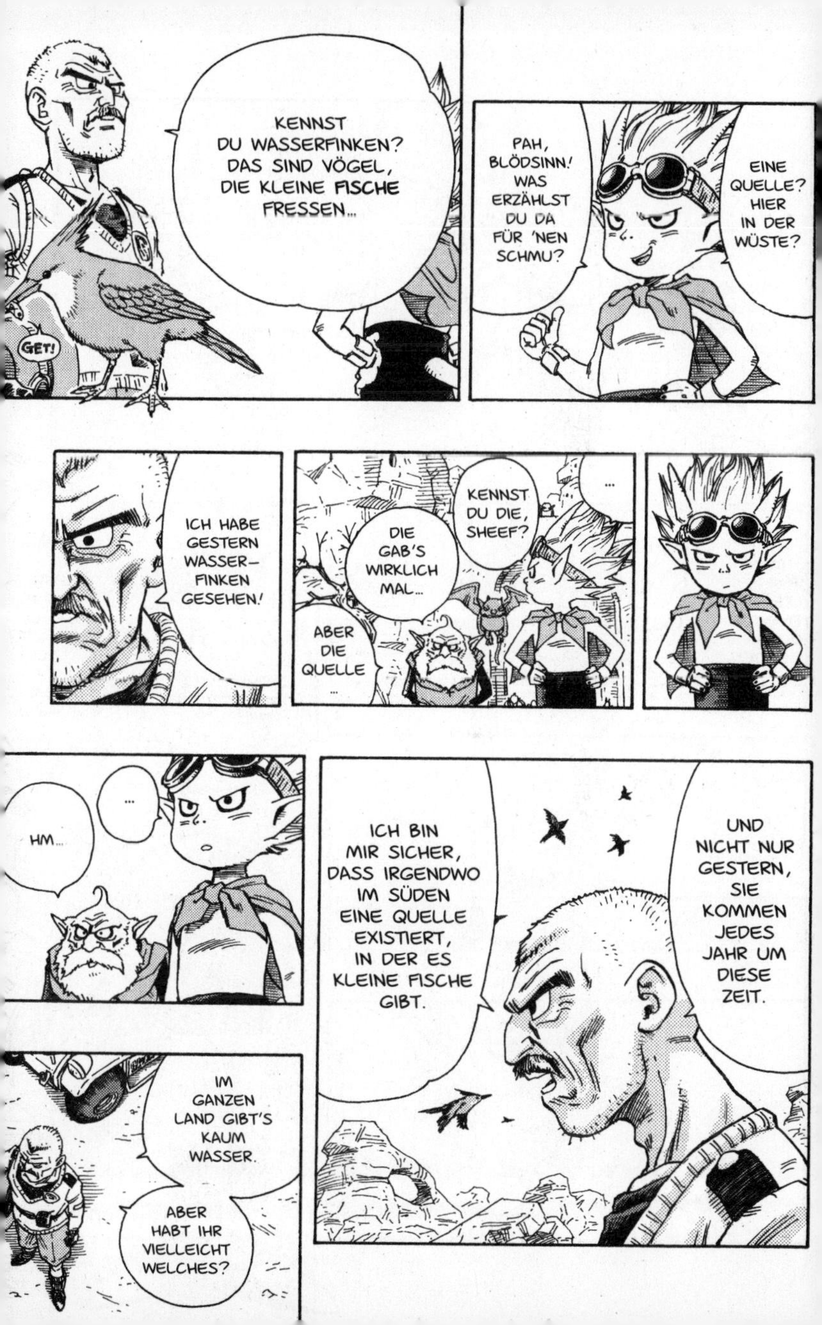
EINE QUELLE? HIER IN DER WÜSTE?
PAH, BLÖDSINN! WAS ERZÄHLST DU DA FÜR 'NEN SCHMU?
KENNST DU WASSERFINKEN? DAS SIND VÖGEL, DIE KLEINE FISCHE FRESSEN...
GET!
...
KENNST DU DIE, SHEEF?
DIE GAB'S WIRKLICH MAL...
ABER DIE QUELLE ...
ICH HABE GESTERN WASSER-FINKEN GESEHEN!
UND NICHT NUR GESTERN, SIE KOMMEN JEDES JAHR UM DIESE ZEIT.
ICH BIN MIR SICHER, DASS IRGENDWO IM SÜDEN EINE QUELLE EXISTIERT, IN DER ES KLEINE FISCHE GIBT.
...
HM...
IM GANZEN LAND GIBT'S KAUM WASSER.
ABER HABT IHR VIELLEICHT WELCHES?

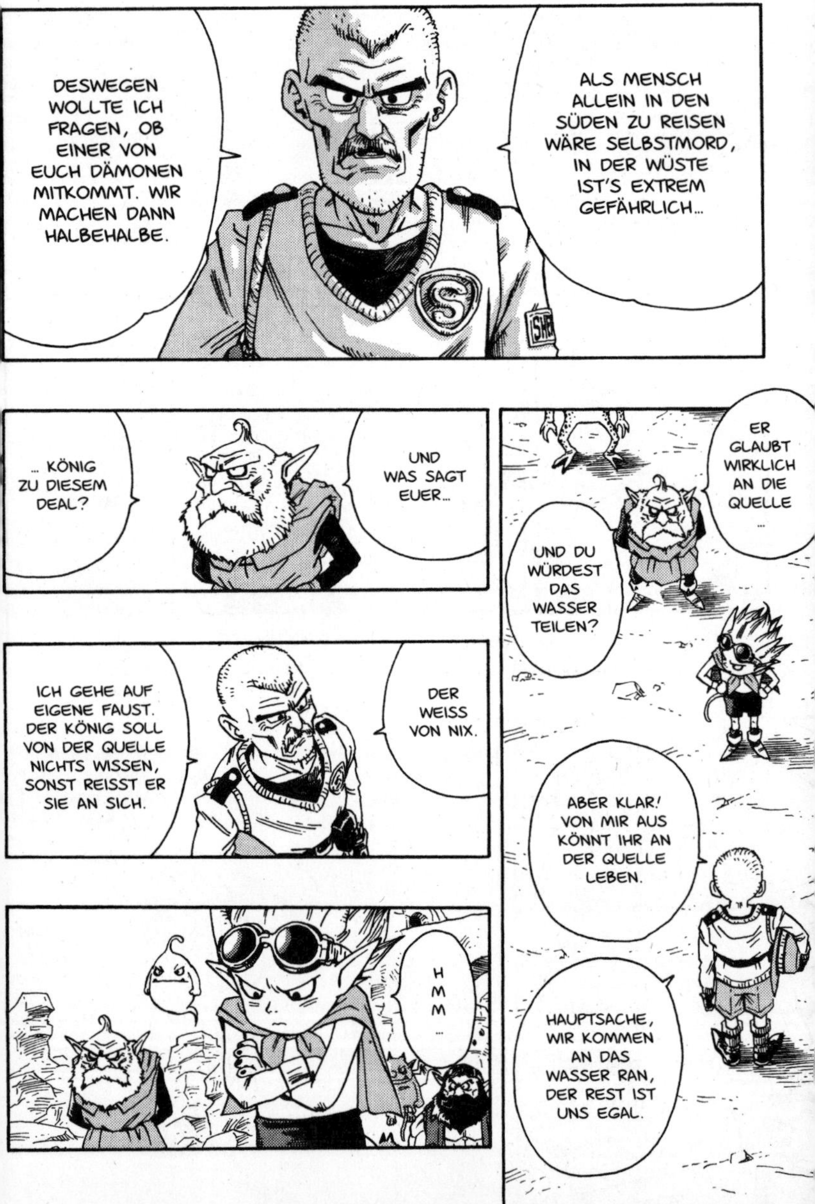
ALS MENSCH ALLEIN IN DEN SÜDEN ZU REISEN WÄRE SELBSTMORD, IN DER WÜSTE IST'S EXTREM GEFÄHRLICH...
DESWEGEN WOLLTE ICH FRAGEN, OB EINER VON EUCH DÄMONEN MITKOMMT. WIR MACHEN DANN HALBEHALBE.
UND WAS SAGT EUER...
... KÖNIG ZU DIESEM DEAL?
DER WEISS VON NIX.
ICH GEHE AUF EIGENE FAUST. DER KÖNIG SOLL VON DER QUELLE NICHTS WISSEN, SONST REISST ER SIE AN SICH.
HMM...
ER GLAUBT WIRKLICH AN DIE QUELLE ...
UND DU WÜRDEST DAS WASSER TEILEN?
ABER KLAR! VON MIR AUS KÖNNT IHR AN DER QUELLE LEBEN.
HAUPTSACHE, WIR KOMMEN AN DAS WASSER RAN, DER REST IST UNS EGAL.

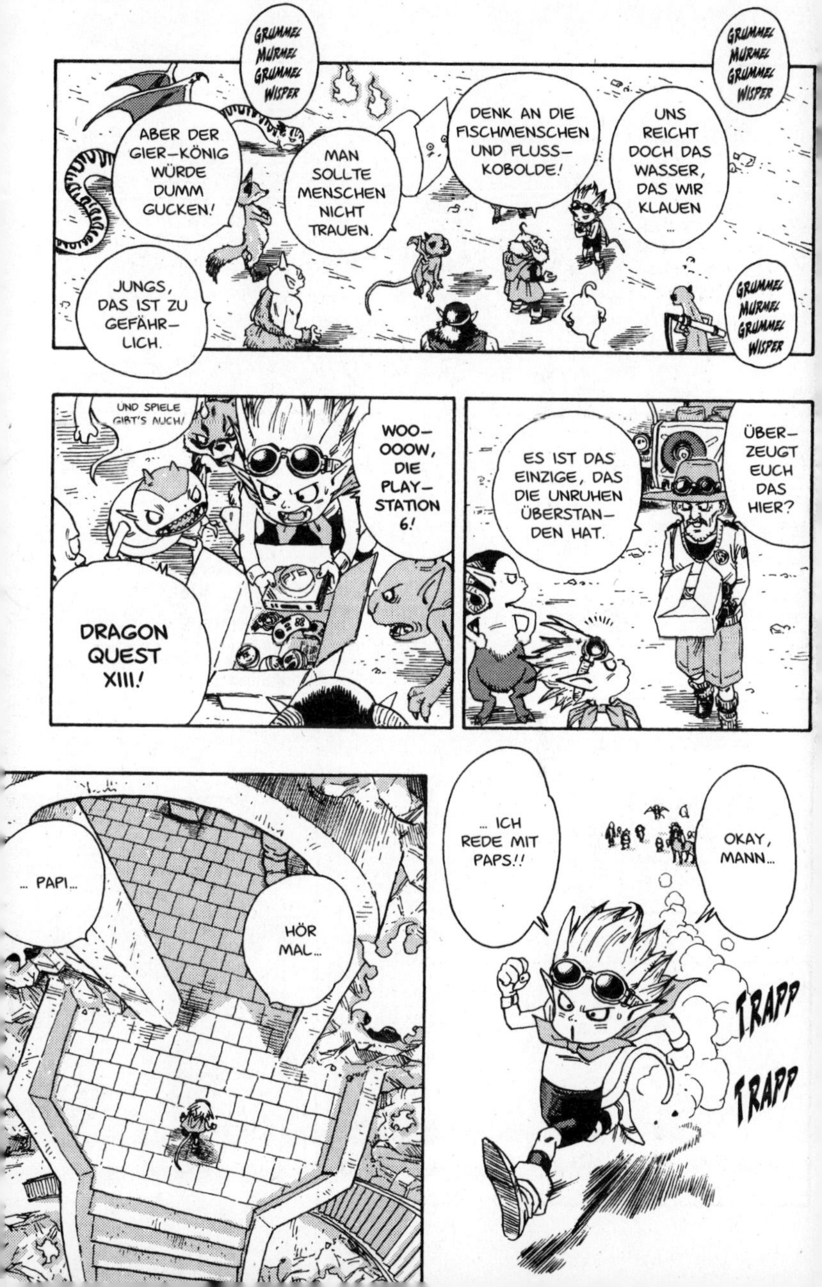
GRUMMEL MURMEL GRUMMEL WISPER
UNS REICHT DOCH DAS WASSER, DAS WIR KLAUEN ...
DENK AN DIE FISCHMENSCHEN UND FLUSS-KOBOLDE!
MAN SOLLTE MENSCHEN NICHT TRAUEN.
GRUMMEL MURMEL GRUMMEL WISPER
ABER DER GIER-KÖNIG WÜRDE DUMM GUCKEN!
GRUMMEL MURMEL GRUMMEL WISPER
JUNGS, DAS IST ZU GEFÄHRLICH.
ÜBERZEUGT EUCH DAS HIER?
ES IST DAS EINZIGE, DAS DIE UNRUHEN ÜBERSTANDEN HAT.
WOOOOOW, DIE PLAYSTATION 6!
UND SPIELE GIBT'S AUCH!
DRAGON QUEST XIII!
OKAY, MANN...
... ICH REDE MIT PAPS!!
TRAPP
TRAPP
HÖR MAL...
... PAPI...

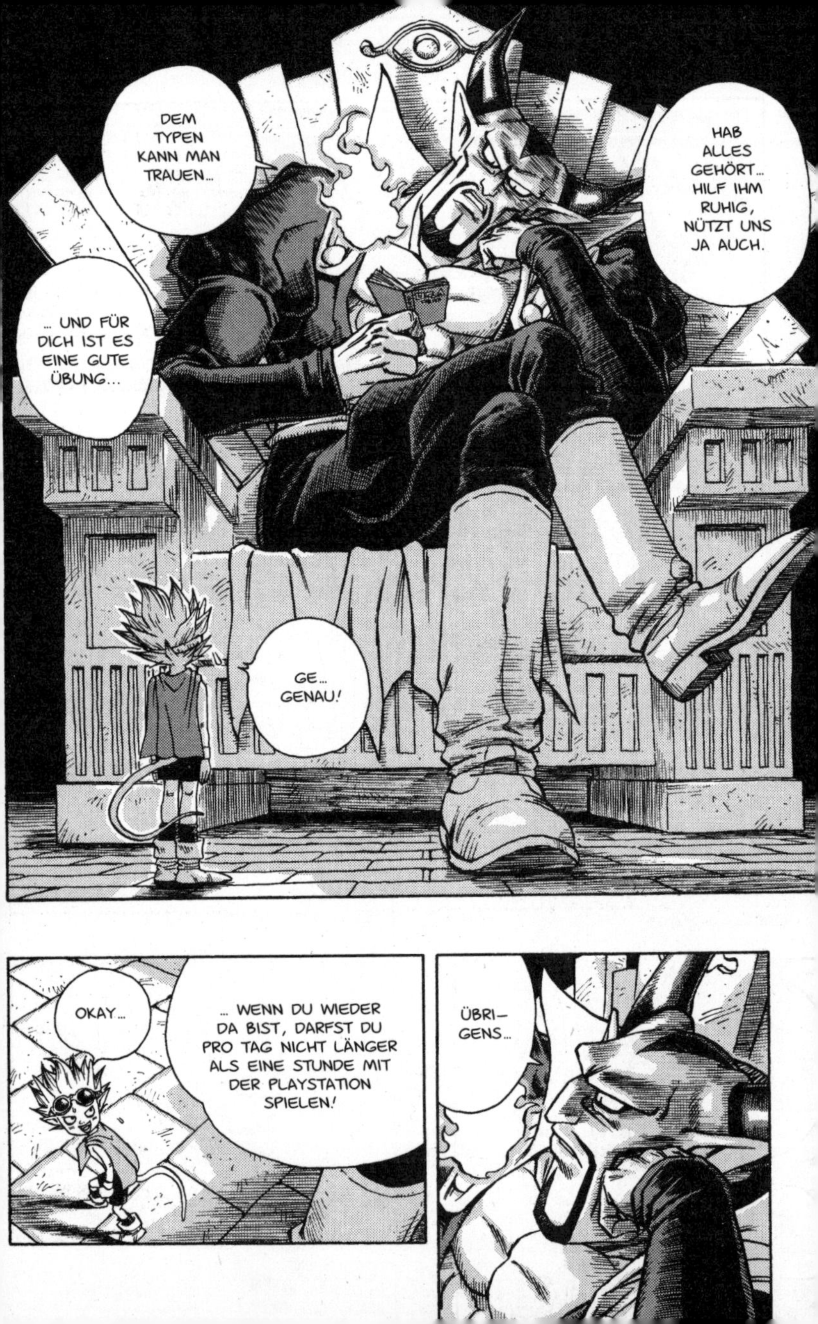
HAB ALLES GEHÖRT... HILF IHM RUHIG, NÜTZT UNS JA AUCH.
DEM TYPEN KANN MAN TRAUEN...
... UND FÜR DICH IST ES EINE GUTE ÜBUNG...
GE... GENAU!
ÜBRI-GENS...
... WENN DU WIEDER DA BIST, DARFST DU PRO TAG NICHT LÄNGER ALS EINE STUNDE MIT DER PLAYSTATION SPIELEN!
OKAY...

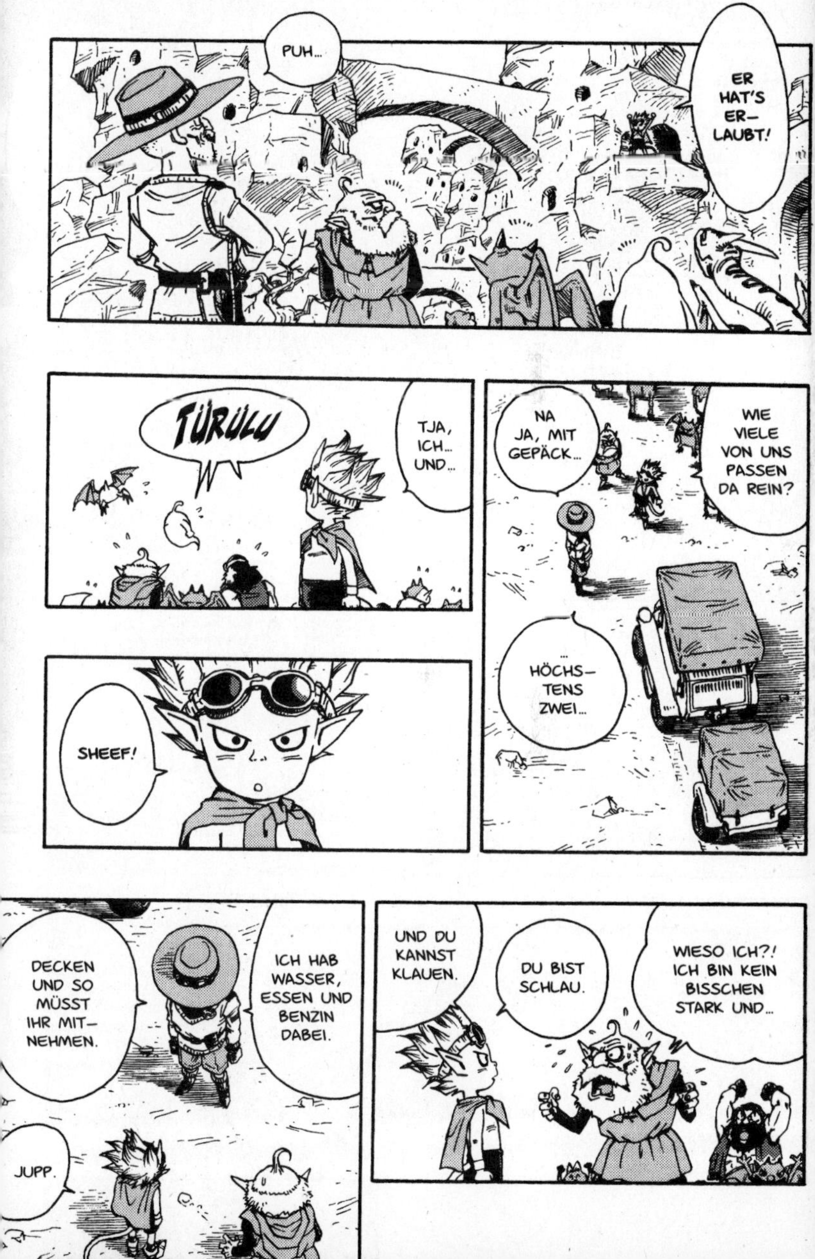
ER HAT'S ERLAUBT!
PUH...
WIE VIELE VON UNS PASSEN DA REIN?
NA JA, MIT GEPÄCK...
... HÖCHSTENS ZWEI...
TJA, ICH... UND...
TÜRÜLU
SHEEF!
WIESO ICH?! ICH BIN KEIN BISSCHEN STARK UND...
DU BIST SCHLAU.
UND DU KANNST KLAUEN.
ICH HAB WASSER, ESSEN UND BENZIN DABEI.
DECKEN UND SO MÜSST IHR MITNEHMEN.
JUPP.

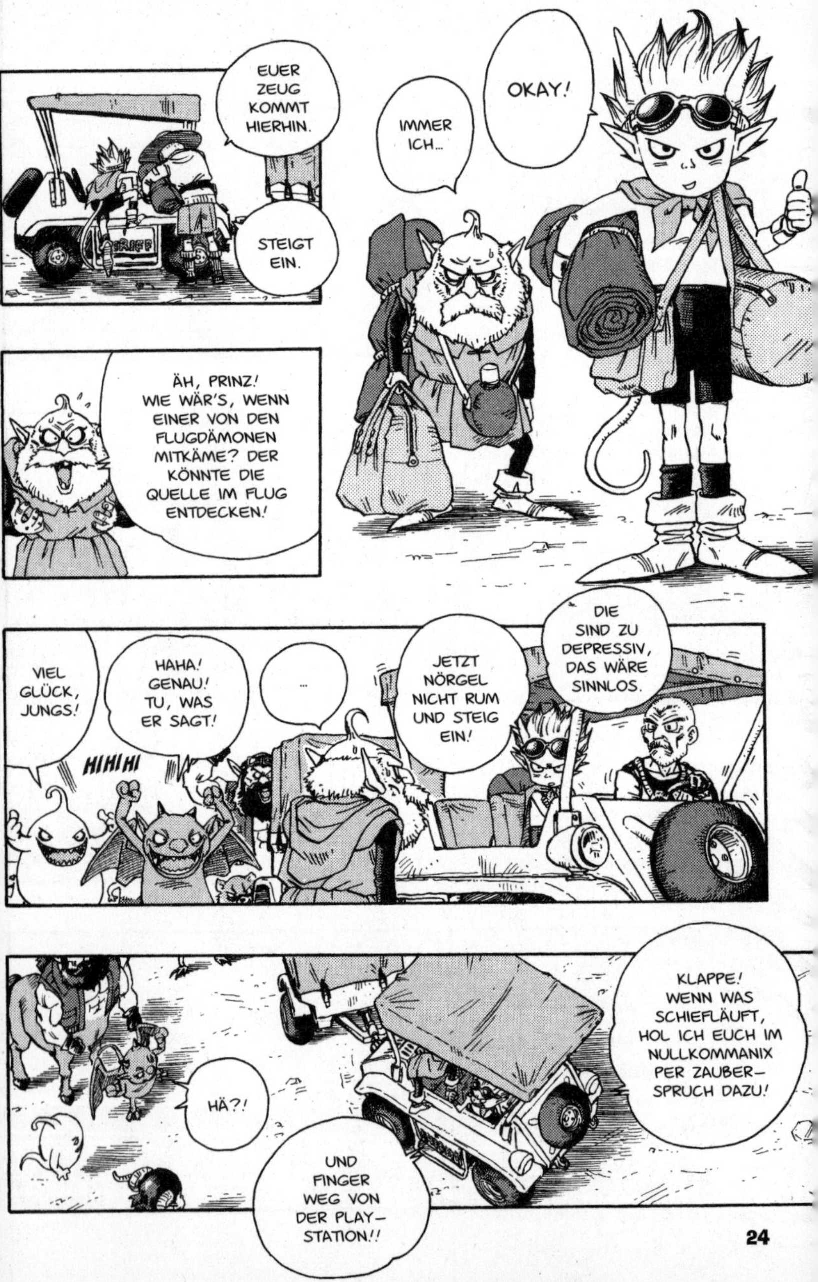
OKAY!
IMMER ICH...
EUER ZEUG KOMMT HIERHIN.
STEIGT EIN.
ÄH, PRINZ! WIE WÄR'S, WENN EINER VON DEN FLUGDÄMONEN MITKÄME? DER KÖNNTE DIE QUELLE IM FLUG ENTDECKEN!
DIE SIND ZU DEPRESSIV, DAS WÄRE SINNLOS.
JETZT NÖRGEL NICHT RUM UND STEIG EIN!
...
HAHA! GENAU! TU, WAS ER SAGT!
VIEL GLÜCK, JUNGS!
HIHIHI
KLAPPE! WENN WAS SCHIEFLÄUFT, HOL ICH EUCH IM NULLKOMMANIX PER ZAUBER-SPRUCH DAZU!
HÄ?!
UND FINGER WEG VON DER PLAY-STATION!!

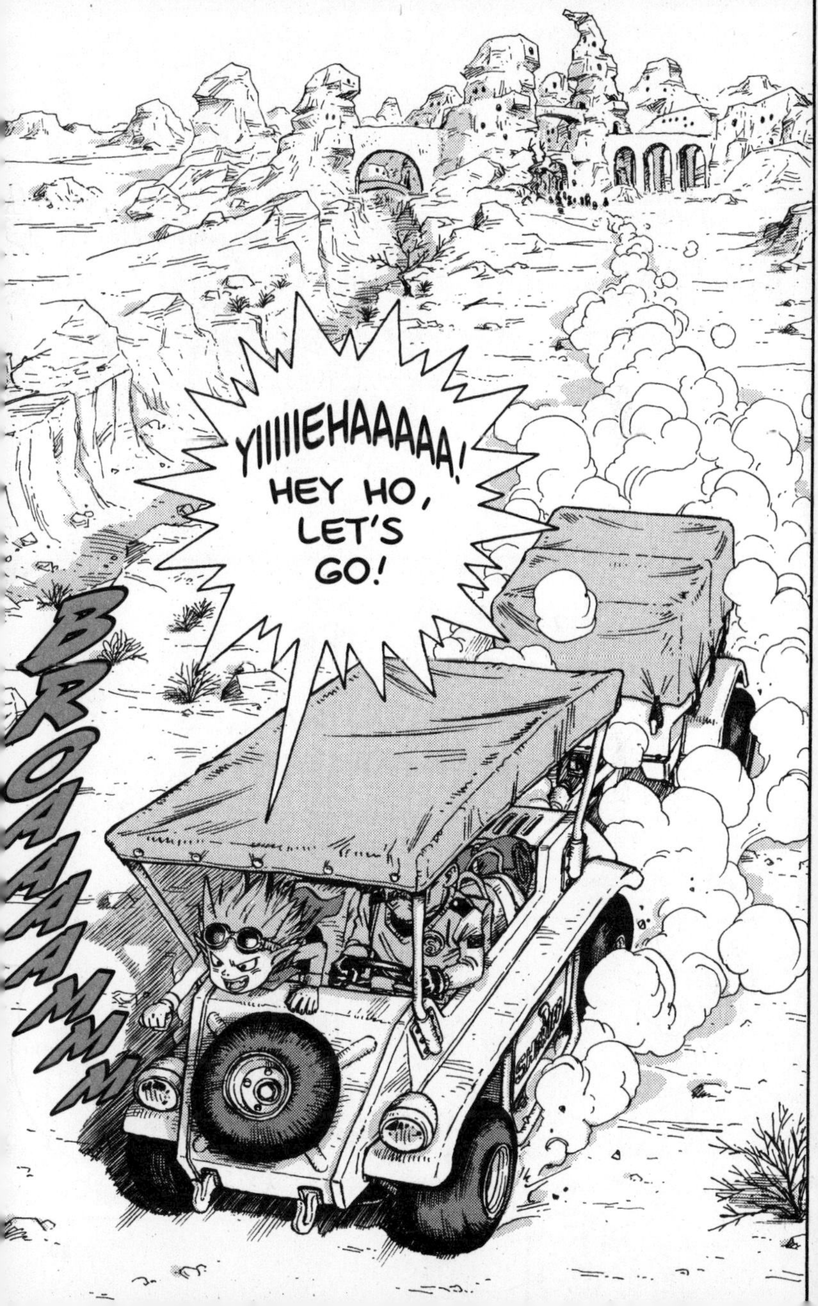
YIIIIIEHAAAAAA! HEY HO, LET'S GO!
BROAAAAAMMM

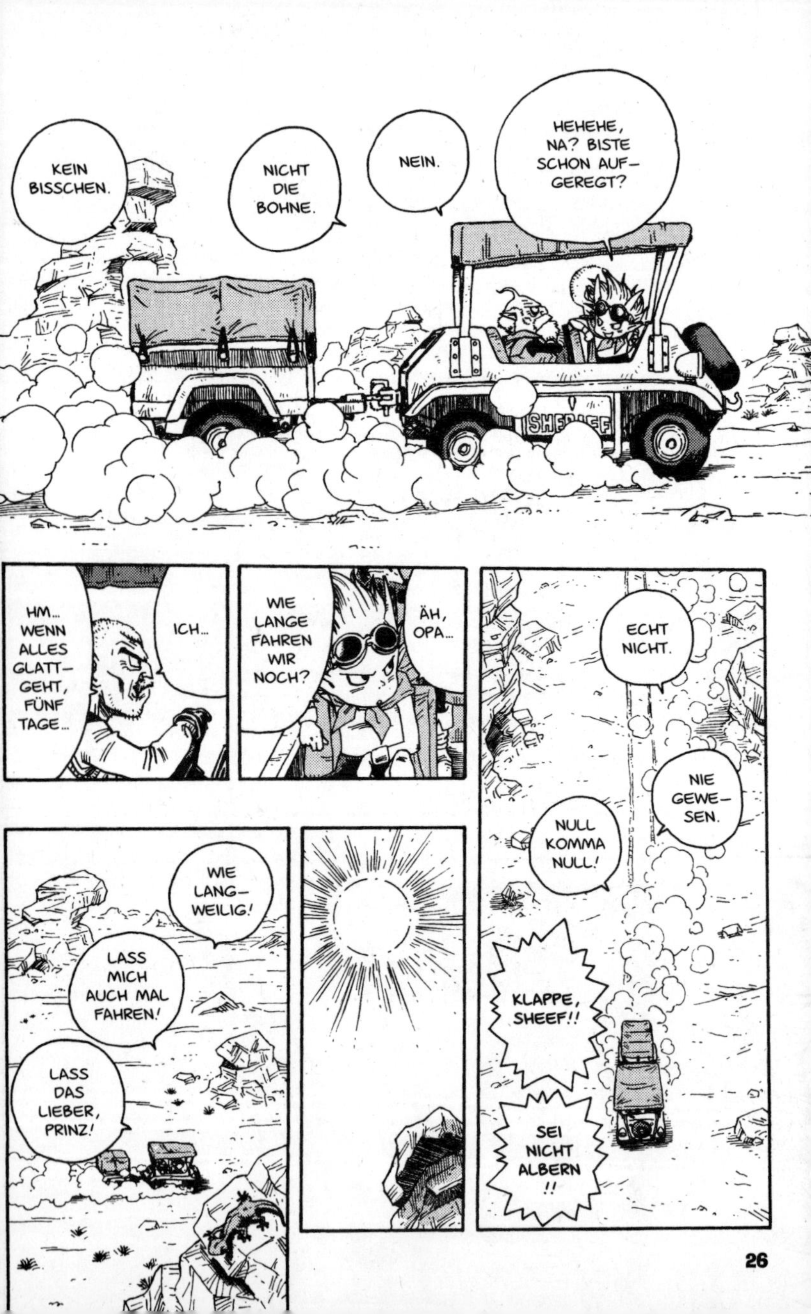

HEHEHE, NA? BISTE SCHON AUF-GEREGT?
NEIN.
NICHT DIE BOHNE.
KEIN BISSCHEN.
ECHT NICHT.
NIE GEWE-SEN.
NULL KOMMA NULL!
KLAPPE, SHEEF!!
SEI NICHT ALBERN!!
ÄH, OPA...
WIE LANGE FAHREN WIR NOCH?
ICH...
HM... WENN ALLES GLATT-GEHT, FÜNF TAGE...
WIE LANG-WEILIG!
LASS MICH AUCH MAL FAHREN!
LASS DAS LIEBER, PRINZ!

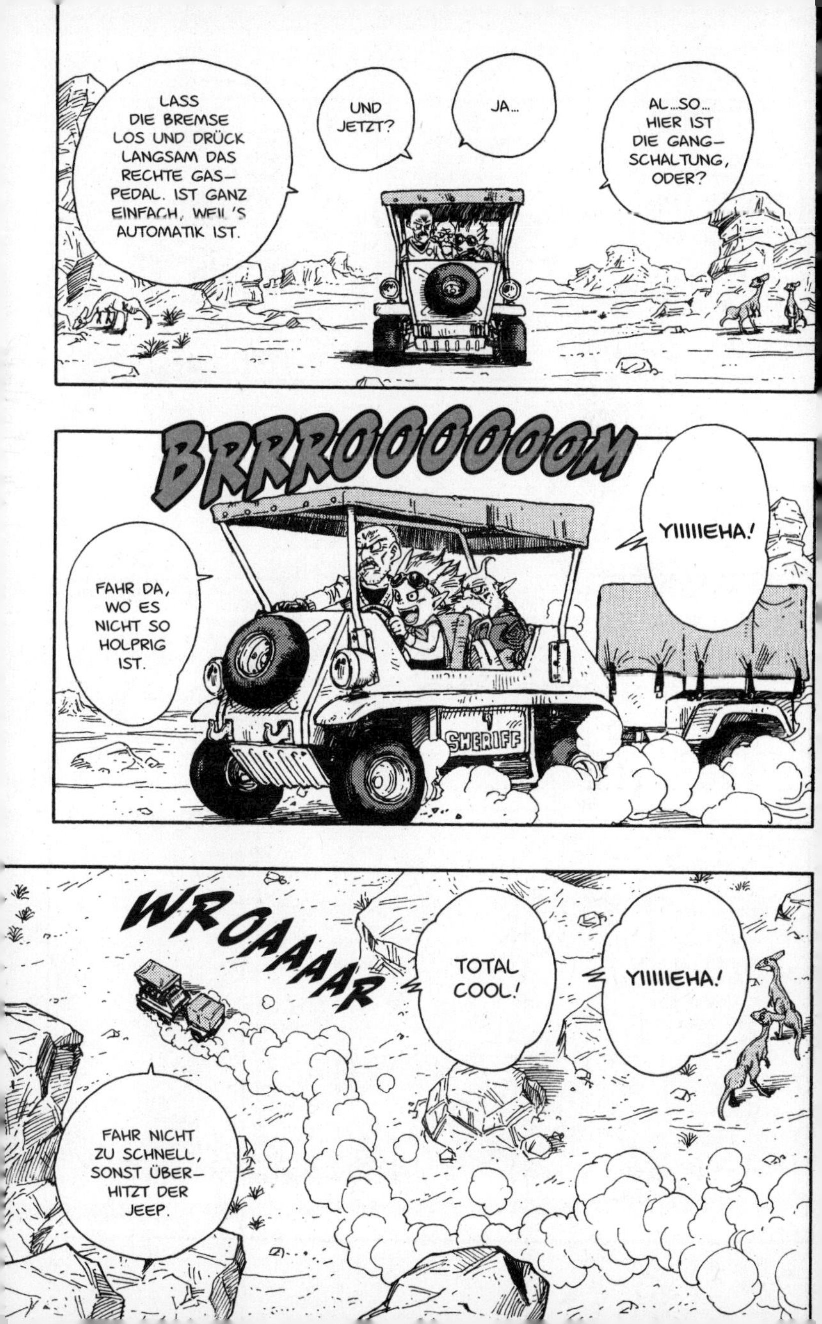

AL...SO... HIER IST DIE GANG-SCHALTUNG, ODER?
JA...
UND JETZT?
LASS DIE BREMSE LOS UND DRÜCK LANGSAM DAS RECHTE GAS-PEDAL. IST GANZ EINFACH, WEIL'S AUTOMATIK IST.
BRRROOOOOOM
YIIIIIEHA!
FAHR DA, WO ES NICHT SO HOLPRIG IST.
SHERIFF
YIIIIIEHA!
TOTAL COOL!
WROAAAAR
FAHR NICHT ZU SCHNELL, SONST ÜBER-HITZT DER JEEP.

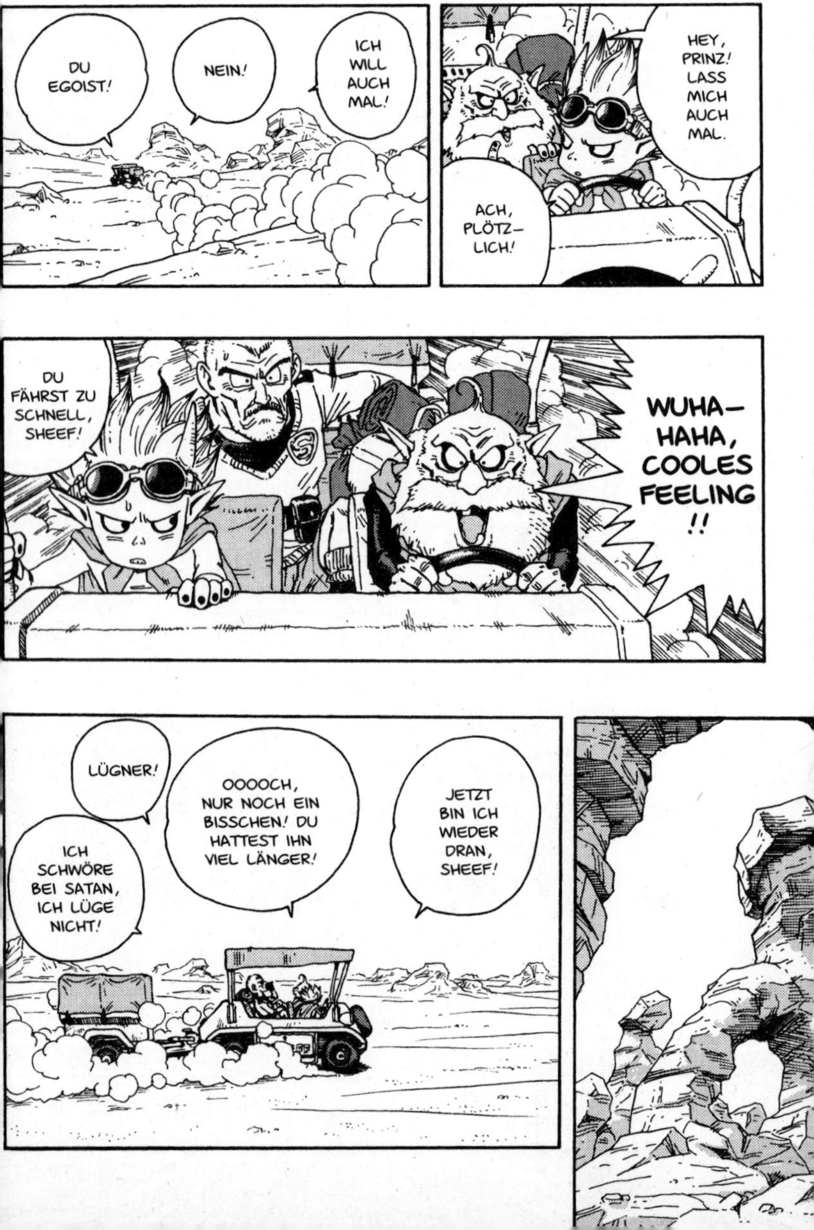
HEY, PRINZ! LASS MICH AUCH MAL.
ACH, PLÖTZLICH!
ICH WILL AUCH MAL!
NEIN!
DU EGOIST!
WUHA-HAHA, COOLES FEELING !!
DU FÄHRST ZU SCHNELL, SHEEF!
JETZT BIN ICH WIEDER DRAN, SHEEF!
OOOOCH, NUR NOCH EIN BISSCHEN! DU HATTEST IHN VIEL LÄNGER!
LÜGNER!
ICH SCHWÖRE BEI SATAN, ICH LÜGE NICHT!

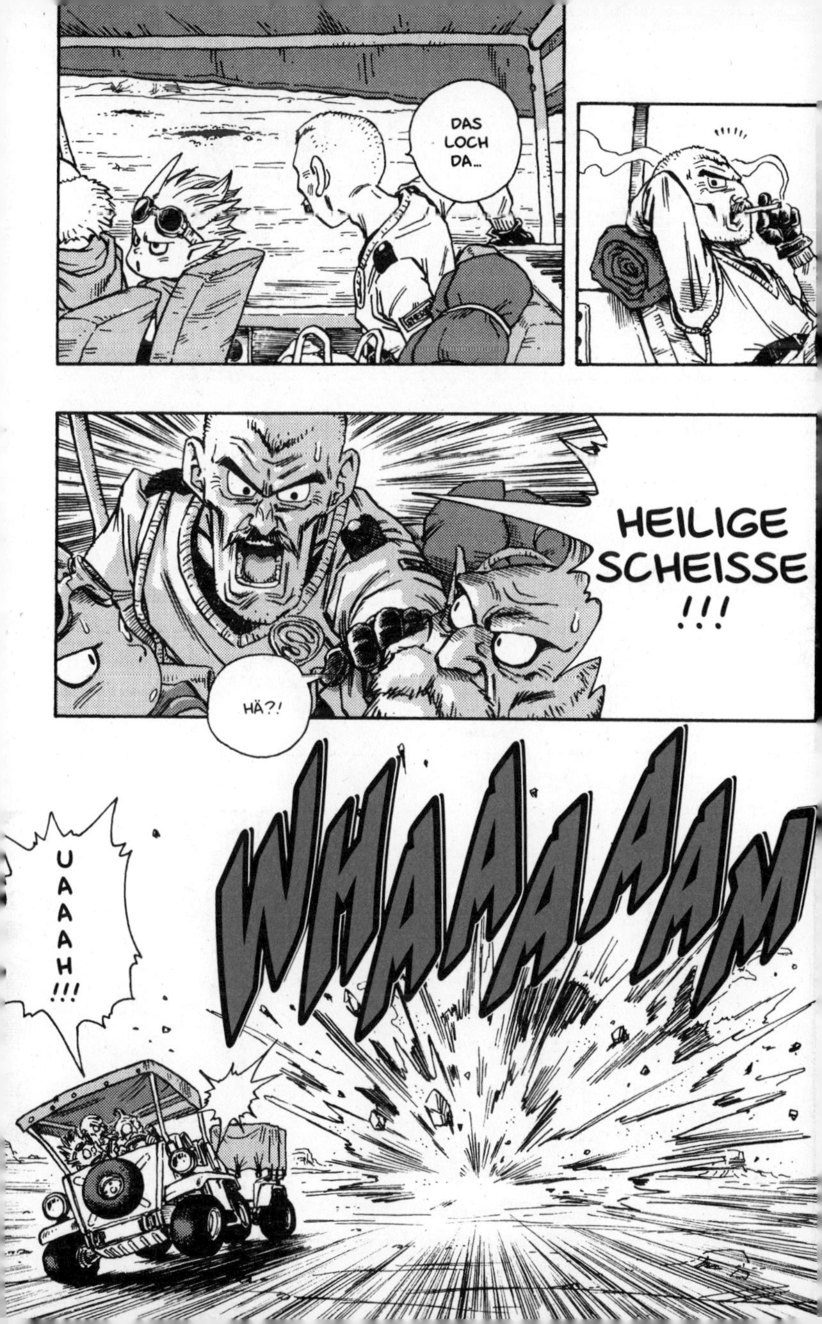
DAS LOCH DA...
HEILIGE SCHEISSE !!!
HÄ?!
WHAAAAAAM
UAAAAH!!!

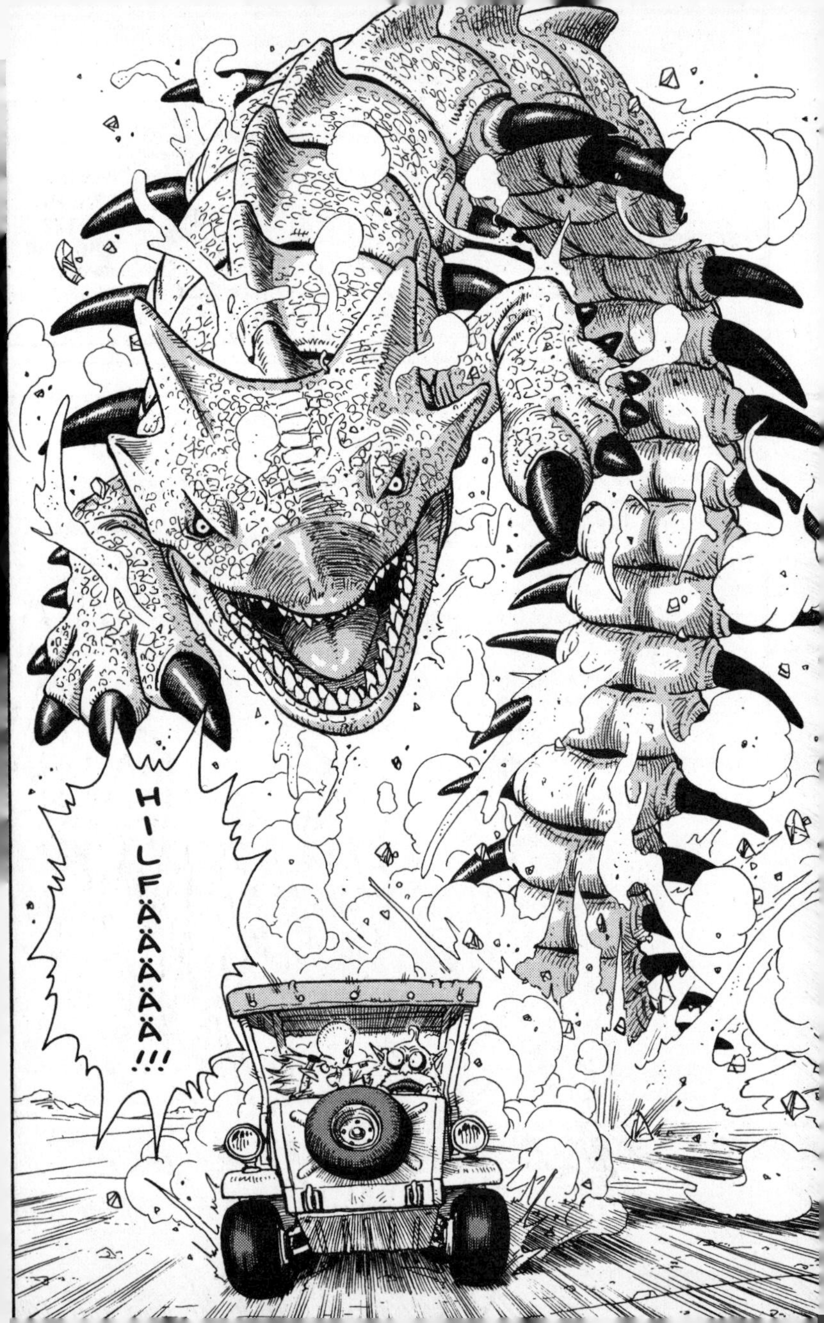
HILFÄÄÄÄÄ!!!

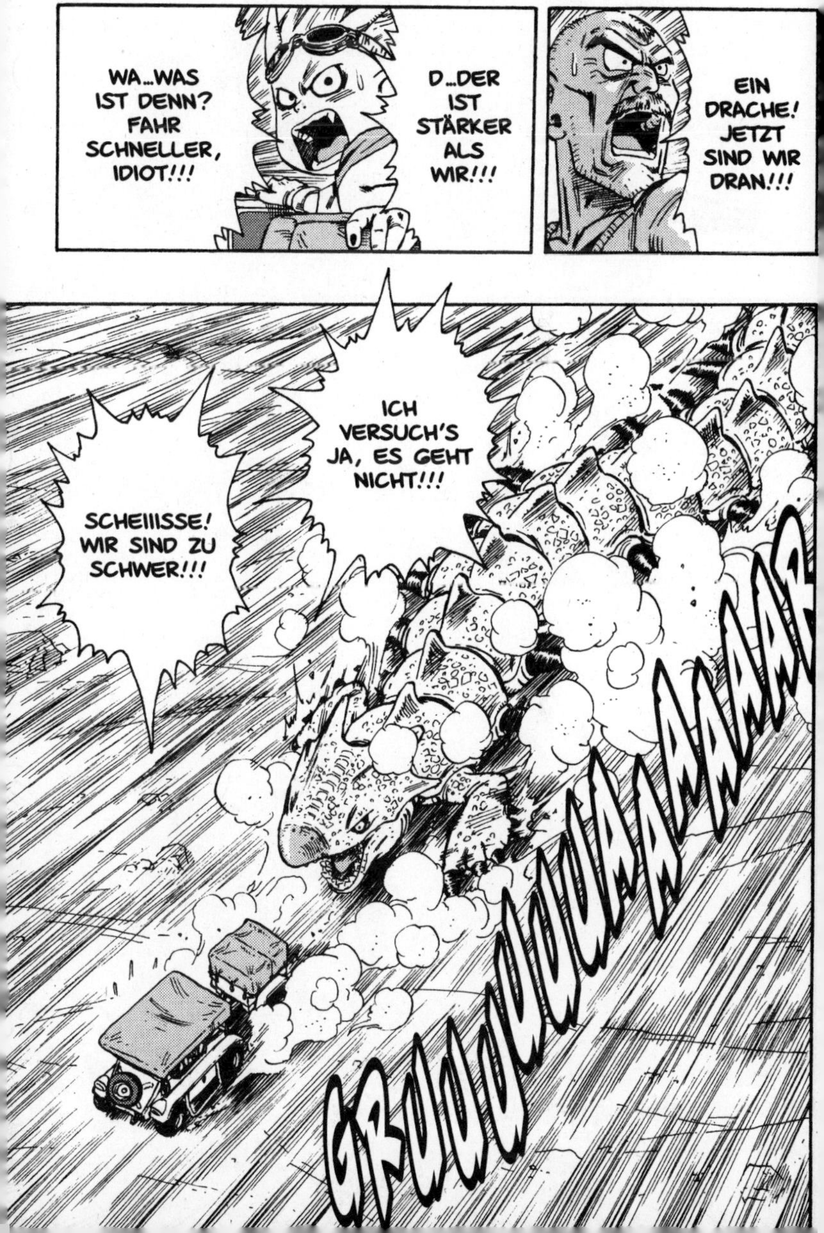
EIN DRACHE! JETZT SIND WIR DRAN!!!
D...DER IST STÄRKER ALS WIR!!!
WA...WAS IST DENN? FAHR SCHNELLER, IDIOT!!!
ICH VERSUCH'S JA, ES GEHT NICHT!!!
SCHEIIISSE! WIR SIND ZU SCHWER!!!
GROOOOOOOAAAAAAAR

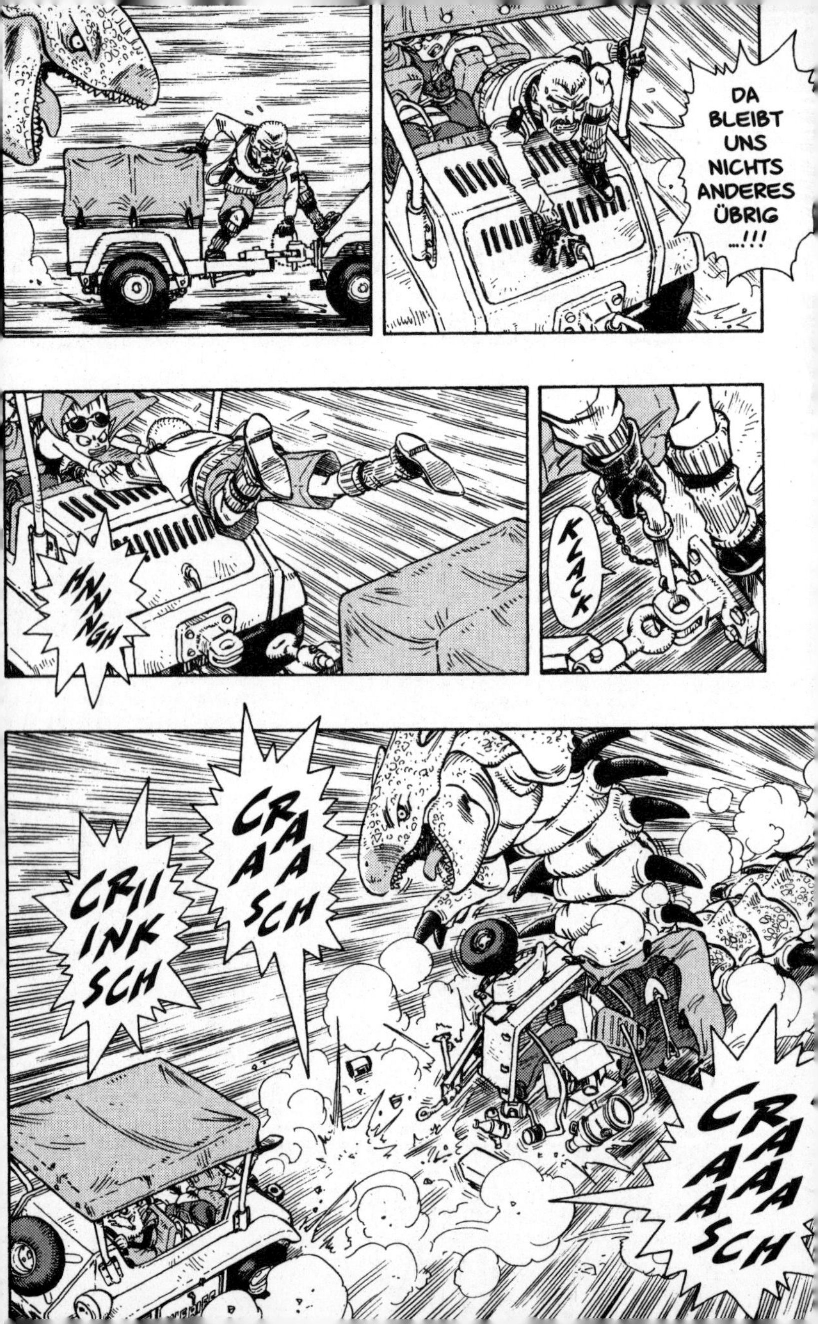
DA BLEIBT UNS NICHTS ANDERES ÜBRIG ...!!!
KLACK
HNNNNGH
CRAAAASCH
CRIIINKSCH
CRAAAAAASCH

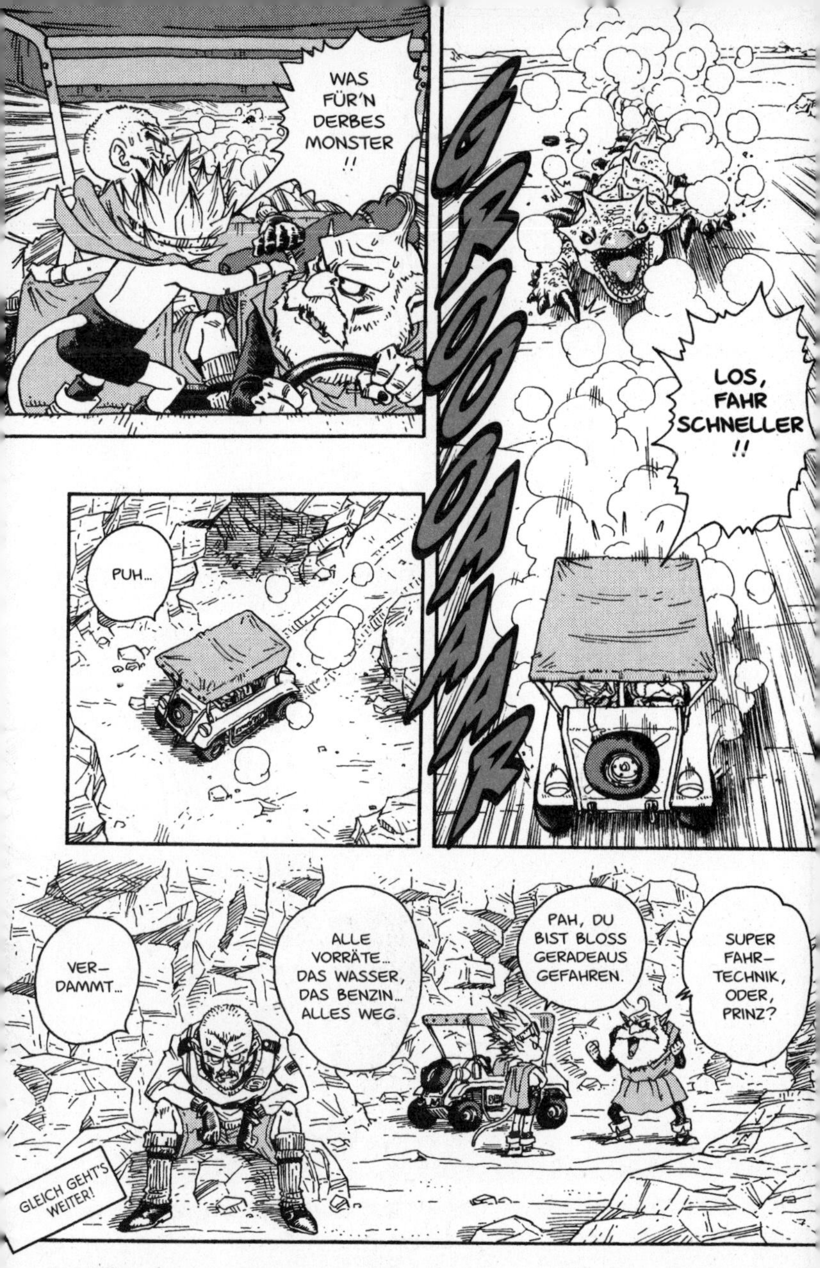
LOS, FAHR SCHNELLER!!
WAS FÜR'N DERBES MONSTER!!
PUH...
SUPER FAHR-TECHNIK, ODER, PRINZ?
PAH, DU BIST BLOSS GERADEAUS GEFAHREN.
ALLE VORRÄTE... DAS WASSER, DAS BENZIN... ALLES WEG.
VER-DAMMT...
GLEICH GEHT'S WEITER!

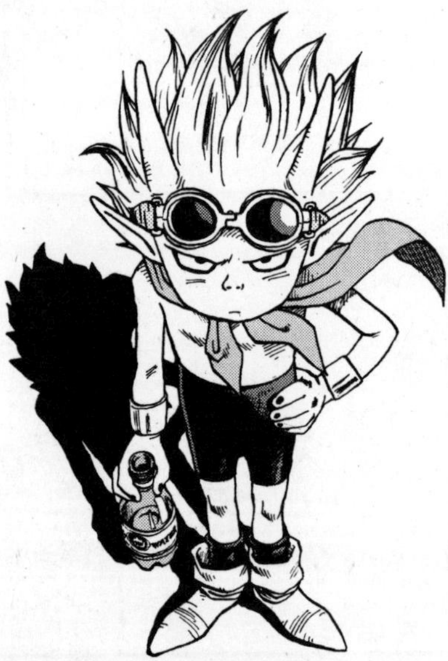

SAND LAND

KAPITEL 2: ALLES FUTSCH!

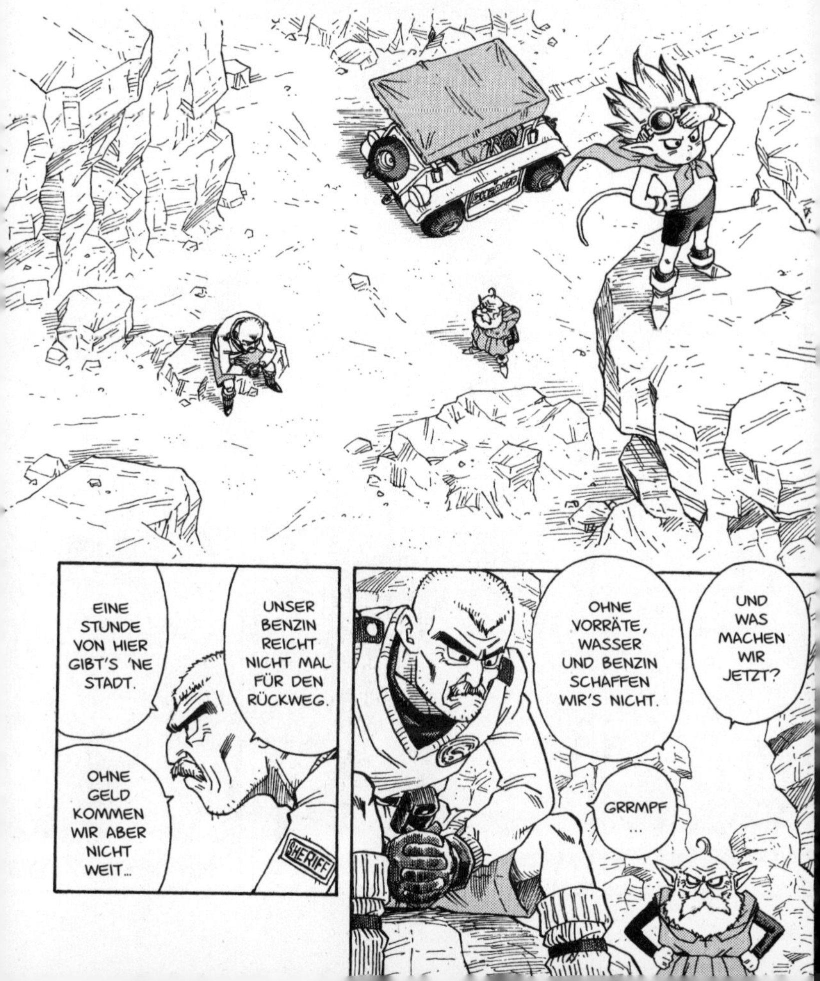

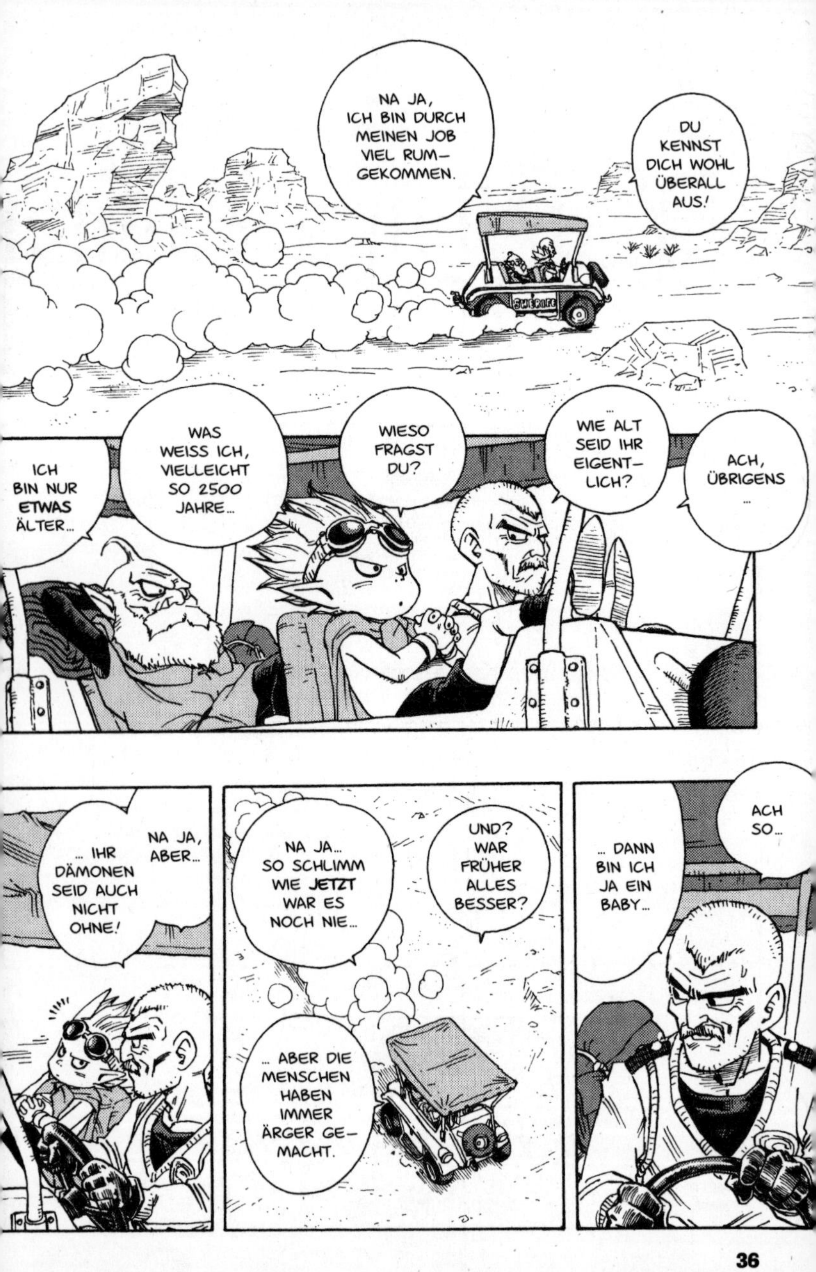
DU KENNST DICH WOHL ÜBERALL AUS!
NA JA, ICH BIN DURCH MEINEN JOB VIEL RUM-GEKOMMEN.
ACH, ÜBRIGENS ...
... WIE ALT SEID IHR EIGENT-LICH?
WIESO FRAGST DU?
WAS WEISS ICH, VIELLEICHT SO 2500 JAHRE...
ICH BIN NUR **ETWAS** ÄLTER...
ACH SO...
... DANN BIN ICH JA EIN BABY...
UND? WAR FRÜHER ALLES BESSER?
NA JA... SO SCHLIMM WIE **JETZT** WAR ES NOCH NIE...
... ABER DIE MENSCHEN HABEN IMMER ÄRGER GE-MACHT.
NA JA, ABER...
... IHR DÄMONEN SEID AUCH NICHT OHNE!

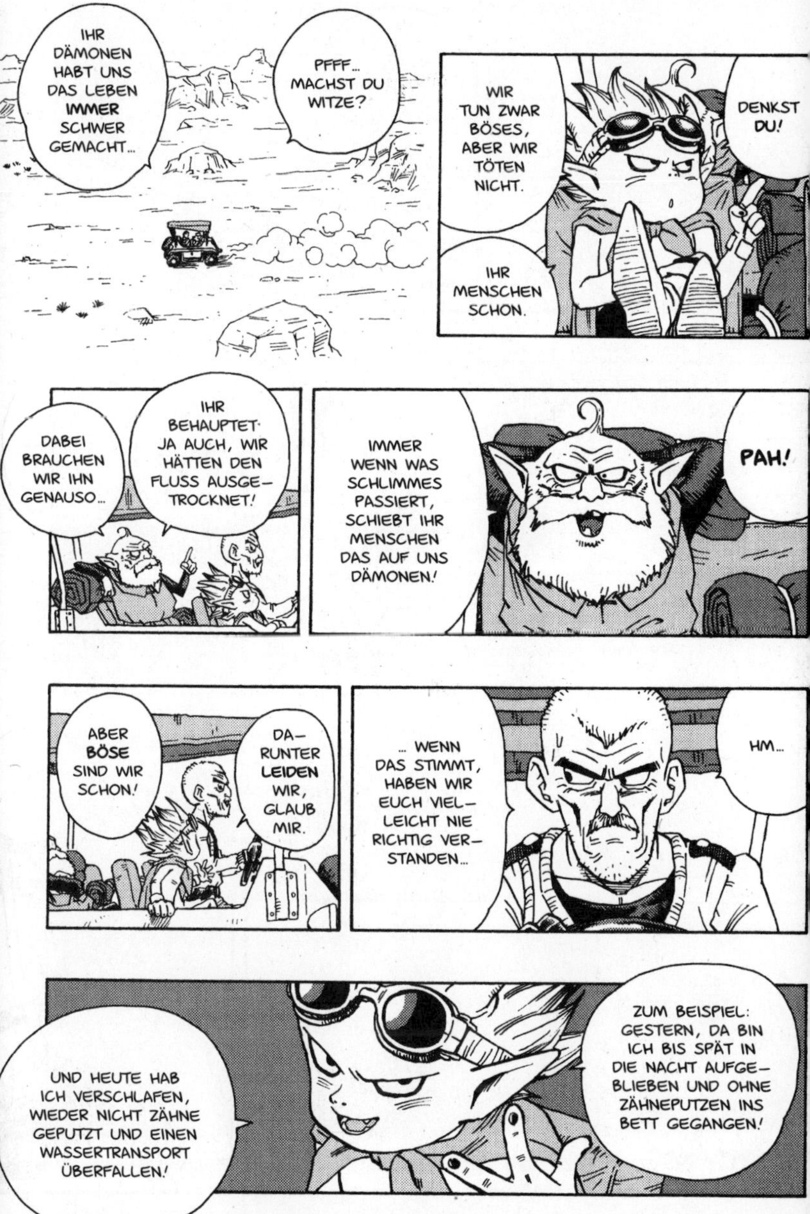
DENKST DU!
WIR TUN ZWAR BÖSES, ABER WIR TÖTEN NICHT.
IHR MENSCHEN SCHON.
PFFF... MACHST DU WITZE?
IHR DÄMONEN HABT UNS DAS LEBEN **IMMER** SCHWER GEMACHT...
PAH!
IMMER WENN WAS SCHLIMMES PASSIERT, SCHIEBT IHR MENSCHEN DAS AUF UNS DÄMONEN!
IHR BEHAUPTET JA AUCH, WIR HÄTTEN DEN FLUSS AUSGE-TROCKNET!
DABEI BRAUCHEN WIR IHN GENAUSO...
HM...
... WENN DAS STIMMT, HABEN WIR EUCH VIEL-LEICHT NIE RICHTIG VER-STANDEN...
DA-RUNTER **LEIDEN** WIR, GLAUB MIR.
ABER **BÖSE** SIND WIR SCHON!
ZUM BEISPIEL: GESTERN, DA BIN ICH BIS SPÄT IN DIE NACHT AUFGE-BLIEBEN UND OHNE ZÄHNEPUTZEN INS BETT GEGANGEN!
UND HEUTE HAB ICH VERSCHLAFEN, WIEDER NICHT ZÄHNE GEPUTZT UND EINEN WASSERTRANSPORT ÜBERFALLEN!

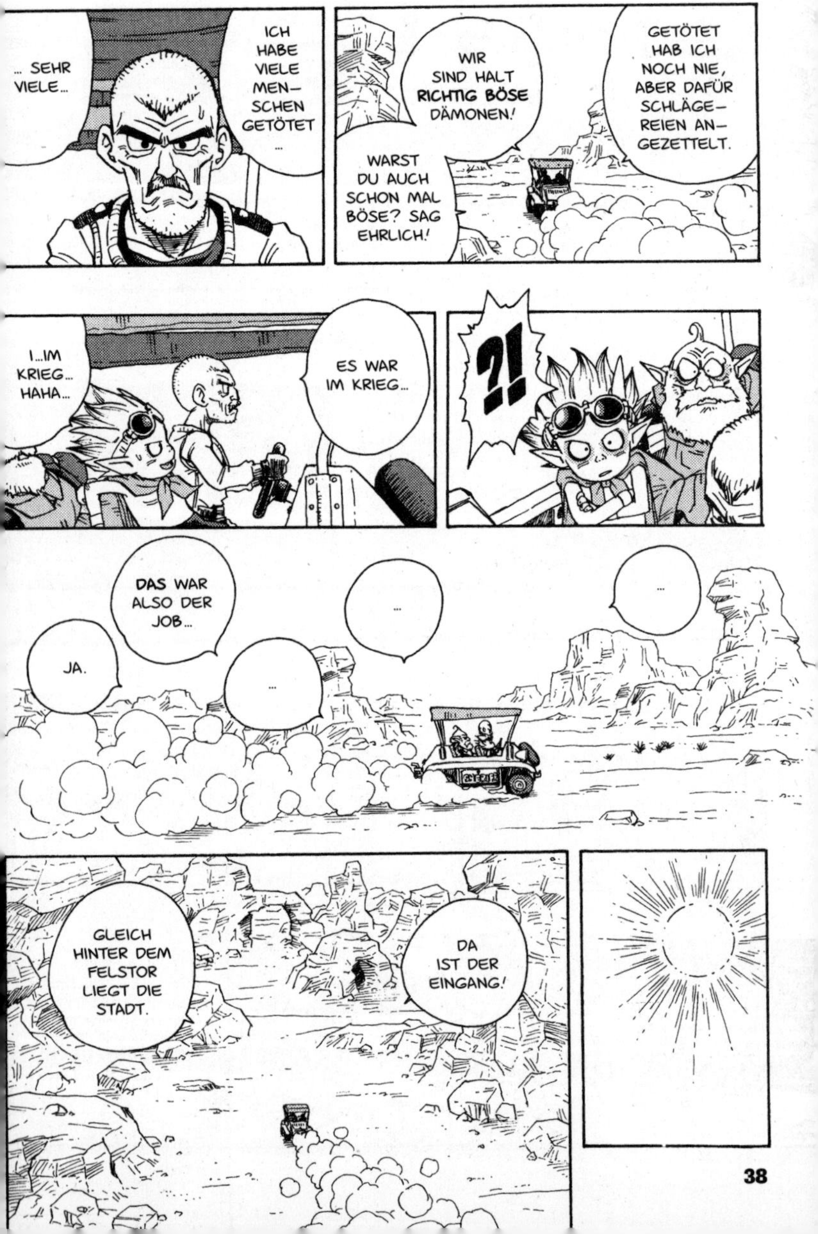
WIR SIND HALT RICHTIG BÖSE DÄMONEN!
WARST DU AUCH SCHON MAL BÖSE? SAG EHRLICH!
GETÖTET HAB ICH NOCH NIE, ABER DAFÜR SCHLÄGEREIEN ANGEZETTELT.
ICH HABE VIELE MENSCHEN GETÖTET ...
... SEHR VIELE...
?!
ES WAR IM KRIEG...
I...IM KRIEG... HAHA...
...
...
DAS WAR ALSO DER JOB...
...
JA.
DA IST DER EINGANG!
GLEICH HINTER DEM FELSTOR LIEGT DIE STADT.

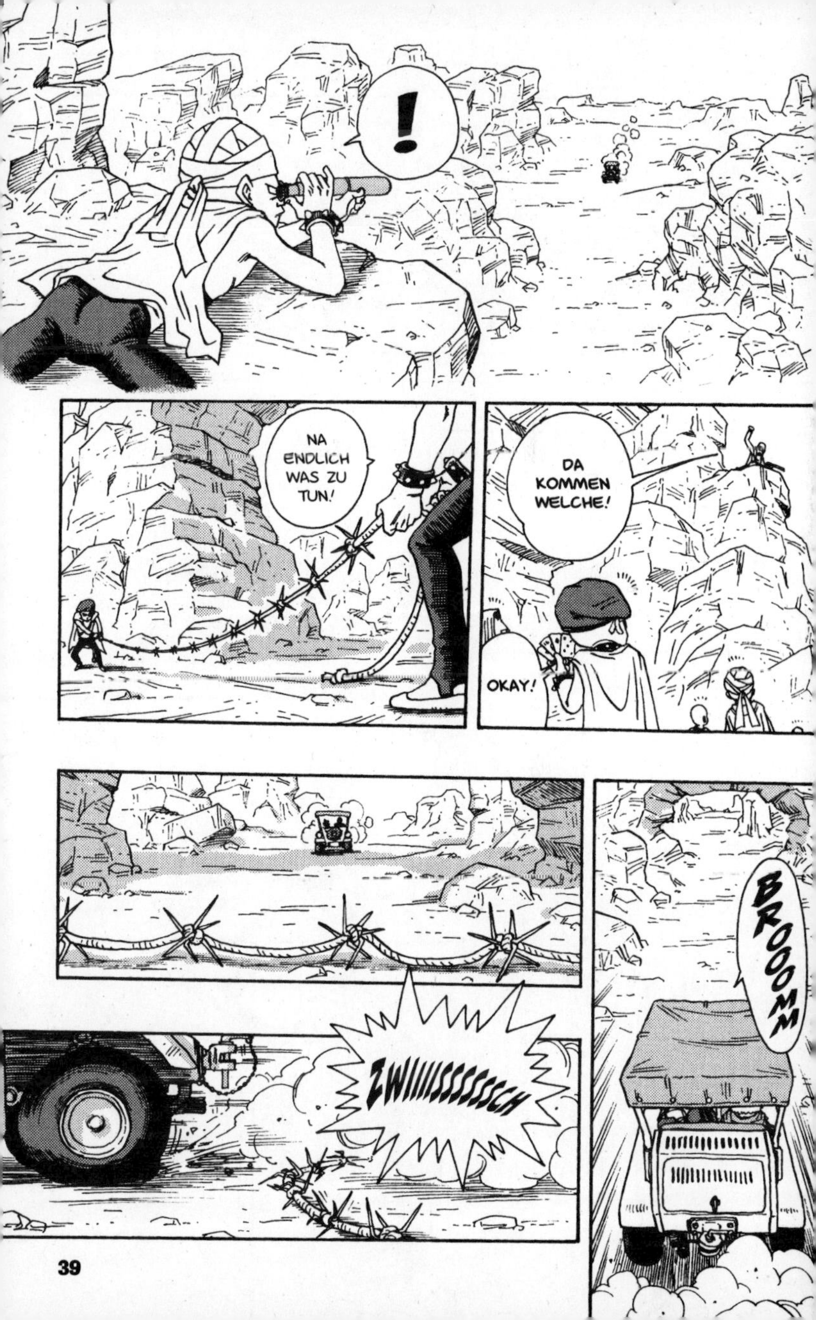
!
DA KOMMEN WELCHE!
OKAY!
NA ENDLICH WAS ZU TUN!
BROOOMM
ZWIIIISSSSSSCH

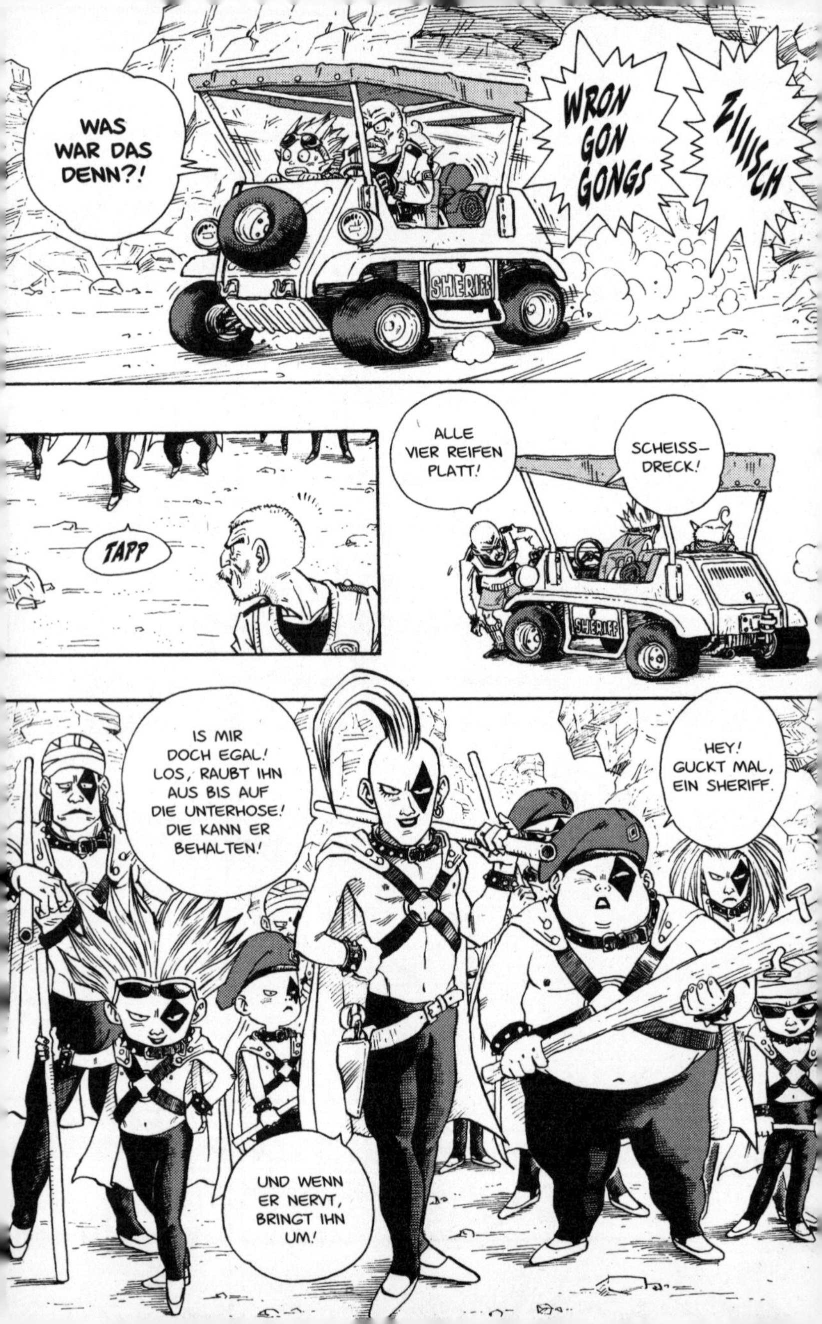
WAS WAR DAS DENN?!
WRON GON GONGS
ZIIISCH
SCHEISS-DRECK!
ALLE VIER REIFEN PLATT!
TAPP
HEY! GUCKT MAL, EIN SHERIFF.
IS MIR DOCH EGAL! LOS, RAUBT IHN AUS BIS AUF DIE UNTERHOSE! DIE KANN ER BEHALTEN!
UND WENN ER NERVT, BRINGT IHN UM!

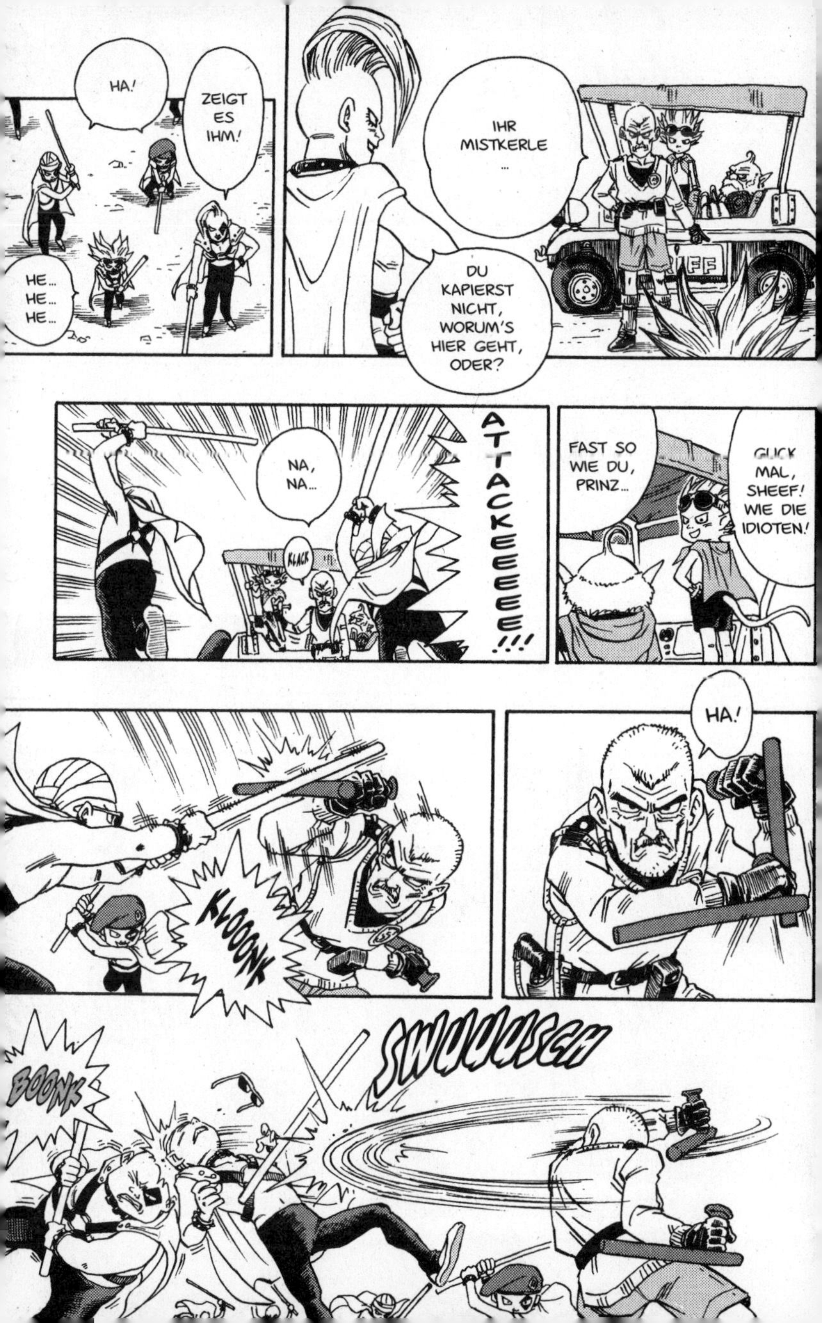
IHR MISTKERLE …
DU KAPIERST NICHT, WORUM'S HIER GEHT, ODER?
HA!
ZEIGT ES IHM!
HE… HE… HE…
GUCK MAL, SHEEF! WIE DIE IDIOTEN!
FAST SO WIE DU, PRINZ…
ATTACKEEEEEE!!!
NA, NA…
KLACK
HA!
KLOOONK
SWUUUUSCH
BOONK

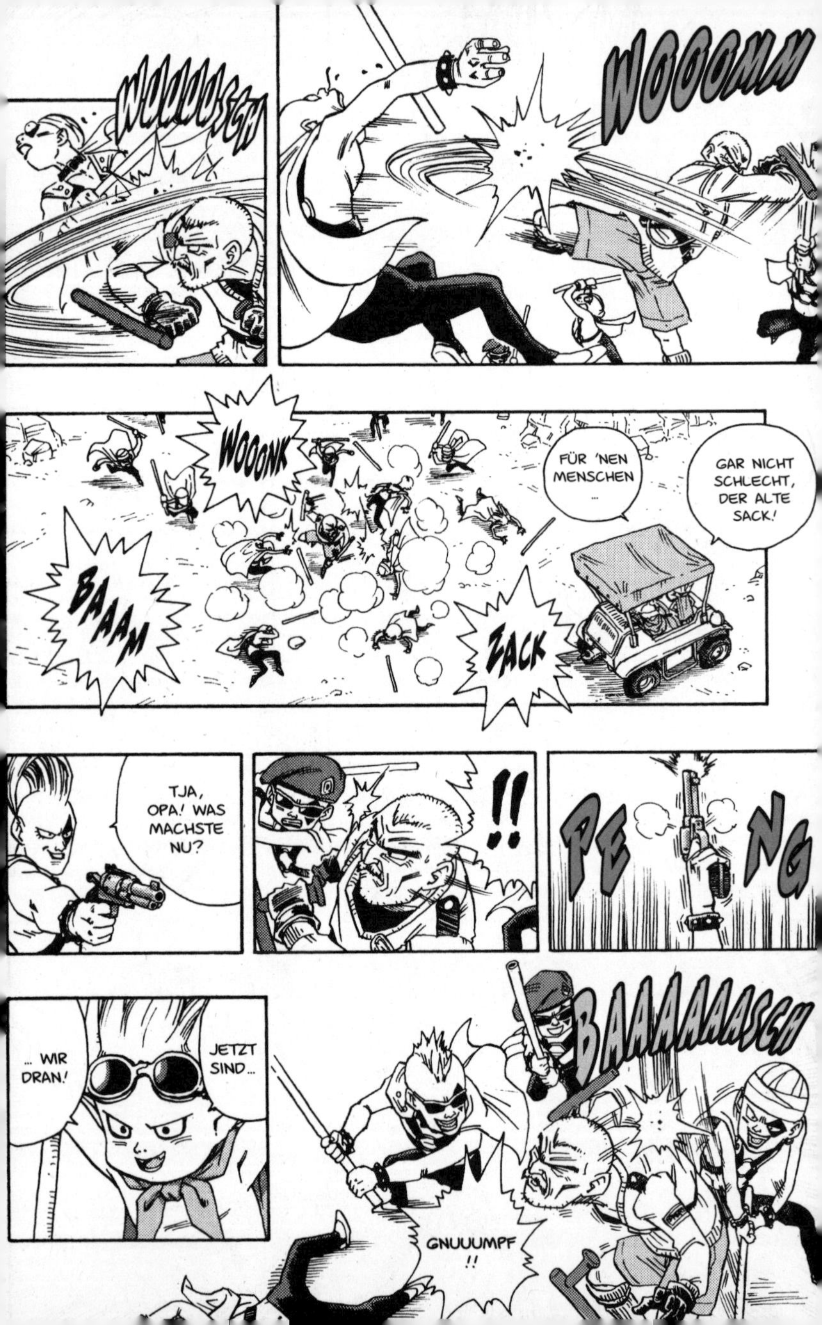
WOOOMM
WOOONK
BAAAM
ZACK
FÜR 'NEN MENSCHEN ...
GAR NICHT SCHLECHT, DER ALTE SACK!
PENG
!!
TJA, OPA! WAS MACHSTE NU?
BAAAAAASCH
GNUUUMPF !!
JETZT SIND...
... WIR DRAN!

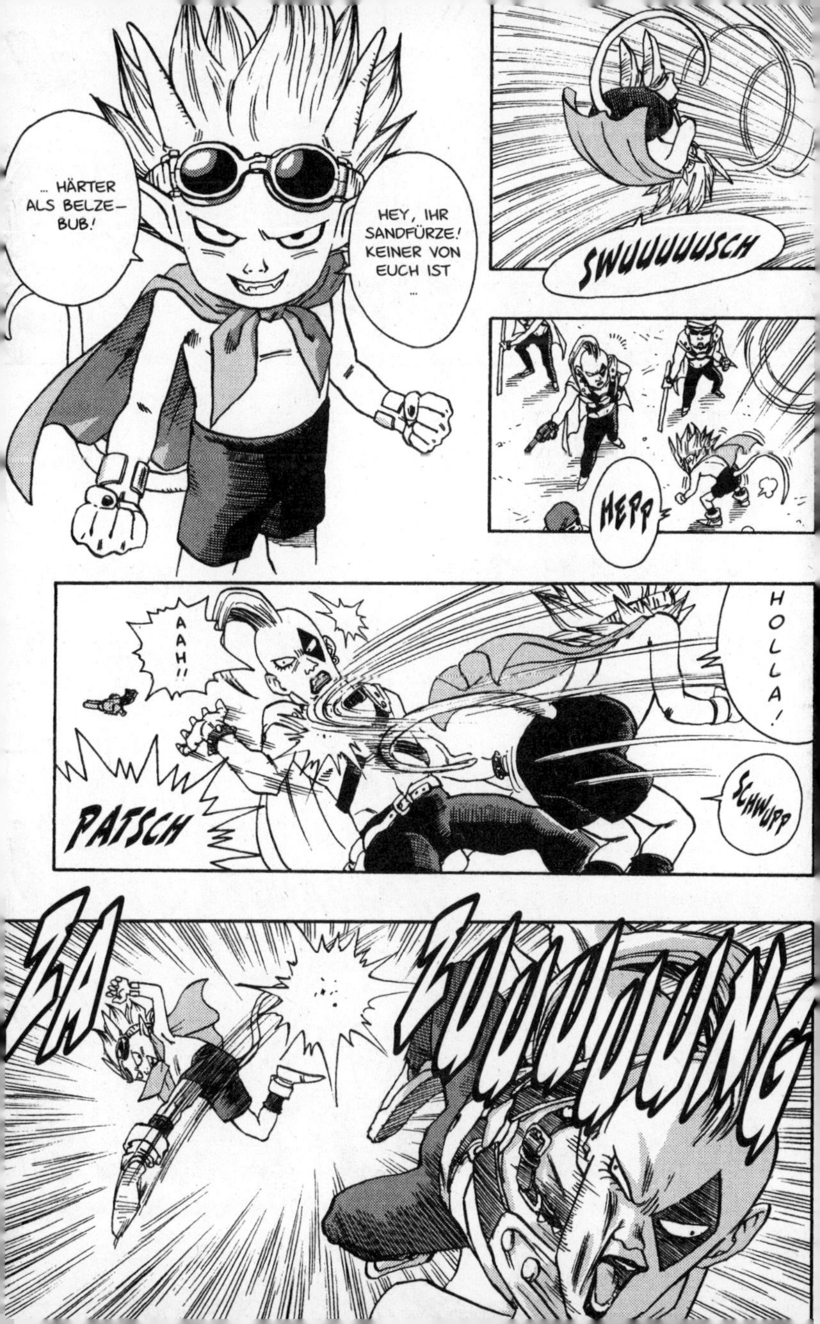
HEY, IHR SANDFÜRZE! KEINER VON EUCH IST ...
... HÄRTER ALS BELZE-BUB!
SWUUUUUSCH
HEPP
HOLLA!
SCHWUPP
AAH!!
PATSCH
ZA
ZOOOOOONG

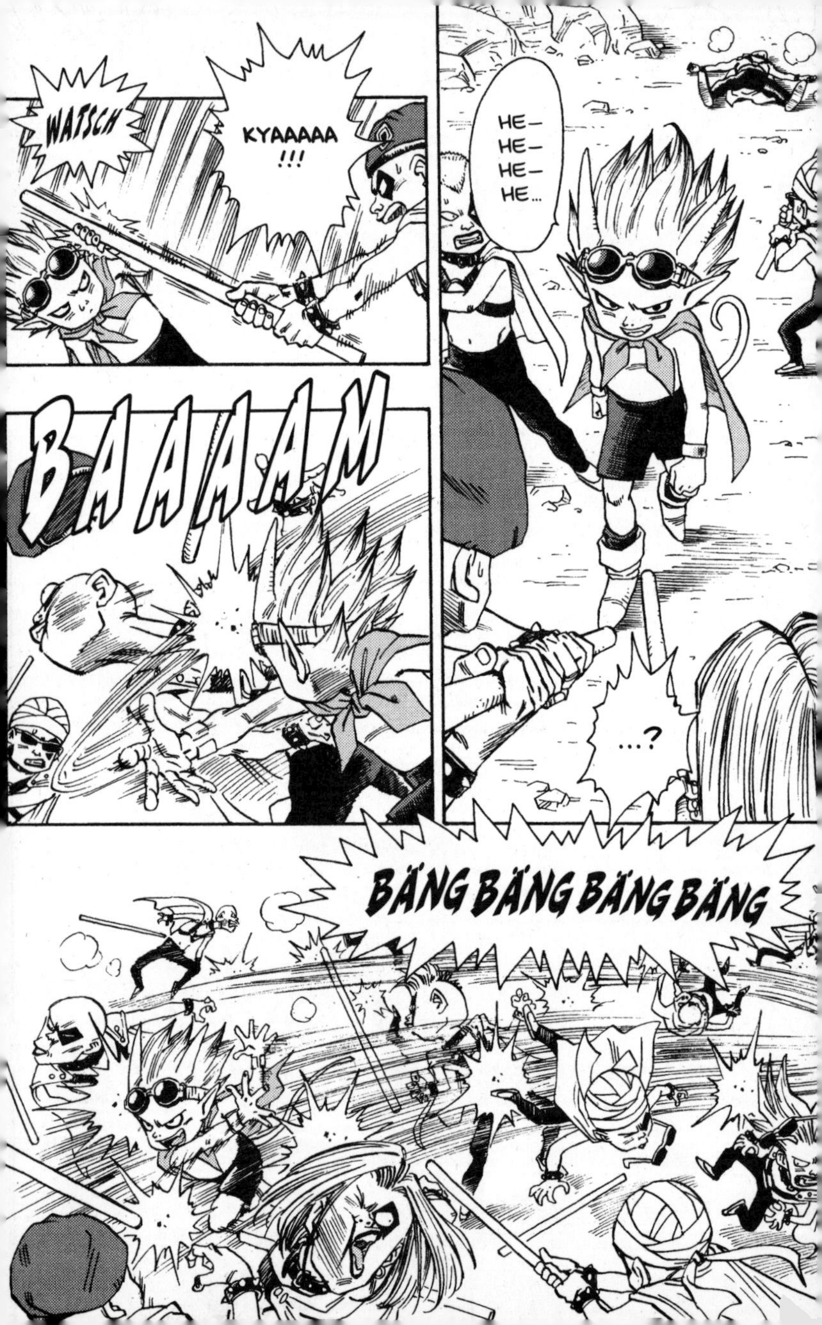

HE–
HE–
HE–
HE...
KYAAAAA
!!!
WATSCH
...?
BAAAAAM
BÄNG BÄNG BÄNG BÄNG

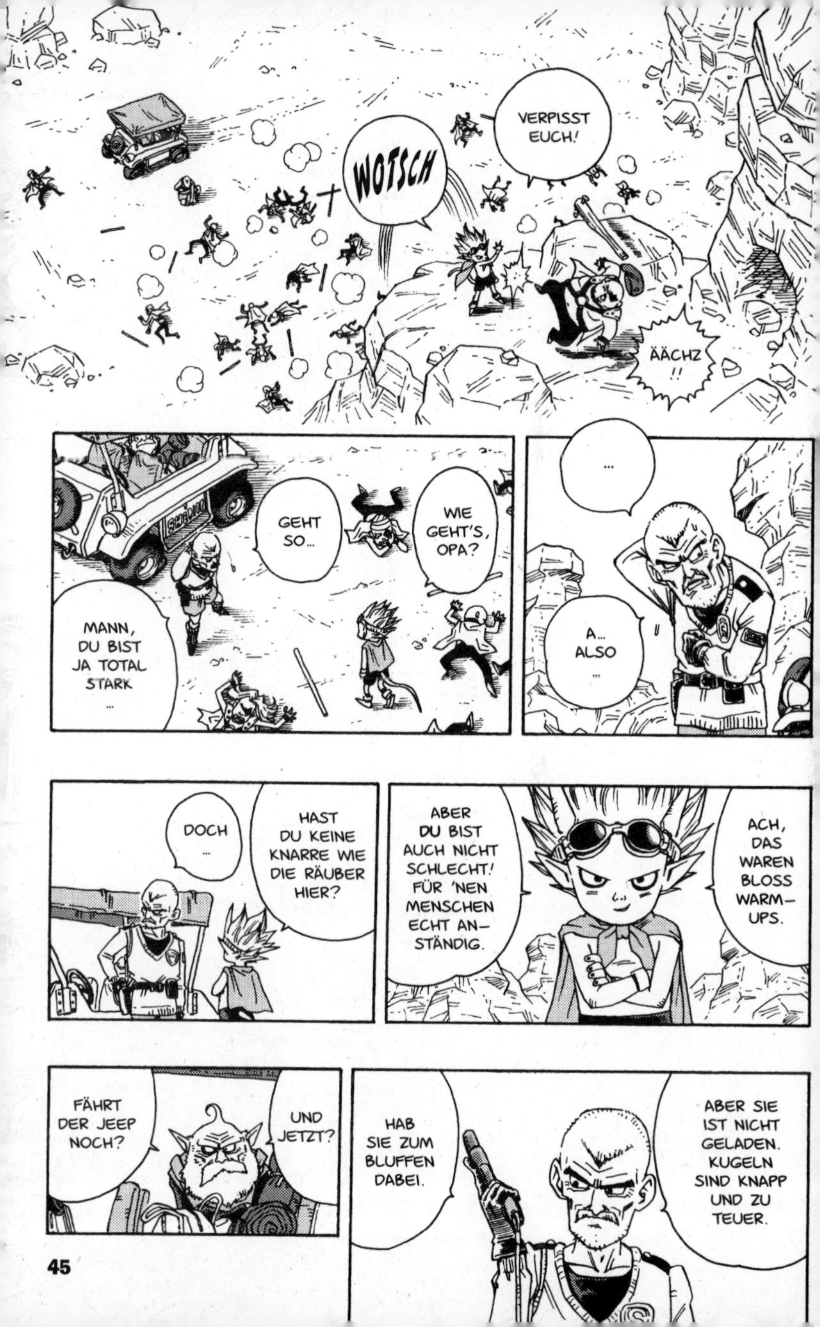
VERPISST EUCH!
WOTSCH
ÄÄCHZ !!
...
A... ALSO ...
WIE GEHT'S, OPA?
GEHT SO...
MANN, DU BIST JA TOTAL STARK ...
ACH, DAS WAREN BLOSS WARM-UPS.
ABER DU BIST AUCH NICHT SCHLECHT! FÜR 'NEN MENSCHEN ECHT ANSTÄNDIG.
HAST DU KEINE KNARRE WIE DIE RÄUBER HIER?
DOCH ...
HAB SIE ZUM BLUFFEN DABEI.
ABER SIE IST NICHT GELADEN. KUGELN SIND KNAPP UND ZU TEUER.
UND JETZT?
FÄHRT DER JEEP NOCH?

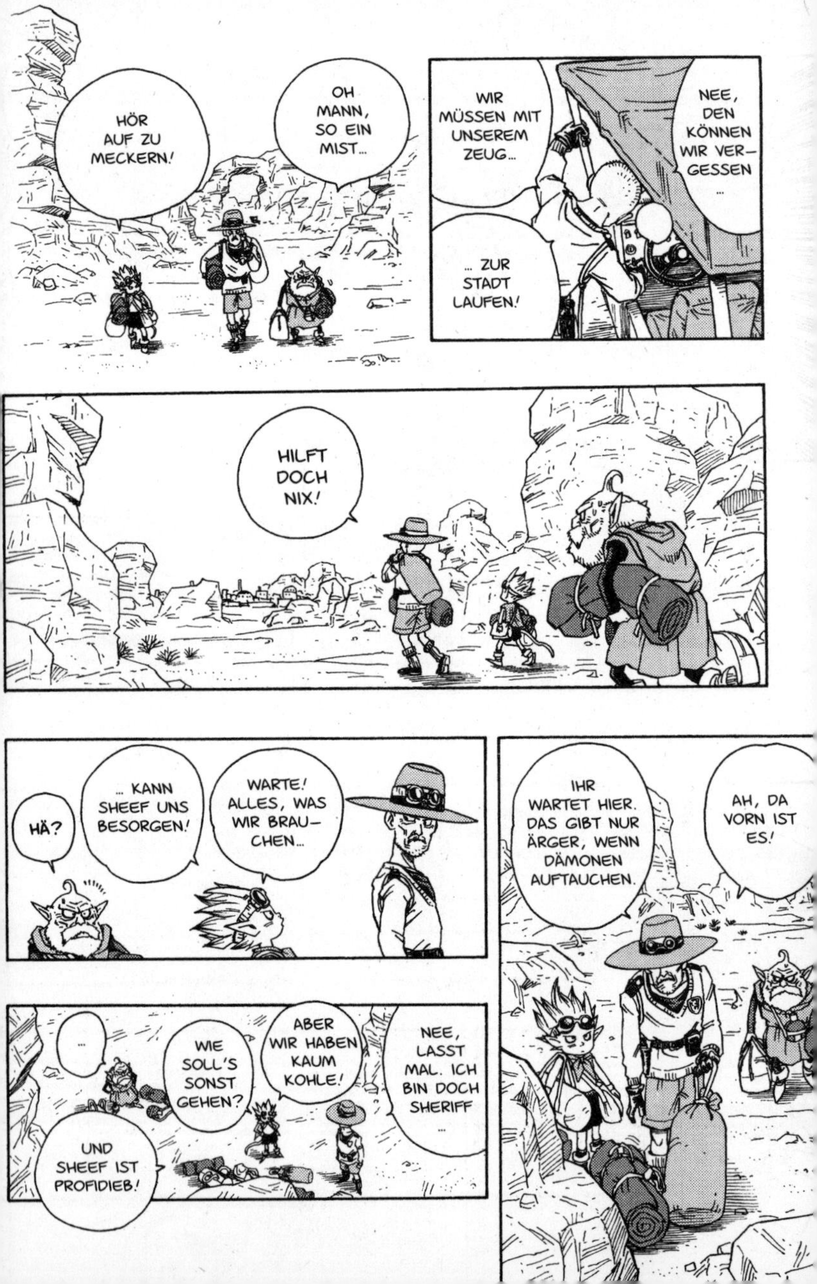
NEE, DEN KÖNNEN WIR VERGESSEN ...
WIR MÜSSEN MIT UNSEREM ZEUG...
... ZUR STADT LAUFEN!
OH MANN, SO EIN MIST...
HÖR AUF ZU MECKERN!
HILFT DOCH NIX!
AH, DA VORN IST ES!
IHR WARTET HIER. DAS GIBT NUR ÄRGER, WENN DÄMONEN AUFTAUCHEN.
WARTE! ALLES, WAS WIR BRAU-CHEN...
... KANN SHEEF UNS BESORGEN!
HÄ?
NEE, LASST MAL. ICH BIN DOCH SHERIFF ...
ABER WIR HABEN KAUM KOHLE!
WIE SOLL'S SONST GEHEN?
UND SHEEF IST PROFIDIEB!
...

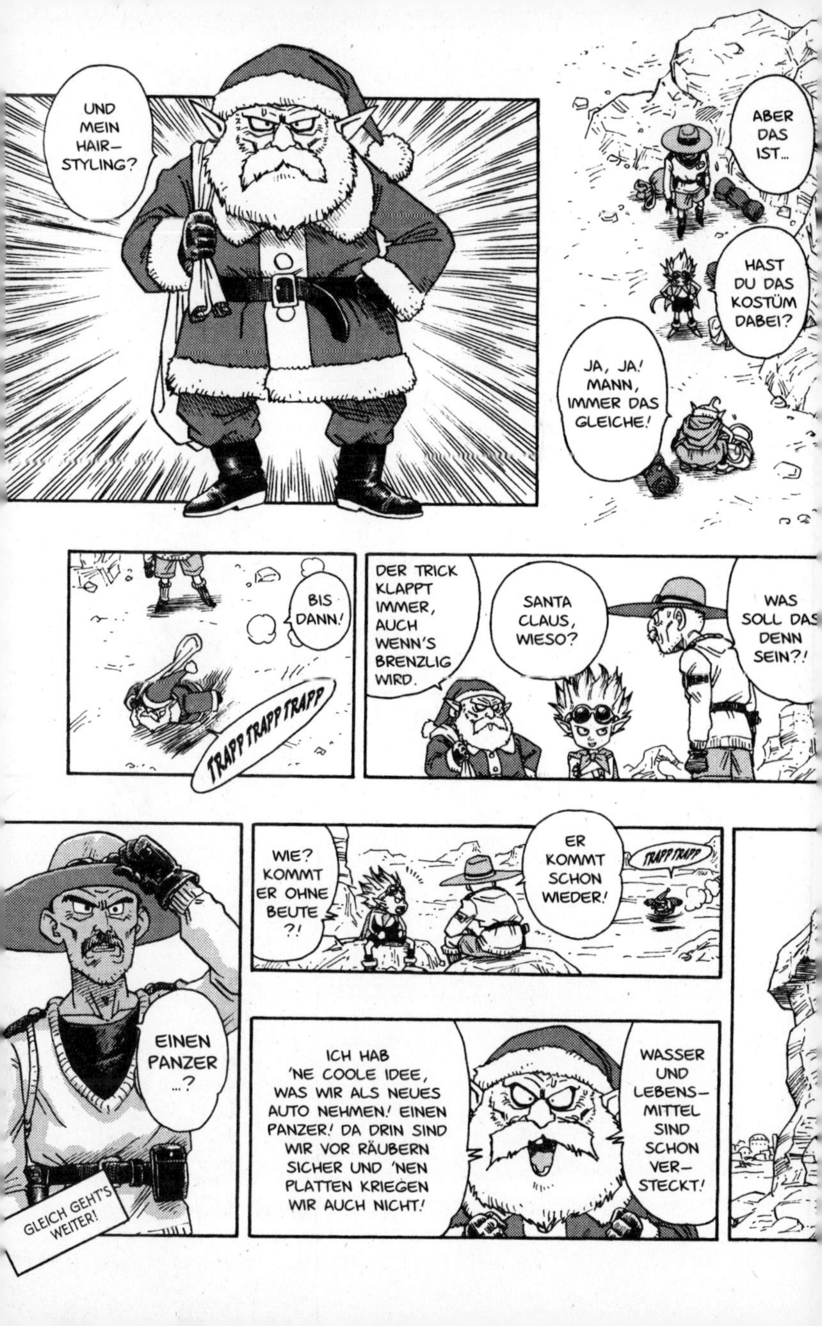
ABER DAS IST...
HAST DU DAS KOSTÜM DABEI?
JA, JA! MANN, IMMER DAS GLEICHE!
UND MEIN HAIR-STYLING?
WAS SOLL DAS DENN SEIN?!
SANTA CLAUS, WIESO?
DER TRICK KLAPPT IMMER, AUCH WENN'S BRENZLIG WIRD.
BIS DANN!
TRAPP TRAPP TRAPP
TRAPP TRAPP
ER KOMMT SCHON WIEDER!
WIE? KOMMT ER OHNE BEUTE?!
WASSER UND LEBENS-MITTEL SIND SCHON VER-STECKT!
ICH HAB 'NE COOLE IDEE, WAS WIR ALS NEUES AUTO NEHMEN! EINEN PANZER! DA DRIN SIND WIR VOR RÄUBERN SICHER UND 'NEN PLATTEN KRIEGEN WIR AUCH NICHT!
EINEN PANZER ...?
GLEICH GEHT'S WEITER!

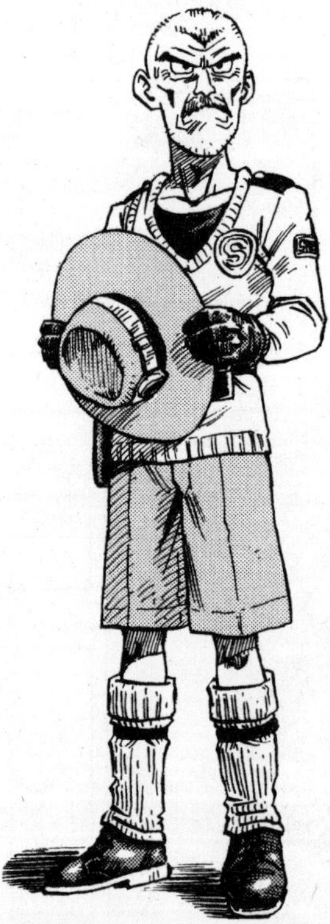

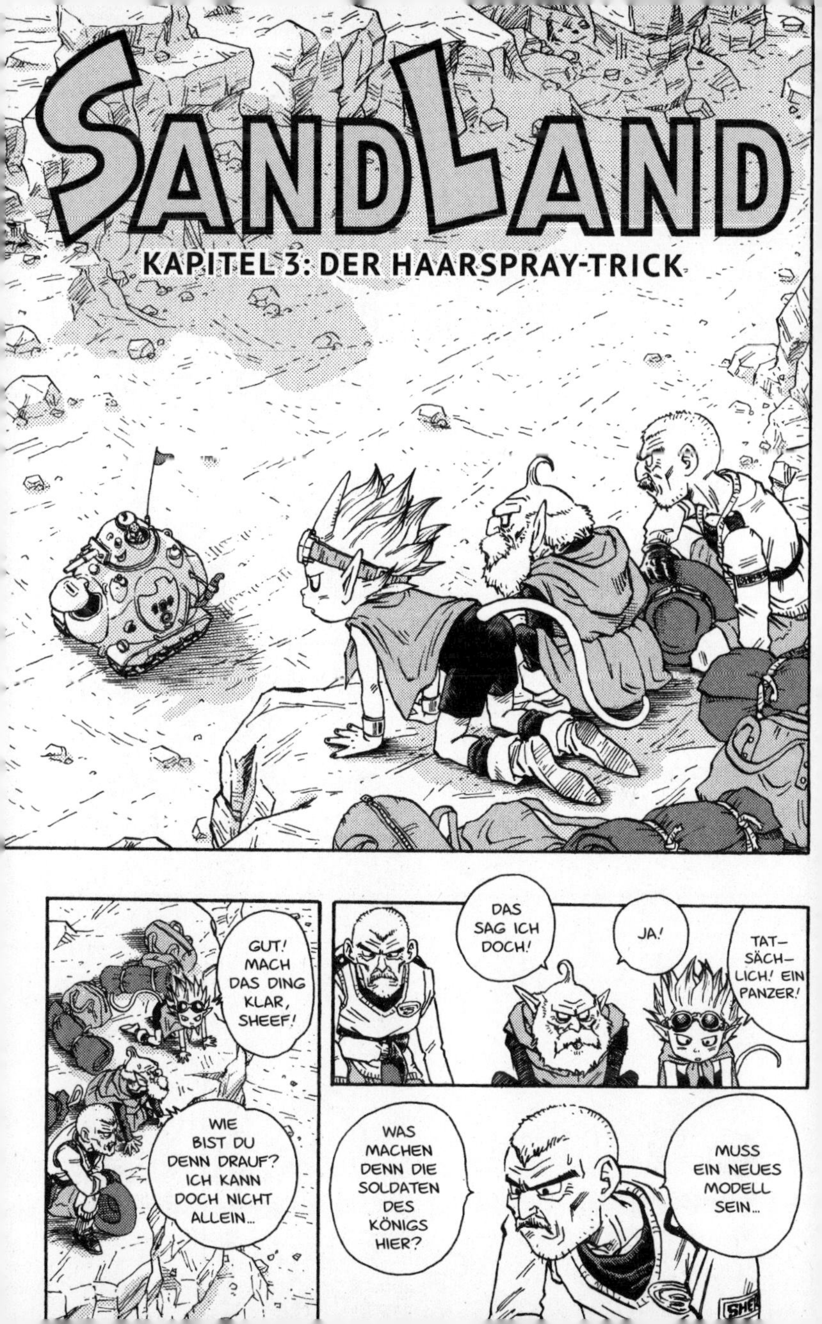
SANDLAND
KAPITEL 3: DER HAARSPRAY-TRICK
TAT-SÄCH-LICH! EIN PANZER!
JA!
DAS SAG ICH DOCH!
MUSS EIN NEUES MODELL SEIN...
WAS MACHEN DENN DIE SOLDATEN DES KÖNIGS HIER?
GUT! MACH DAS DING KLAR, SHEEF!
WIE BIST DU DENN DRAUF? ICH KANN DOCH NICHT ALLEIN...

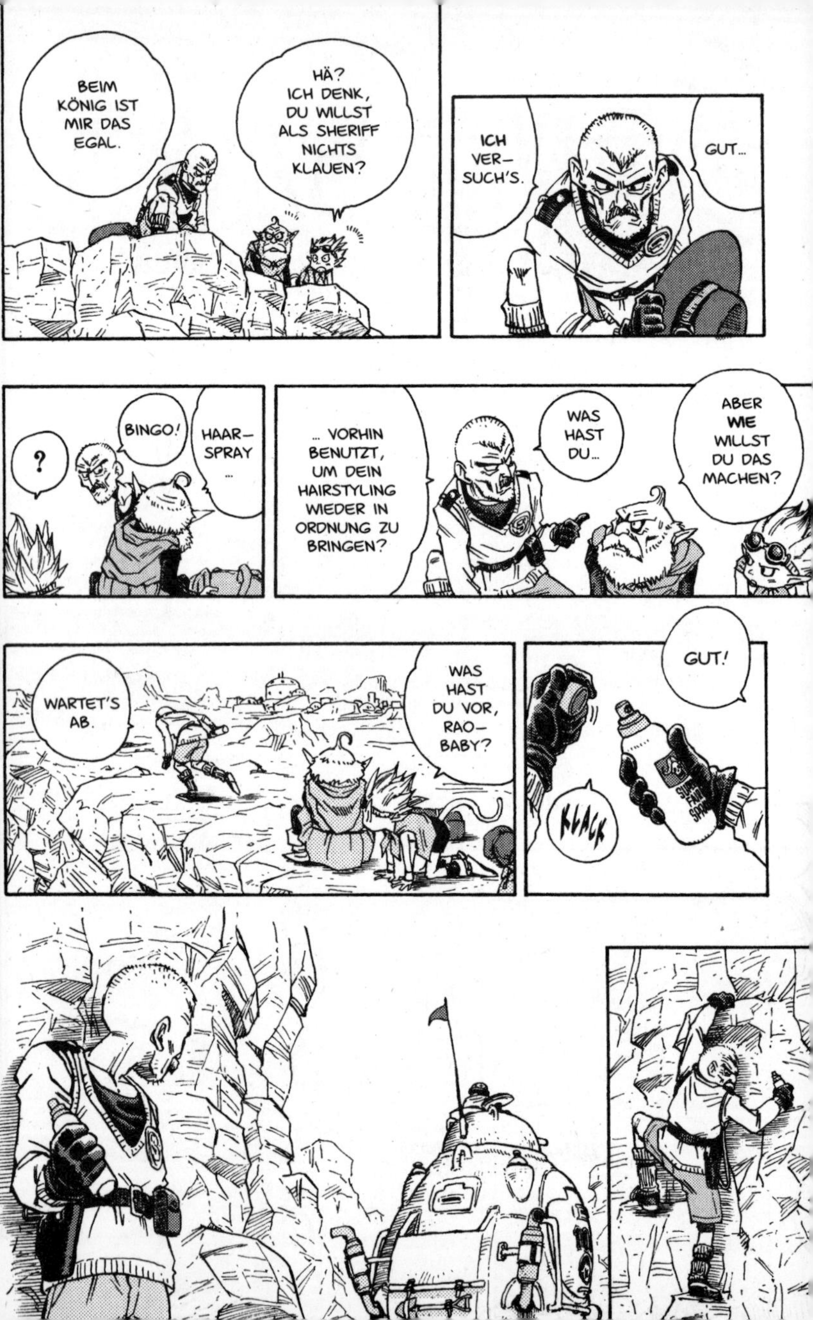
GUT...
ICH VER-SUCH'S.
HÄ? ICH DENK, DU WILLST ALS SHERIFF NICHTS KLAUEN?
BEIM KÖNIG IST MIR DAS EGAL.
ABER WIE WILLST DU DAS MACHEN?
WAS HAST DU...
... VORHIN BENUTZT, UM DEIN HAIRSTYLING WIEDER IN ORDNUNG ZU BRINGEN?
HAAR-SPRAY ...
BINGO!
?
GUT!
KLACK
WAS HAST DU VOR, RAO-BABY?
WARTET'S AB.

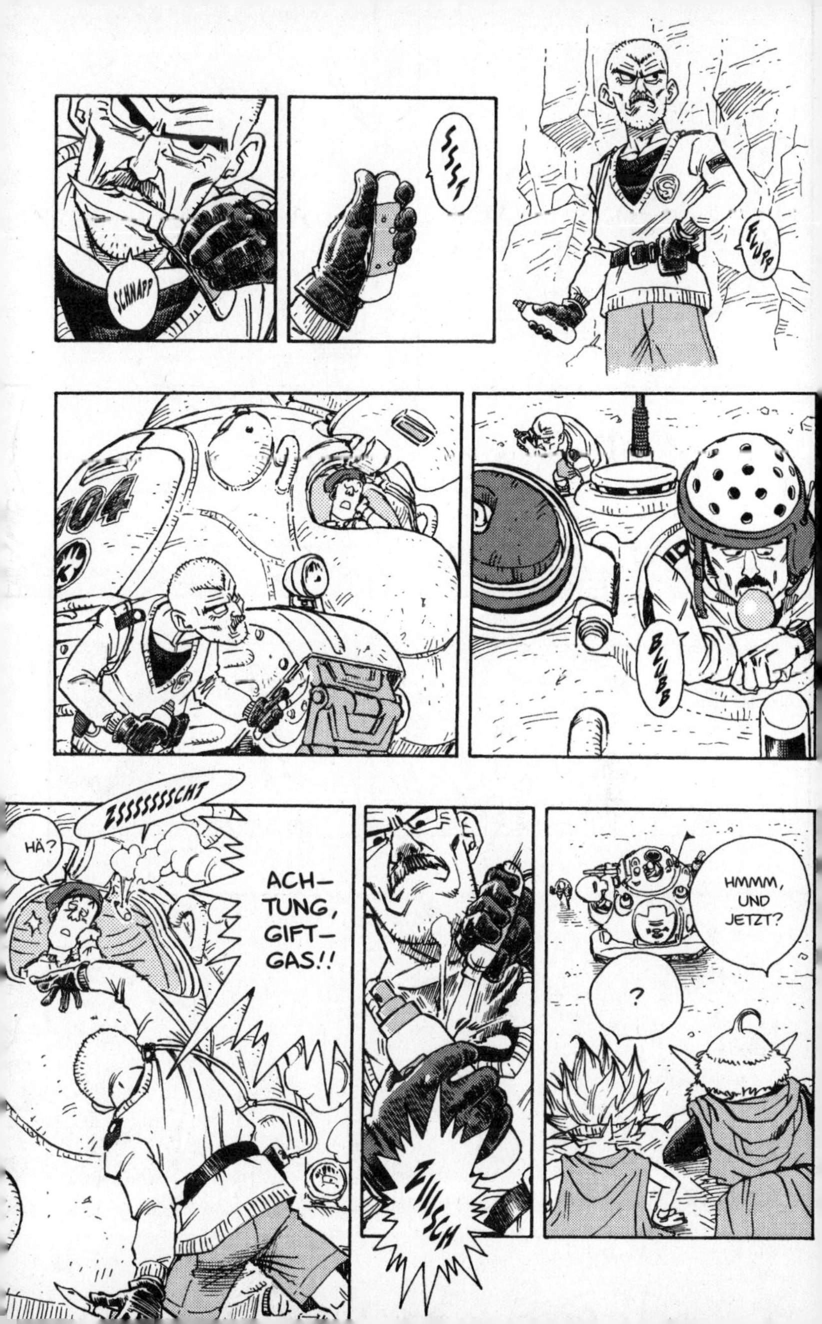
FWUPP
SSSST
SCHNAPP
BLUBB
HMMM, UND JETZT?
?
ZIIISCH
ZSSSSSSSCHT
HÄ?
ACH-TUNG, GIFT-GAS!!

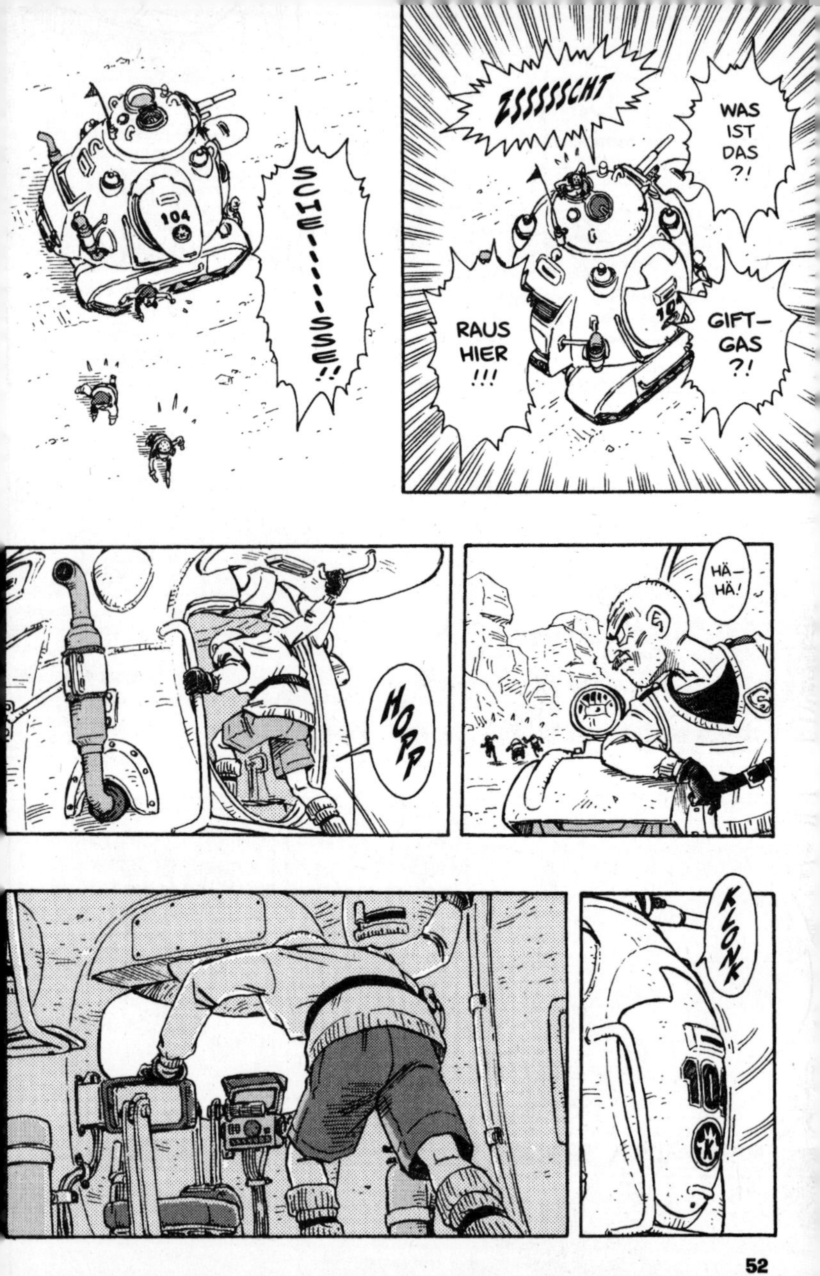
ZSSSSSSCHT
WAS IST DAS ?!
GIFT-GAS ?!
RAUS HIER !!!
SCHEI-----SSE!!
HÄ-HÄ!
HOPP
KLONK

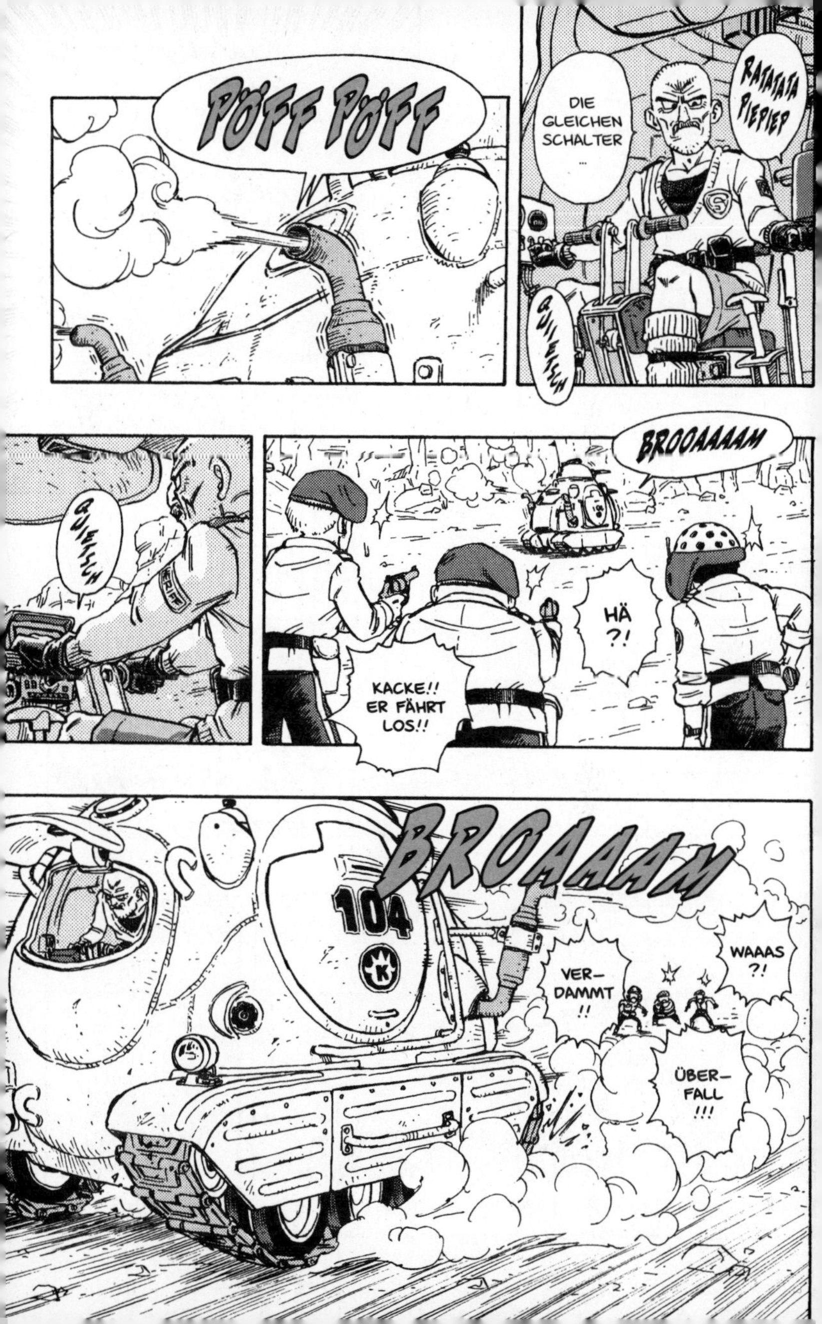
RATATATA PIEPIEP
DIE GLEICHEN SCHALTER ...
QUIETSCH
PÖFF PÖFF
BROOAAAAM
HÄ ?!
KACKE!! ER FÄHRT LOS!!
QUIETSCH
BROAAAAM
WAAAS ?!
VERDAMMT !!
ÜBERFALL !!!

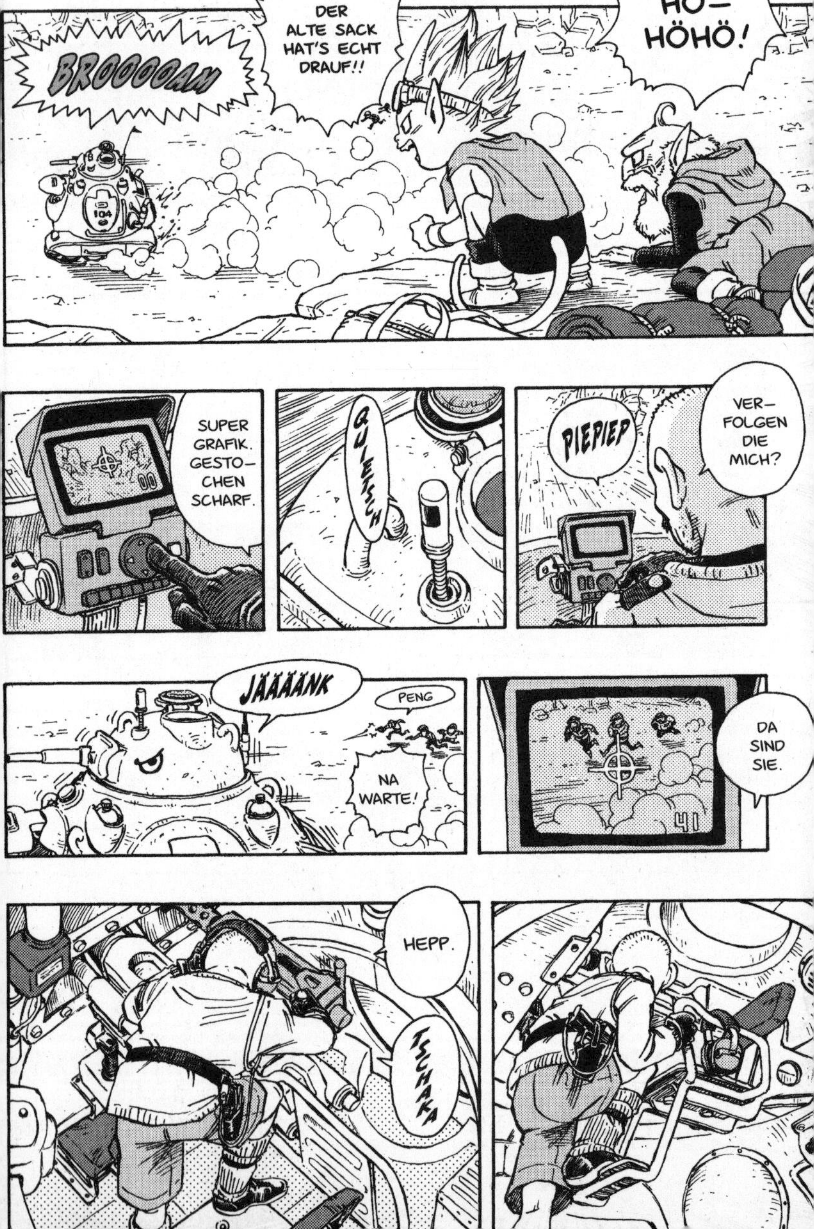
HÖ-HÖHÖ!
DER ALTE SACK HAT'S ECHT DRAUF!!
BROOOOAM
VER-FOLGEN DIE MICH?
PIEPIEP
QUIETSCH
SUPER GRAFIK. GESTO-CHEN SCHARF.
DA SIND SIE.
41
NA WARTE!
PENG
JÄÄÄNK
104
HEPP.
TSCHAKA

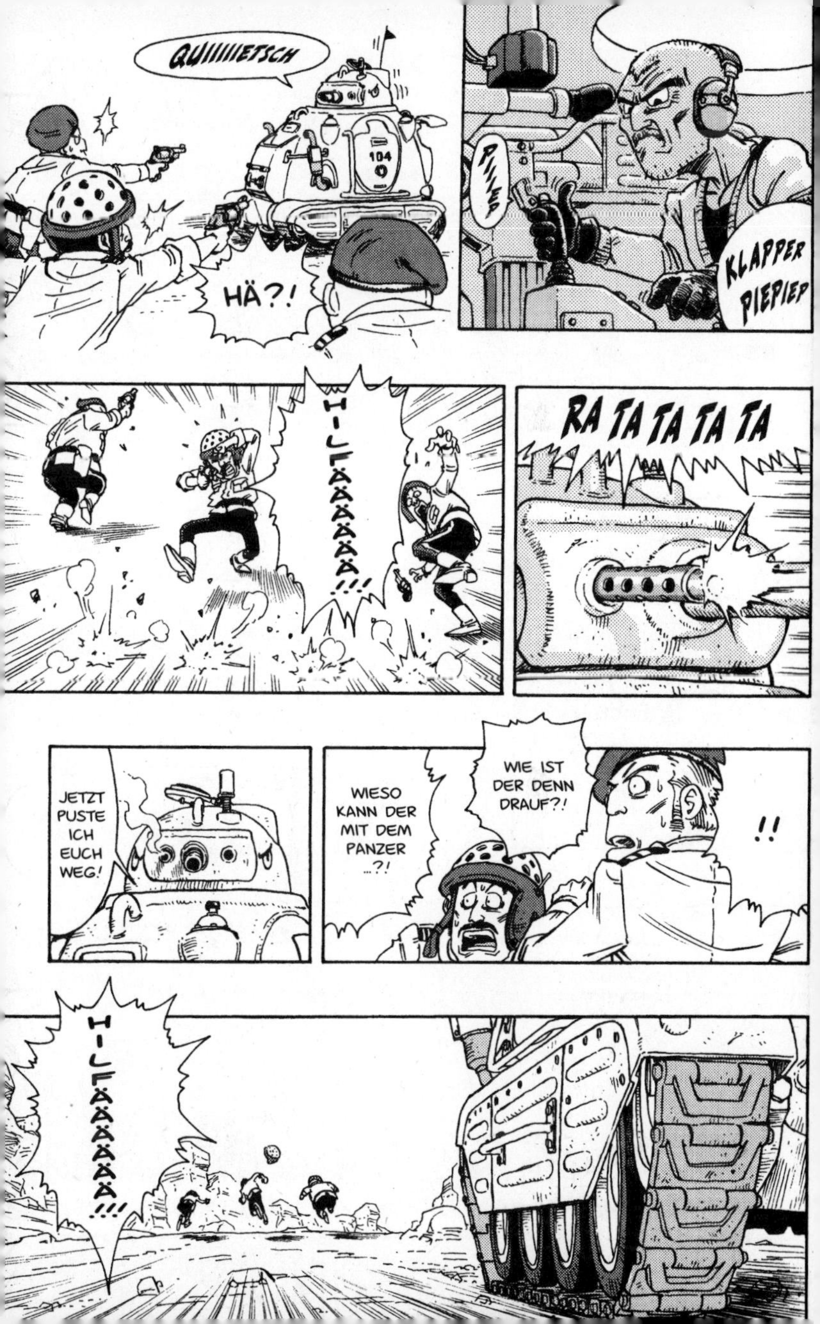
PIIIEP
KLAPPER PIEPIEP
QUIIIIIETSCH
HÄ?!
RA TA TA TA TA
HILFÄÄÄÄÄÄ!!!
WIE IST DER DENN DRAUF?!
WIESO KANN DER MIT DEM PANZER ...?!
!!
JETZT PUSTE ICH EUCH WEG!
HILFÄÄÄÄÄÄ!!!

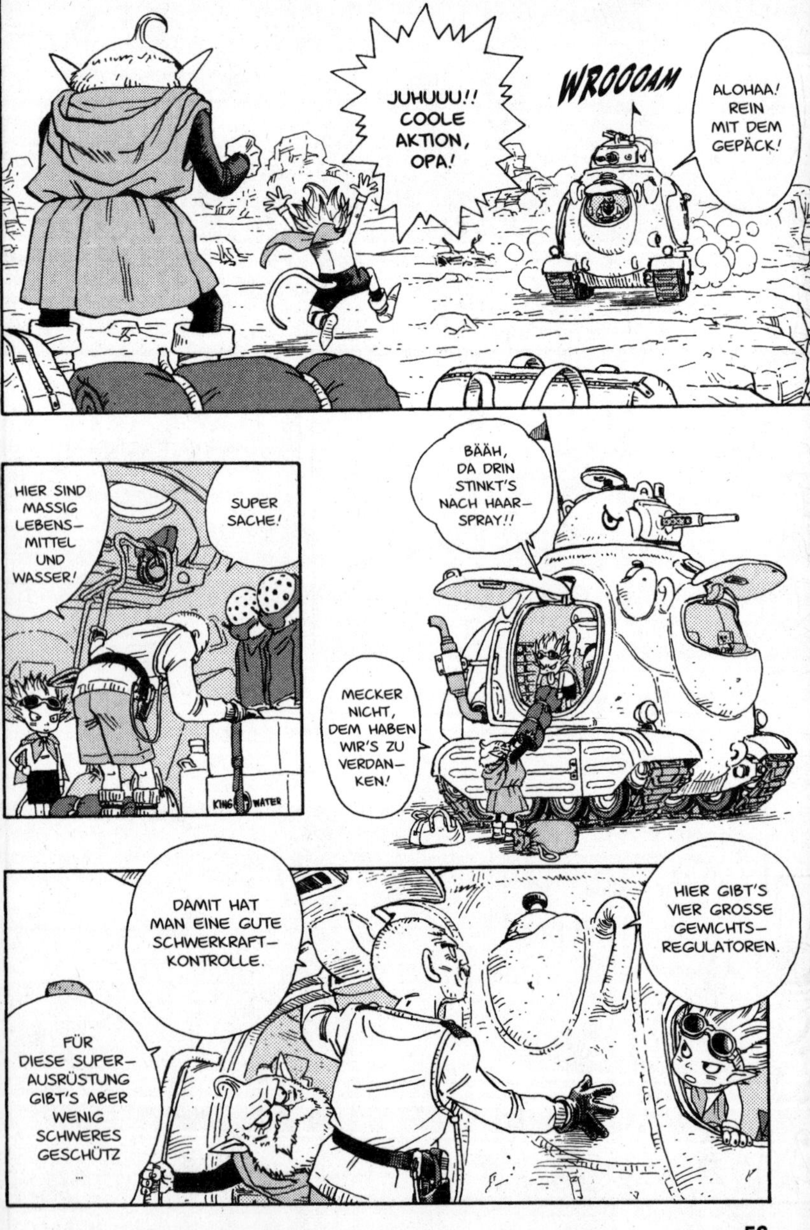
WROOOAM
ALOHAA! REIN MIT DEM GEPÄCK!
JUHUUU!! COOLE AKTION, OPA!
BÄÄH, DA DRIN STINKT'S NACH HAAR-SPRAY!!
MECKER NICHT, DEM HABEN WIR'S ZU VERDAN-KEN!
HIER SIND MASSIG LEBENS-MITTEL UND WASSER!
SUPER SACHE!
KING WATER
HIER GIBT'S VIER GROSSE GEWICHTS-REGULATOREN.
DAMIT HAT MAN EINE GUTE SCHWERKRAFT-KONTROLLE.
FÜR DIESE SUPER-AUSRÜSTUNG GIBT'S ABER WENIG SCHWERES GESCHÜTZ ...

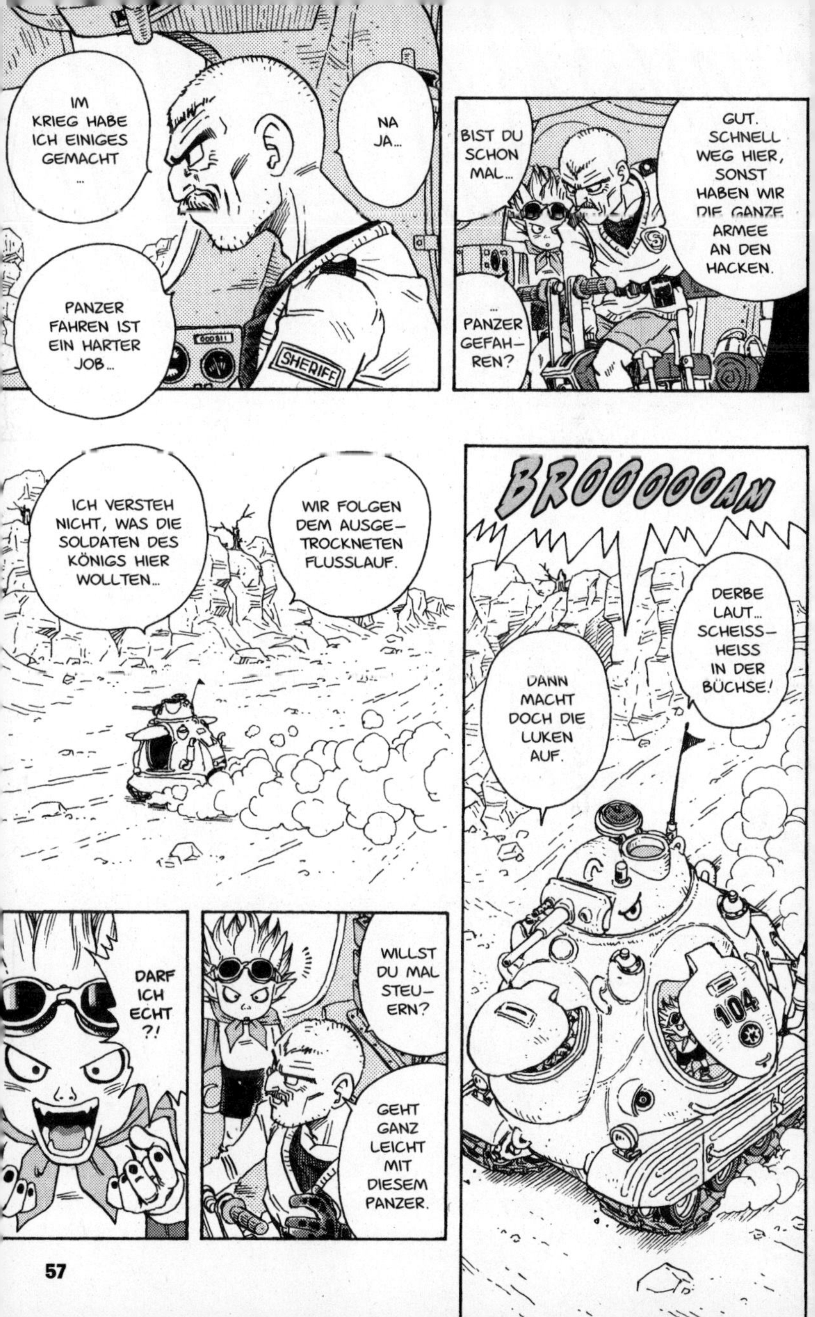
GUT. SCHNELL WEG HIER, SONST HABEN WIR DIE GANZE ARMEE AN DEN HACKEN.
BIST DU SCHON MAL…
… PANZER GEFAH-REN?
NA JA…
IM KRIEG HABE ICH EINIGES GEMACHT …
PANZER FAHREN IST EIN HARTER JOB…
SHERIFF
BROOOOOAM
DERBE LAUT… SCHEISS-HEISS IN DER BÜCHSE!
DANN MACHT DOCH DIE LUKEN AUF.
104
WIR FOLGEN DEM AUSGE-TROCKNETEN FLUSSLAUF.
ICH VERSTEH NICHT, WAS DIE SOLDATEN DES KÖNIGS HIER WOLLTEN…
WILLST DU MAL STEU-ERN?
GEHT GANZ LEICHT MIT DIESEM PANZER.
DARF ICH ECHT ?!

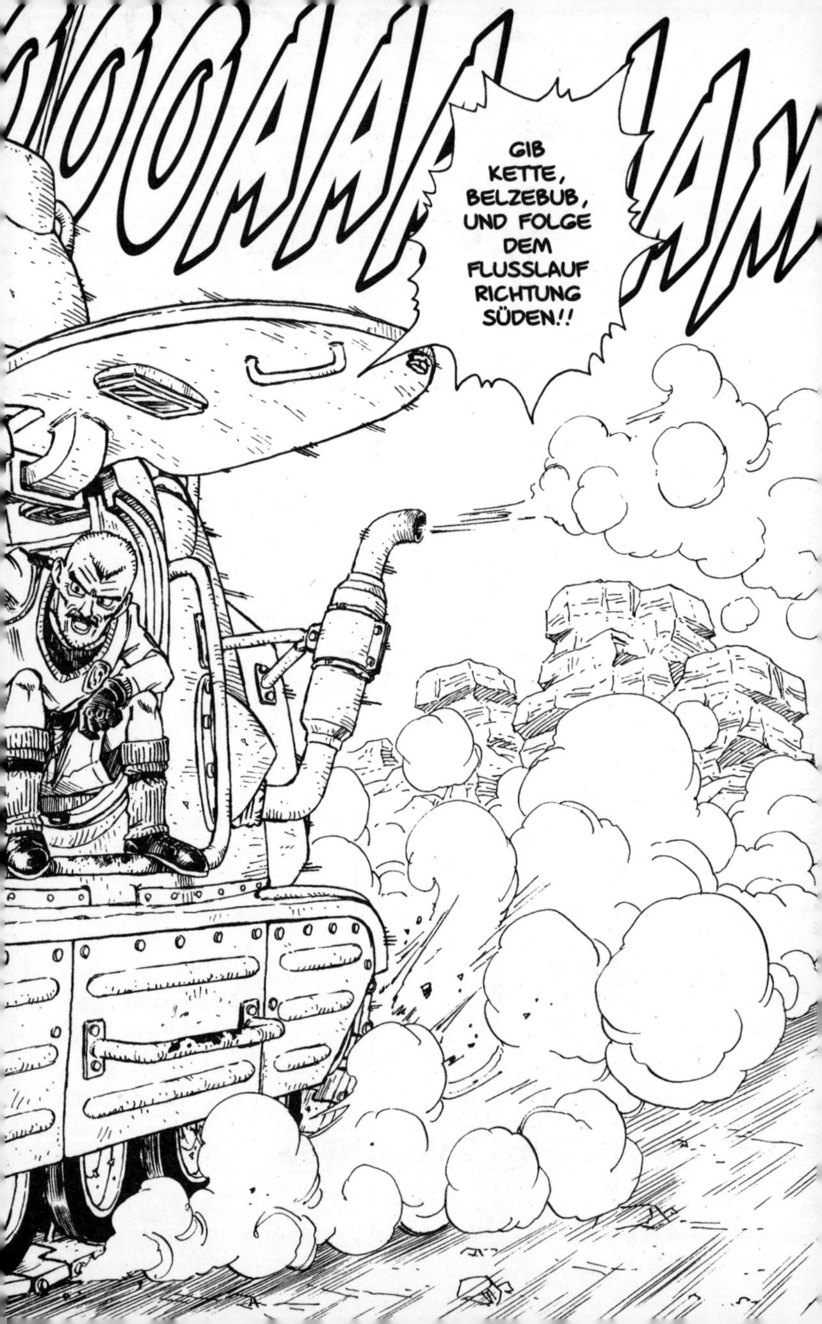
GIB KETTE, BELZEBUB, UND FOLGE DEM FLUSSLAUF RICHTUNG SÜDEN!!

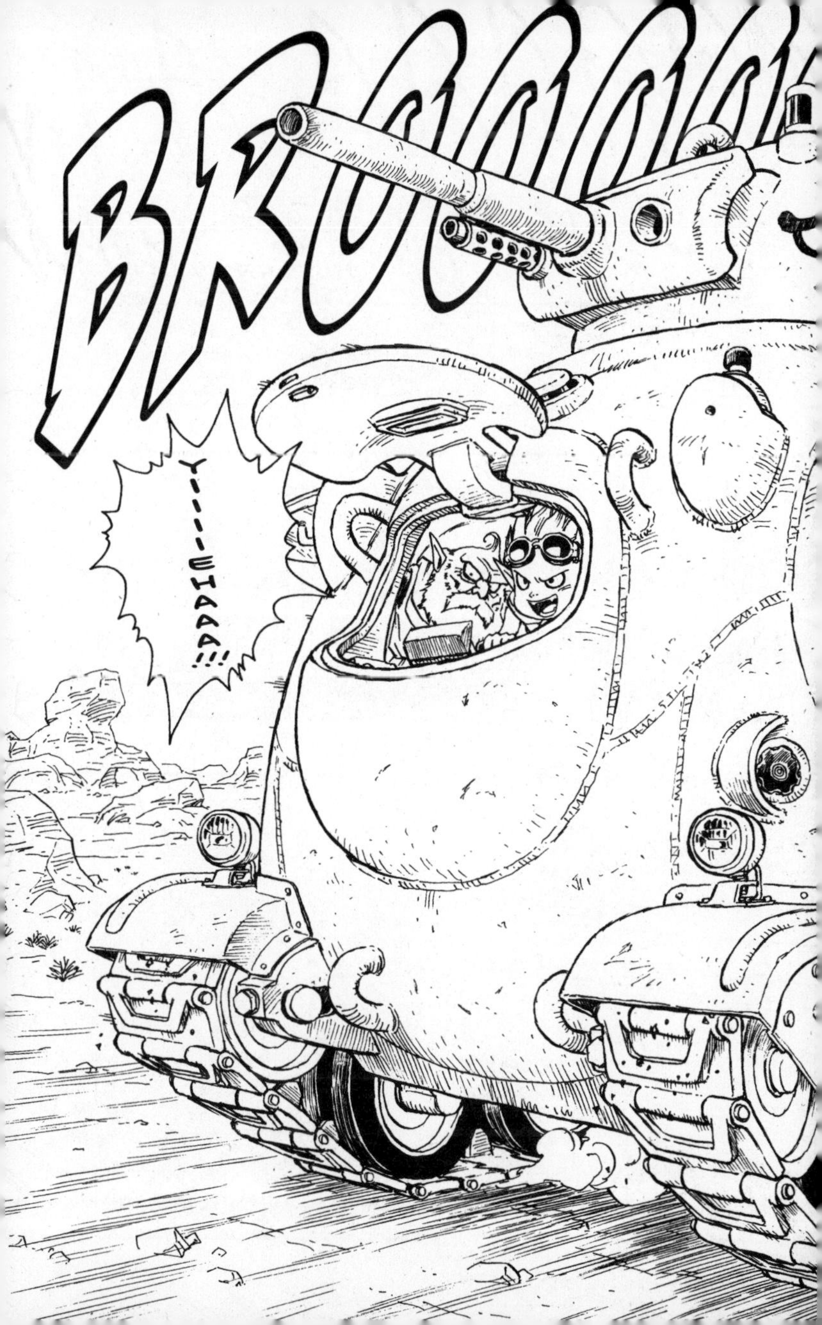
YIIIIEHAAAA!!!

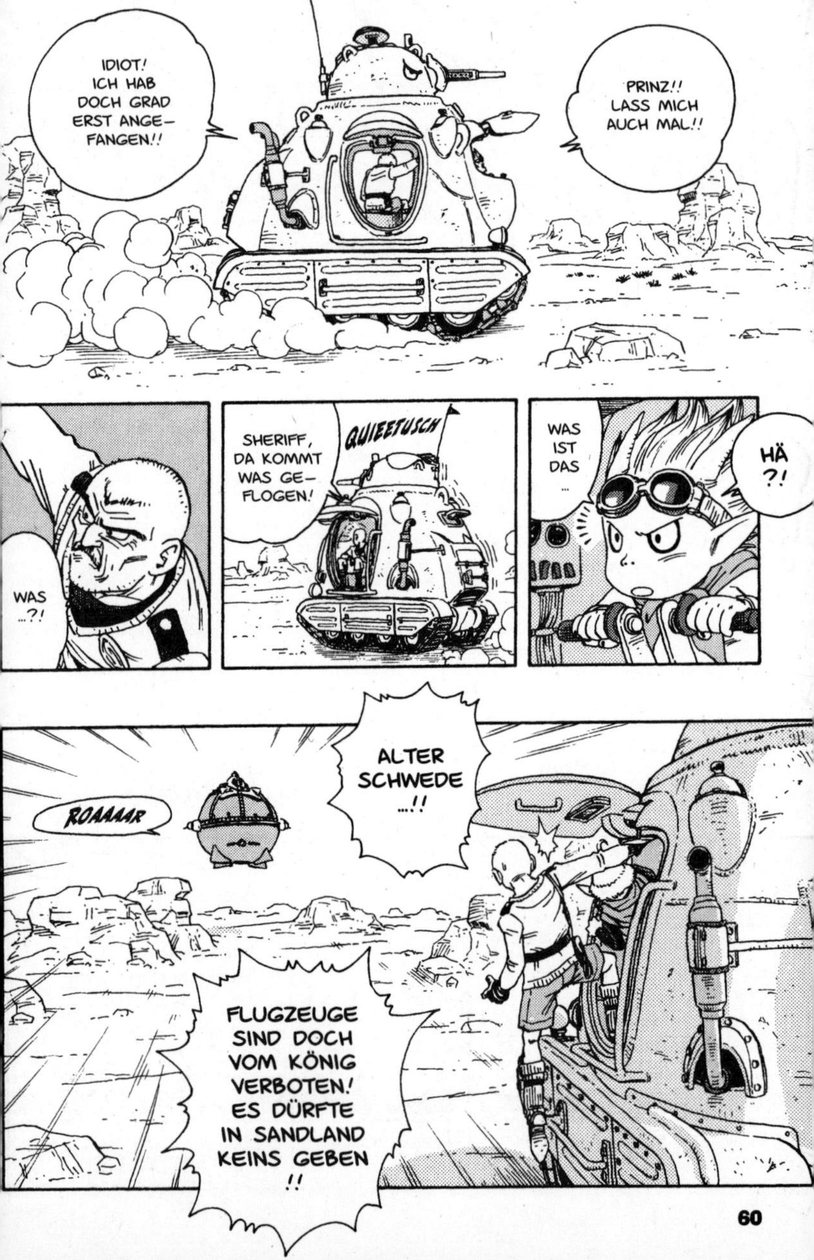
PRINZ!! LASS MICH AUCH MAL!!
IDIOT! ICH HAB DOCH GRAD ERST ANGE- FANGEN!!
HÄ ?!
WAS IST DAS ...
QUIEETUSCH
SHERIFF, DA KOMMT WAS GE- FLOGEN!
WAS ...?!
ALTER SCHWEDE ...!!
ROAAAAR
FLUGZEUGE SIND DOCH VOM KÖNIG VERBOTEN! ES DÜRFTE IN SANDLAND KEINS GEBEN !!

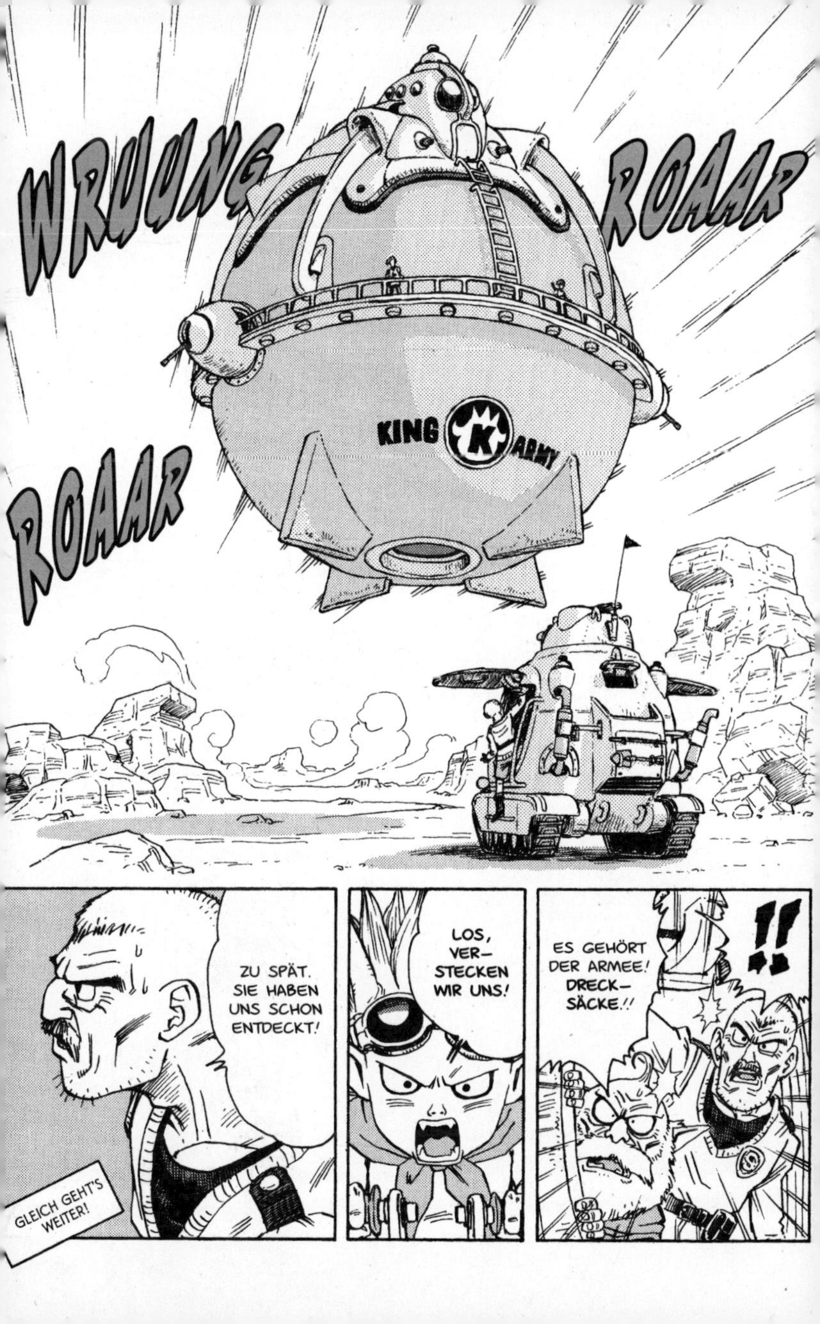
WRUUNG
ROAAR
KING K ARMY
ROAAR
ZU SPÄT. SIE HABEN UNS SCHON ENTDECKT!
LOS, VER-STECKEN WIR UNS!
ES GEHÖRT DER ARMEE! DRECK-SÄCKE!!
!!
GLEICH GEHT'S WEITER!

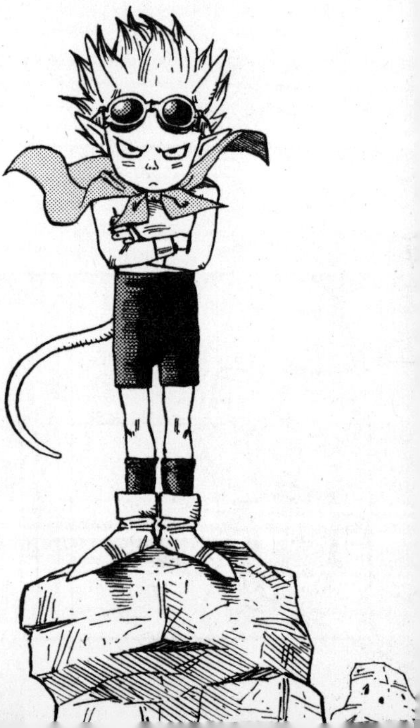

SANDLAND

KAPITEL 4: DER FLUGZEUGTANK

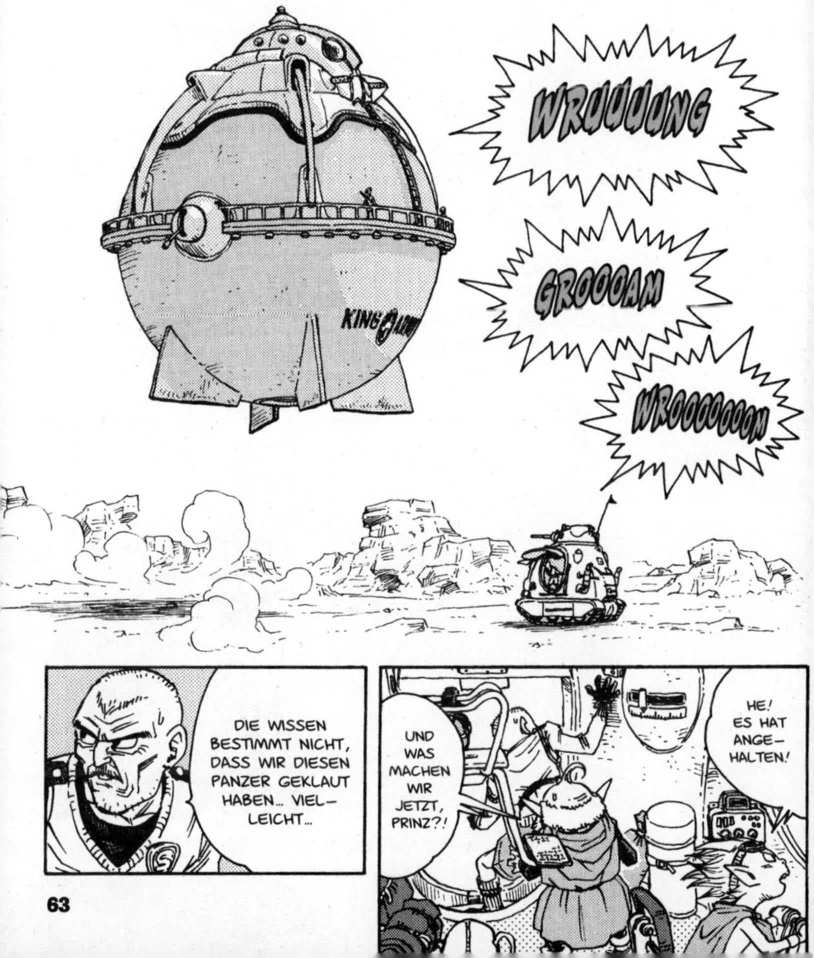

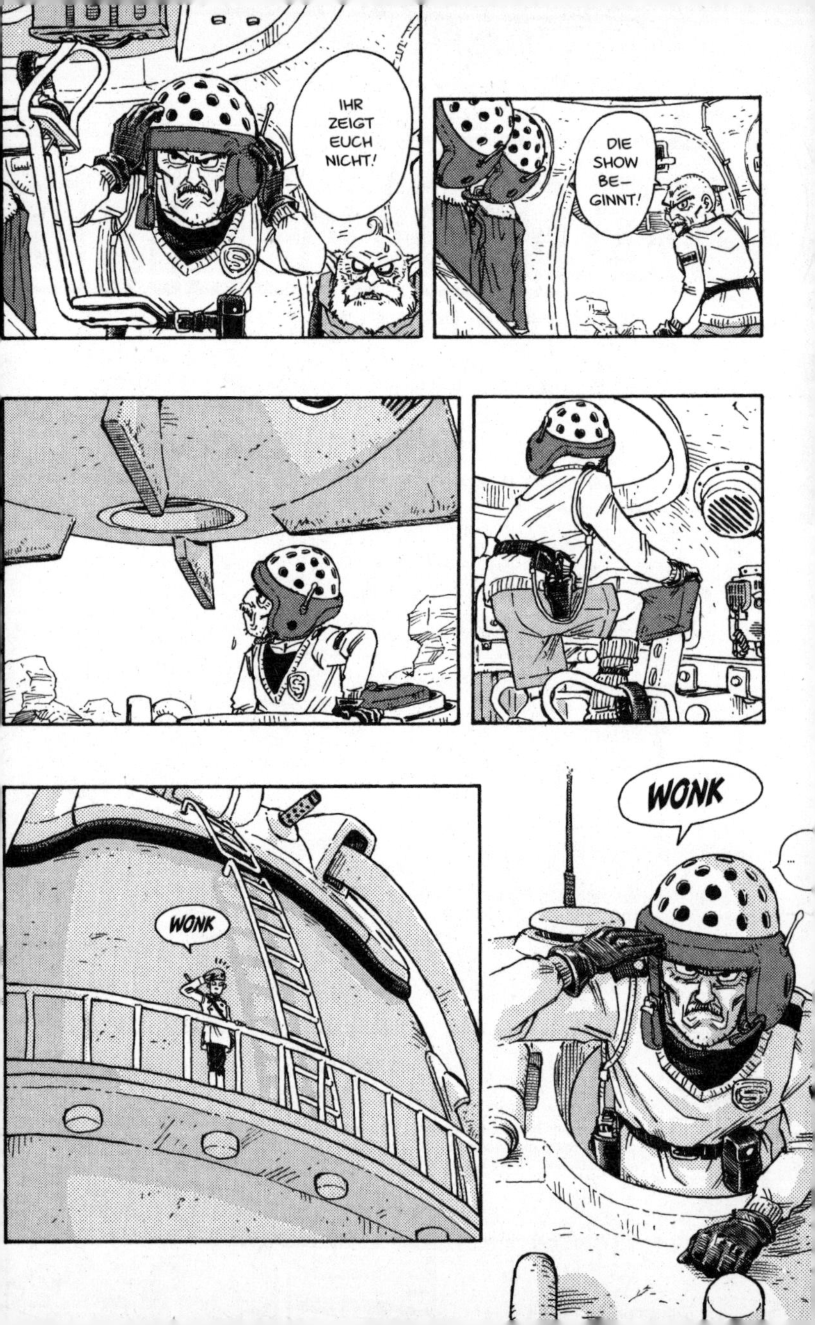
IHR ZEIGT EUCH NICHT!
DIE SHOW BE-GINNT!
WONK
WONK
...

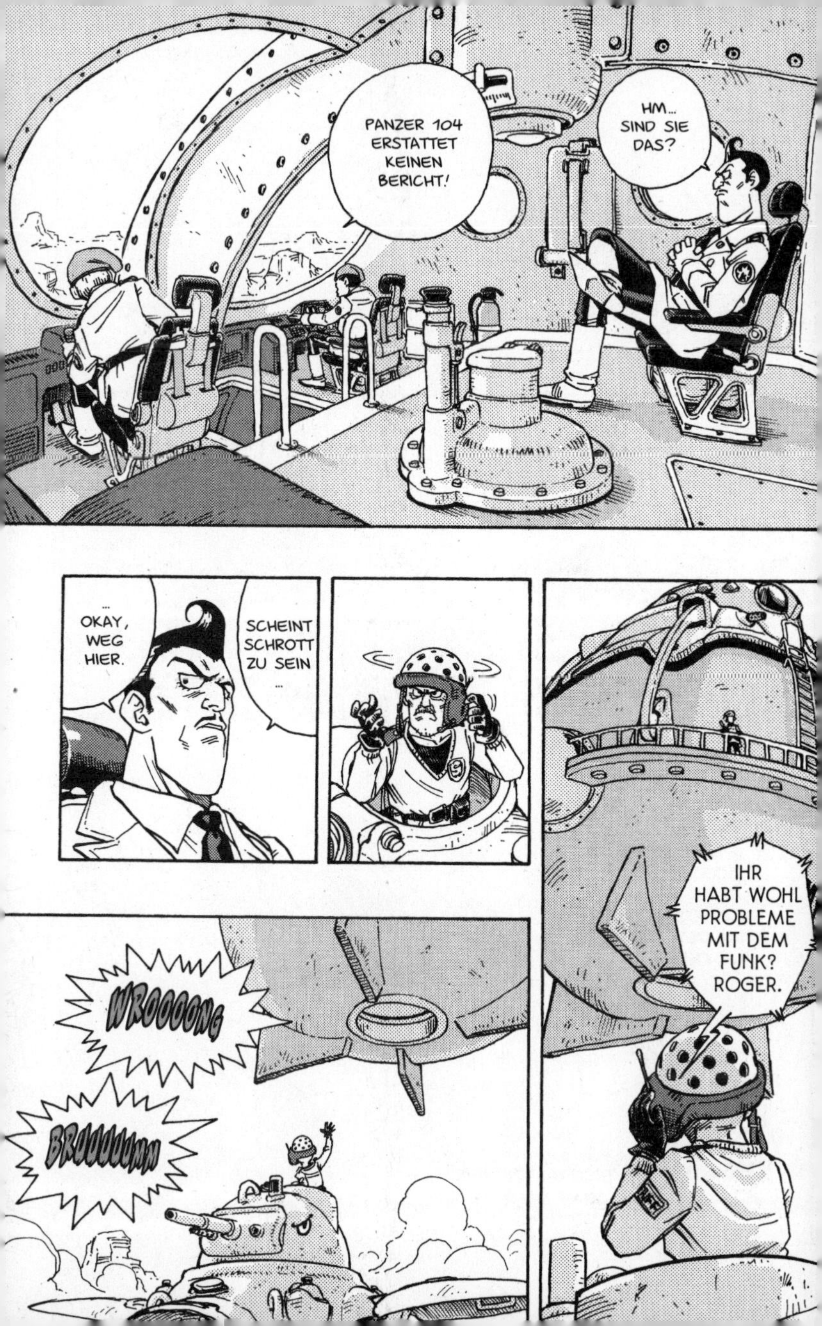
PANZER 104 ERSTATTET KEINEN BERICHT!
HM... SIND SIE DAS?
SCHEINT SCHROTT ZU SEIN ...
... OKAY, WEG HIER.
IHR HABT WOHL PROBLEME MIT DEM FUNK? ROGER.
WROOOONG
BRUUUUMM

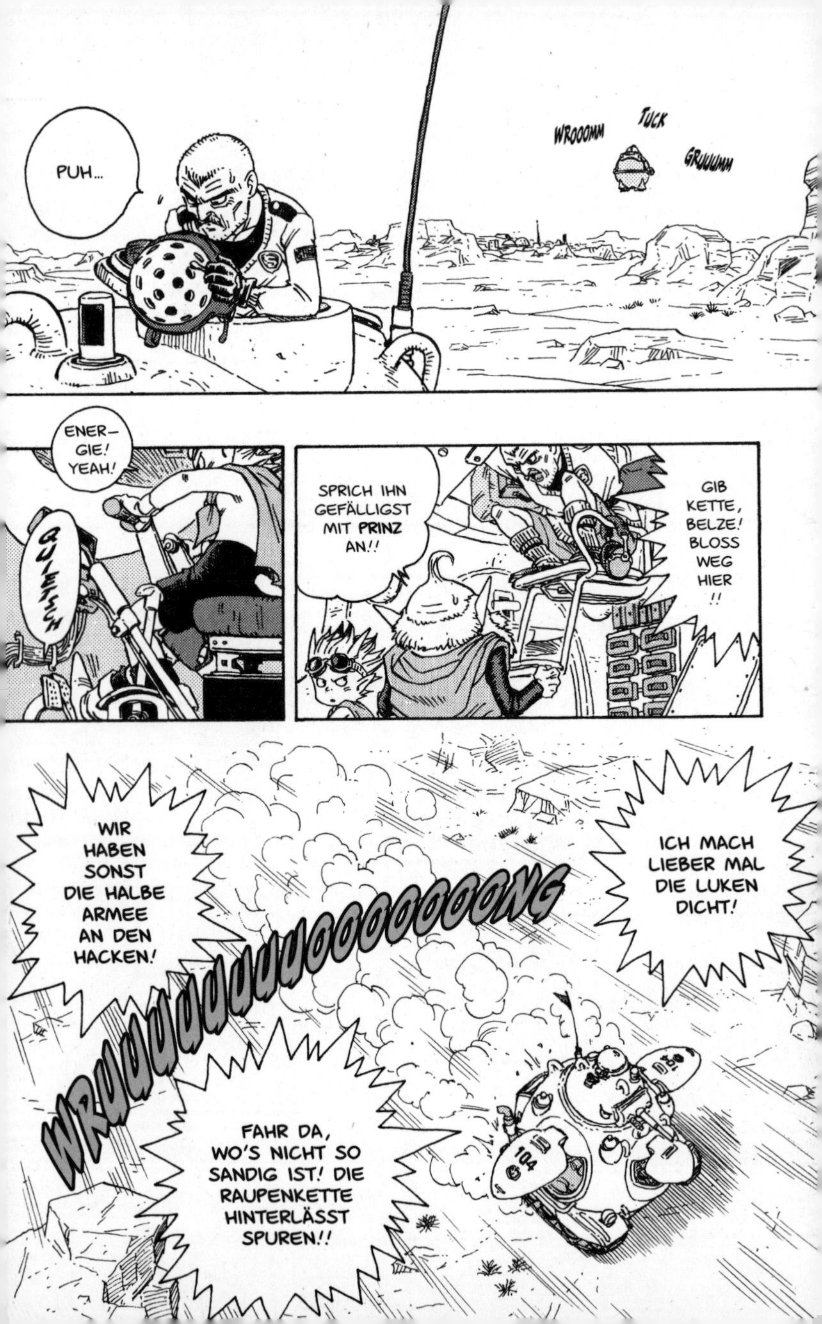
PUH...
WROOOMM
TUCK
GRUUUMM
ENER-GIE! YEAH!
QUIETSCH
SPRICH IHN GEFÄLLIGST MIT PRINZ AN!!
GIB KETTE, BELZE! BLOSS WEG HIER!!
WIR HABEN SONST DIE HALBE ARMEE AN DEN HACKEN!
ICH MACH LIEBER MAL DIE LUKEN DICHT!
WRUUUUUUUUUOOOOOOOONG
FAHR DA, WO'S NICHT SO SANDIG IST! DIE RAUPENKETTE HINTERLÄSST SPUREN!!
104

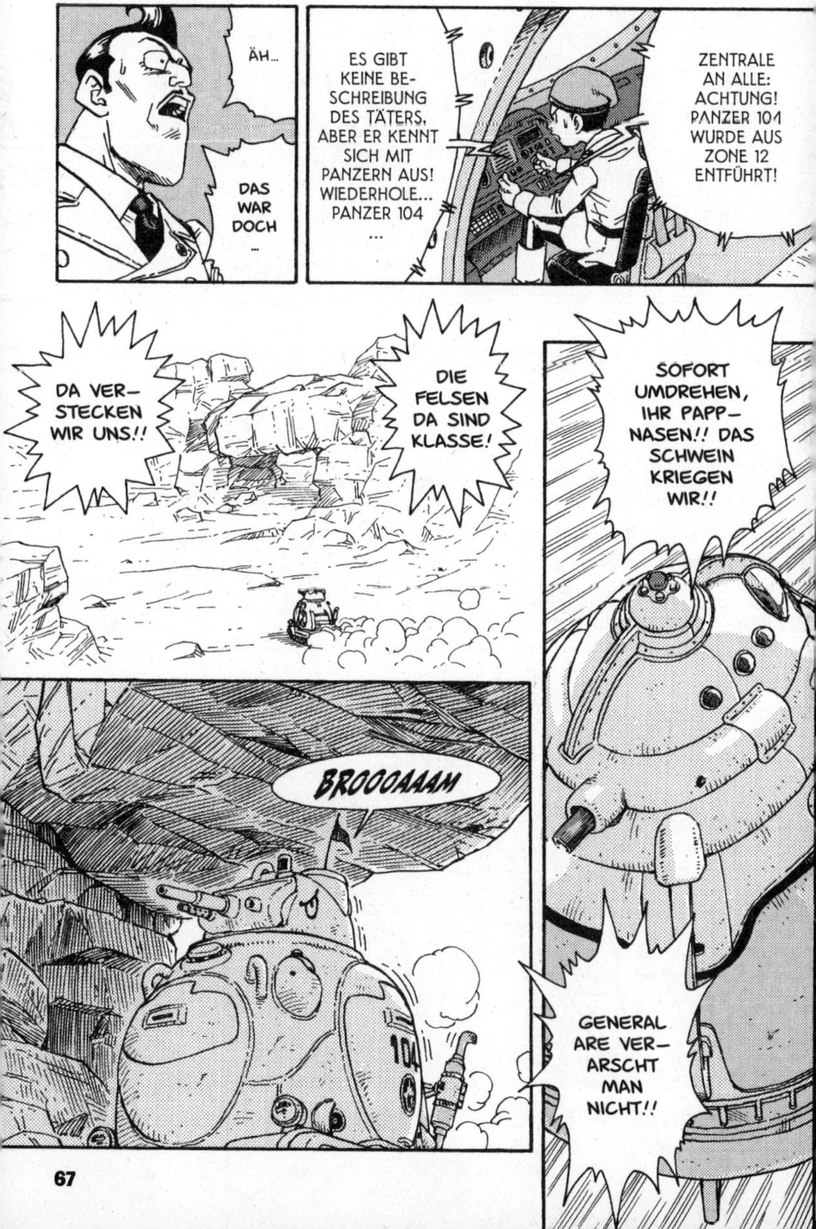
ZENTRALE AN ALLE: ACHTUNG! PANZER 104 WURDE AUS ZONE 12 ENTFÜHRT!
ES GIBT KEINE BESCHREIBUNG DES TÄTERS, ABER ER KENNT SICH MIT PANZERN AUS! WIEDERHOLE... PANZER 104 ...
ÄH...
DAS WAR DOCH ...
DIE FELSEN DA SIND KLASSE!
DA VERSTECKEN WIR UNS!!
SOFORT UMDREHEN, IHR PAPPNASEN!! DAS SCHWEIN KRIEGEN WIR!!
BROOOAAAM
104
GENERAL ARE VERARSCHT MAN NICHT!!

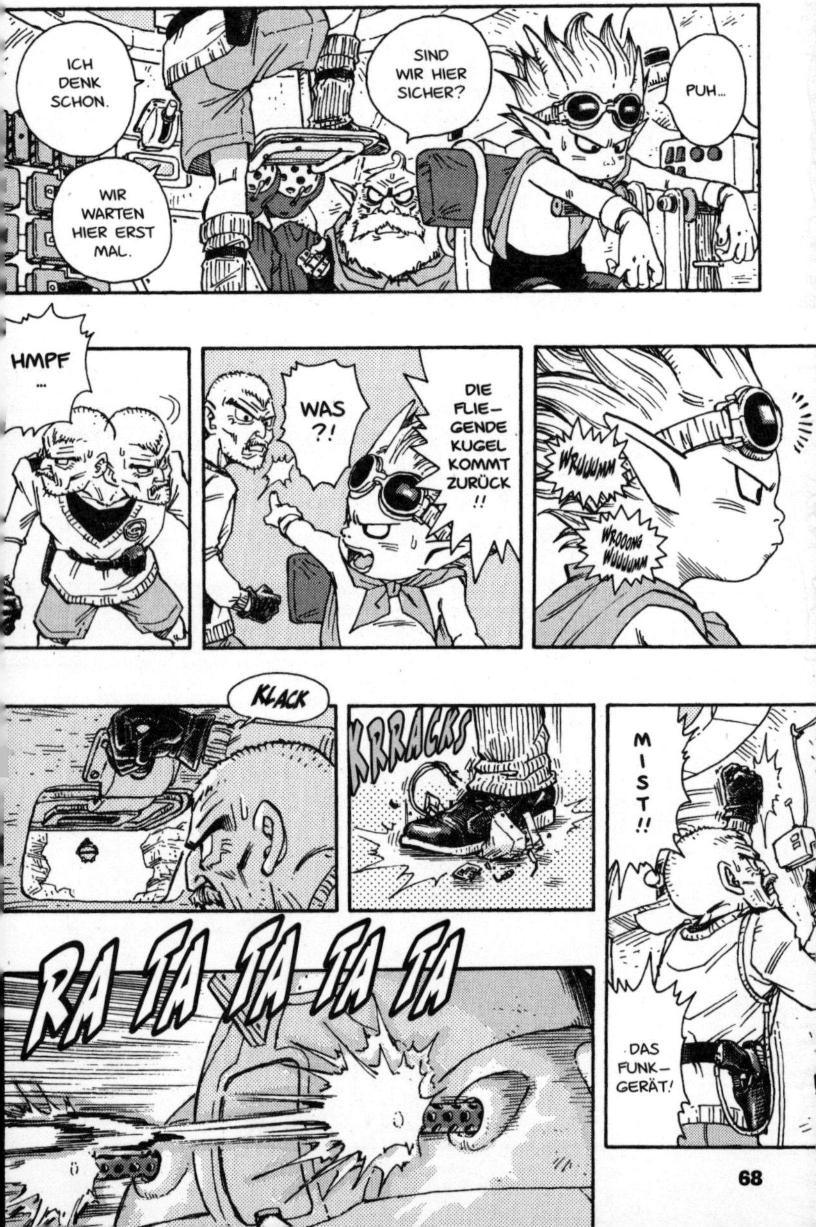
PUH...
SIND WIR HIER SICHER?
ICH DENK SCHON.
WIR WARTEN HIER ERST MAL.
WRUUUMM
WROOONG WUUUMM
DIE FLIE-GENDE KUGEL KOMMT ZURÜCK!!
WAS?!
HMPF...
MIST!!
KRRACKS
KLACK
DAS FUNK-GERÄT!
RA TA TA TA TA

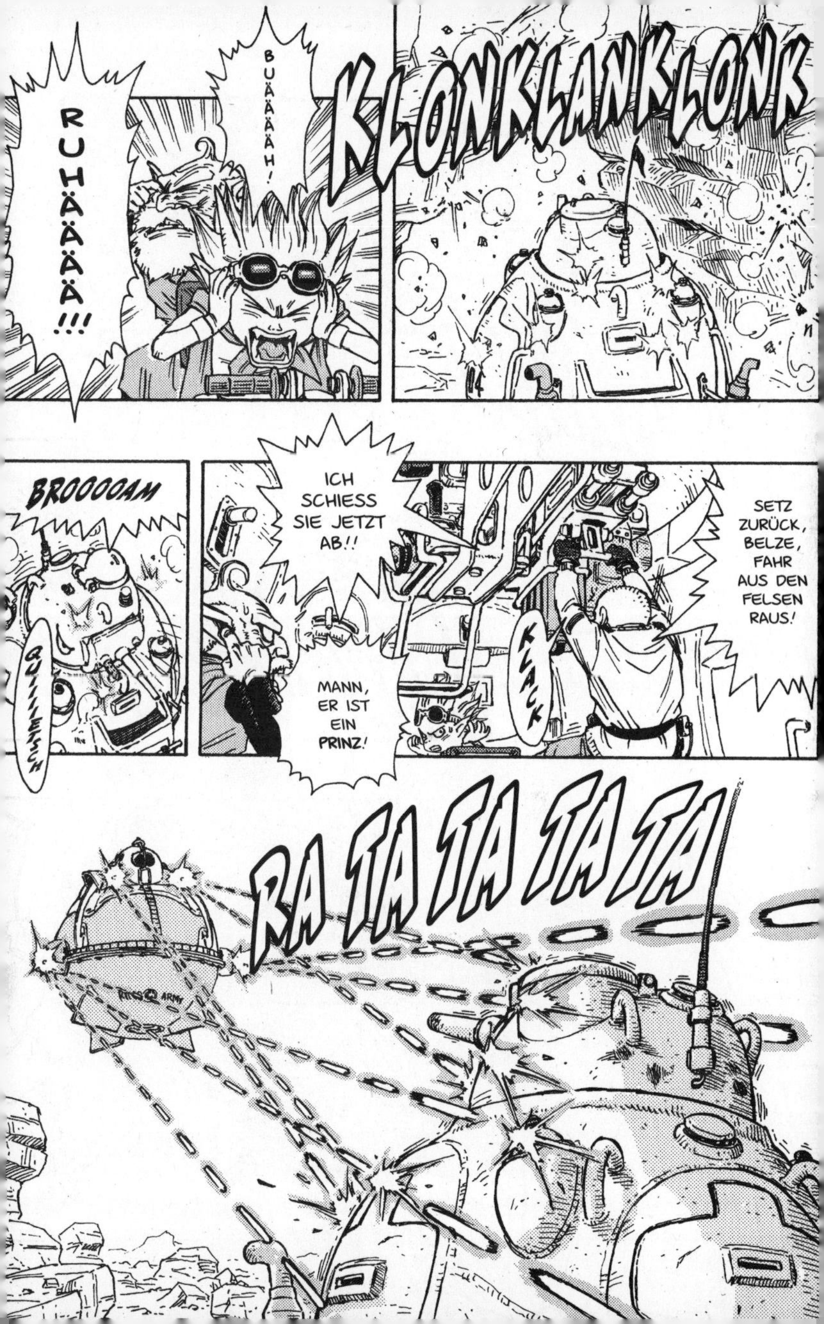
KLONKLANKLONK
BUÄÄÄÄH!
RUHÄÄÄÄÄ!!!
SETZ ZURÜCK, BELZE, FAHR AUS DEN FELSEN RAUS!
KLACK
ICH SCHIESS SIE JETZT AB!!
MANN, ER IST EIN PRINZ!
BROOOOAM
QUIIIIESCH
RA TA TA TA TA

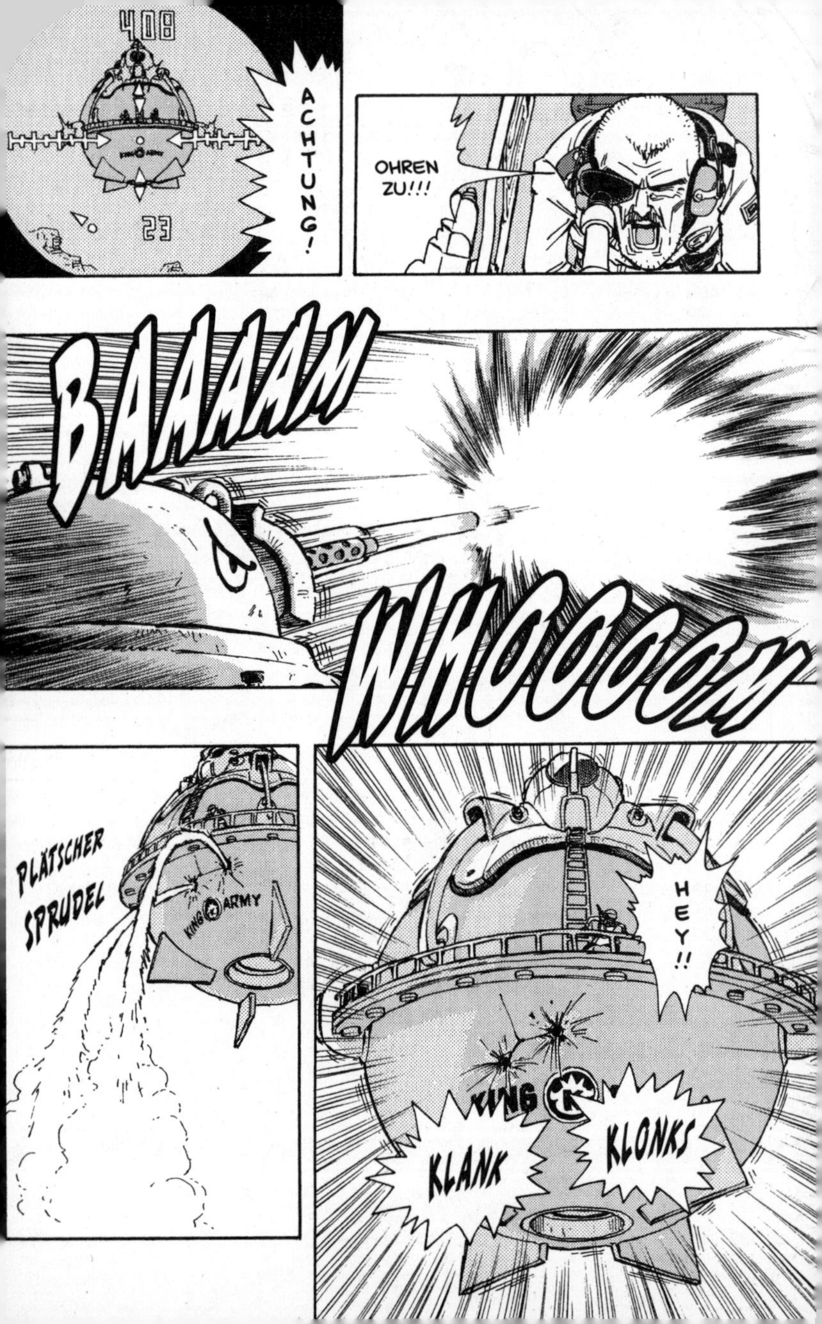
408
23
KING ARMY
ACHTUNG!
OHREN ZU!!!
BAAAAM
WHOOOOM
PLÄTSCHER SPRUDEL
KING ARMY
HEY!!
KING
KLANK
KLONKS

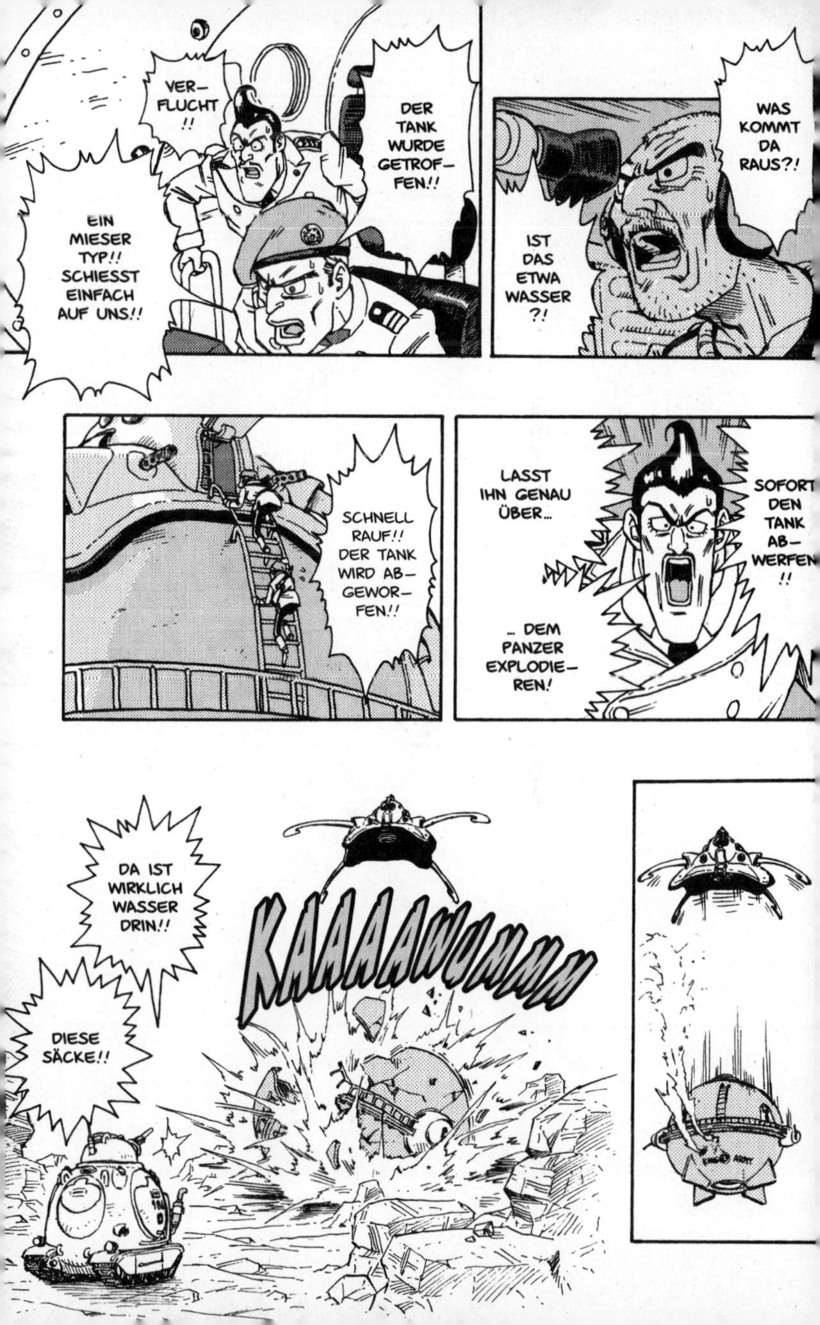
WAS KOMMT DA RAUS?!
IST DAS ETWA WASSER?!
DER TANK WURDE GETROFFEN!!
VERFLUCHT!!
EIN MIESER TYP!! SCHIESST EINFACH AUF UNS!!
SOFORT DEN TANK ABWERFEN!!
LASST IHN GENAU ÜBER...
... DEM PANZER EXPLODIEREN!
SCHNELL RAUF!! DER TANK WIRD ABGEWORFEN!!
KAAAAWUMMMM
DA IST WIRKLICH WASSER DRIN!!
DIESE SÄCKE!!

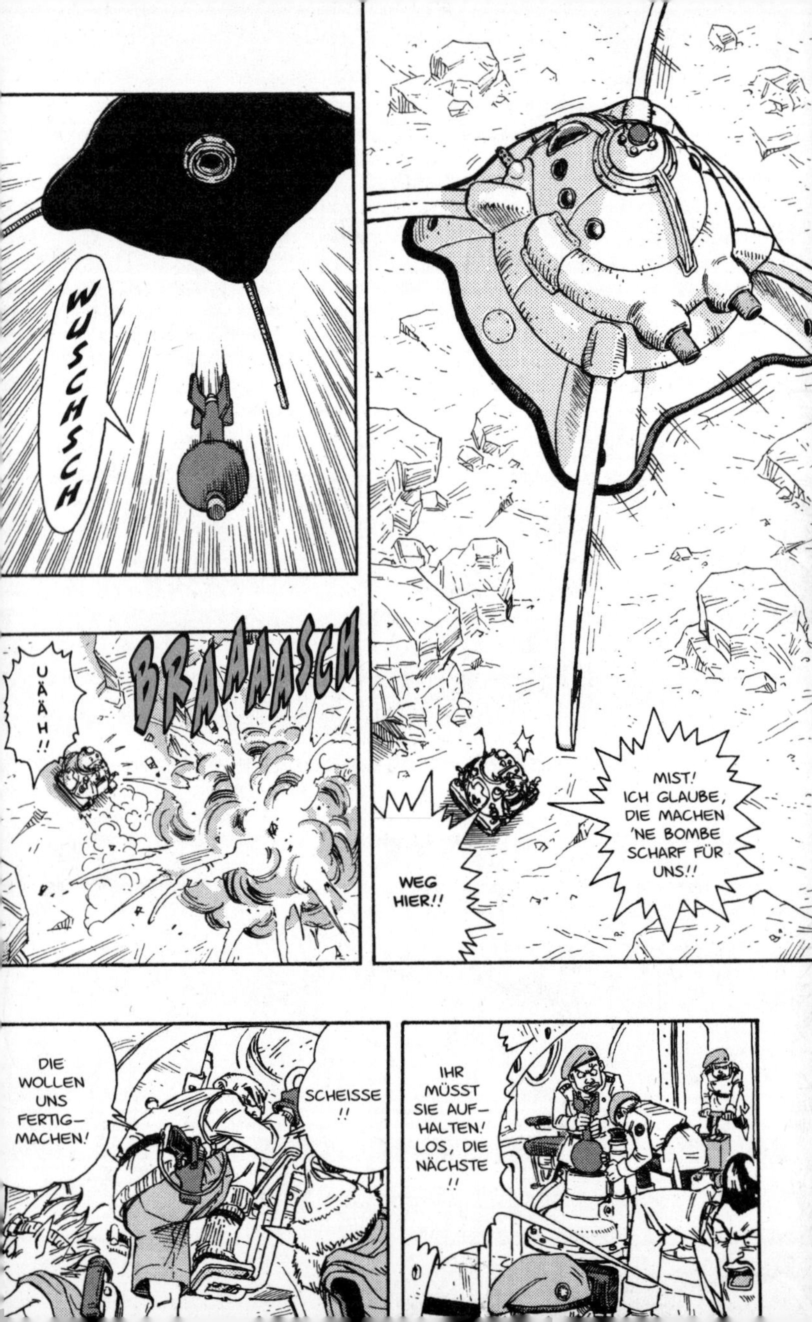
MIST! ICH GLAUBE, DIE MACHEN 'NE BOMBE SCHARF FÜR UNS!!
WEG HIER!!
WUSCHSCH
BRAAAASCH
UÄÄH!!
IHR MÜSST SIE AUF-HALTEN! LOS, DIE NÄCHSTE!!
SCHEISSE!!
DIE WOLLEN UNS FERTIG-MACHEN!

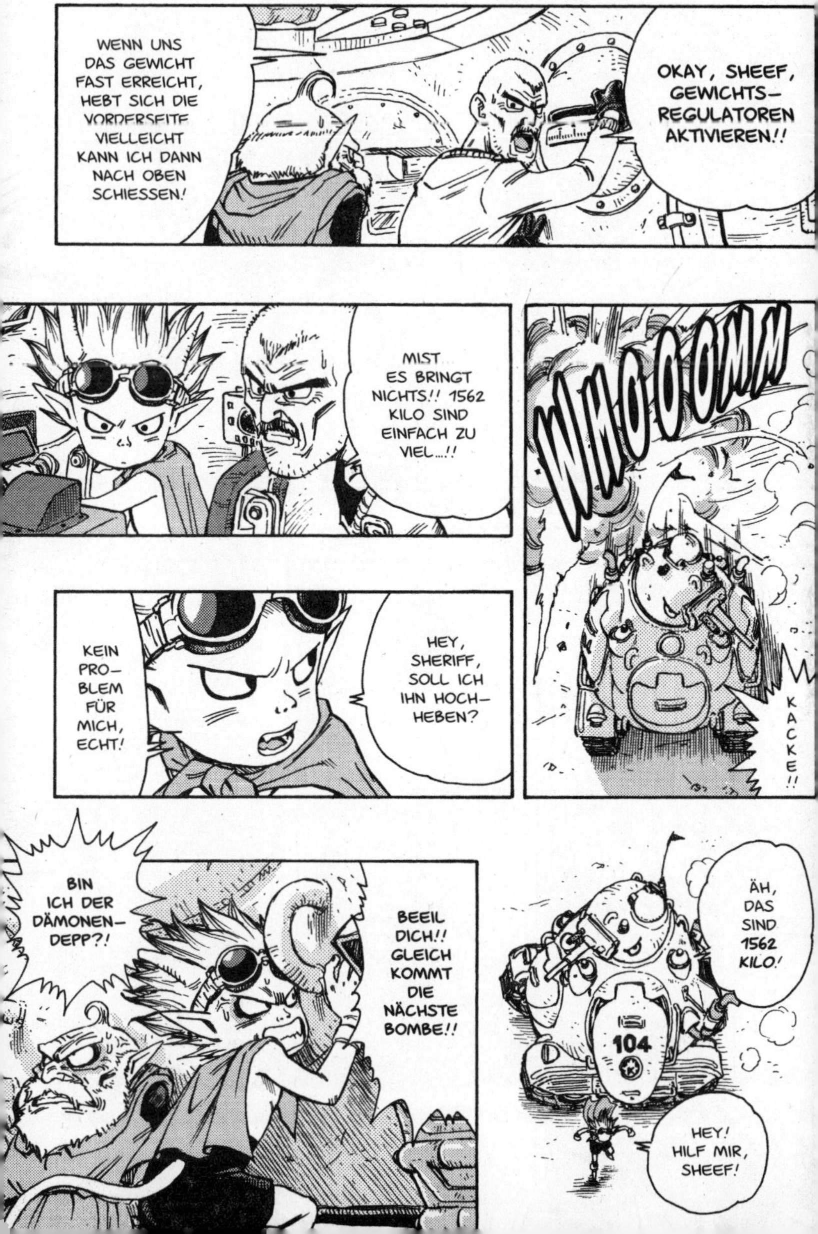
WENN UNS DAS GEWICHT FAST ERREICHT, HEBT SICH DIE VORDERSEITE VIELLEICHT KANN ICH DANN NACH OBEN SCHIESSEN!
OKAY, SHEEF, GEWICHTS-REGULATOREN AKTIVIEREN!!
WHOOOMM
KACKE!!
MIST... ES BRINGT NICHTS!! 1562 KILO SIND EINFACH ZU VIEL...!!
HEY, SHERIFF, SOLL ICH IHN HOCH-HEBEN?
KEIN PRO-BLEM FÜR MICH, ECHT!
ÄH, DAS SIND 1562 KILO!
HEY! HILF MIR, SHEEF!
BEEIL DICH!! GLEICH KOMMT DIE NÄCHSTE BOMBE!!
BIN ICH DER DÄMONEN-DEPP?!
104

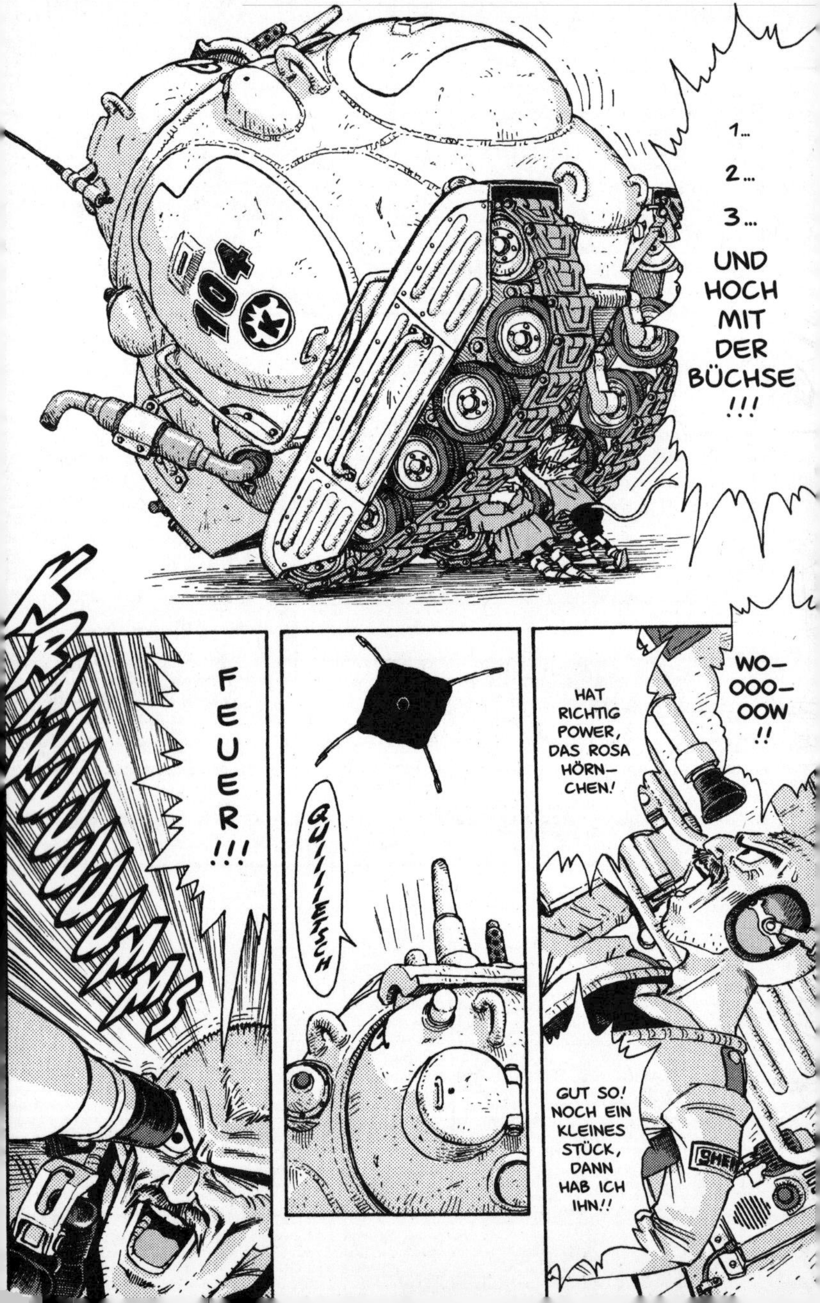
1...
2...
3...
UND HOCH MIT DER BÜCHSE!!!
WO-OOO-OOW!!
HAT RICHTIG POWER, DAS ROSA HÖRNCHEN!
GUT SO! NOCH EIN KLEINES STÜCK, DANN HAB ICH IHN!!
QUIIIIETSCH
FEUER!!!

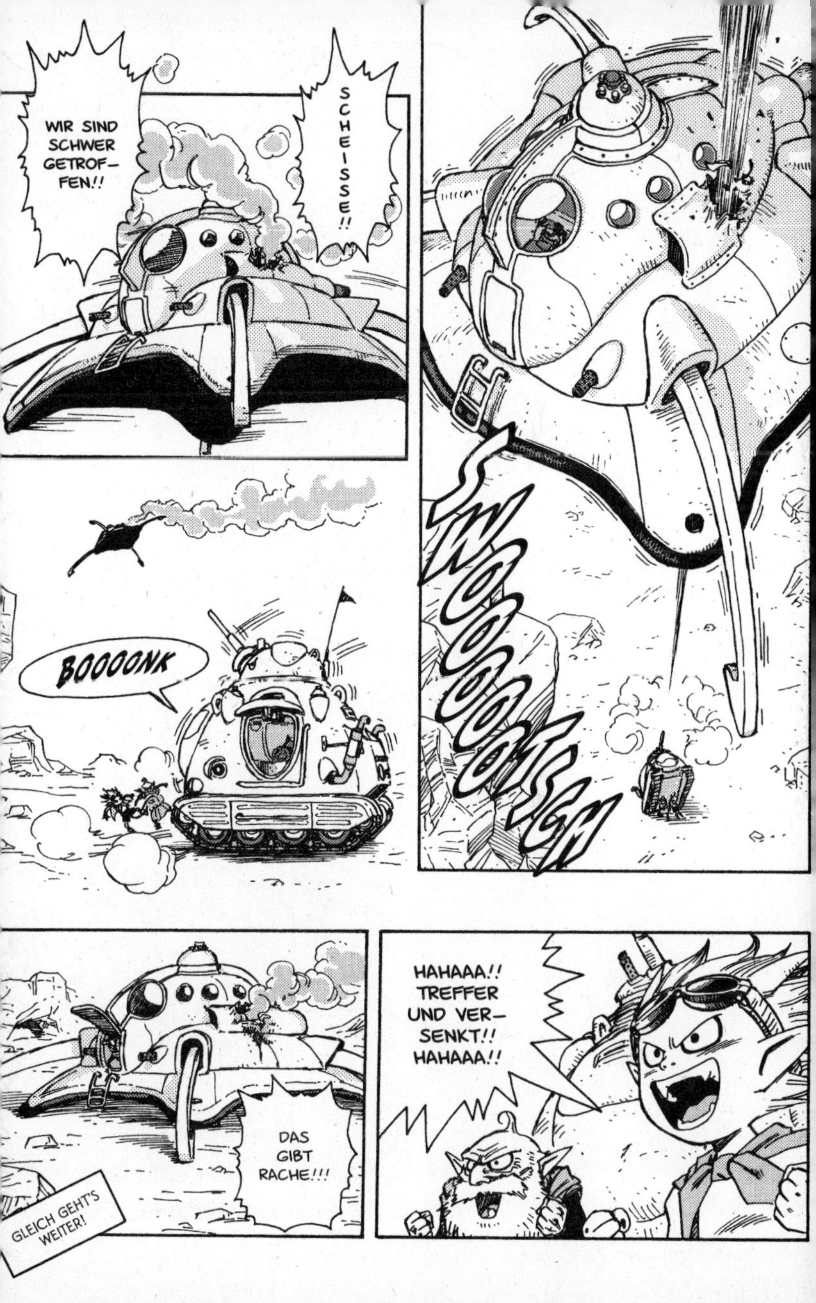
ZWOOOOOSCH
WIR SIND SCHWER GETROFFEN!!
SCHEISSE!!
BOOOONK
HAHAAA!! TREFFER UND VERSENKT!! HAHAAA!!
DAS GIBT RACHE!!!
GLEICH GEHT'S WEITER!

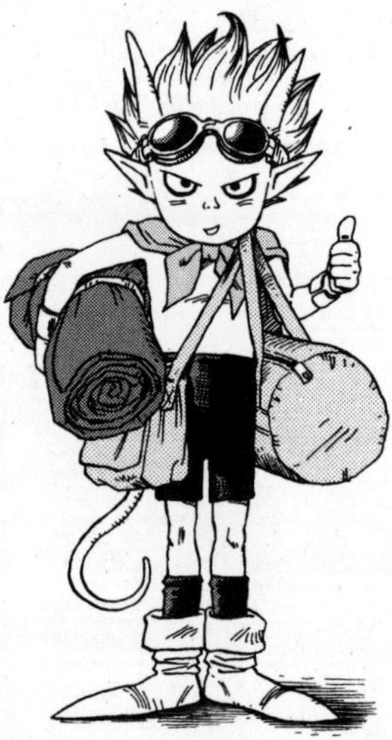

SANDLAND

KAPITEL 5: DARK POWER

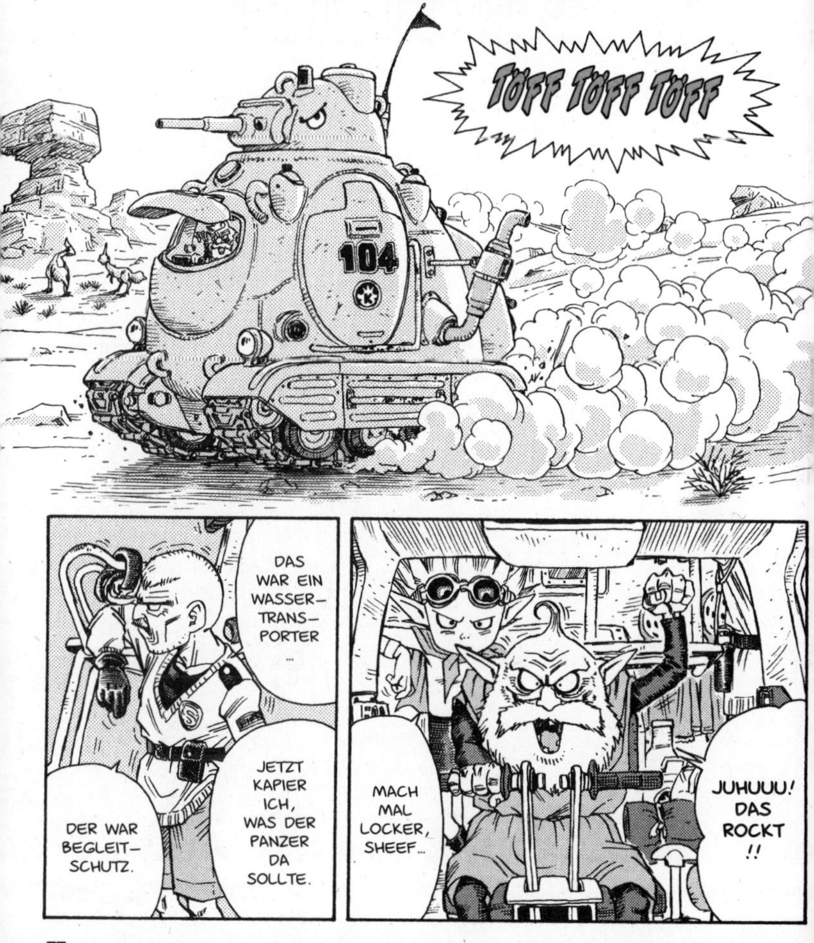

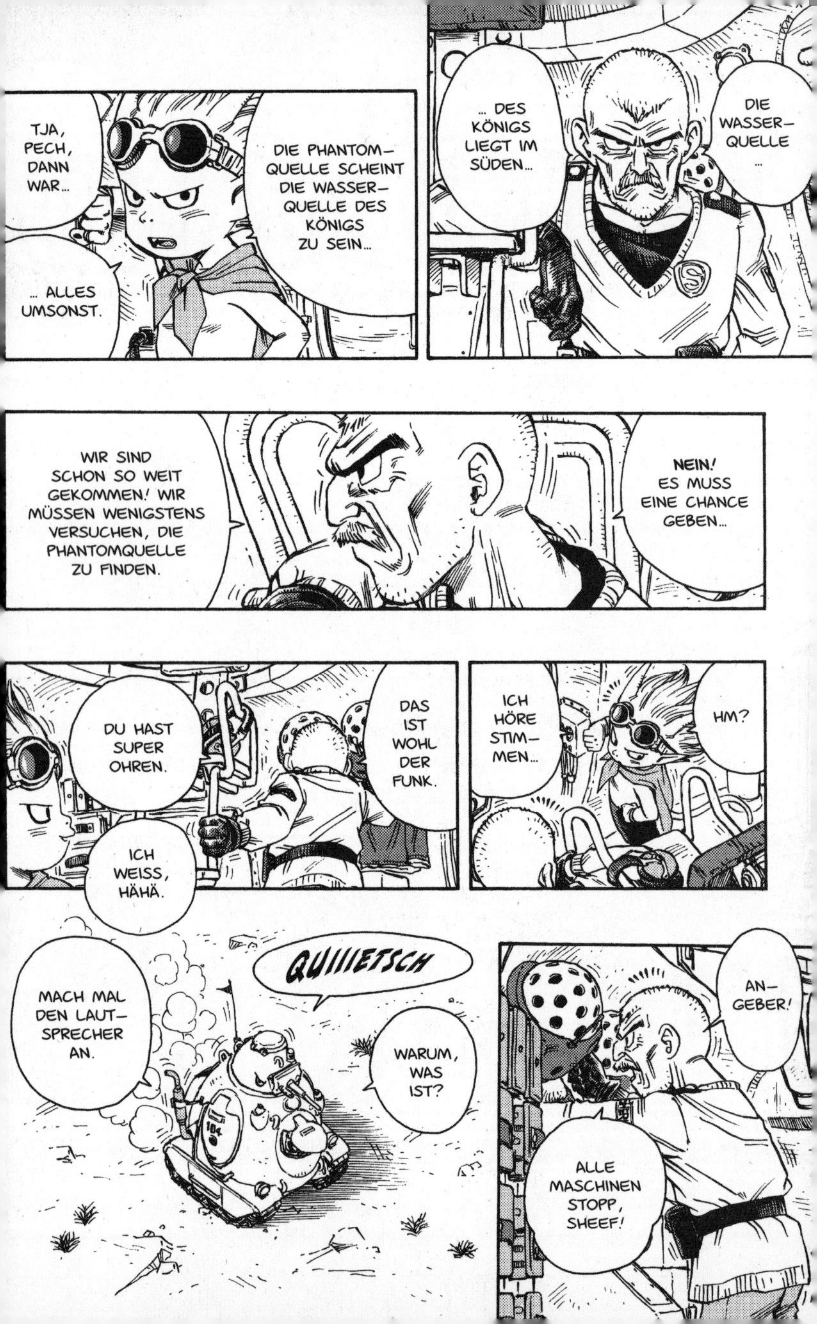
DIE WASSERQUELLE ...
... DES KÖNIGS LIEGT IM SÜDEN...
DIE PHANTOMQUELLE SCHEINT DIE WASSERQUELLE DES KÖNIGS ZU SEIN...
TJA, PECH, DANN WAR...
... ALLES UMSONST.
NEIN! ES MUSS EINE CHANCE GEBEN...
WIR SIND SCHON SO WEIT GEKOMMEN! WIR MÜSSEN WENIGSTENS VERSUCHEN, DIE PHANTOMQUELLE ZU FINDEN.
HM?
ICH HÖRE STIMMEN...
DAS IST WOHL DER FUNK.
DU HAST SUPER OHREN.
ICH WEISS, HÄHÄ.
ANGEBER!
ALLE MASCHINEN STOPP, SHEEF!
QUIIIETSCH
WARUM, WAS IST?
MACH MAL DEN LAUTSPRECHER AN.

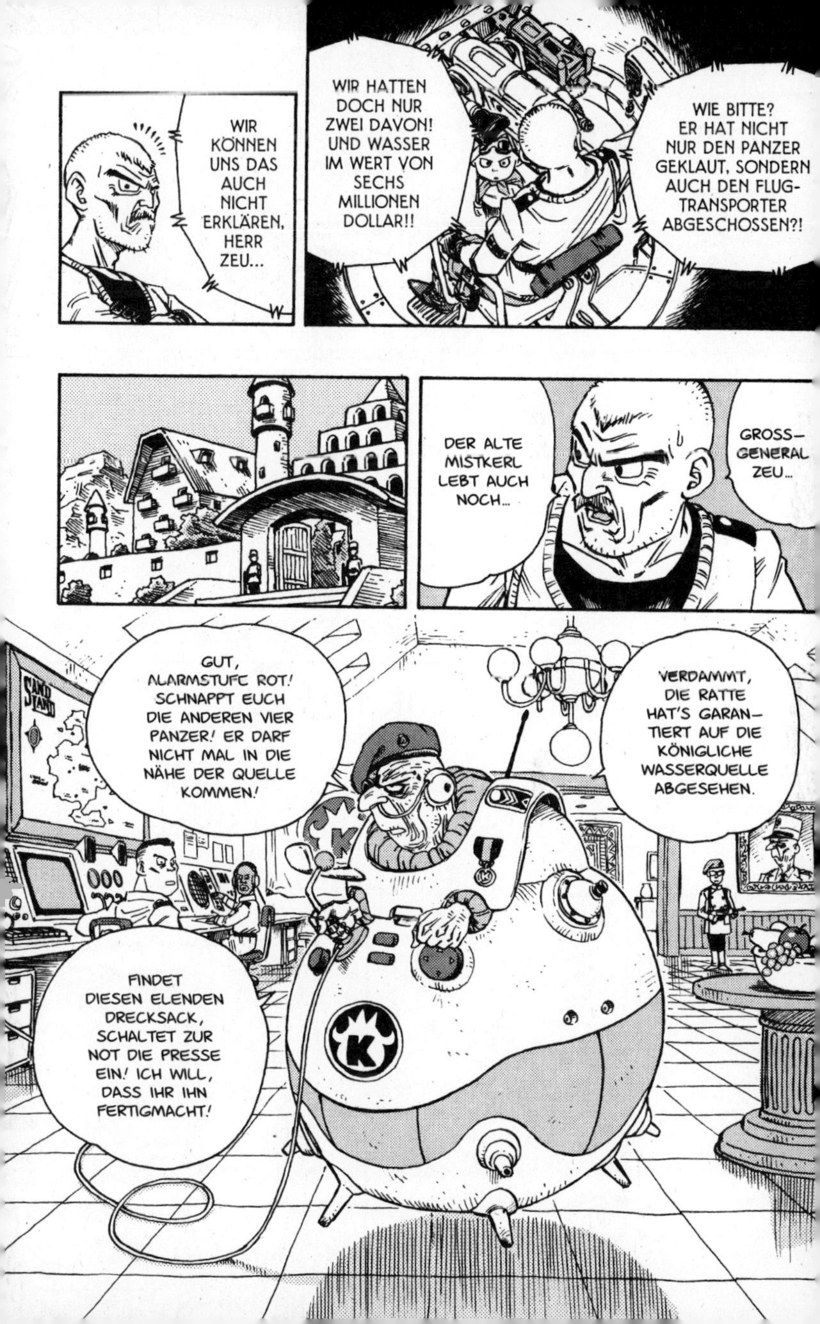
WIE BITTE? ER HAT NICHT NUR DEN PANZER GEKLAUT, SONDERN AUCH DEN FLUG-TRANSPORTER ABGESCHOSSEN?!
WIR HATTEN DOCH NUR ZWEI DAVON! UND WASSER IM WERT VON SECHS MILLIONEN DOLLAR!!
WIR KÖNNEN UNS DAS AUCH NICHT ERKLÄREN, HERR ZEU...
GROSS-GENERAL ZEU...
DER ALTE MISTKERL LEBT AUCH NOCH...
VERDAMMT, DIE RATTE HAT'S GARAN-TIERT AUF DIE KÖNIGLICHE WASSERQUELLE ABGESEHEN.
GUT, ALARMSTUFE ROT! SCHNAPPT EUCH DIE ANDEREN VIER PANZER! ER DARF NICHT MAL IN DIE NÄHE DER QUELLE KOMMEN!
FINDET DIESEN ELENDEN DRECKSACK, SCHALTET ZUR NOT DIE PRESSE EIN! ICH WILL, DASS IHR IHN FERTIGMACHT!
SAND LAND

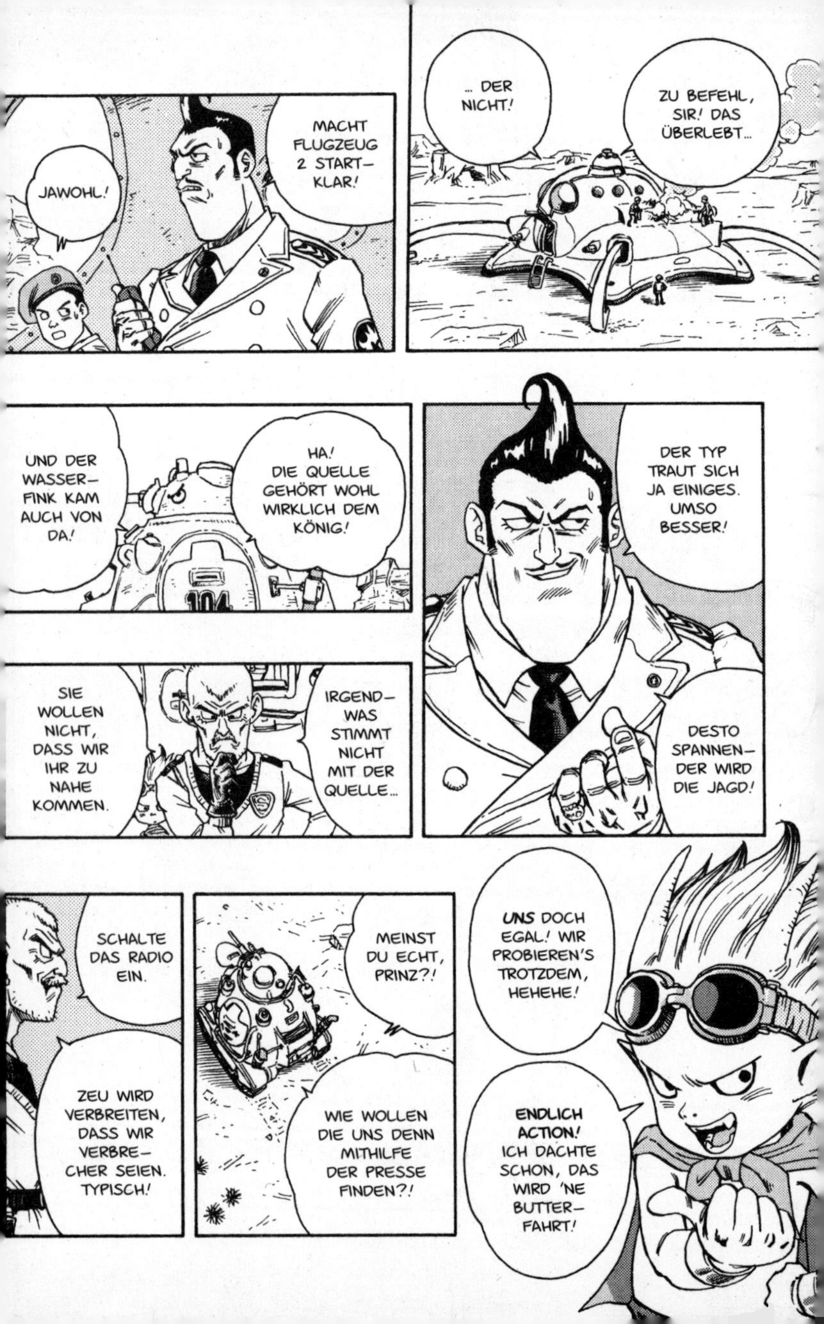
ZU BEFEHL, SIR! DAS ÜBERLEBT...
... DER NICHT!
MACHT FLUGZEUG 2 STARTKLAR!
JAWOHL!
DER TYP TRAUT SICH JA EINIGES. UMSO BESSER!
DESTO SPANNENDER WIRD DIE JAGD!
HA! DIE QUELLE GEHÖRT WOHL WIRKLICH DEM KÖNIG!
UND DER WASSERFINK KAM AUCH VON DA!
IRGENDWAS STIMMT NICHT MIT DER QUELLE...
SIE WOLLEN NICHT, DASS WIR IHR ZU NAHE KOMMEN.
SCHALTE DAS RADIO EIN.
ZEU WIRD VERBREITEN, DASS WIR VERBRECHER SEIEN. TYPISCH!
MEINST DU ECHT, PRINZ?!
WIE WOLLEN DIE UNS DENN MITHILFE DER PRESSE FINDEN?!
UNS DOCH EGAL! WIR PROBIEREN'S TROTZDEM, HEHEHE!
ENDLICH ACTION! ICH DACHTE SCHON, DAS WIRD 'NE BUTTERFAHRT!

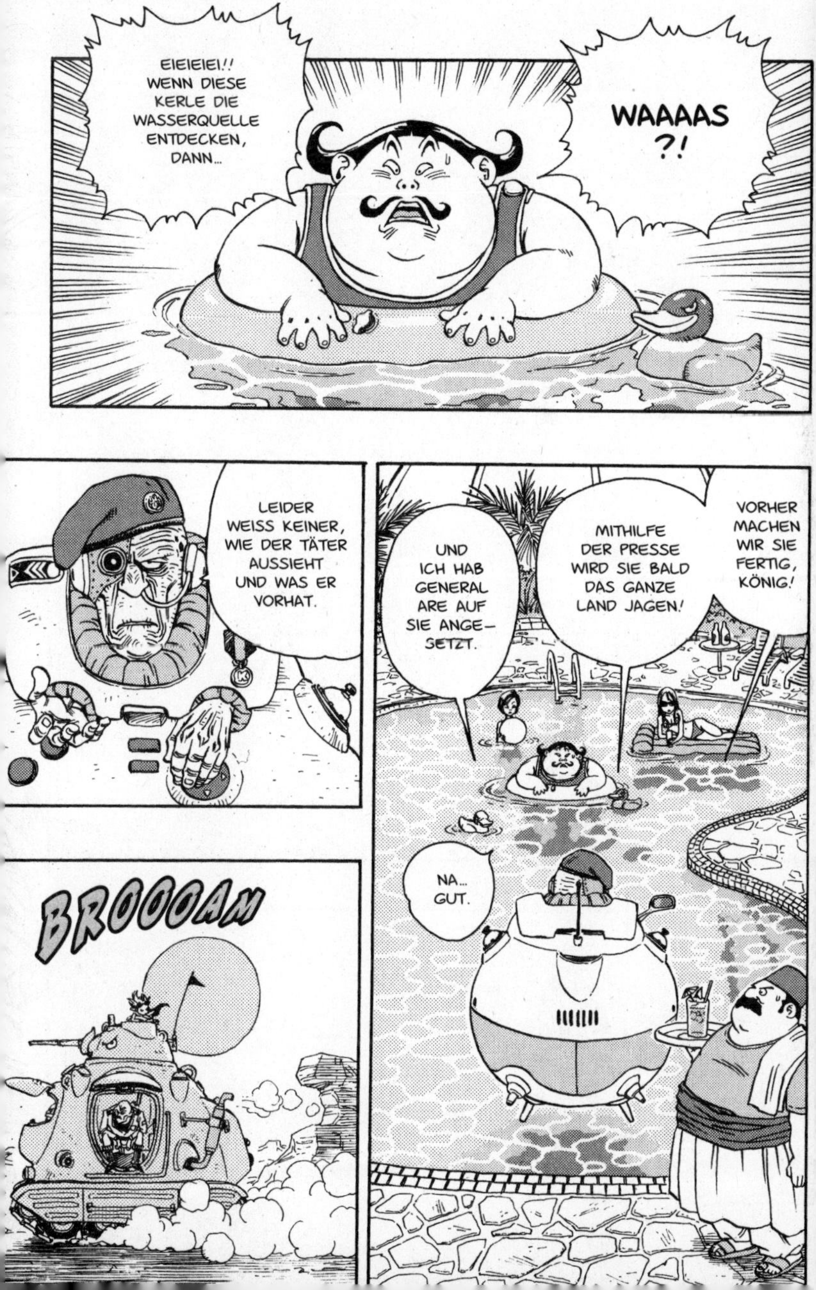
EIEIEIEI!! WENN DIESE KERLE DIE WASSERQUELLE ENTDECKEN, DANN...
WAAAAS ?!
LEIDER WEISS KEINER, WIE DER TÄTER AUSSIEHT UND WAS ER VORHAT.
VORHER MACHEN WIR SIE FERTIG, KÖNIG!
MITHILFE DER PRESSE WIRD SIE BALD DAS GANZE LAND JAGEN!
UND ICH HAB GENERAL ARE AUF SIE ANGE-SETZT.
NA... GUT.
BROOOAM

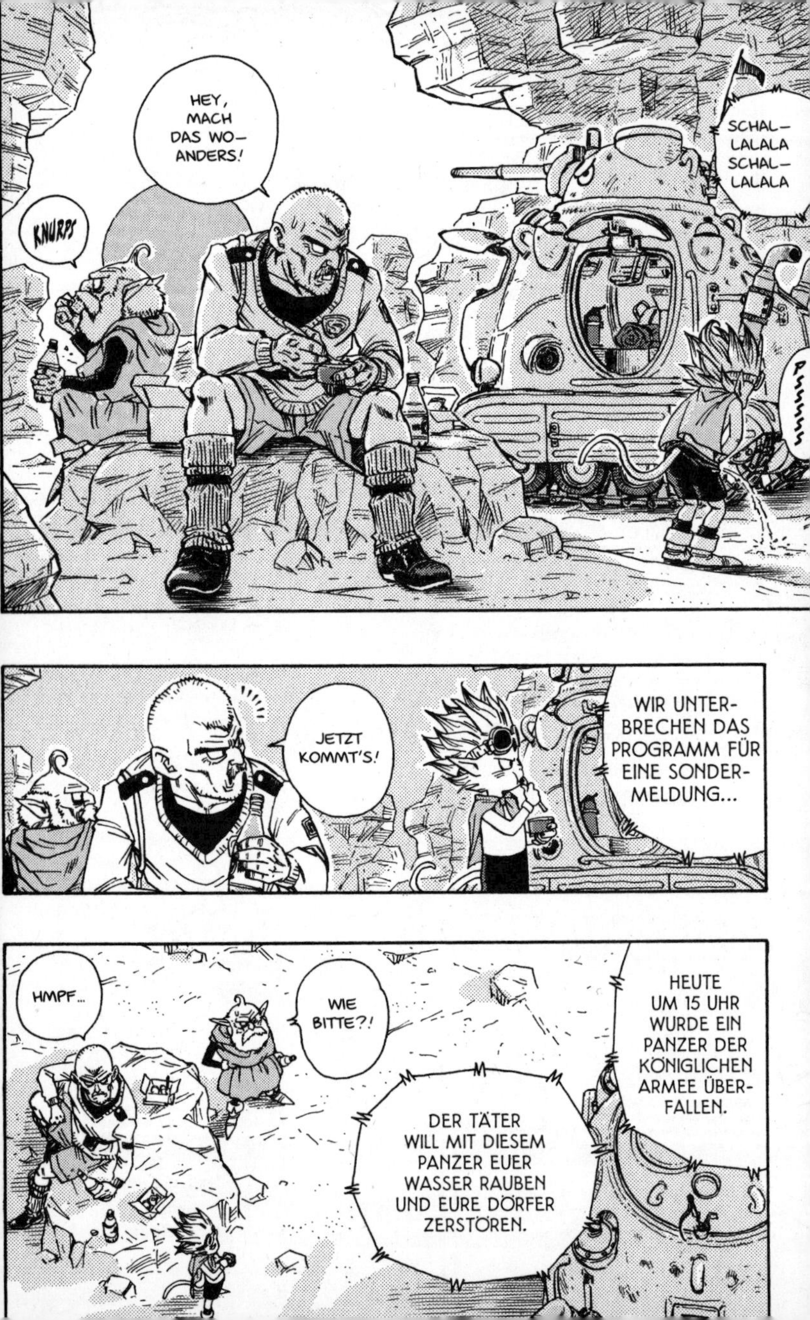
SCHAL-LALALA SCHAL-LALALA
HEY, MACH DAS WO-ANDERS!
KNURPS
WIR UNTER-BRECHEN DAS PROGRAMM FÜR EINE SONDER-MELDUNG...
JETZT KOMMT'S!
HEUTE UM 15 UHR WURDE EIN PANZER DER KÖNIGLICHEN ARMEE ÜBER-FALLEN.
DER TÄTER WILL MIT DIESEM PANZER EUER WASSER RAUBEN UND EURE DÖRFER ZERSTÖREN.
WIE BITTE?!
HMPF...

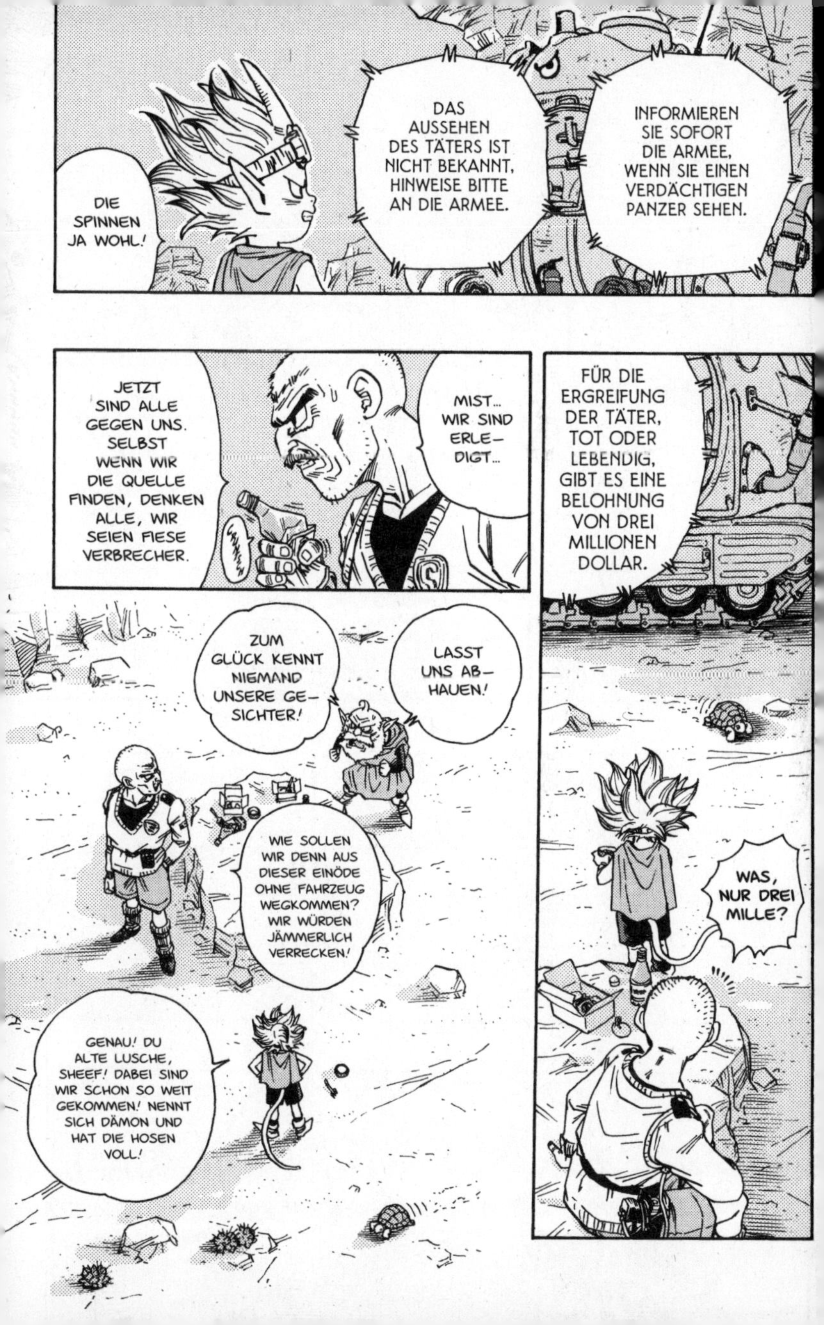
INFORMIEREN SIE SOFORT DIE ARMEE, WENN SIE EINEN VERDÄCHTIGEN PANZER SEHEN.
DAS AUSSEHEN DES TÄTERS IST NICHT BEKANNT, HINWEISE BITTE AN DIE ARMEE.
DIE SPINNEN JA WOHL!
FÜR DIE ERGREIFUNG DER TÄTER, TOT ODER LEBENDIG, GIBT ES EINE BELOHNUNG VON DREI MILLIONEN DOLLAR.
WAS, NUR DREI MILLE?
MIST... WIR SIND ERLE-DIGT...
JETZT SIND ALLE GEGEN UNS. SELBST WENN WIR DIE QUELLE FINDEN, DENKEN ALLE, WIR SEIEN FIESE VERBRECHER.
LASST UNS AB-HAUEN!
ZUM GLÜCK KENNT NIEMAND UNSERE GE-SICHTER!
WIE SOLLEN WIR DENN AUS DIESER EINÖDE OHNE FAHRZEUG WEGKOMMEN? WIR WÜRDEN JÄMMERLICH VERRECKEN!
GENAU! DU ALTE LUSCHE, SHEEF! DABEI SIND WIR SCHON SO WEIT GEKOMMEN! NENNT SICH DÄMON UND HAT DIE HOSEN VOLL!

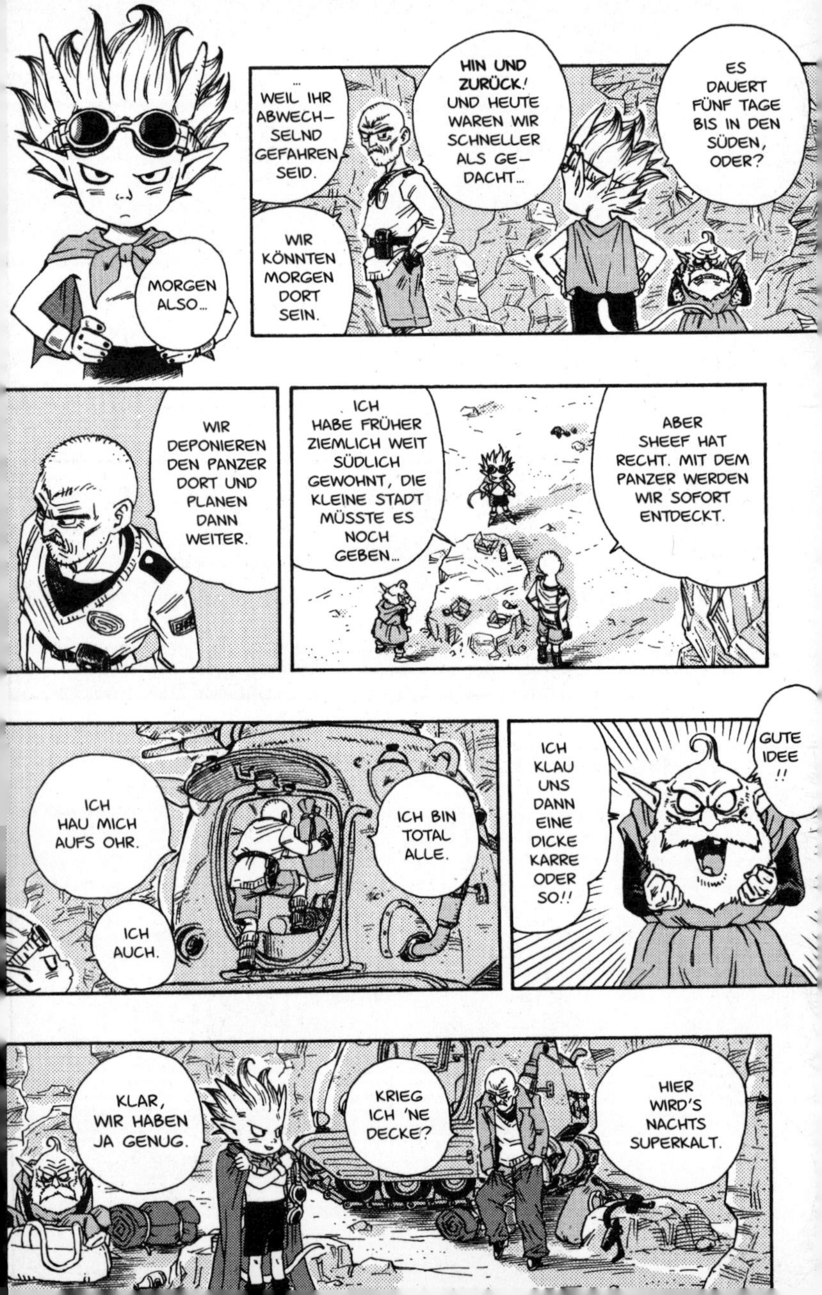
ES DAUERT FÜNF TAGE BIS IN DEN SÜDEN, ODER?
HIN UND ZURÜCK! UND HEUTE WAREN WIR SCHNELLER ALS GE-DACHT...
... WEIL IHR ABWECH-SELND GEFAHREN SEID.
WIR KÖNNTEN MORGEN DORT SEIN.
MORGEN ALSO...
ABER SHEEF HAT RECHT. MIT DEM PANZER WERDEN WIR SOFORT ENTDECKT.
ICH HABE FRÜHER ZIEMLICH WEIT SÜDLICH GEWOHNT, DIE KLEINE STADT MÜSSTE ES NOCH GEBEN...
WIR DEPONIEREN DEN PANZER DORT UND PLANEN DANN WEITER.
GUTE IDEE!!
ICH KLAU UNS DANN EINE DICKE KARRE ODER SO!!
ICH BIN TOTAL ALLE.
ICH HAU MICH AUFS OHR.
ICH AUCH.
HIER WIRD'S NACHTS SUPERKALT.
KRIEG ICH 'NE DECKE?
KLAR, WIR HABEN JA GENUG.

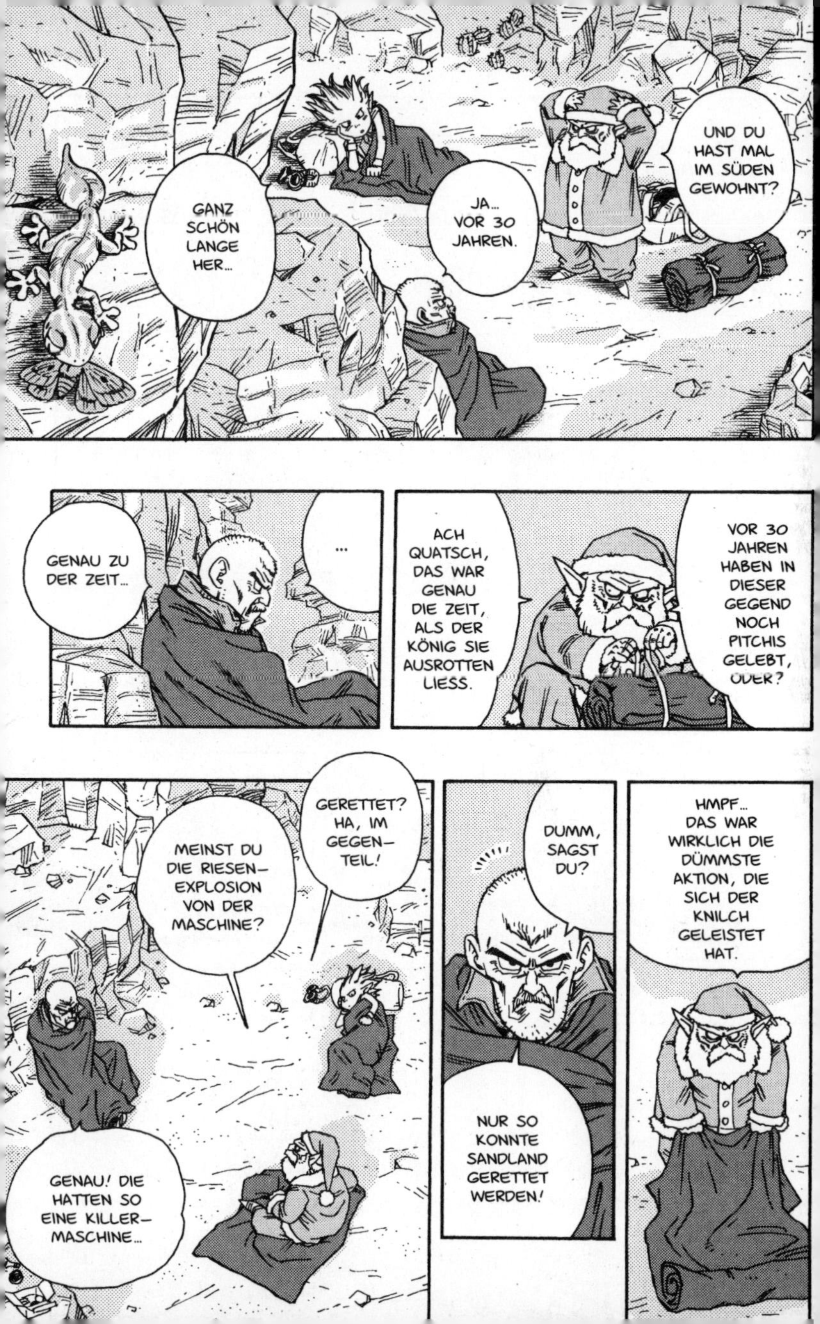
UND DU HAST MAL IM SÜDEN GEWOHNT?
JA... VOR 30 JAHREN.
GANZ SCHÖN LANGE HER...
VOR 30 JAHREN HABEN IN DIESER GEGEND NOCH PITCHIS GELEBT, ODER?
ACH QUATSCH, DAS WAR GENAU DIE ZEIT, ALS DER KÖNIG SIE AUSROTTEN LIESS.
...
GENAU ZU DER ZEIT...
HMPF... DAS WAR WIRKLICH DIE DÜMMSTE AKTION, DIE SICH DER KNILCH GELEISTET HAT.
DUMM, SAGST DU?
NUR SO KONNTE SANDLAND GERETTET WERDEN!
GERETTET? HA, IM GEGENTEIL!
MEINST DU DIE RIESEN-EXPLOSION VON DER MASCHINE?
GENAU! DIE HATTEN SO EINE KILLER-MASCHINE...

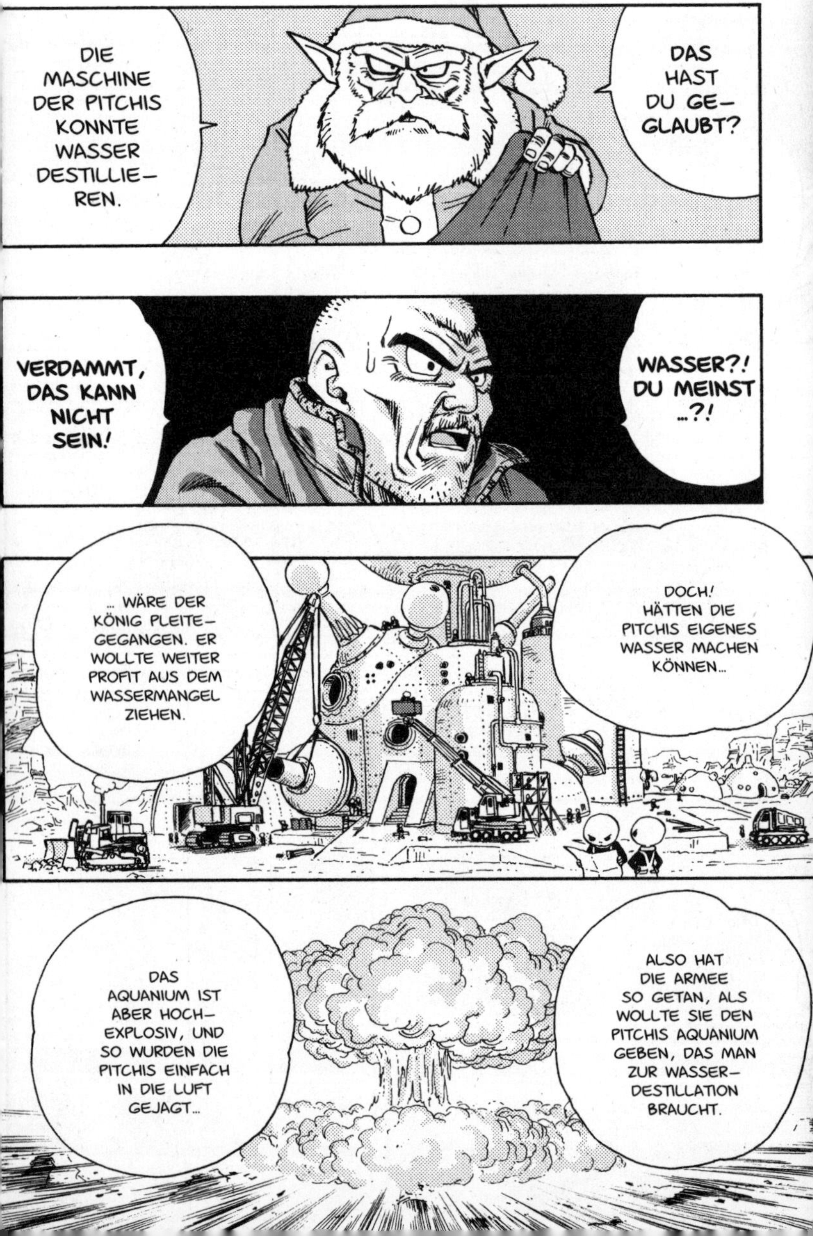
DAS HAST DU GE-GLAUBT?
DIE MASCHINE DER PITCHIS KONNTE WASSER DESTILLIE-REN.
WASSER?! DU MEINST …?!
VERDAMMT, DAS KANN NICHT SEIN!
DOCH! HÄTTEN DIE PITCHIS EIGENES WASSER MACHEN KÖNNEN…
… WÄRE DER KÖNIG PLEITE-GEGANGEN. ER WOLLTE WEITER PROFIT AUS DEM WASSERMANGEL ZIEHEN.
ALSO HAT DIE ARMEE SO GETAN, ALS WOLLTE SIE DEN PITCHIS AQUANIUM GEBEN, DAS MAN ZUR WASSER-DESTILLATION BRAUCHT.
DAS AQUANIUM IST ABER HOCH-EXPLOSIV, UND SO WURDEN DIE PITCHIS EINFACH IN DIE LUFT GEJAGT…

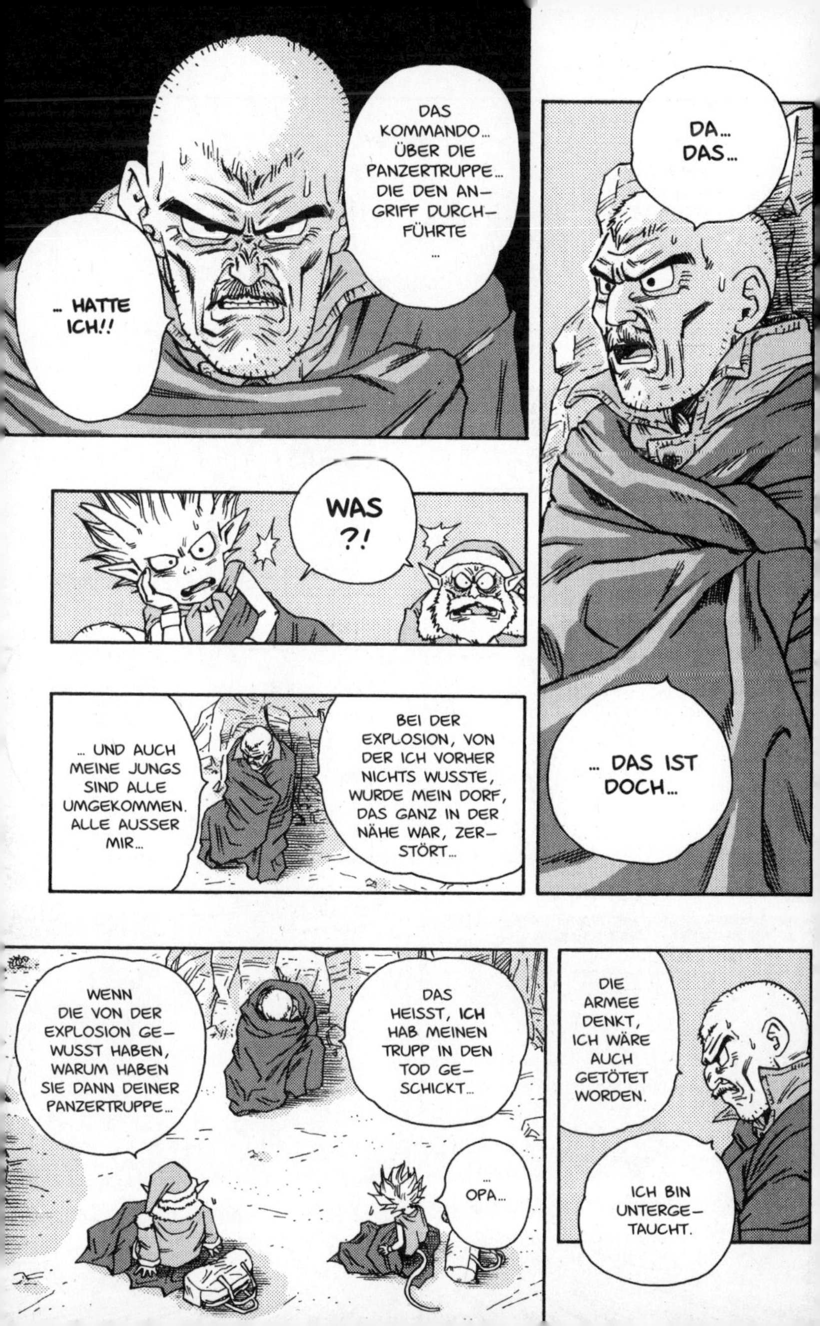
DA... DAS...
... DAS IST DOCH...
DAS KOMMANDO... ÜBER DIE PANZERTRUPPE... DIE DEN ANGRIFF DURCHFÜHRTE ...
... HATTE ICH!!
WAS ?!
BEI DER EXPLOSION, VON DER ICH VORHER NICHTS WUSSTE, WURDE MEIN DORF, DAS GANZ IN DER NÄHE WAR, ZERSTÖRT...
... UND AUCH MEINE JUNGS SIND ALLE UMGEKOMMEN. ALLE AUSSER MIR...
DIE ARMEE DENKT, ICH WÄRE AUCH GETÖTET WORDEN.
ICH BIN UNTERGETAUCHT.
DAS HEISST, ICH HAB MEINEN TRUPP IN DEN TOD GESCHICKT...
... OPA...
WENN DIE VON DER EXPLOSION GEWUSST HABEN, WARUM HABEN SIE DANN DEINER PANZERTRUPPE...

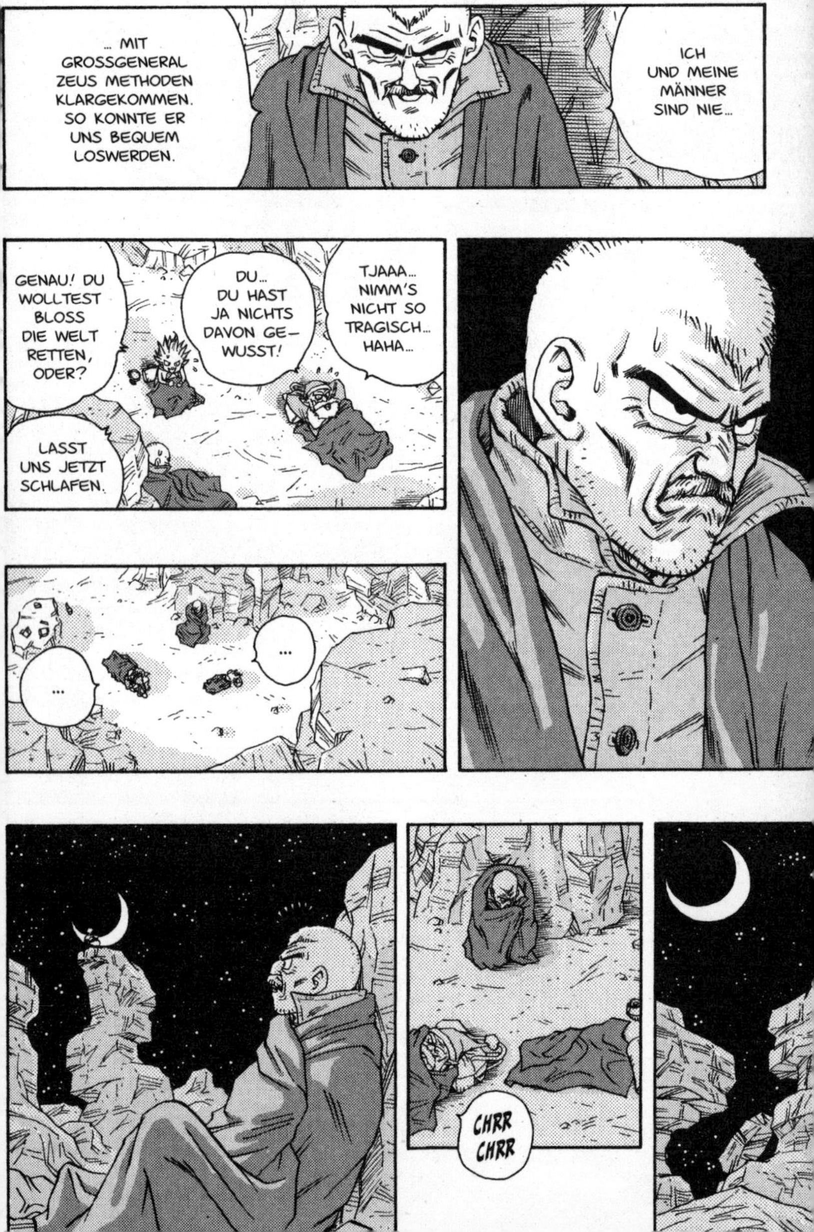
ICH UND MEINE MÄNNER SIND NIE...
... MIT GROSSGENERAL ZEUS METHODEN KLARGEKOMMEN. SO KONNTE ER UNS BEQUEM LOSWERDEN.
TJAAA... NIMM'S NICHT SO TRAGISCH... HAHA...
DU... DU HAST JA NICHTS DAVON GE-WUSST!
GENAU! DU WOLLTEST BLOSS DIE WELT RETTEN, ODER?
LASST UNS JETZT SCHLAFEN.
...
...
CHRR CHRR

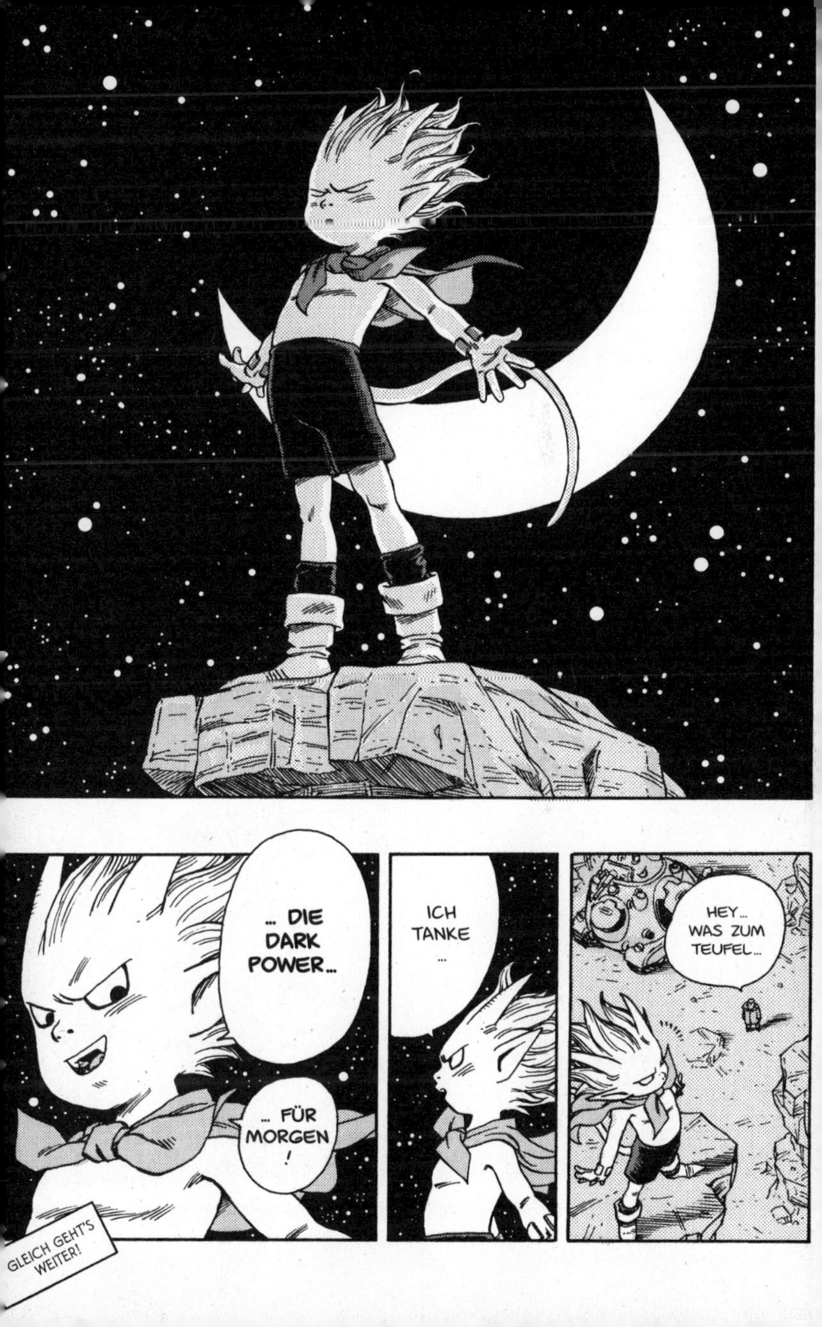
HEY... WAS ZUM TEUFEL...
ICH TANKE ...
... DIE DARK POWER...
... FÜR MORGEN !
GLEICH GEHT'S WEITER!

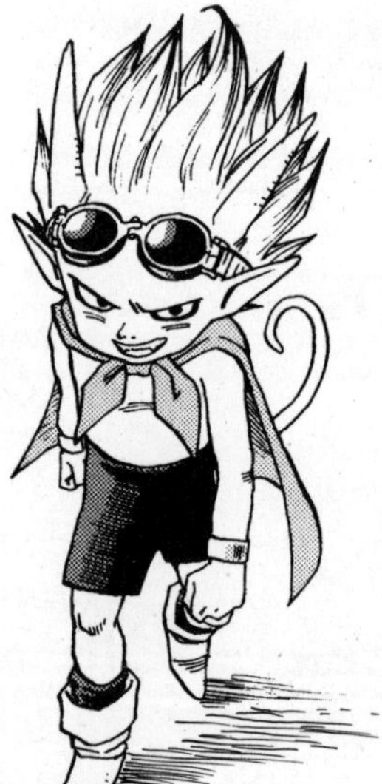

SANDLAND

KAPITEL 6: RAOS TALISMAN

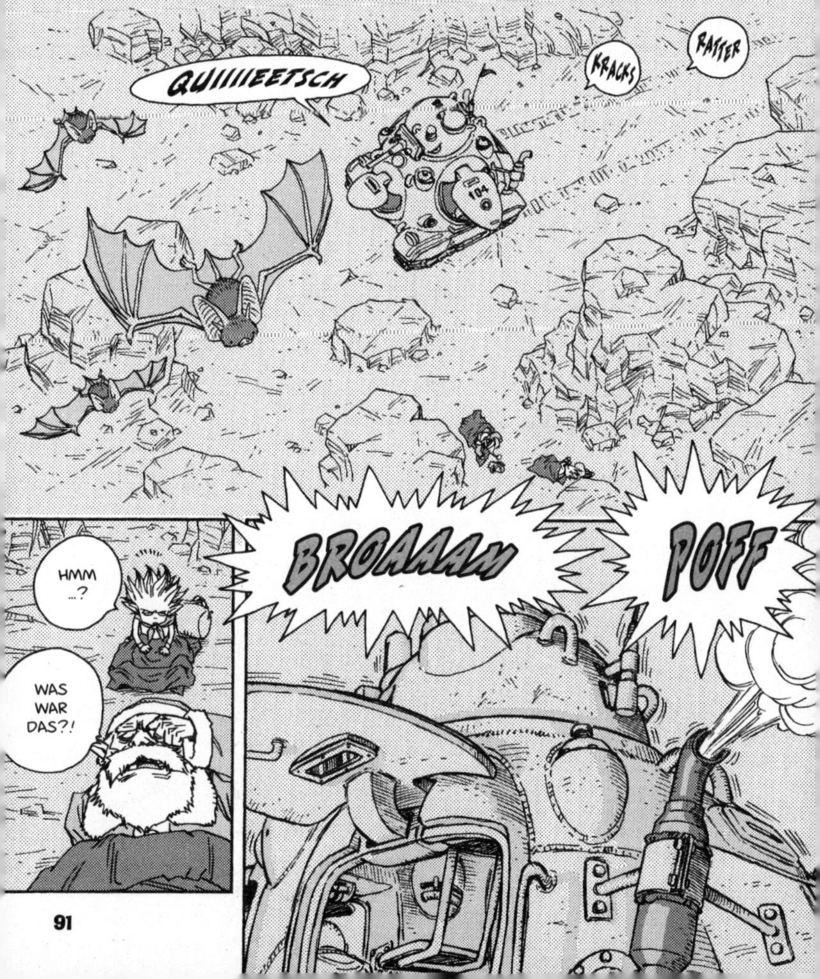

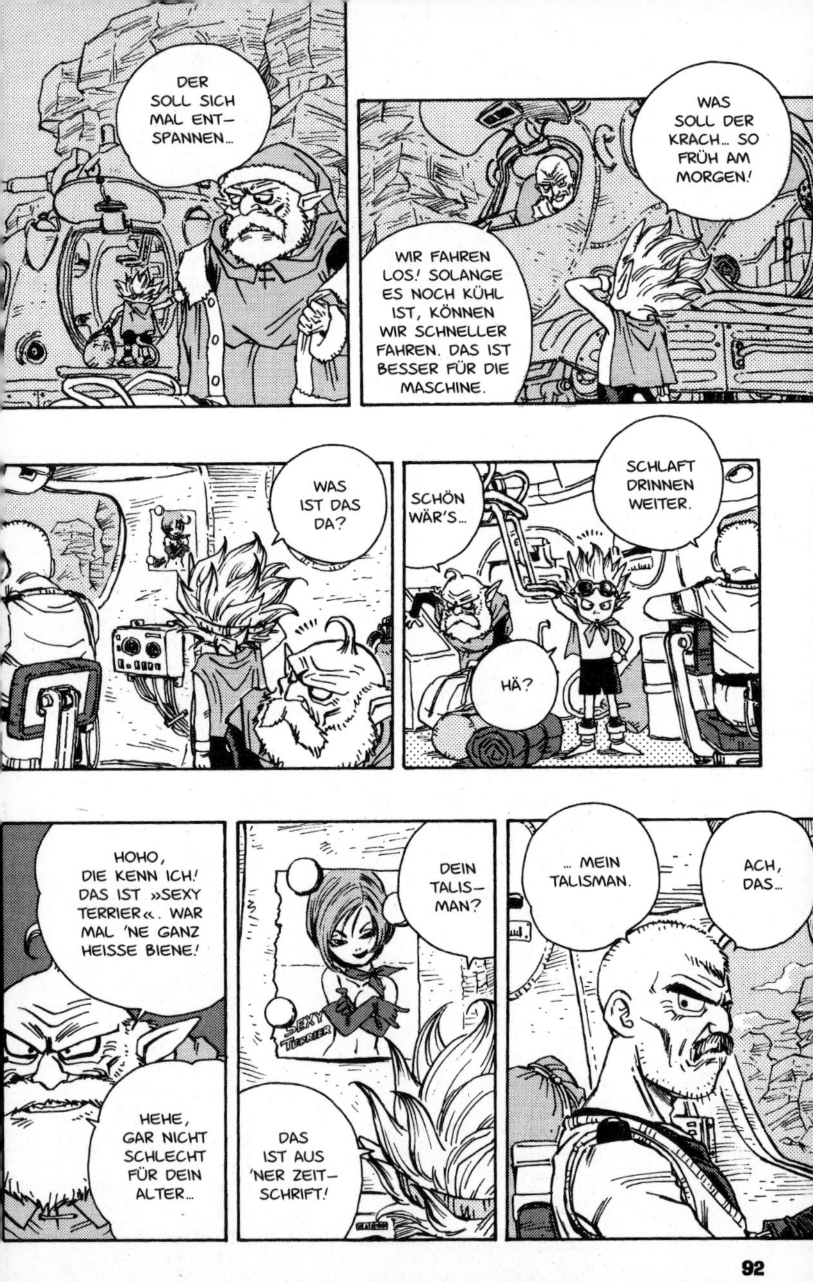
WAS SOLL DER KRACH… SO FRÜH AM MORGEN!
WIR FAHREN LOS! SOLANGE ES NOCH KÜHL IST, KÖNNEN WIR SCHNELLER FAHREN. DAS IST BESSER FÜR DIE MASCHINE.
DER SOLL SICH MAL ENTSPANNEN…
SCHLAFT DRINNEN WEITER.
SCHÖN WÄR'S…
HÄ?
WAS IST DAS DA?
ACH, DAS…
… MEIN TALISMAN.
DEIN TALISMAN?
SEXY TERRIER
DAS IST AUS 'NER ZEITSCHRIFT!
HOHO, DIE KENN ICH! DAS IST »SEXY TERRIER«. WAR MAL 'NE GANZ HEISSE BIENE!
HEHE, GAR NICHT SCHLECHT FÜR DEIN ALTER…

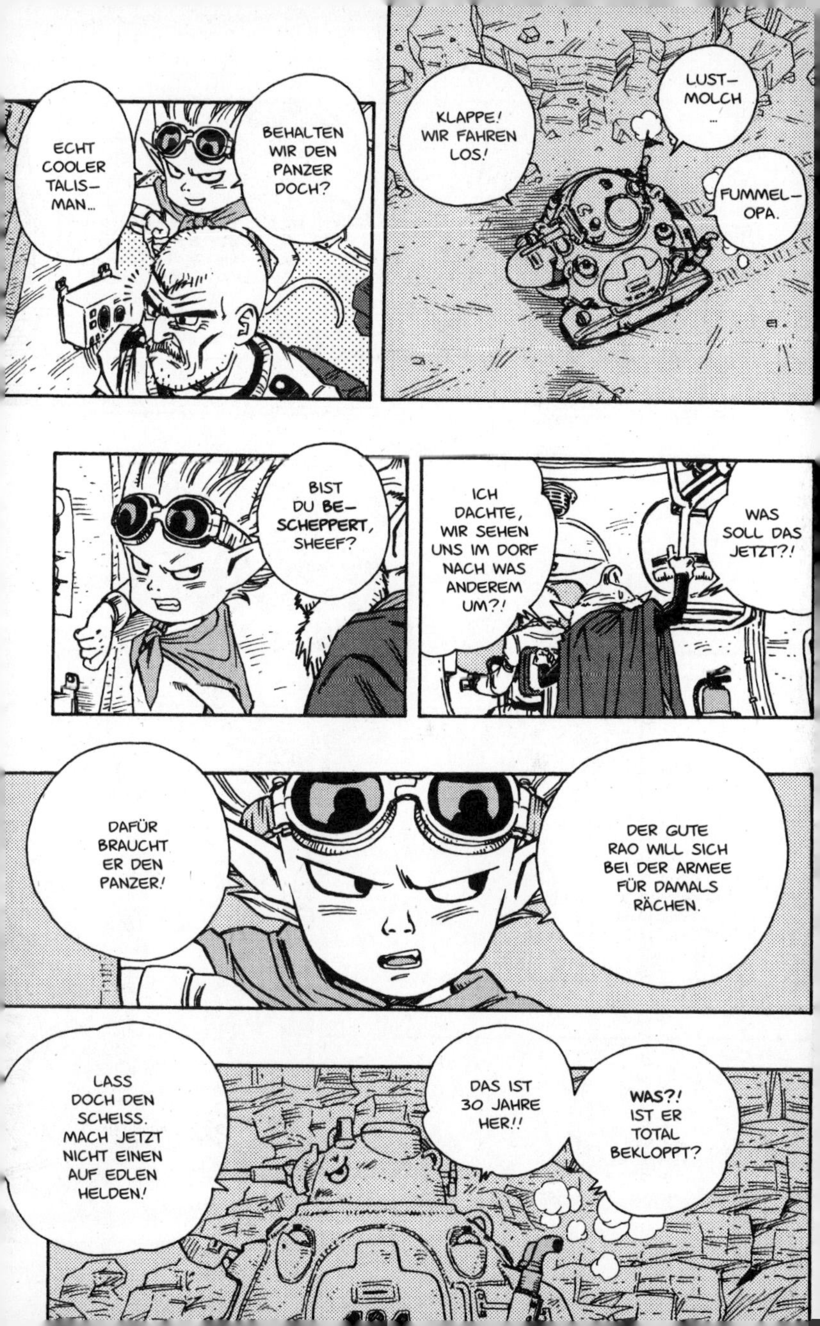
LUST-MOLCH ...
FUMMEL-OPA.
KLAPPE! WIR FAHREN LOS!
BEHALTEN WIR DEN PANZER DOCH?
ECHT COOLER TALIS-MAN...
WAS SOLL DAS JETZT?!
ICH DACHTE, WIR SEHEN UNS IM DORF NACH WAS ANDEREM UM?!
BIST DU BE-SCHEPPERT, SHEEF?
DER GUTE RAO WILL SICH BEI DER ARMEE FÜR DAMALS RÄCHEN.
DAFÜR BRAUCHT ER DEN PANZER!
WAS?! IST ER TOTAL BEKLOPPT?
DAS IST 30 JAHRE HER!!
LASS DOCH DEN SCHEISS. MACH JETZT NICHT EINEN AUF EDLEN HELDEN!

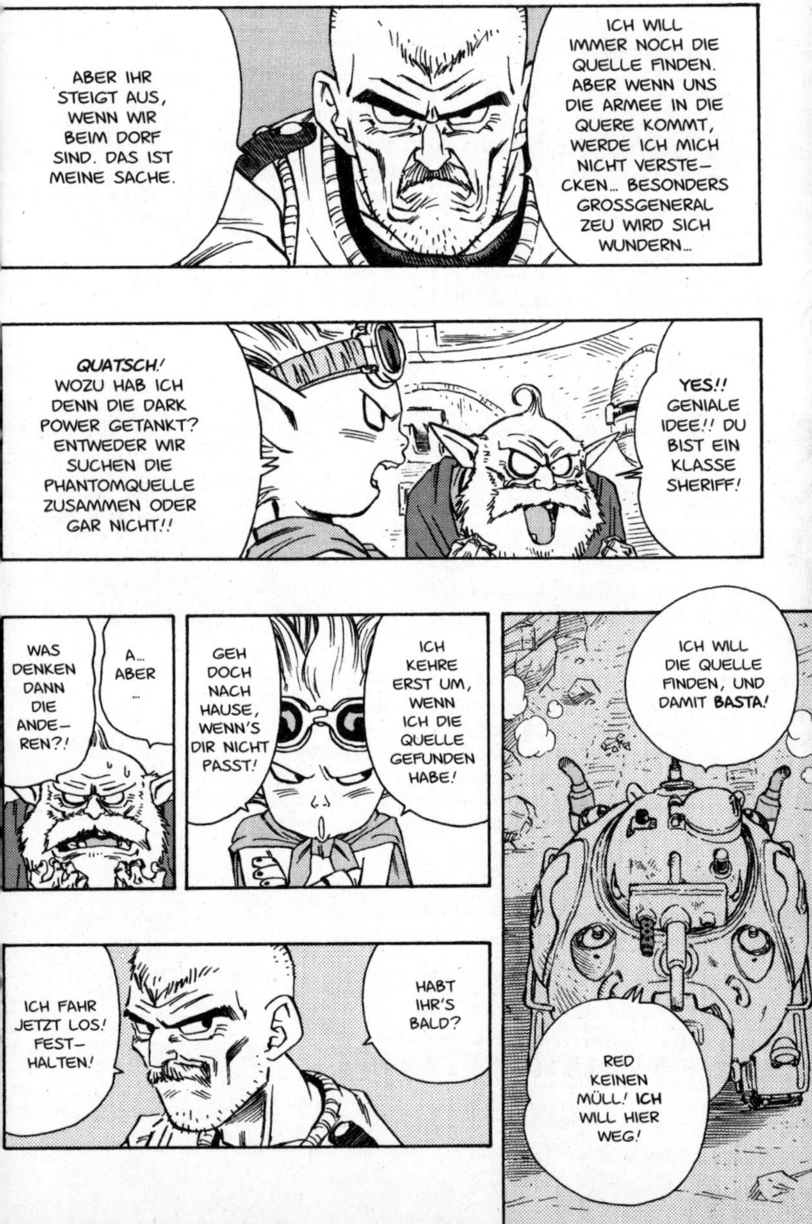
ICH WILL IMMER NOCH DIE QUELLE FINDEN. ABER WENN UNS DIE ARMEE IN DIE QUERE KOMMT, WERDE ICH MICH NICHT VERSTE-CKEN... BESONDERS GROSSGENERAL ZEU WIRD SICH WUNDERN...
ABER IHR STEIGT AUS, WENN WIR BEIM DORF SIND. DAS IST MEINE SACHE.
YES!! GENIALE IDEE!! DU BIST EIN KLASSE SHERIFF!
QUATSCH! WOZU HAB ICH DENN DIE DARK POWER GETANKT? ENTWEDER WIR SUCHEN DIE PHANTOMQUELLE ZUSAMMEN ODER GAR NICHT!!
ICH WILL DIE QUELLE FINDEN, UND DAMIT BASTA!
RED KEINEN MÜLL! ICH WILL HIER WEG!
ICH KEHRE ERST UM, WENN ICH DIE QUELLE GEFUNDEN HABE!
GEH DOCH NACH HAUSE, WENN'S DIR NICHT PASST!
A... ABER ...
WAS DENKEN DANN DIE ANDE-REN?!
HABT IHR'S BALD?
ICH FAHR JETZT LOS! FEST-HALTEN!

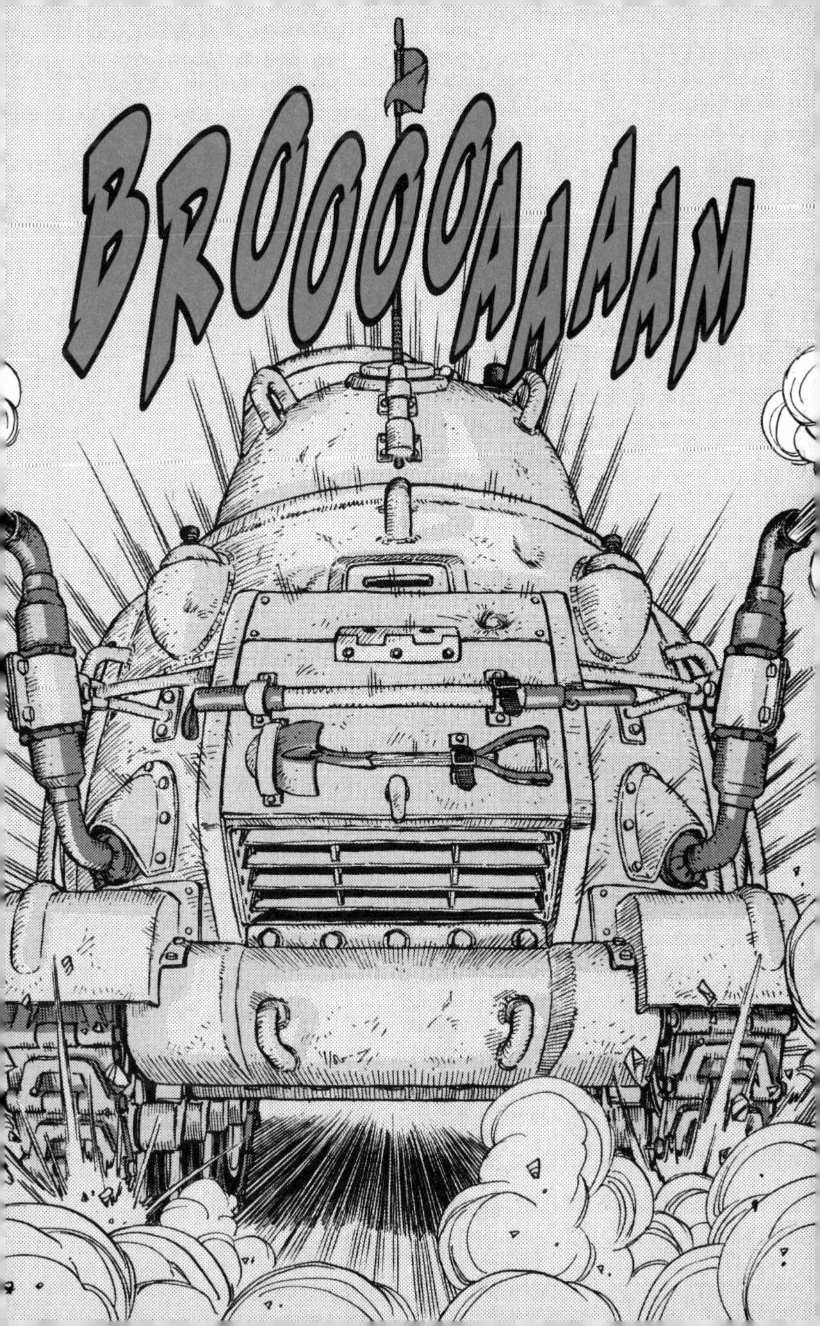
BROOOOAAAAM

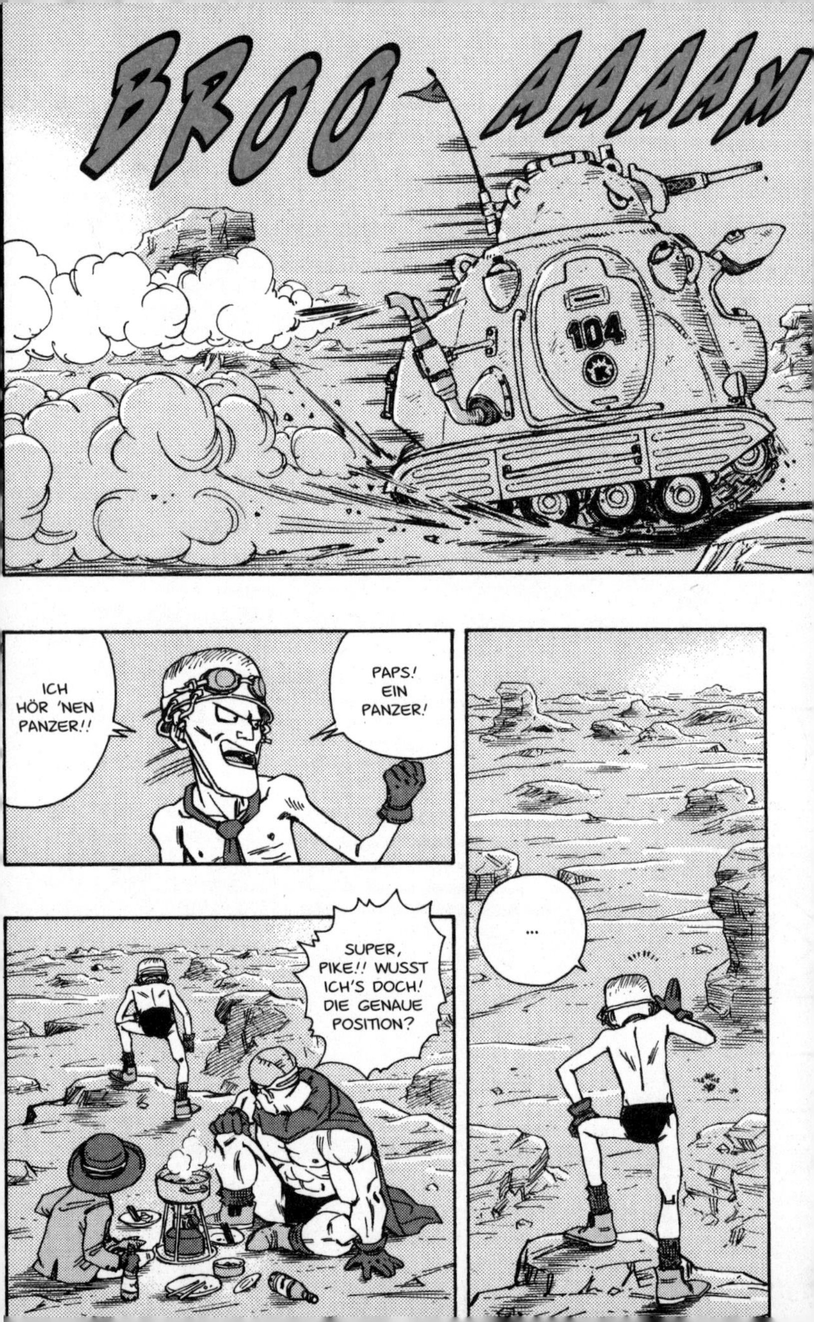
BROOAAAAAM
104
ICH HÖR 'NEN PANZER!!
PAPS! EIN PANZER!
...
SUPER, PIKE!! WUSST ICH'S DOCH! DIE GENAUE POSITION?

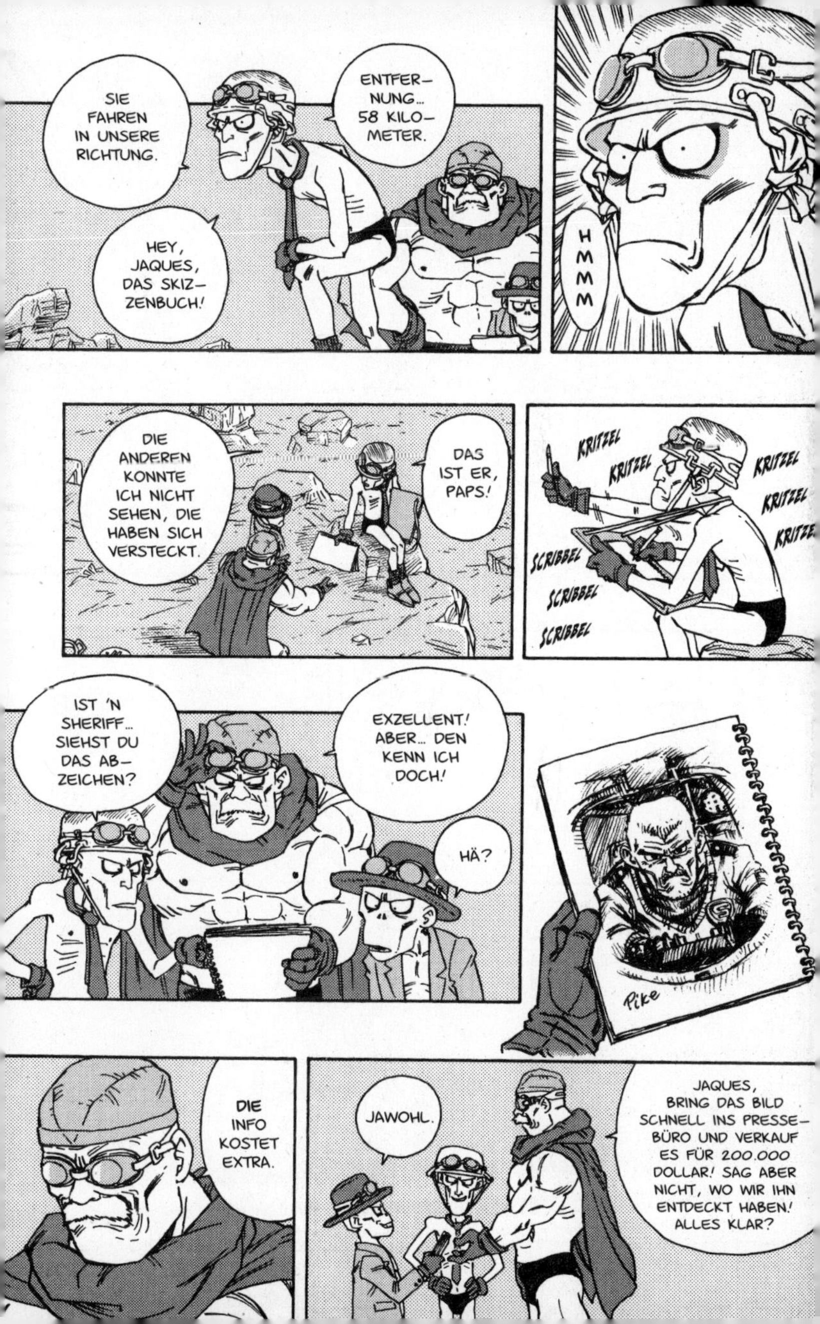

SIE FAHREN IN UNSERE RICHTUNG.
ENTFER-NUNG... 58 KILO-METER.
HEY, JAQUES, DAS SKIZ-ZENBUCH!
HMMM
DIE ANDEREN KONNTE ICH NICHT SEHEN, DIE HABEN SICH VERSTECKT.
DAS IST ER, PAPS!
KRITZEL
KRITZEL
KRITZEL
KRITZEL
KRITZEL
SCRIBBEL
SCRIBBEL
SCRIBBEL
IST 'N SHERIFF... SIEHST DU DAS AB-ZEICHEN?
EXZELLENT! ABER... DEN KENN ICH DOCH!
HÄ?
Pike
DIE INFO KOSTET EXTRA.
JAWOHL.
JAQUES, BRING DAS BILD SCHNELL INS PRESSE-BÜRO UND VERKAUF ES FÜR 200.000 DOLLAR! SAG ABER NICHT, WO WIR IHN ENTDECKT HABEN! ALLES KLAR?

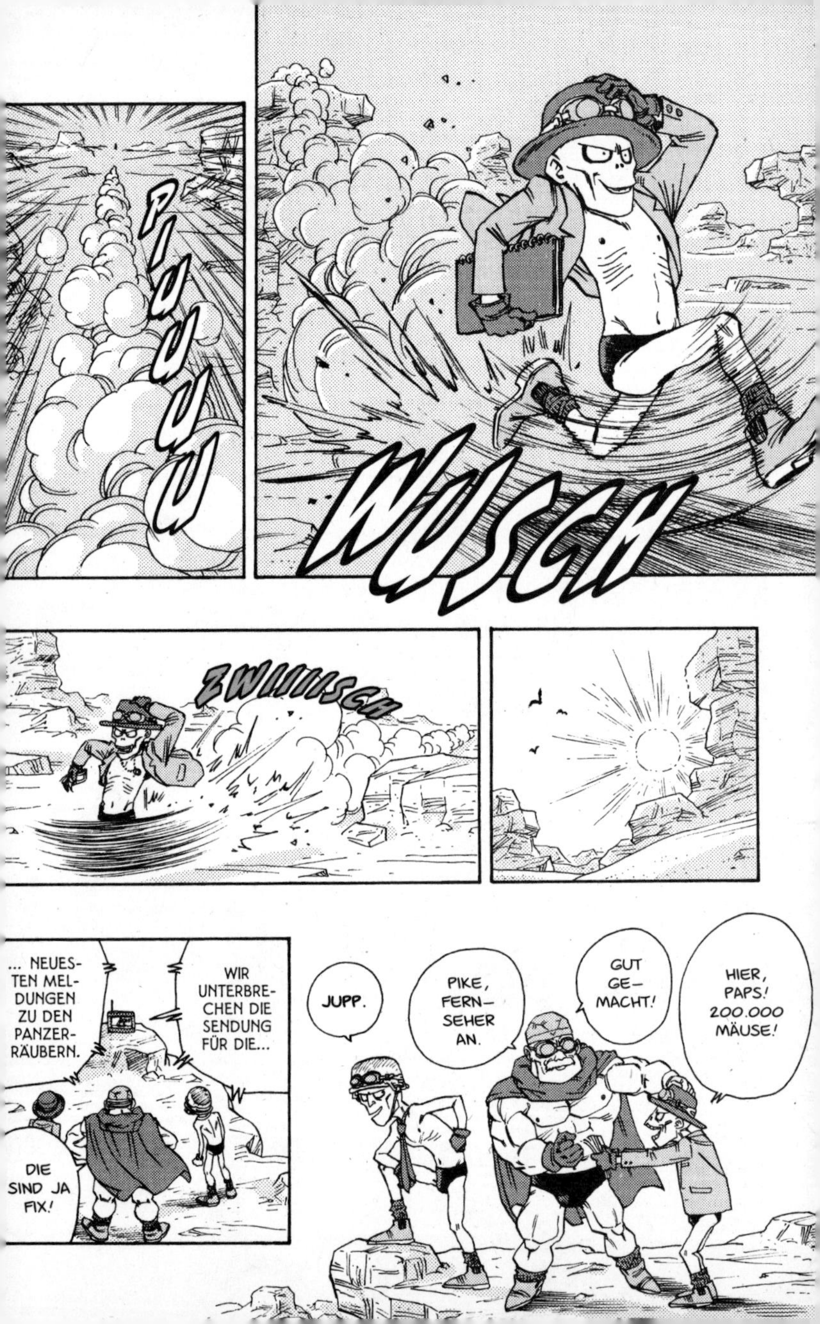
WUSCH
PIUUUU
ZWIIIISCH
HIER, PAPS! 200.000 MÄUSE!
GUT GE-MACHT!
PIKE, FERN-SEHER AN.
JUPP.
WIR UNTERBRE-CHEN DIE SENDUNG FÜR DIE...
... NEUES-TEN MEL-DUNGEN ZU DEN PANZER-RÄUBERN.
DIE SIND JA FIX!

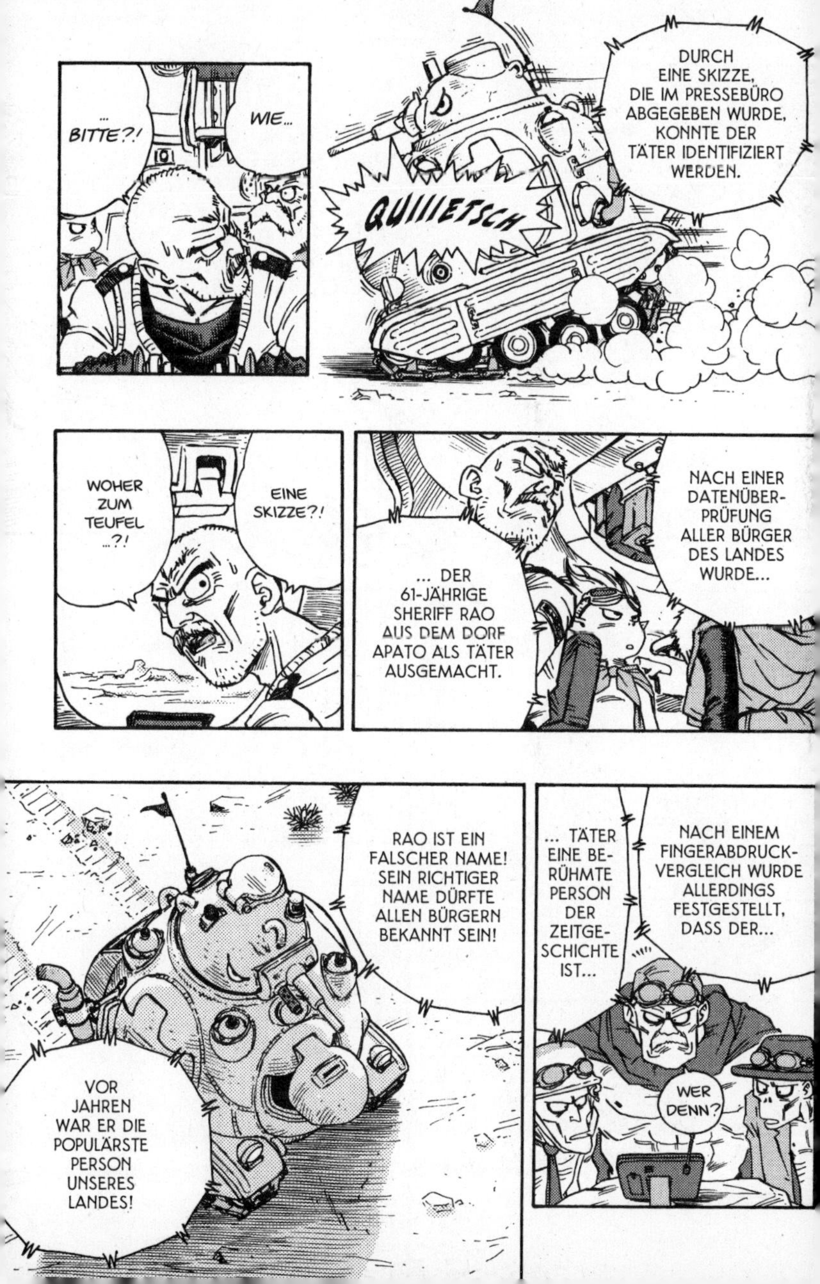
DURCH EINE SKIZZE, DIE IM PRESSEBÜRO ABGEGEBEN WURDE, KONNTE DER TÄTER IDENTIFIZIERT WERDEN.
QUIIIETSCH
WIE...
... BITTE?!
NACH EINER DATENÜBER-PRÜFUNG ALLER BÜRGER DES LANDES WURDE...
... DER 61-JÄHRIGE SHERIFF RAO AUS DEM DORF APATO ALS TÄTER AUSGEMACHT.
EINE SKIZZE?!
WOHER ZUM TEUFEL ...?!
NACH EINEM FINGERABDRUCK-VERGLEICH WURDE ALLERDINGS FESTGESTELLT, DASS DER...
... TÄTER EINE BE-RÜHMTE PERSON DER ZEITGE-SCHICHTE IST...
WER DENN?
RAO IST EIN FALSCHER NAME! SEIN RICHTIGER NAME DÜRFTE ALLEN BÜRGERN BEKANNT SEIN!
VOR JAHREN WAR ER DIE POPULÄRSTE PERSON UNSERES LANDES!

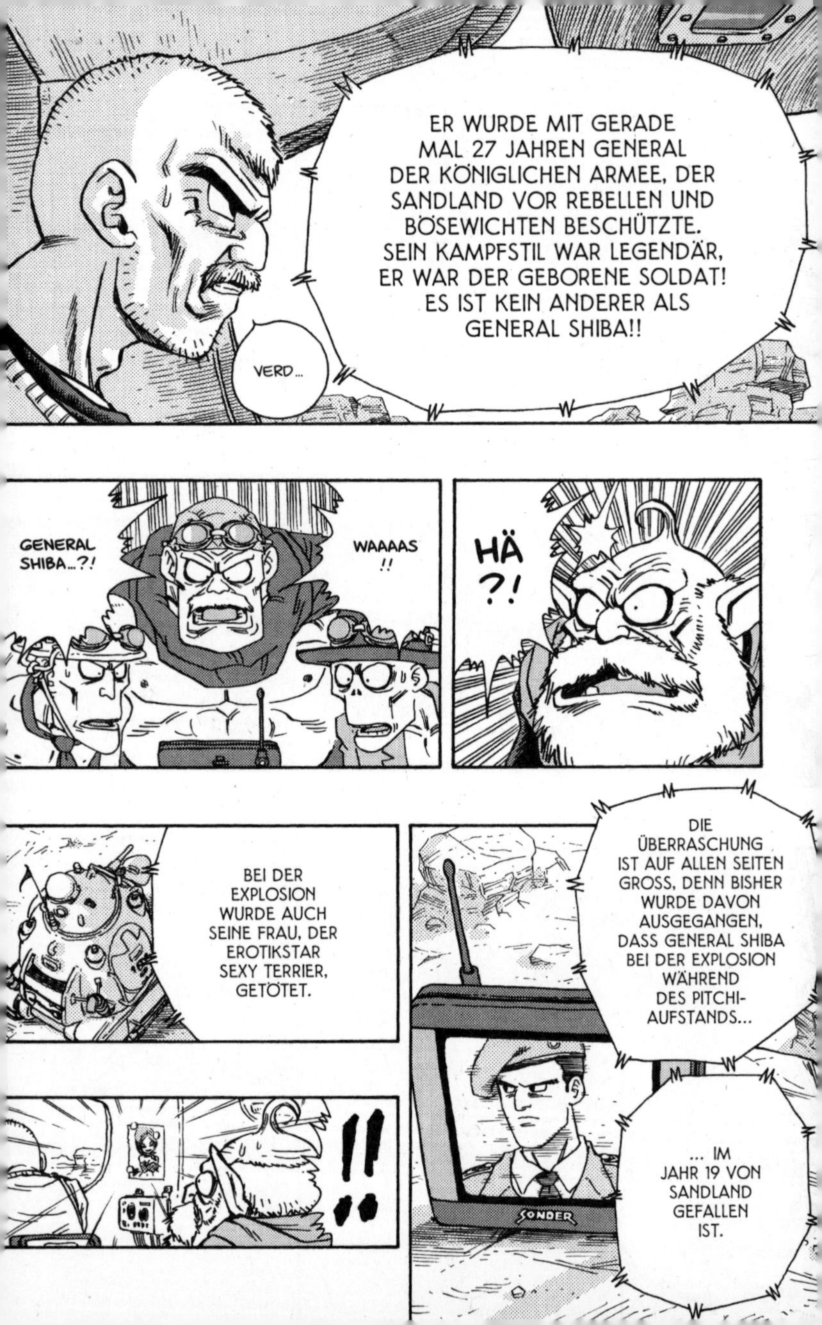
ER WURDE MIT GERADE MAL 27 JAHREN GENERAL DER KÖNIGLICHEN ARMEE, DER SANDLAND VOR REBELLEN UND BÖSEWICHTEN BESCHÜTZTE. SEIN KAMPFSTIL WAR LEGENDÄR, ER WAR DER GEBORENE SOLDAT! ES IST KEIN ANDERER ALS GENERAL SHIBA!!
VERD...
GENERAL SHIBA...?!
WAAAAS !!
HÄ ?!
BEI DER EXPLOSION WURDE AUCH SEINE FRAU, DER EROTIKSTAR SEXY TERRIER, GETÖTET.
DIE ÜBERRASCHUNG IST AUF ALLEN SEITEN GROSS, DENN BISHER WURDE DAVON AUSGEGANGEN, DASS GENERAL SHIBA BEI DER EXPLOSION WÄHREND DES PITCHI-AUFSTANDS...
... IM JAHR 19 VON SANDLAND GEFALLEN IST.
!!
SONDER

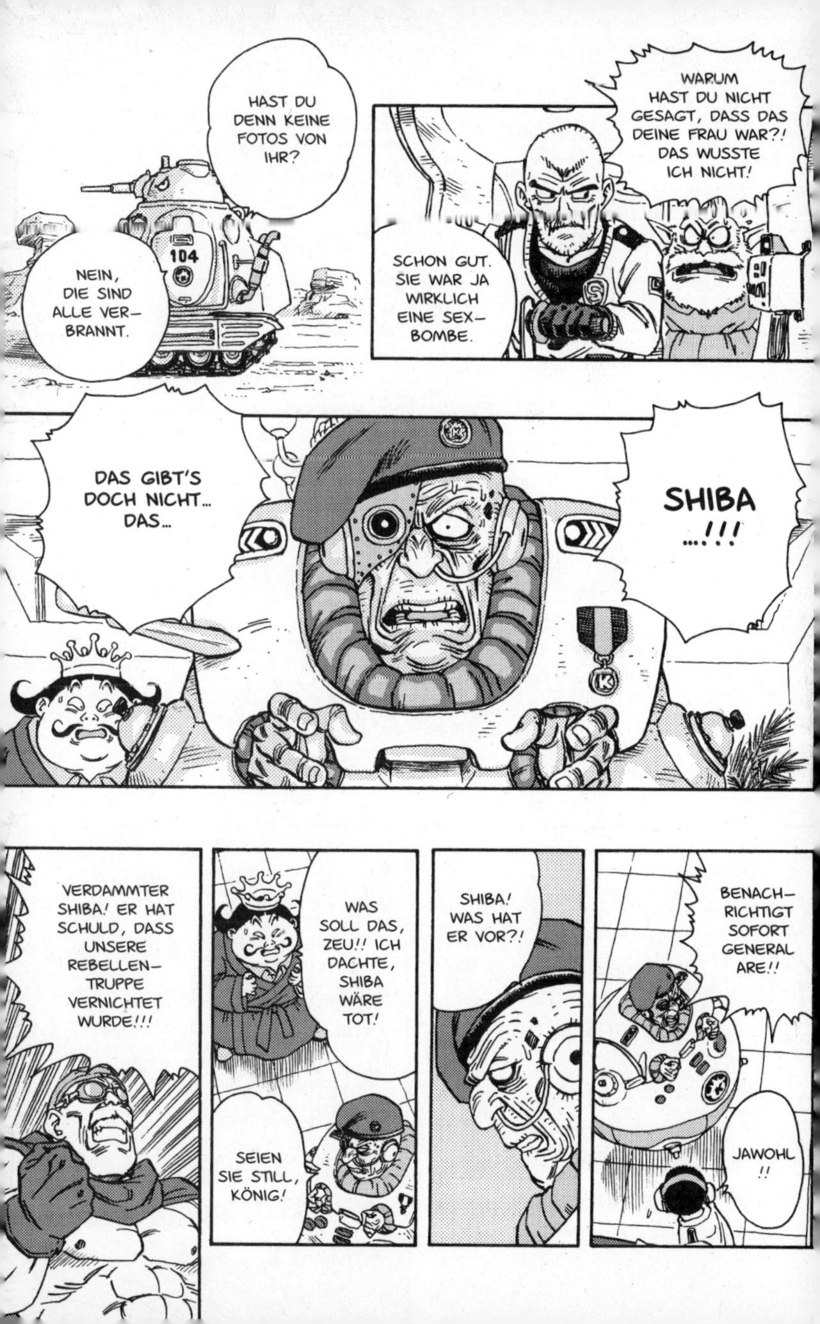
WARUM HAST DU NICHT GESAGT, DASS DAS DEINE FRAU WAR?! DAS WUSSTE ICH NICHT!
SCHON GUT. SIE WAR JA WIRKLICH EINE SEX-BOMBE.
HAST DU DENN KEINE FOTOS VON IHR?
NEIN, DIE SIND ALLE VER-BRANNT.
104
SHIBA ...!!!
DAS GIBT'S DOCH NICHT... DAS...
BENACH-RICHTIGT SOFORT GENERAL ARE!!
JAWOHL !!
SHIBA! WAS HAT ER VOR?!
WAS SOLL DAS, ZEU!! ICH DACHTE, SHIBA WÄRE TOT!
SEIEN SIE STILL, KÖNIG!
VERDAMMTER SHIBA! ER HAT SCHULD, DASS UNSERE REBELLEN-TRUPPE VERNICHTET WURDE!!!

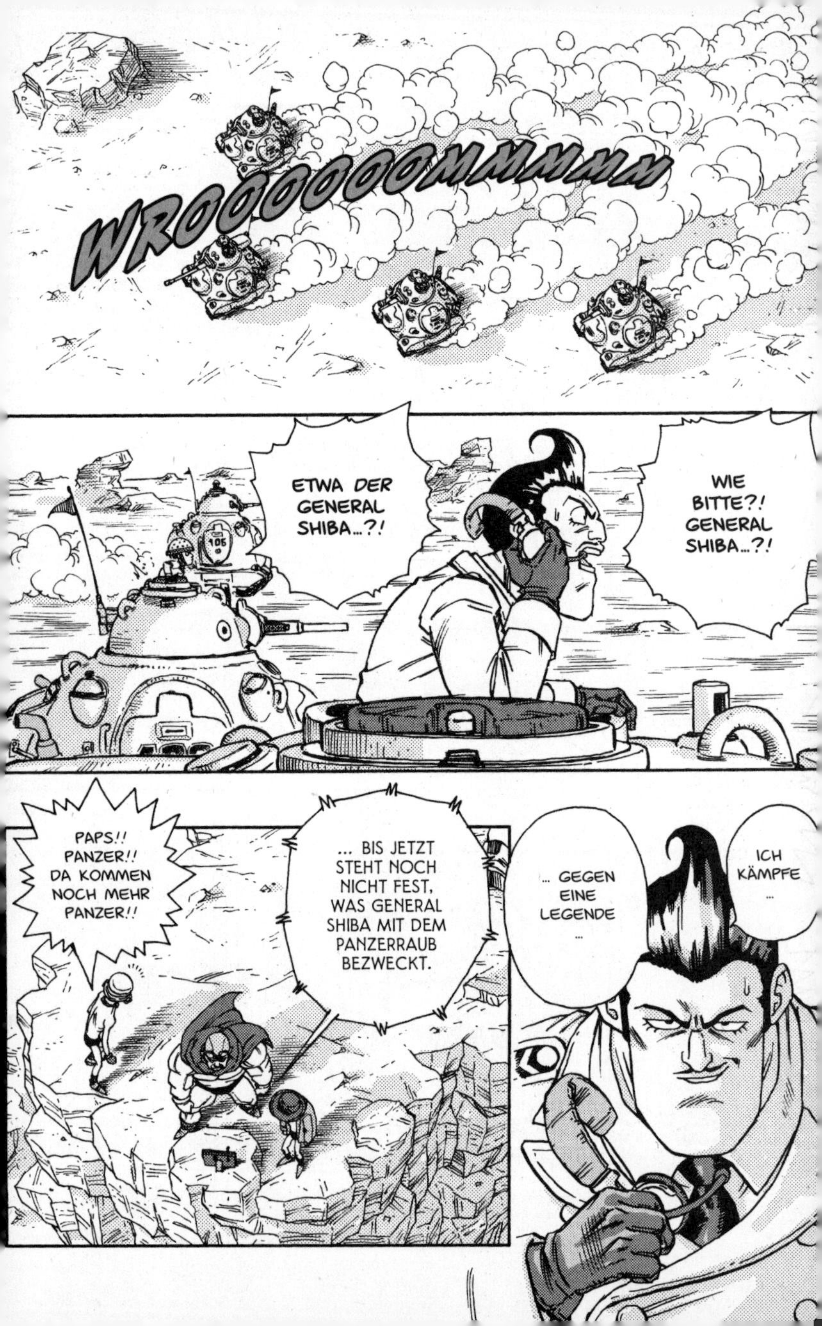
WROOOOOOMMMMMM
WIE BITTE?! GENERAL SHIBA...?!
ETWA DER GENERAL SHIBA...?!
ICH KÄMPFE ...
... GEGEN EINE LEGENDE ...
... BIS JETZT STEHT NOCH NICHT FEST, WAS GENERAL SHIBA MIT DEM PANZERRAUB BEZWECKT.
PAPS!! PANZER!! DA KOMMEN NOCH MEHR PANZER!!

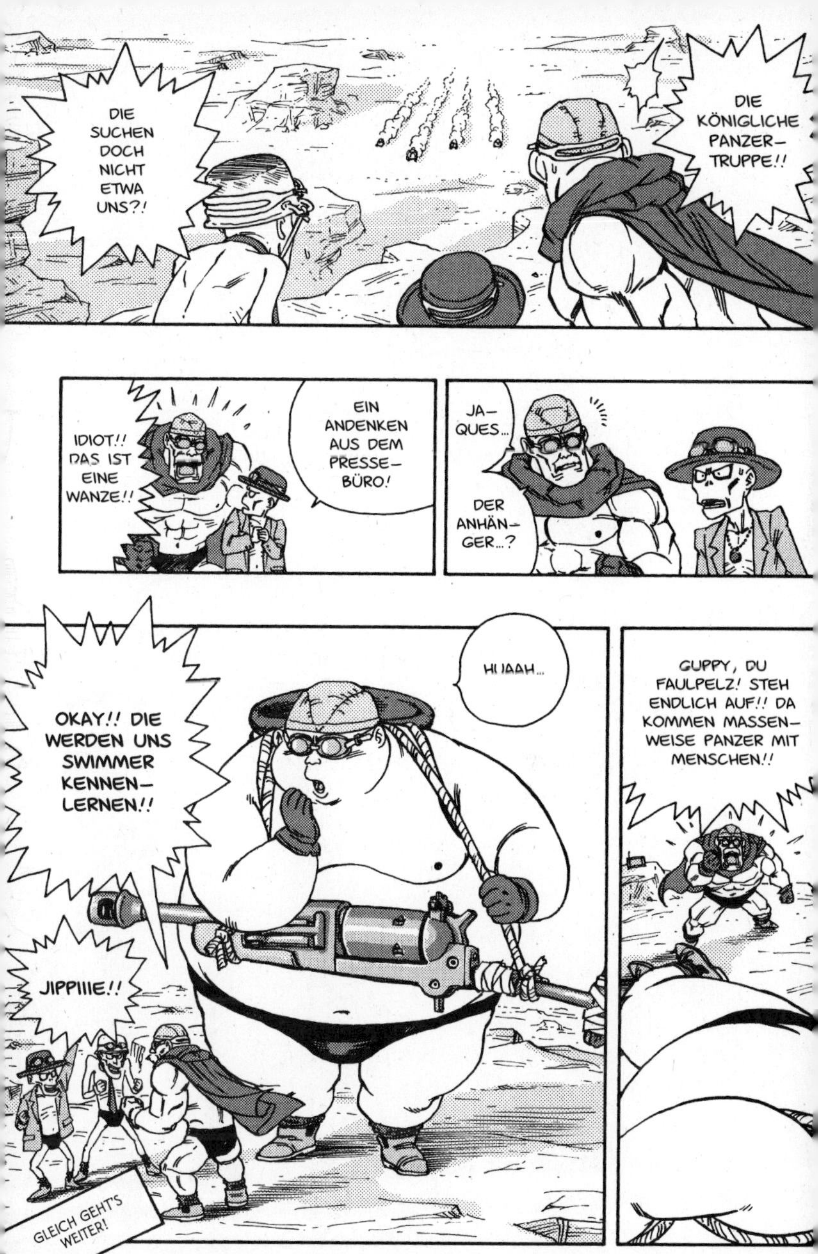
DIE SUCHEN DOCH NICHT ETWA UNS?!
DIE KÖNIGLICHE PANZER-TRUPPE!!
IDIOT!! DAS IST EINE WANZE!!
EIN ANDENKEN AUS DEM PRESSE-BÜRO!
JA-QUES...
DER ANHÄN-GER...?
OKAY!! DIE WERDEN UNS SWIMMER KENNEN-LERNEN!!
HUAAH...
GUPPY, DU FAULPELZ! STEH ENDLICH AUF!! DA KOMMEN MASSEN-WEISE PANZER MIT MENSCHEN!!
JIPPIIIE!!
GLEICH GEHT'S WEITER!

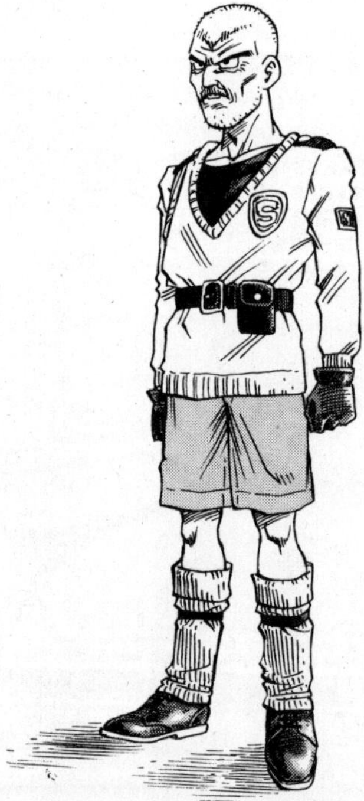

SANDLAND

KAPITEL 7: DIE PANZERSCHLACHT

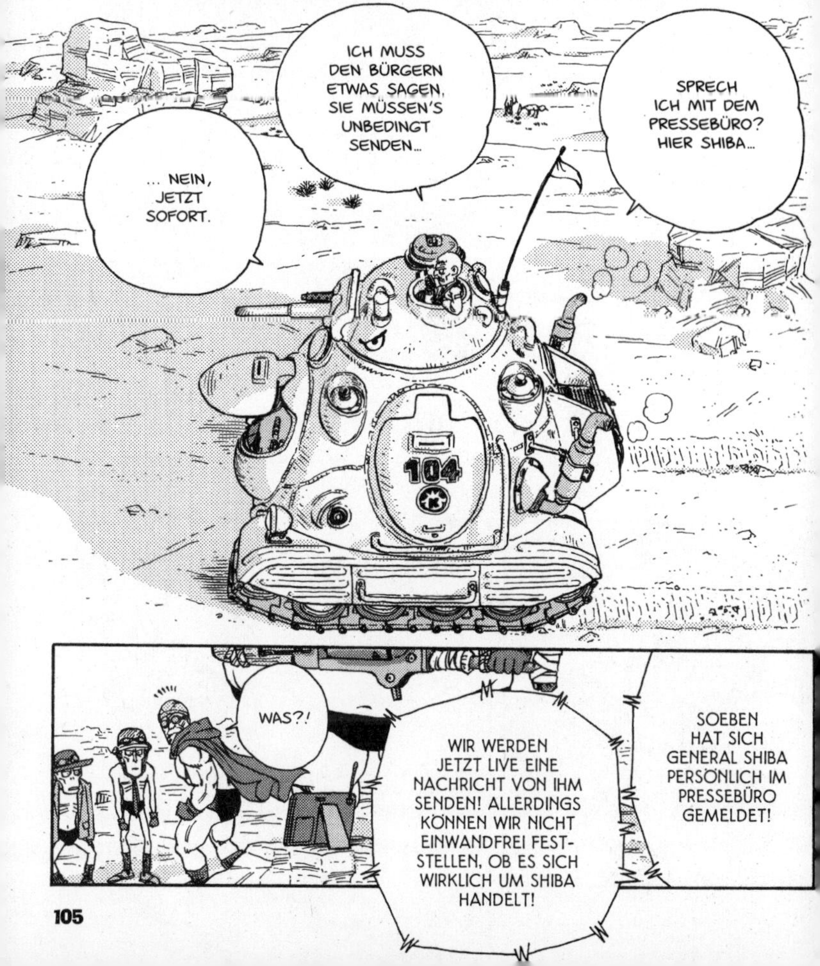

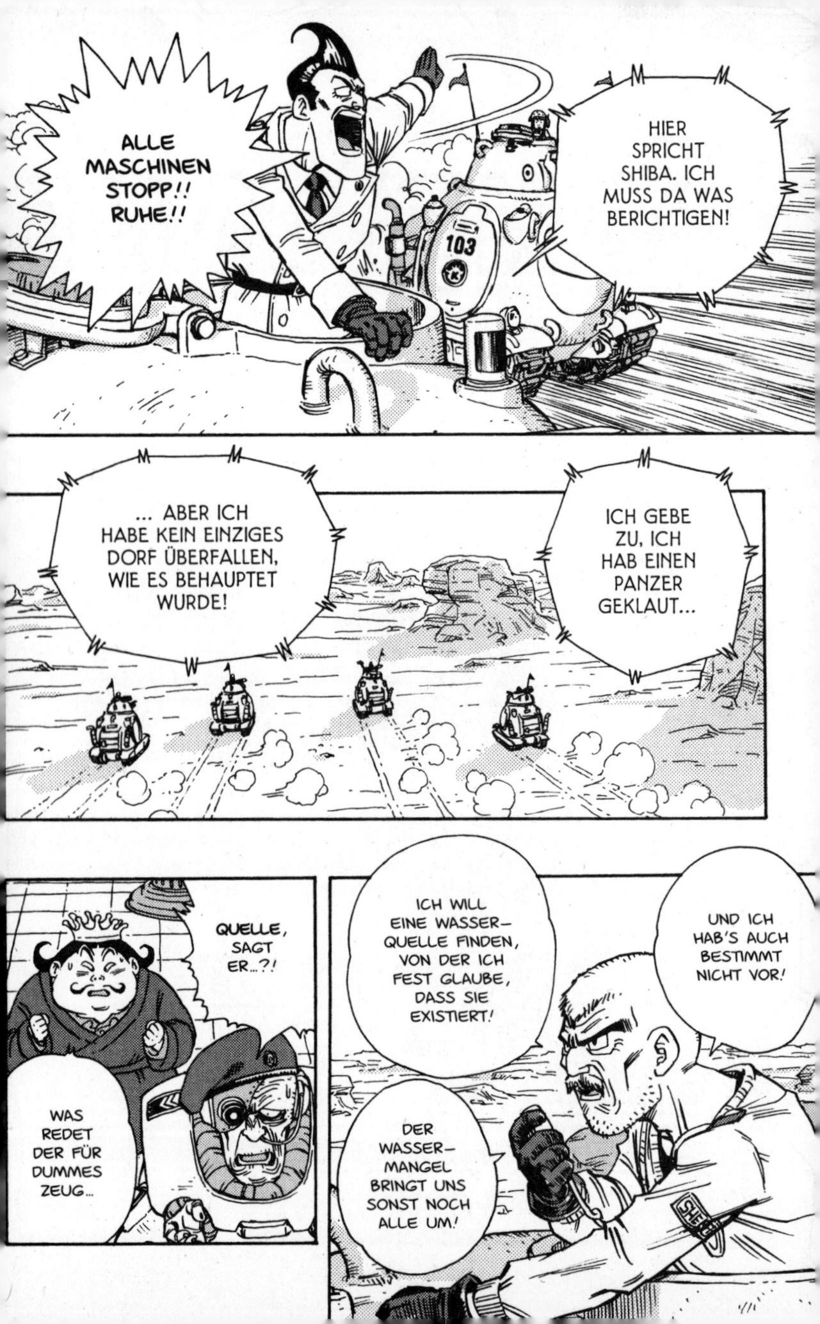
ALLE MASCHINEN STOPP!! RUHE!!
HIER SPRICHT SHIBA. ICH MUSS DA WAS BERICHTIGEN!
ICH GEBE ZU, ICH HAB EINEN PANZER GEKLAUT...
... ABER ICH HABE KEIN EINZIGES DORF ÜBERFALLEN, WIE ES BEHAUPTET WURDE!
UND ICH HAB'S AUCH BESTIMMT NICHT VOR!
ICH WILL EINE WASSER-QUELLE FINDEN, VON DER ICH FEST GLAUBE, DASS SIE EXISTIERT!
DER WASSER-MANGEL BRINGT UNS SONST NOCH ALLE UM!
QUELLE, SAGT ER...?!
WAS REDET DER FÜR DUMMES ZEUG...
103

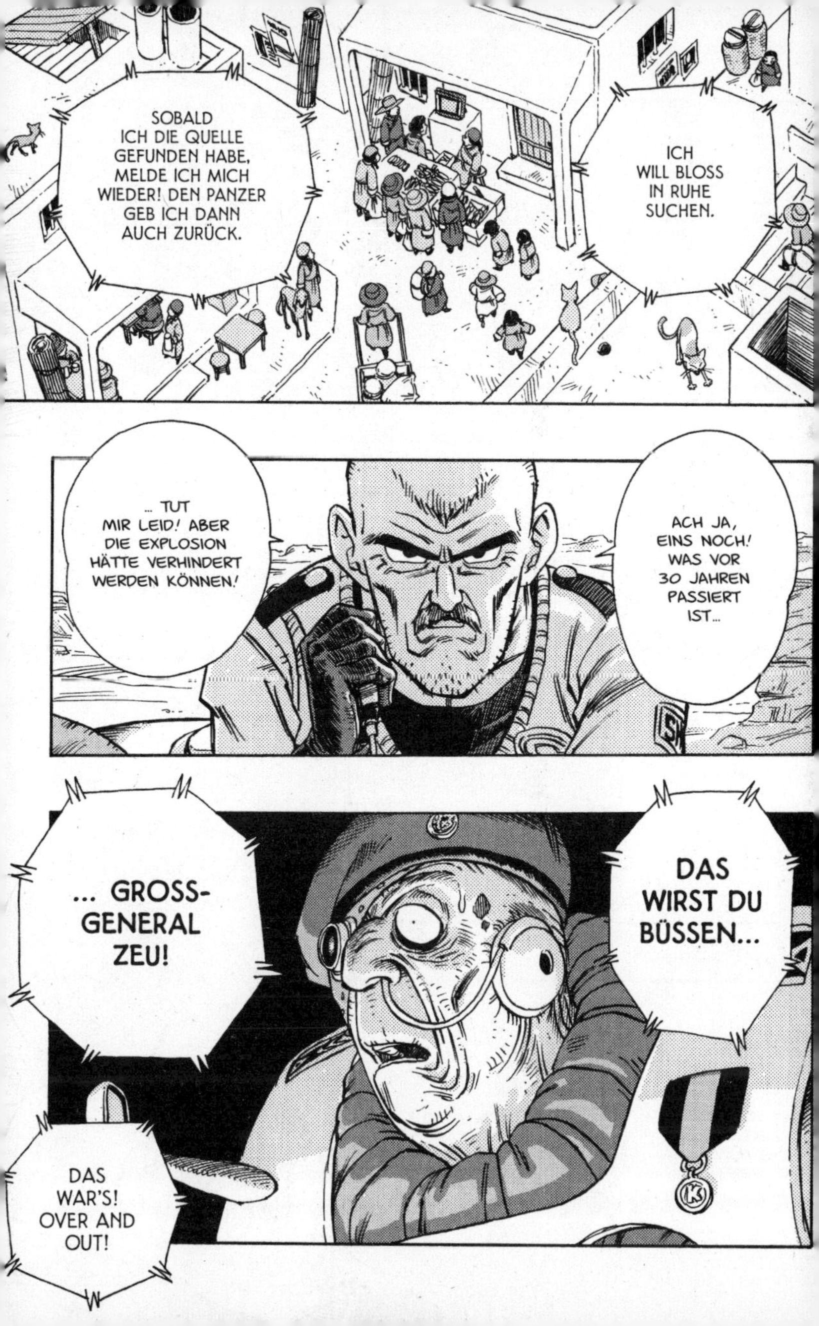

ICH WILL BLOSS IN RUHE SUCHEN.
SOBALD ICH DIE QUELLE GEFUNDEN HABE, MELDE ICH MICH WIEDER! DEN PANZER GEB ICH DANN AUCH ZURÜCK.
ACH JA, EINS NOCH! WAS VOR 30 JAHREN PASSIERT IST...
... TUT MIR LEID! ABER DIE EXPLOSION HÄTTE VERHINDERT WERDEN KÖNNEN!
DAS WIRST DU BÜSSEN...
... GROSS-GENERAL ZEU!
DAS WAR'S! OVER AND OUT!

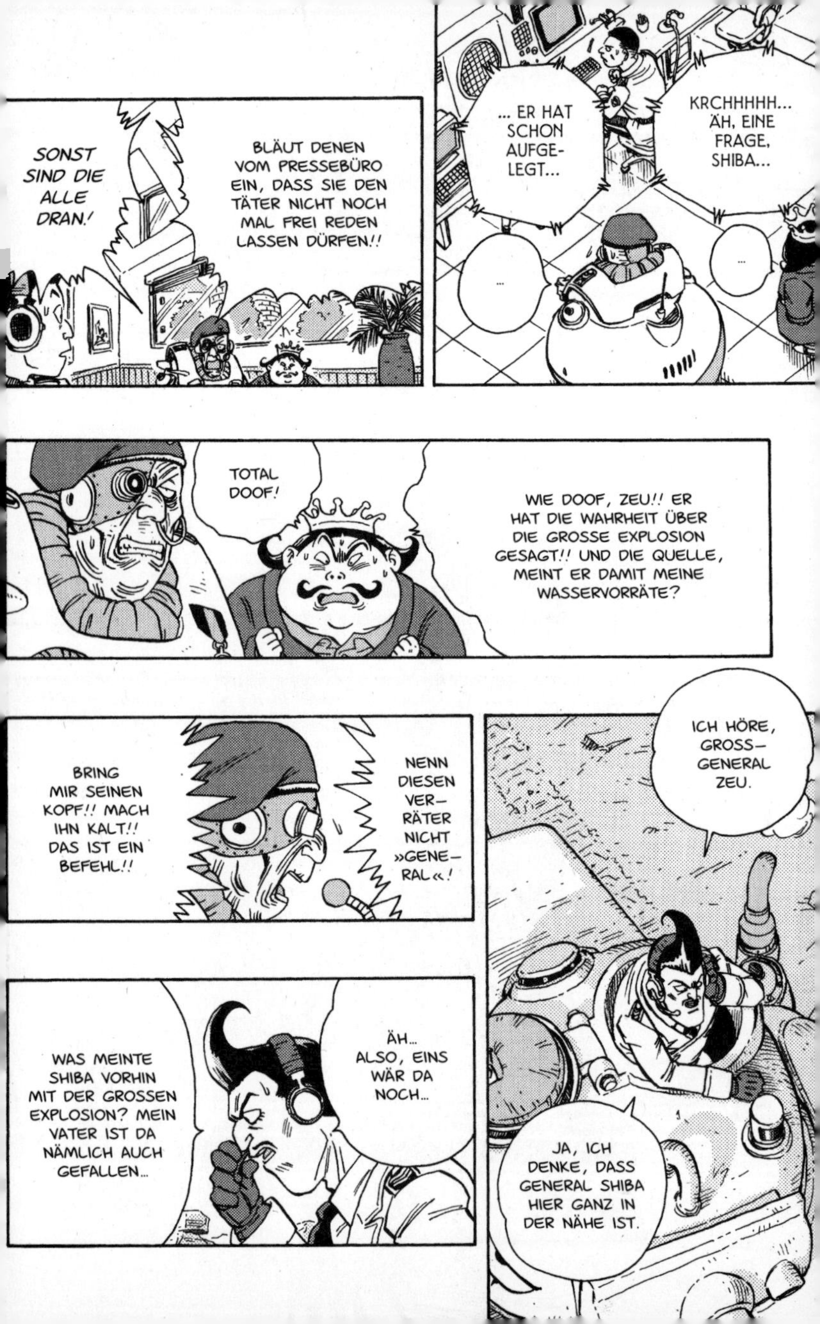
KRCHHHHH... ÄH, EINE FRAGE, SHIBA...
... ER HAT SCHON AUFGE-LEGT...
...
...
BLÄUT DENEN VOM PRESSEBÜRO EIN, DASS SIE DEN TÄTER NICHT NOCH MAL FREI REDEN LASSEN DÜRFEN!!
SONST SIND DIE ALLE DRAN!
WIE DOOF, ZEU!! ER HAT DIE WAHRHEIT ÜBER DIE GROSSE EXPLOSION GESAGT!! UND DIE QUELLE, MEINT ER DAMIT MEINE WASSERVORRÄTE?
TOTAL DOOF!
ICH HÖRE, GROSS-GENERAL ZEU.
NENN DIESEN VER-RÄTER NICHT »GENERAL«!
BRING MIR SEINEN KOPF!! MACH IHN KALT!! DAS IST EIN BEFEHL!!
JA, ICH DENKE, DASS GENERAL SHIBA HIER GANZ IN DER NÄHE IST.
ÄH... ALSO, EINS WÄR DA NOCH...
WAS MEINTE SHIBA VORHIN MIT DER GROSSEN EXPLOSION? MEIN VATER IST DA NÄMLICH AUCH GEFALLEN...

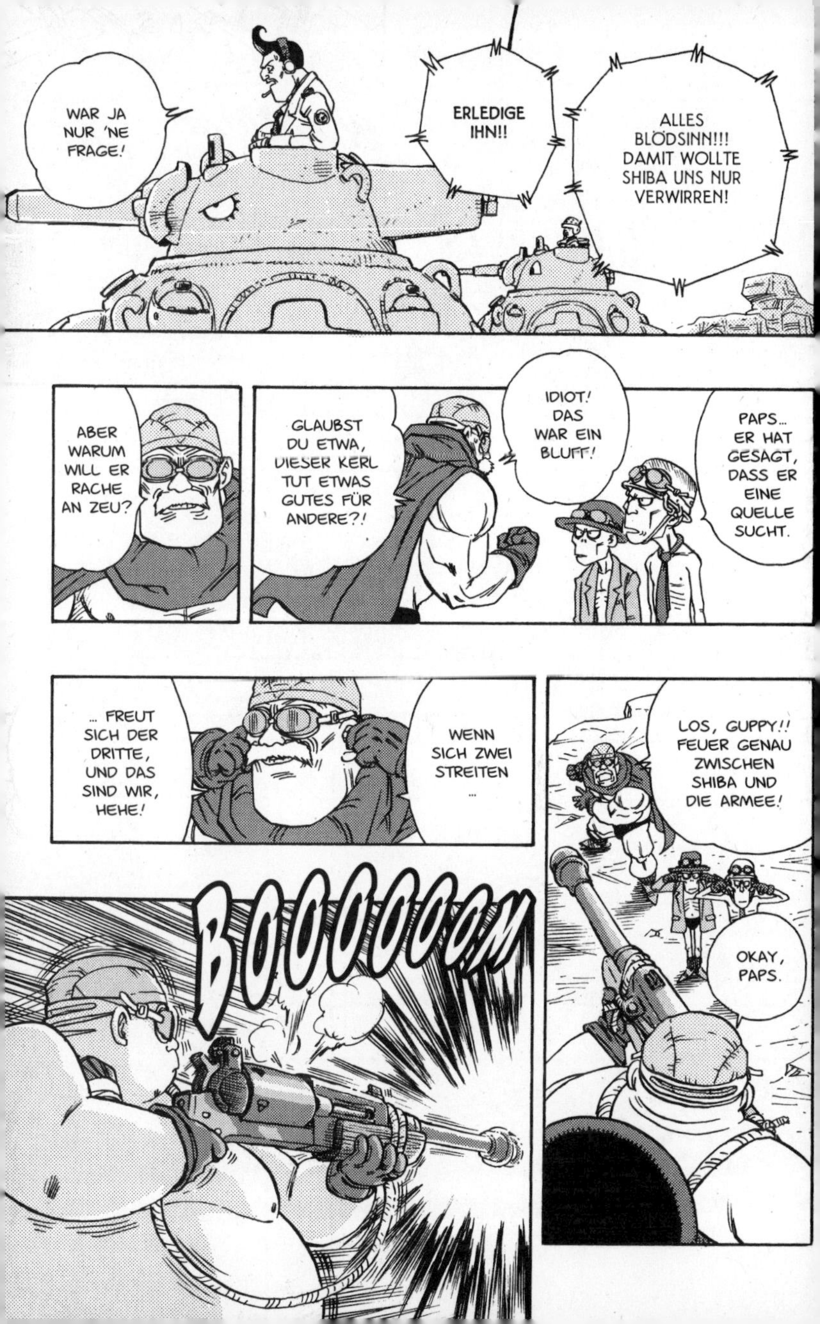
ALLES BLÖDSINN!!! DAMIT WOLLTE SHIBA UNS NUR VERWIRREN!
ERLEDIGE IHN!!
WAR JA NUR 'NE FRAGE!
PAPS... ER HAT GESAGT, DASS ER EINE QUELLE SUCHT.
IDIOT! DAS WAR EIN BLUFF!
GLAUBST DU ETWA, DIESER KERL TUT ETWAS GUTES FÜR ANDERE?!
ABER WARUM WILL ER RACHE AN ZEU?
WENN SICH ZWEI STREITEN ...
... FREUT SICH DER DRITTE, UND DAS SIND WIR, HEHE!
LOS, GUPPY!! FEUER GENAU ZWISCHEN SHIBA UND DIE ARMEE!
OKAY, PAPS.
BOOOOOOM

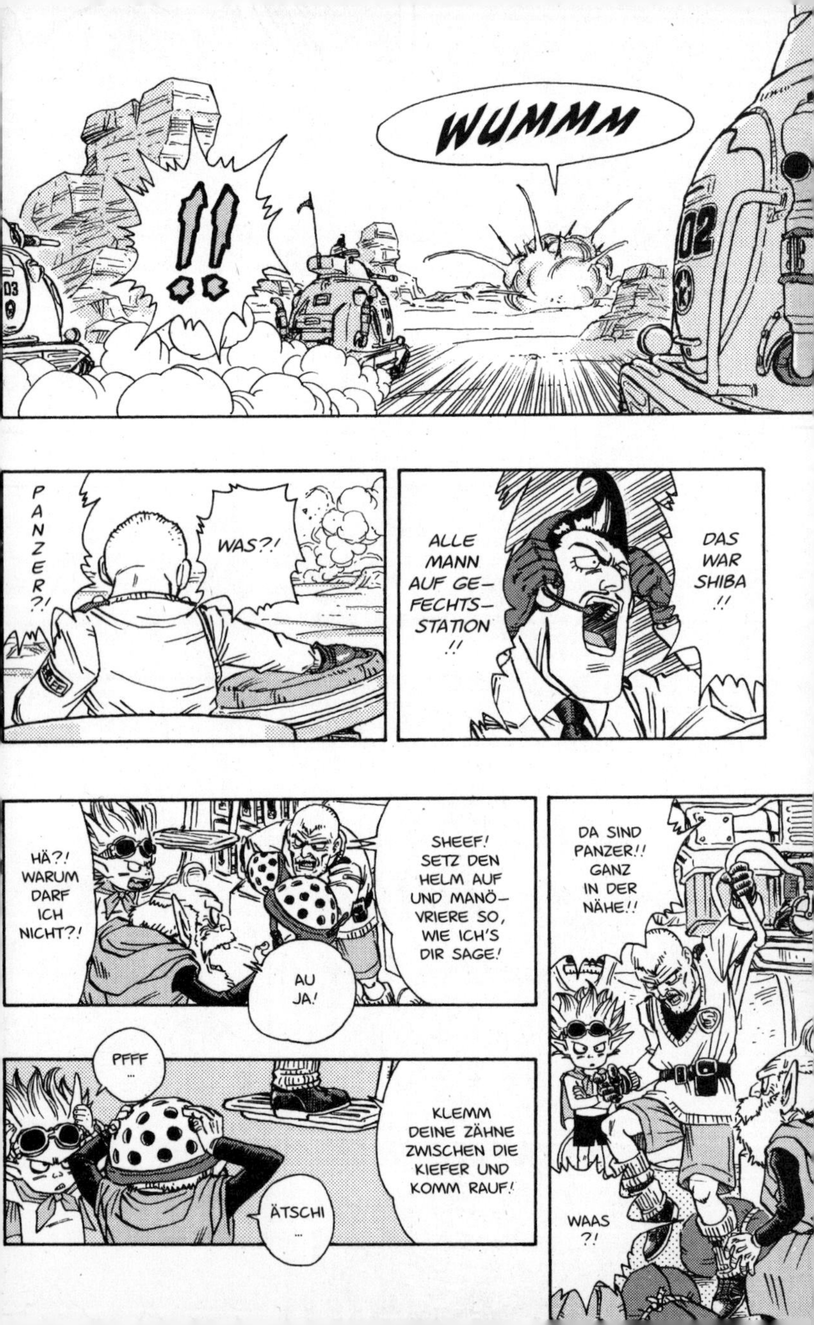
WUMMM
!!
PANZER?!
WAS?!
DAS WAR SHIBA!!
ALLE MANN AUF GEFECHTSSTATION!!
DA SIND PANZER!! GANZ IN DER NÄHE!!
WAAS?!
SHEEF! SETZ DEN HELM AUF UND MANÖVRIERE SO, WIE ICH'S DIR SAGE!
AU JA!
HÄ?! WARUM DARF ICH NICHT?!
KLEMM DEINE ZÄHNE ZWISCHEN DIE KIEFER UND KOMM RAUF!
PFFF ...
ÄTSCHI ...

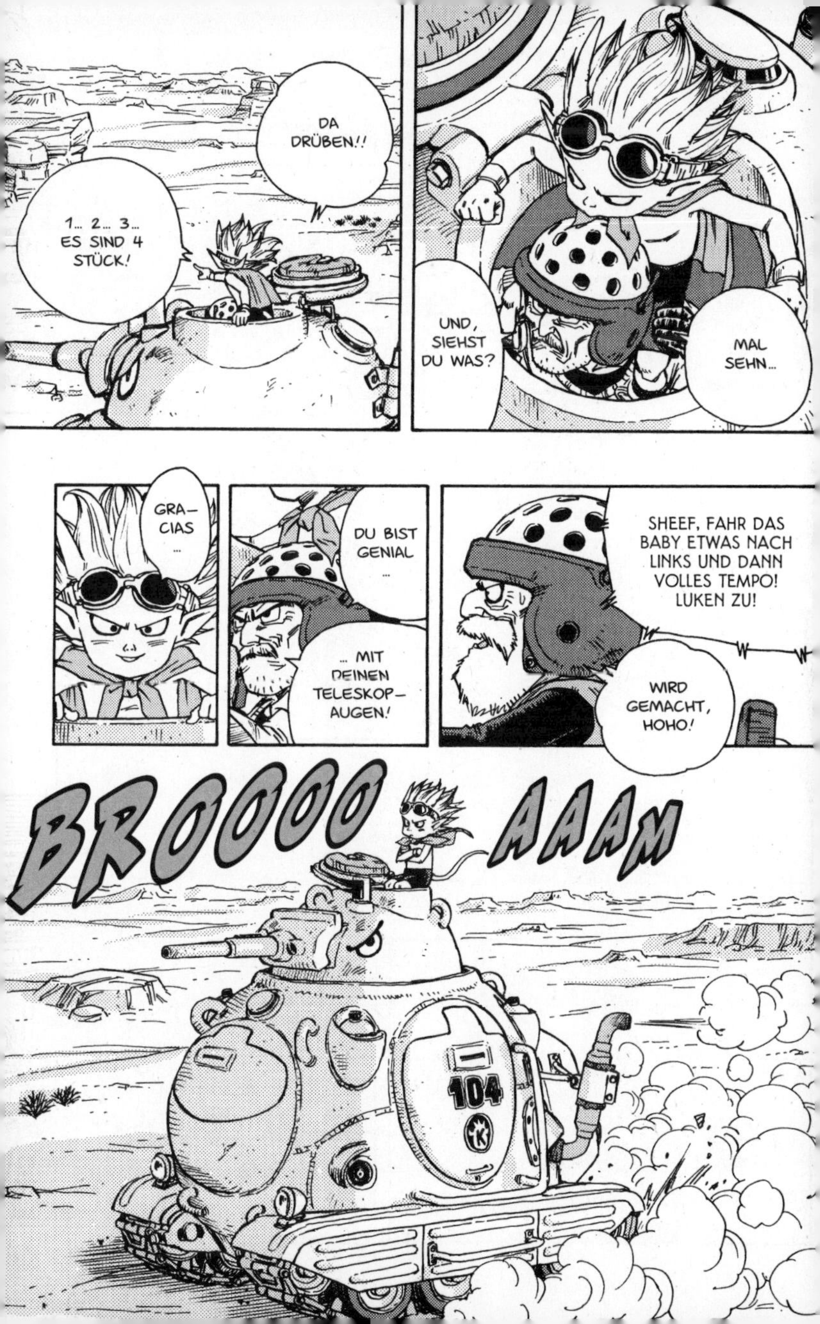
UND, SIEHST DU WAS?
MAL SEHN...
DA DRÜBEN!!
1... 2... 3... ES SIND 4 STÜCK!
DU BIST GENIAL ...
... MIT DEINEN TELESKOP-AUGEN!
GRA-CIAS ...
SHEEF, FAHR DAS BABY ETWAS NACH LINKS UND DANN VOLLES TEMPO! LUKEN ZU!
WIRD GEMACHT, HOHO!
BROOOO AAAM
104

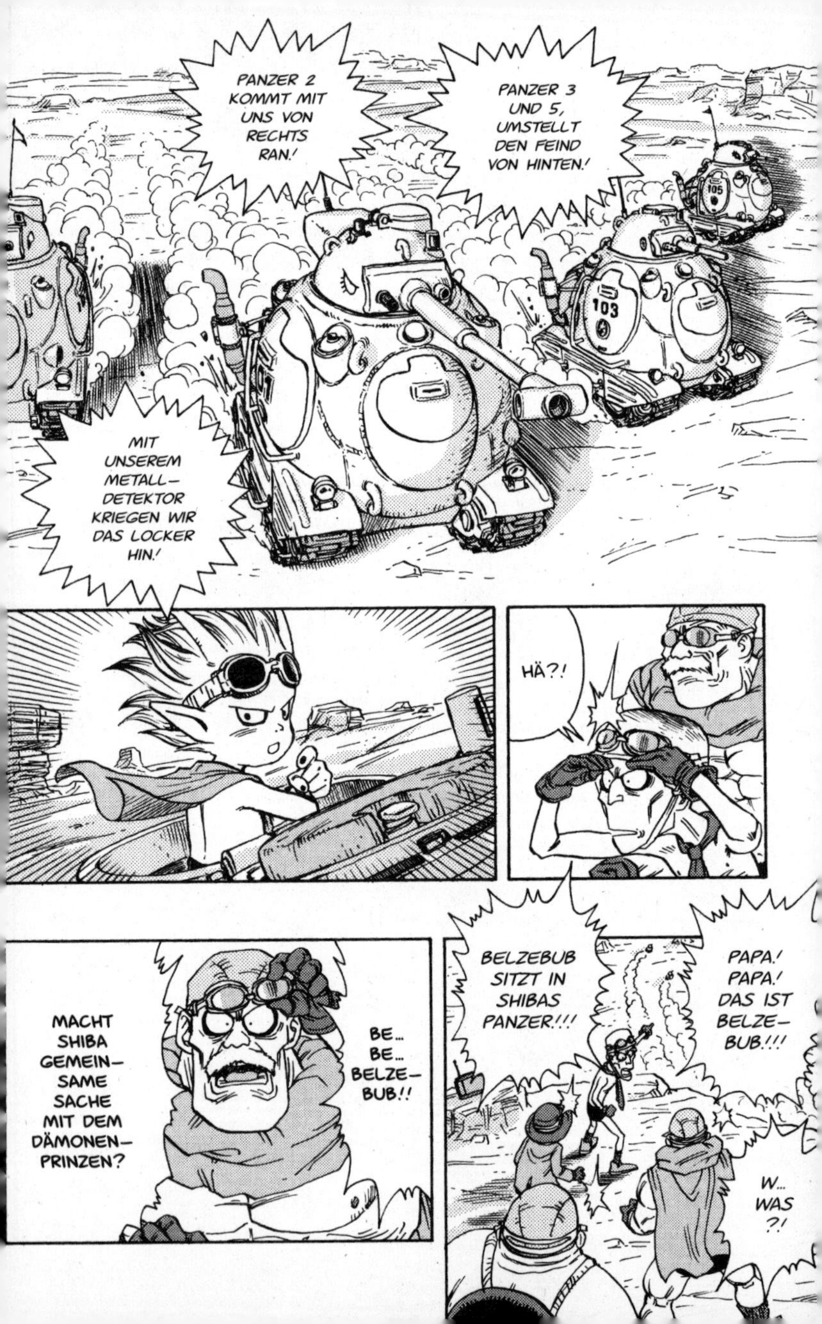
PANZER 3 UND 5, UMSTELLT DEN FEIND VON HINTEN!
PANZER 2 KOMMT MIT UNS VON RECHTS RAN!
MIT UNSEREM METALL-DETEKTOR KRIEGEN WIR DAS LOCKER HIN!
HÄ?!
PAPA! PAPA! DAS IST BELZE-BUB!!!
BELZEBUB SITZT IN SHIBAS PANZER!!!
W... WAS ?!
BE... BE... BELZE-BUB!!
MACHT SHIBA GEMEIN-SAME SACHE MIT DEM DÄMONEN-PRINZEN?

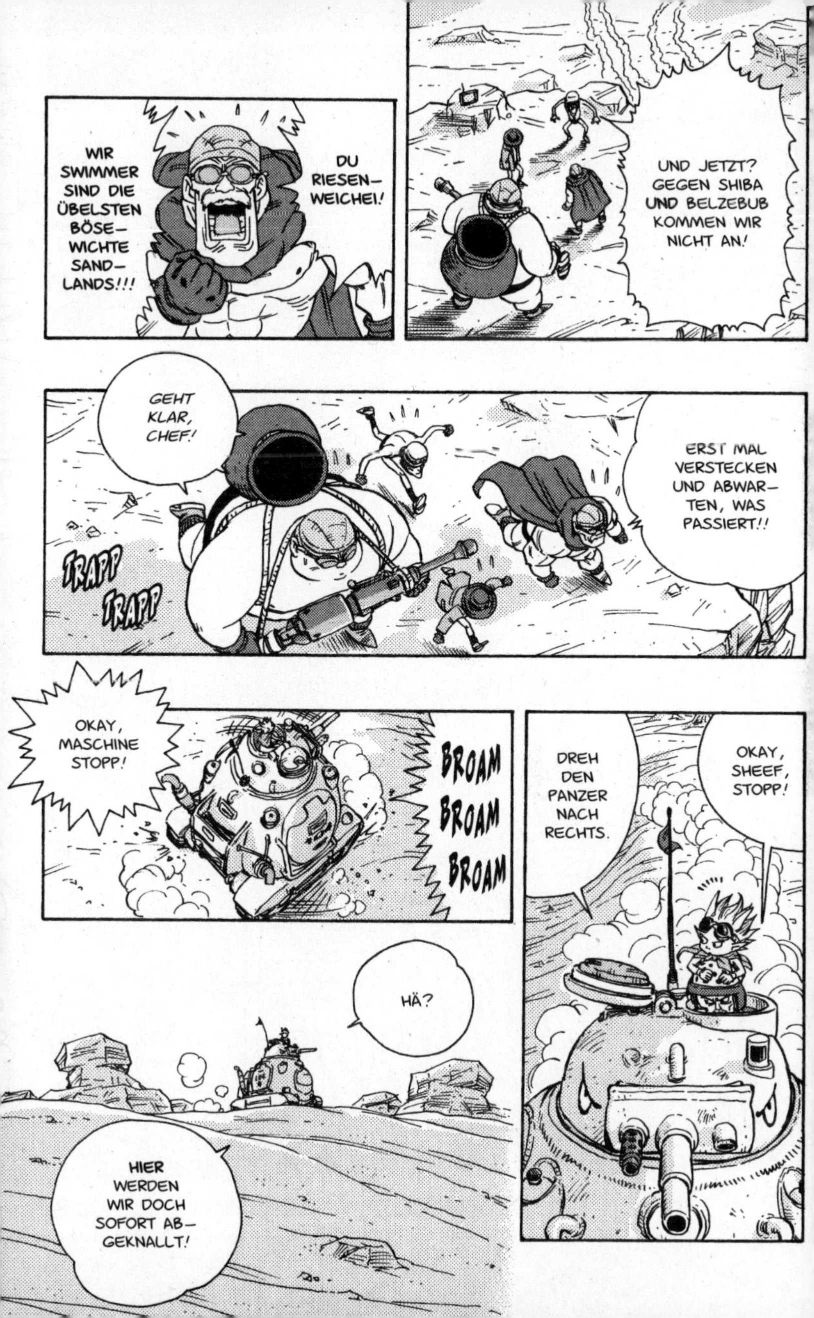
UND JETZT? GEGEN SHIBA UND BELZEBUB KOMMEN WIR NICHT AN!
DU RIESEN-WEICHEI!
WIR SWIMMER SIND DIE ÜBELSTEN BÖSE-WICHTE SAND-LANDS!!!
ERST MAL VERSTECKEN UND ABWAR-TEN, WAS PASSIERT!!
GEHT KLAR, CHEF!
TRAPP TRAPP
OKAY, SHEEF, STOPP!
DREH DEN PANZER NACH RECHTS.
BROAM BROAM BROAM
OKAY, MASCHINE STOPP!
HÄ?
HIER WERDEN WIR DOCH SOFORT AB-GEKNALLT!

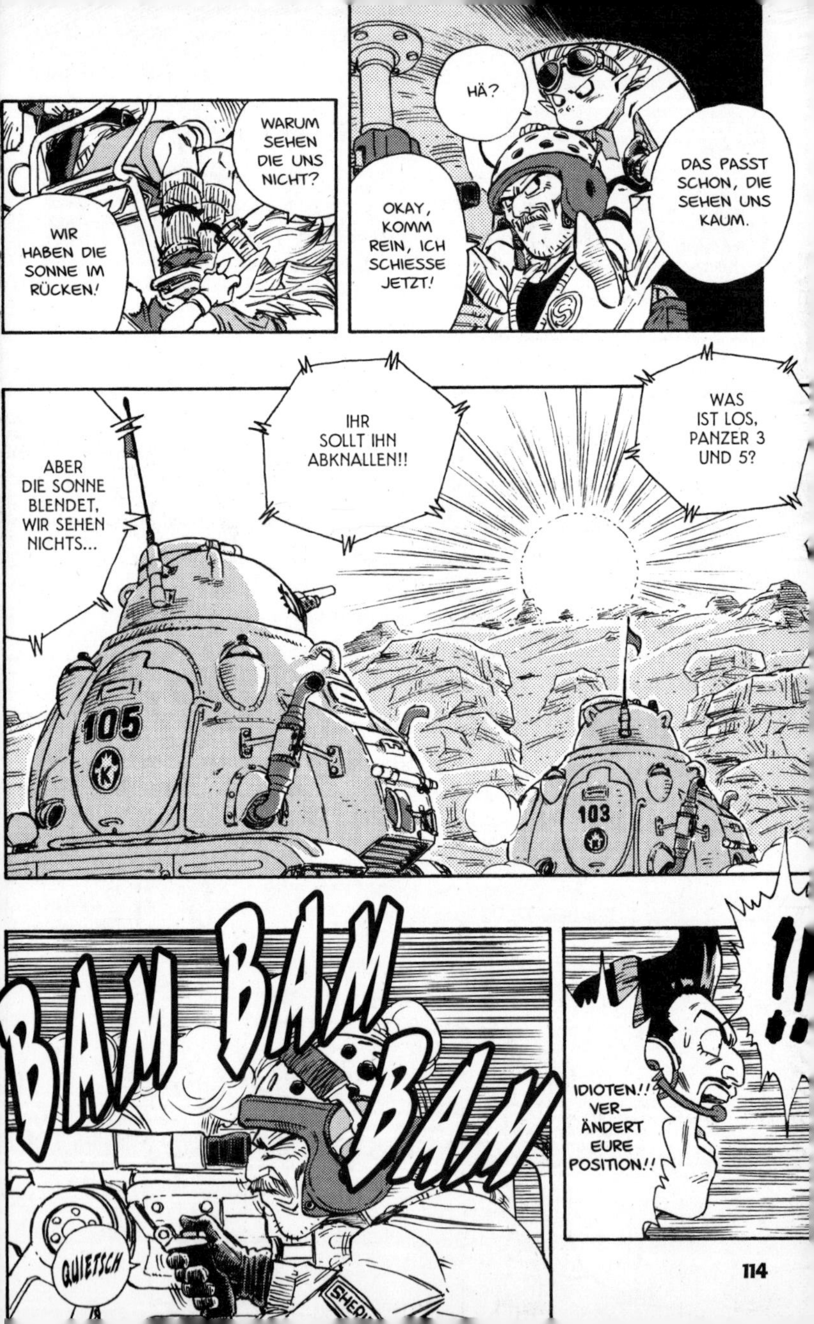
WARUM SEHEN DIE UNS NICHT?
WIR HABEN DIE SONNE IM RÜCKEN!
HÄ?
DAS PASST SCHON, DIE SEHEN UNS KAUM.
OKAY, KOMM REIN, ICH SCHIESSE JETZT!
ABER DIE SONNE BLENDET, WIR SEHEN NICHTS...
IHR SOLLT IHN ABKNALLEN!!
WAS IST LOS, PANZER 3 UND 5?
105
103
BAM BAM BAM BAM
QUIETSCH
!!
IDIOTEN!! VERÄNDERT EURE POSITION!!

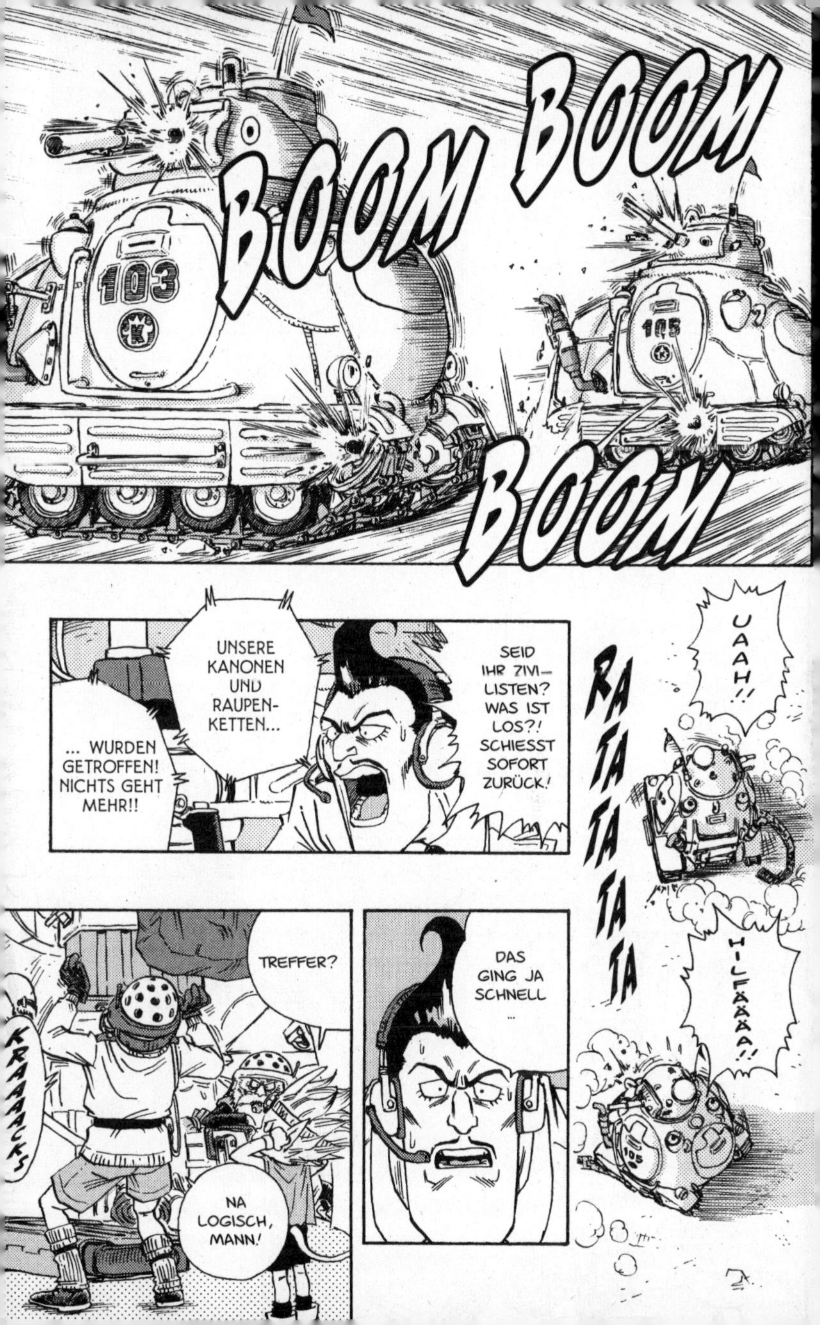
BOOM BOOM
BOOM
SEID IHR ZIVI-LISTEN? WAS IST LOS?! SCHIESST SOFORT ZURÜCK!
UNSERE KANONEN UND RAUPEN-KETTEN...
... WURDEN GETROFFEN! NICHTS GEHT MEHR!!
UAAH!!
RATATATATA
HILFÄÄÄÄ!!
DAS GING JA SCHNELL ...
TREFFER?
NA LOGISCH, MANN!
KRAAAACKS

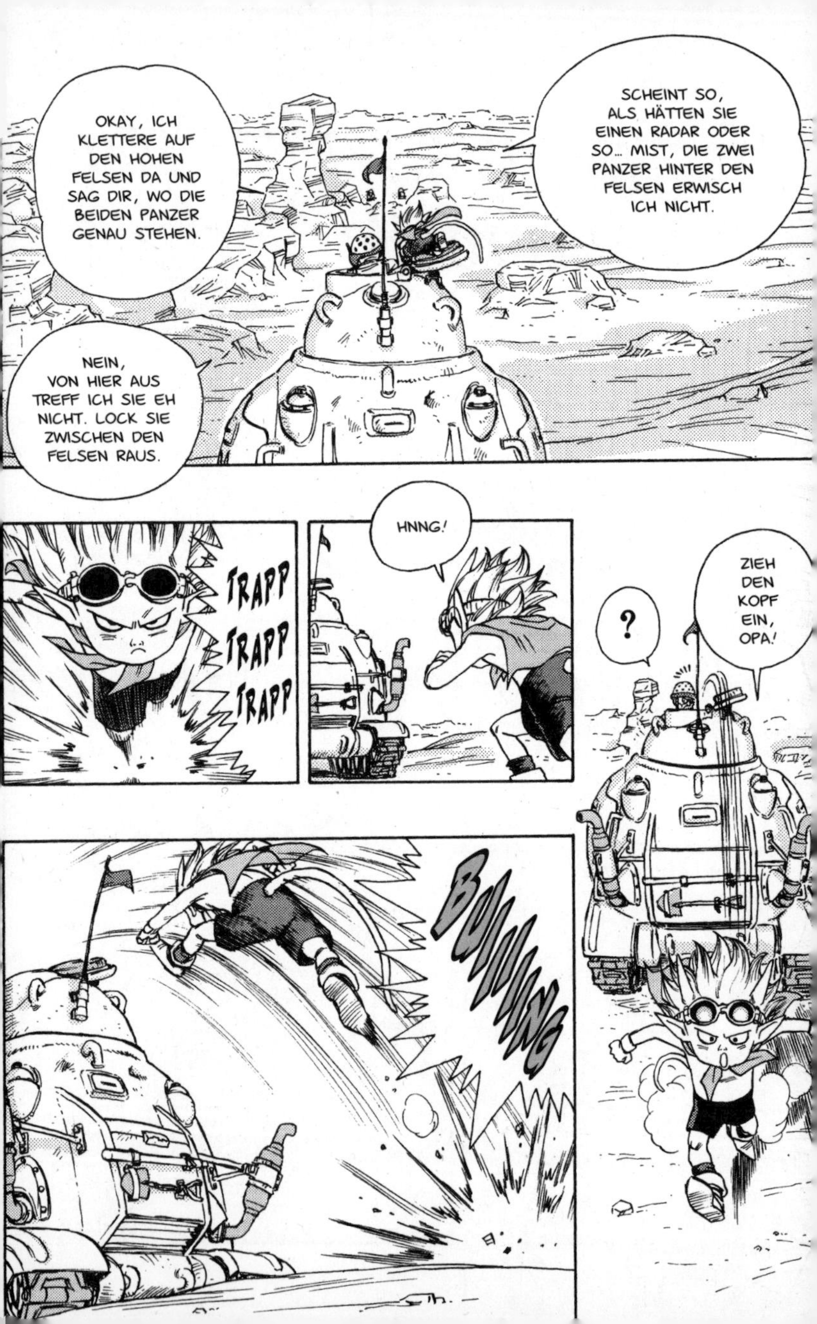
SCHEINT SO, ALS HÄTTEN SIE EINEN RADAR ODER SO... MIST, DIE ZWEI PANZER HINTER DEN FELSEN ERWISCH ICH NICHT.
OKAY, ICH KLETTERE AUF DEN HOHEN FELSEN DA UND SAG DIR, WO DIE BEIDEN PANZER GENAU STEHEN.
NEIN, VON HIER AUS TREFF ICH SIE EH NICHT. LOCK SIE ZWISCHEN DEN FELSEN RAUS.
ZIEH DEN KOPF EIN, OPA!
?
HNNG!
TRAPP TRAPP TRAPP
BUUUUNG

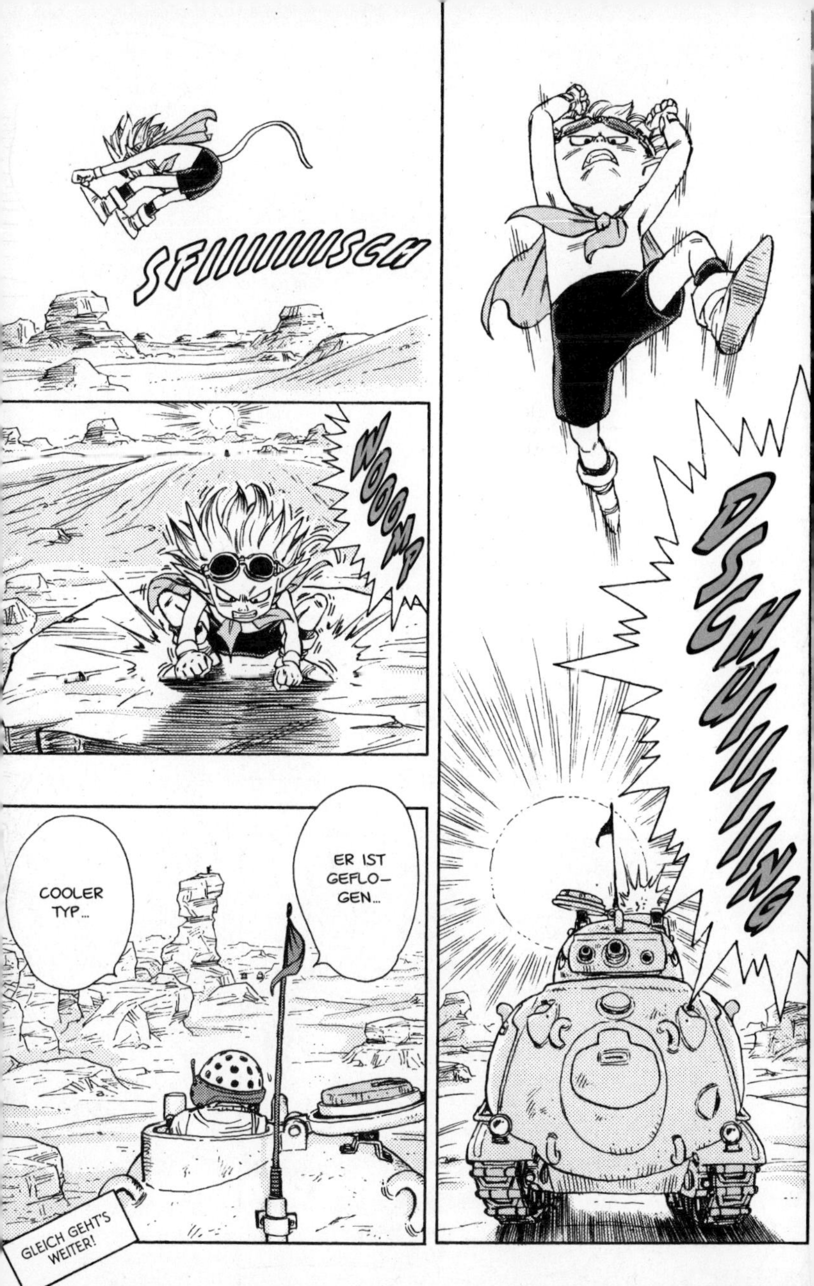
DSCHUIIIIING
SFIIIIIIISCH
WOOOOM
ER IST GEFLO-GEN...
COOLER TYP...
GLEICH GEHT'S WEITER!

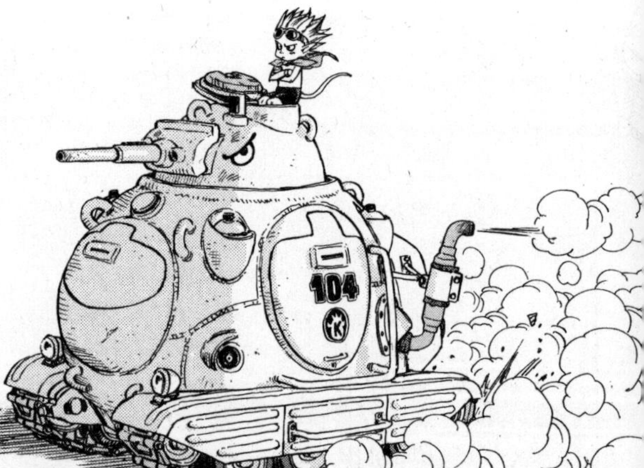
104

SAND LAND

KAPITEL 8: GENERAL SHIBA VS. GENERAL ARE

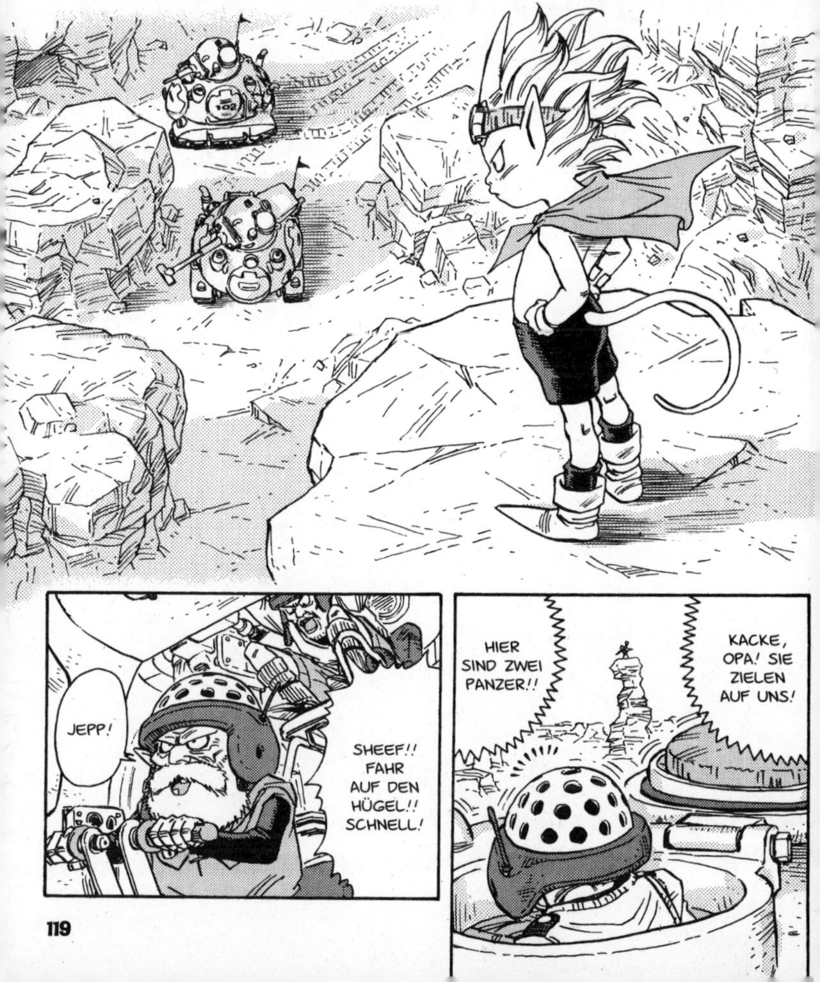

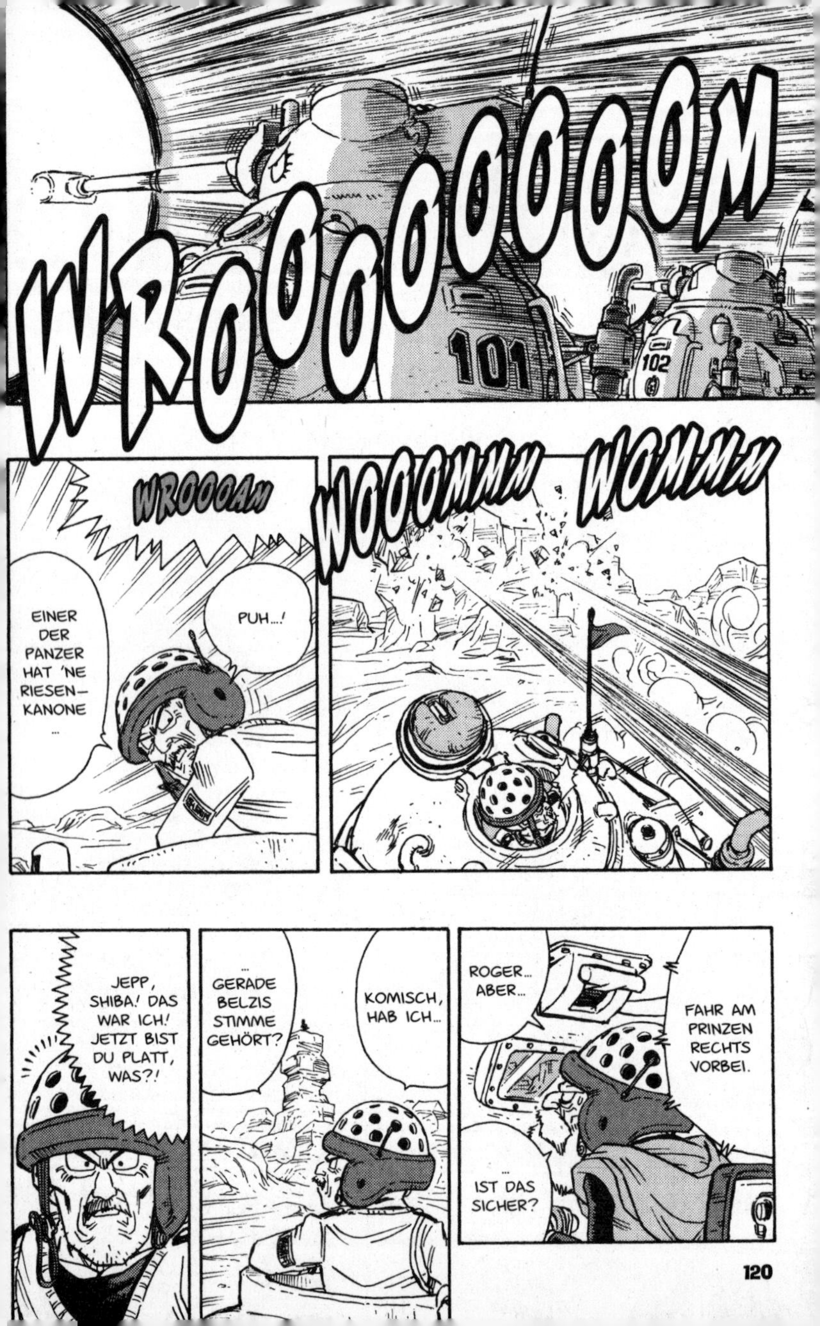

WROOOOOOOOOM
WROOOAM
EINER DER PANZER HAT 'NE RIESEN-KANONE ...
PUH...!
WOOOMMM
WOMMM
JEPP, SHIBA! DAS WAR ICH! JETZT BIST DU PLATT, WAS?!
KOMISCH, HAB ICH...
... GERADE BELZIS STIMME GEHÖRT?
ROGER... ABER...
FAHR AM PRINZEN RECHTS VORBEI.
... IST DAS SICHER?

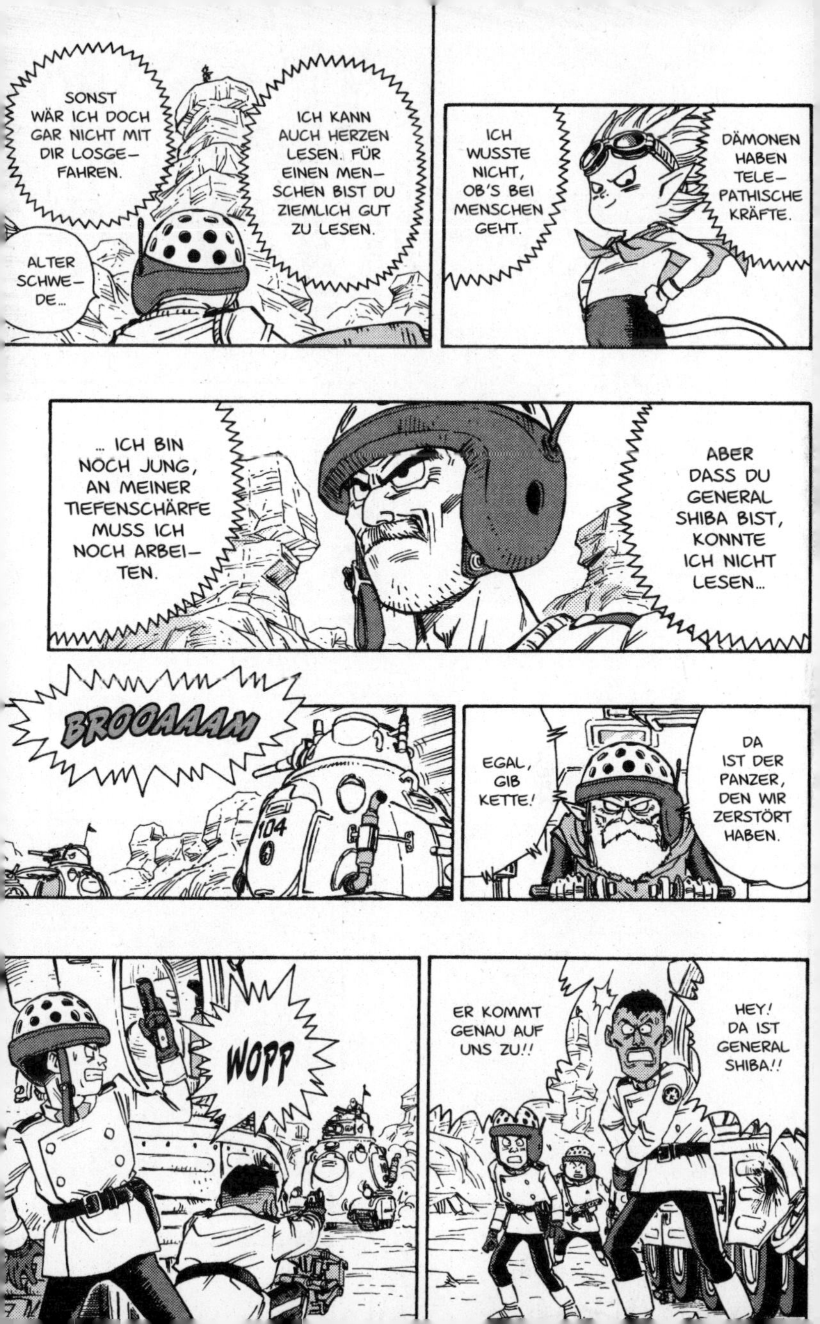
DÄMONEN HABEN TELEPATHISCHE KRÄFTE.
ICH WUSSTE NICHT, OB'S BEI MENSCHEN GEHT.
ICH KANN AUCH HERZEN LESEN. FÜR EINEN MENSCHEN BIST DU ZIEMLICH GUT ZU LESEN.
SONST WÄR ICH DOCH GAR NICHT MIT DIR LOSGEFAHREN.
ALTER SCHWEDE...
ABER DASS DU GENERAL SHIBA BIST, KONNTE ICH NICHT LESEN...
... ICH BIN NOCH JUNG, AN MEINER TIEFENSCHÄRFE MUSS ICH NOCH ARBEITEN.
DA IST DER PANZER, DEN WIR ZERSTÖRT HABEN.
EGAL, GIB KETTE!
BROOAAAAM
104
HEY! DA IST GENERAL SHIBA!!
ER KOMMT GENAU AUF UNS ZU!!
WOPP

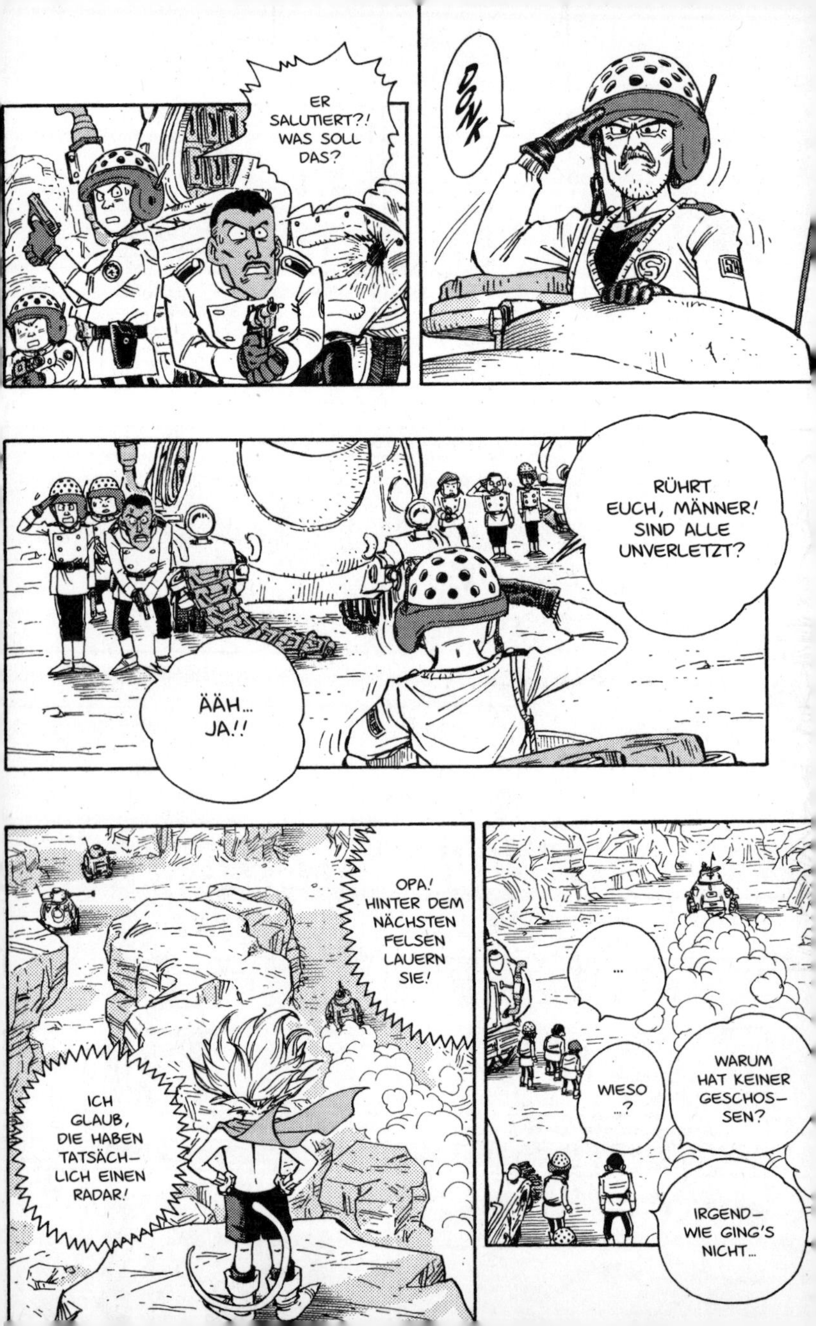
DONK
ER SALUTIERT?! WAS SOLL DAS?
RÜHRT EUCH, MÄNNER! SIND ALLE UNVERLETZT?
ÄÄH... JA!!
...
WARUM HAT KEINER GESCHOSSEN?
WIESO ...?
IRGENDWIE GING'S NICHT...
OPA! HINTER DEM NÄCHSTEN FELSEN LAUERN SIE!
ICH GLAUB, DIE HABEN TATSÄCHLICH EINEN RADAR!

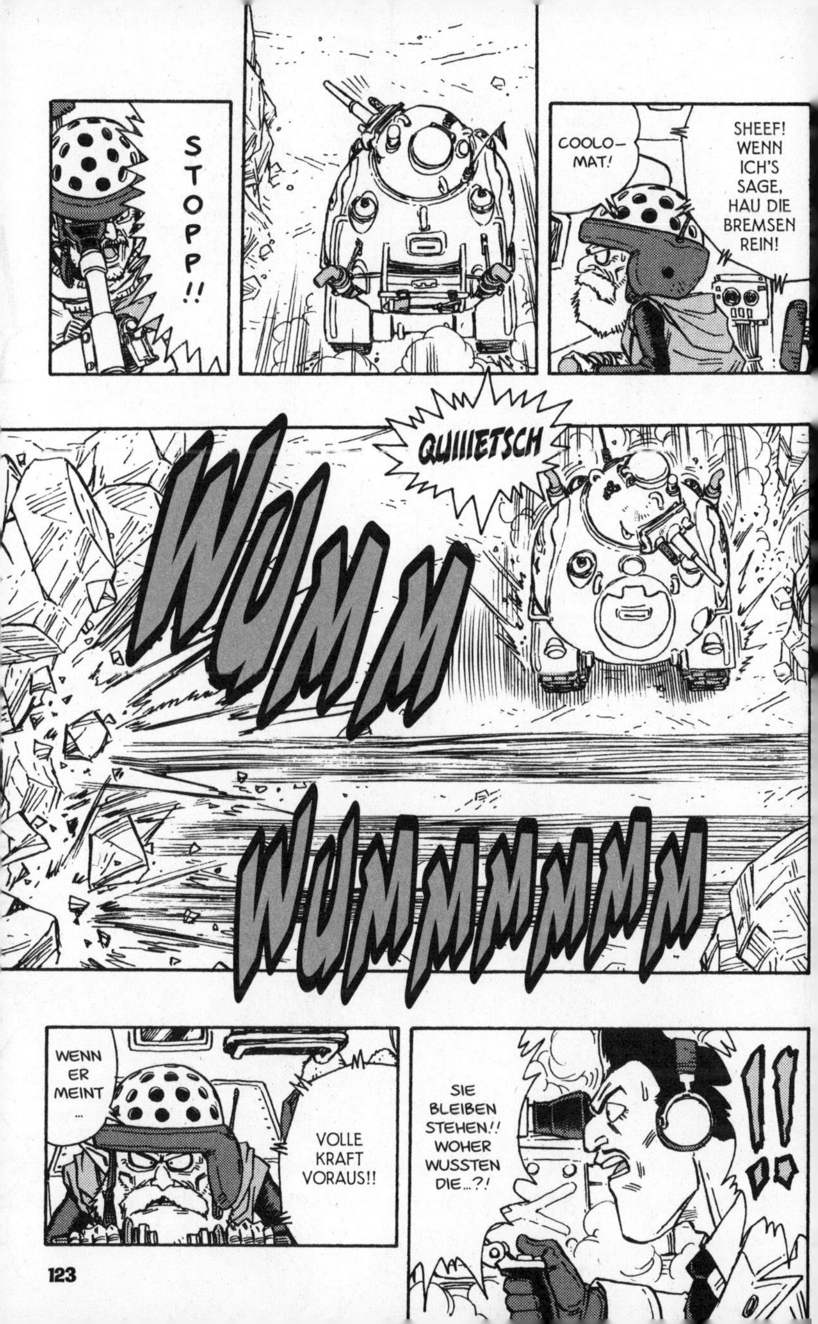

STOPP!!
SHEEF! WENN ICH'S SAGE, HAU DIE BREMSEN REIN!
COOLO-MAT!
QUIIIETSCH
WUMM
WUMMMMMM
WENN ER MEINT …
VOLLE KRAFT VORAUS!!
!!
SIE BLEIBEN STEHEN!! WOHER WUSSTEN DIE…?!

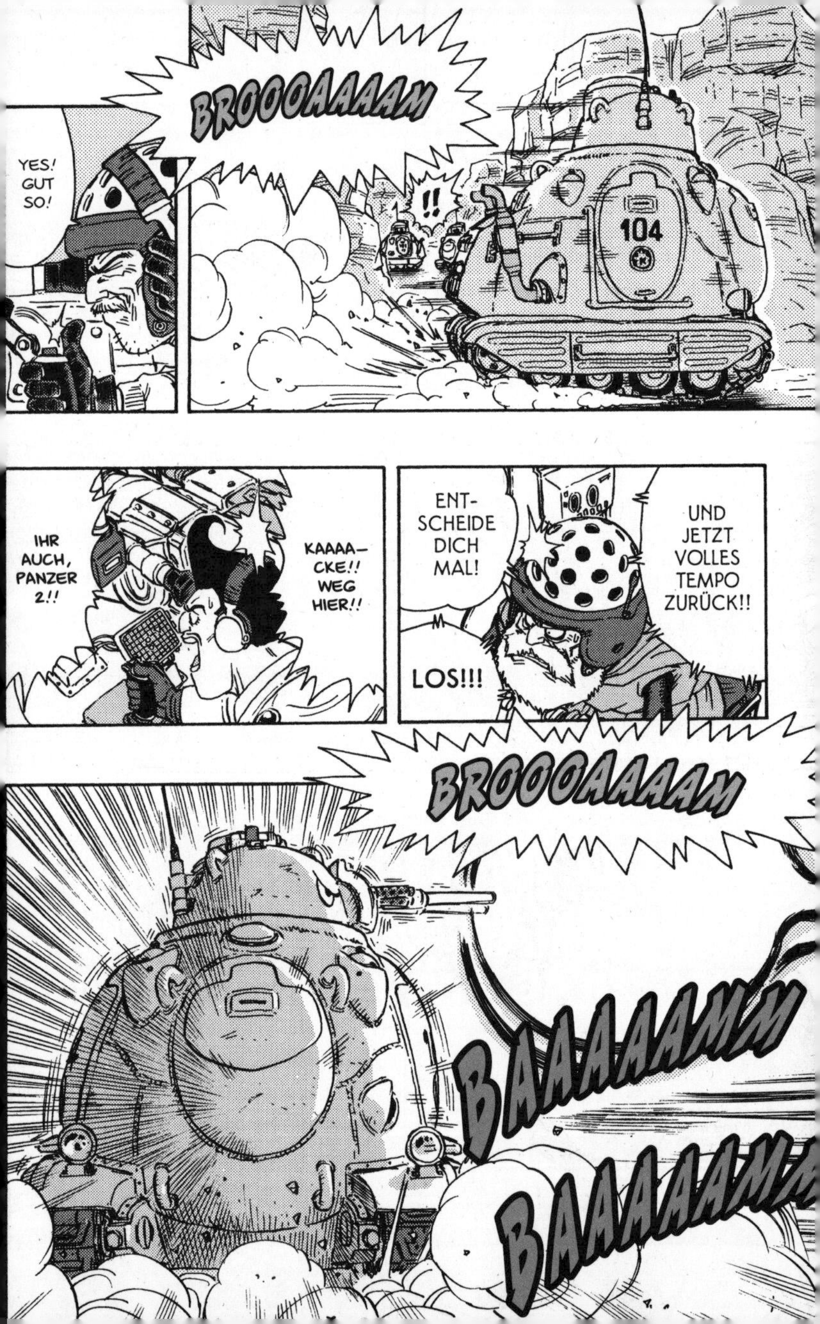
BROOOAAAAAM
YES! GUT SO!
!!
104
KAAAA-CKE!! WEG HIER!!
IHR AUCH, PANZER 2!!
UND JETZT VOLLES TEMPO ZURÜCK!!
ENT-SCHEIDE DICH MAL!
LOS!!!
BROOOAAAAAM
BAAAAAAMM
BAAAAAAM

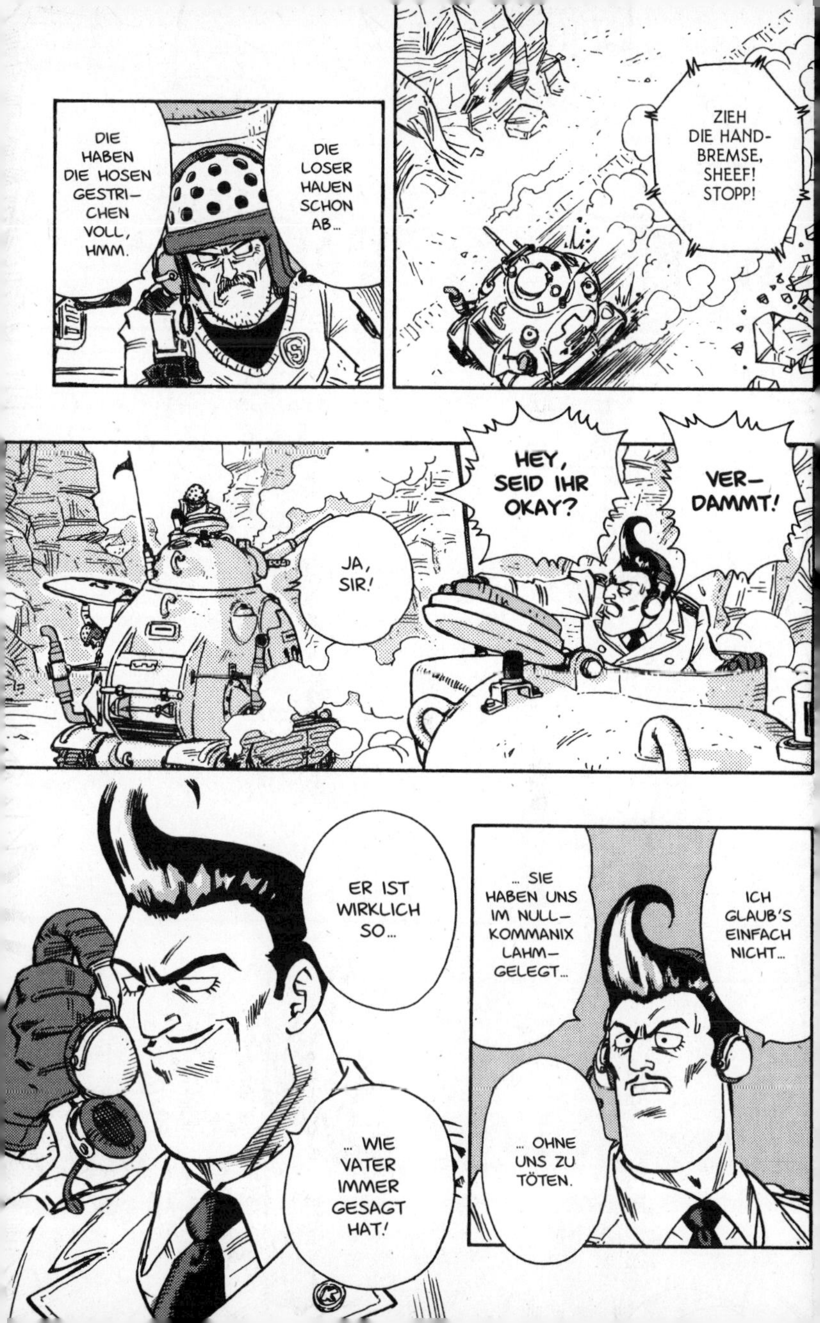

ZIEH DIE HANDBREMSE, SHEEF! STOPP!
DIE LOSER HAUEN SCHON AB...
DIE HABEN DIE HOSEN GESTRICHEN VOLL, HMM.
VERDAMMT!
HEY, SEID IHR OKAY?
JA, SIR!
ICH GLAUB'S EINFACH NICHT...
... SIE HABEN UNS IM NULLKOMMANIX LAHMGELEGT...
... OHNE UNS ZU TÖTEN.
ER IST WIRKLICH SO...
... WIE VATER IMMER GESAGT HAT!

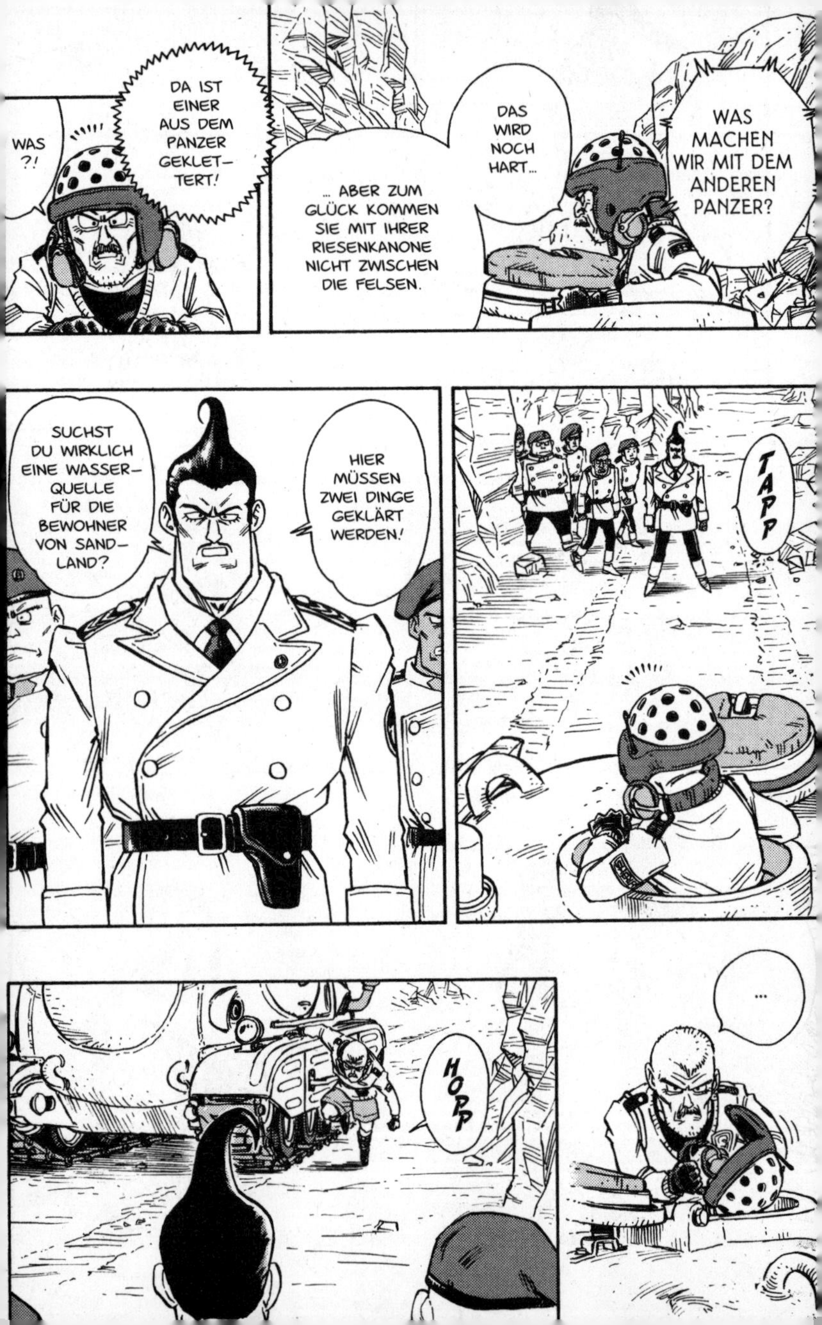
WAS MACHEN WIR MIT DEM ANDEREN PANZER?
DAS WIRD NOCH HART…
… ABER ZUM GLÜCK KOMMEN SIE MIT IHRER RIESENKANONE NICHT ZWISCHEN DIE FELSEN.
DA IST EINER AUS DEM PANZER GEKLETTERT!
WAS ?!
TAPP
HIER MÜSSEN ZWEI DINGE GEKLÄRT WERDEN!
SUCHST DU WIRKLICH EINE WASSERQUELLE FÜR DIE BEWOHNER VON SANDLAND?
…
HOPP

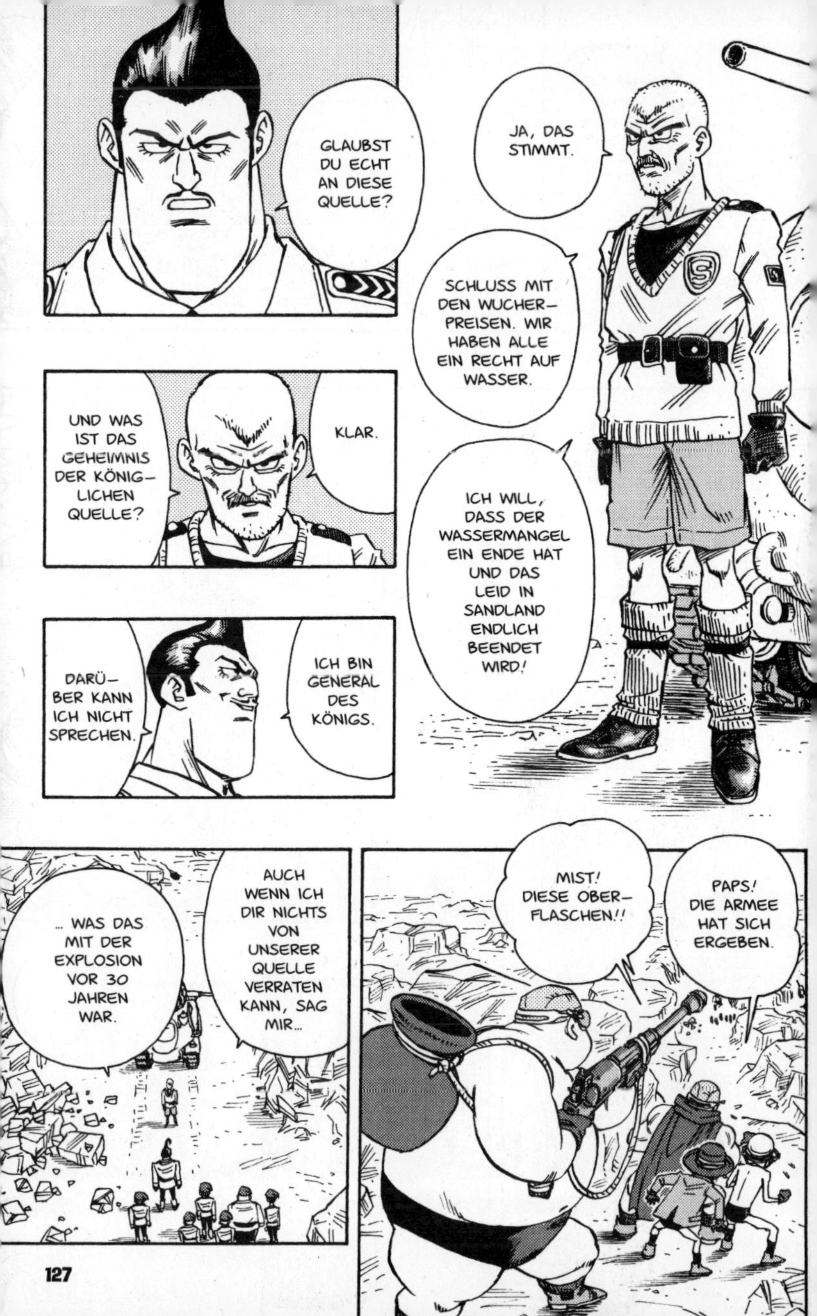

GLAUBST DU ECHT AN DIESE QUELLE?
JA, DAS STIMMT.
SCHLUSS MIT DEN WUCHER-PREISEN. WIR HABEN ALLE EIN RECHT AUF WASSER.
ICH WILL, DASS DER WASSERMANGEL EIN ENDE HAT UND DAS LEID IN SANDLAND ENDLICH BEENDET WIRD!
KLAR.
UND WAS IST DAS GEHEIMNIS DER KÖNIGLICHEN QUELLE?
ICH BIN GENERAL DES KÖNIGS.
DARÜBER KANN ICH NICHT SPRECHEN.
AUCH WENN ICH DIR NICHTS VON UNSERER QUELLE VERRATEN KANN, SAG MIR...
... WAS DAS MIT DER EXPLOSION VOR 30 JAHREN WAR.
PAPS! DIE ARMEE HAT SICH ERGEBEN.
MIST! DIESE OBERFLASCHEN!!

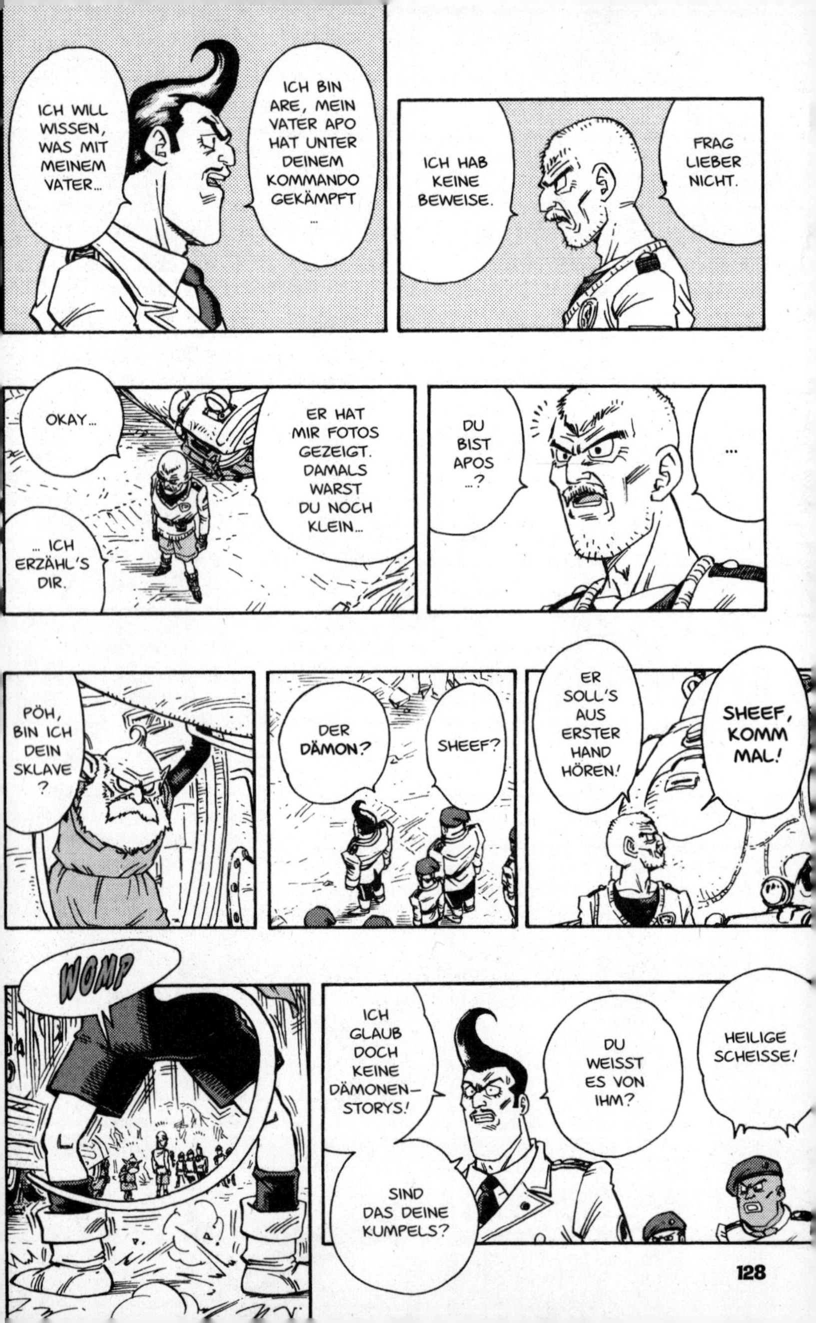
FRAG LIEBER NICHT.
ICH HAB KEINE BEWEISE.
ICH BIN ARE, MEIN VATER APO HAT UNTER DEINEM KOMMANDO GEKÄMPFT ...
ICH WILL WISSEN, WAS MIT MEINEM VATER...
...
DU BIST APOS ...?
ER HAT MIR FOTOS GEZEIGT. DAMALS WARST DU NOCH KLEIN...
OKAY...
... ICH ERZÄHL'S DIR.
SHEEF, KOMM MAL!
ER SOLL'S AUS ERSTER HAND HÖREN!
SHEEF?
DER DÄMON?
PÖH, BIN ICH DEIN SKLAVE?
HEILIGE SCHEISSE!
DU WEISST ES VON IHM?
ICH GLAUB DOCH KEINE DÄMONEN-STORYS!
SIND DAS DEINE KUMPELS?
WOMP

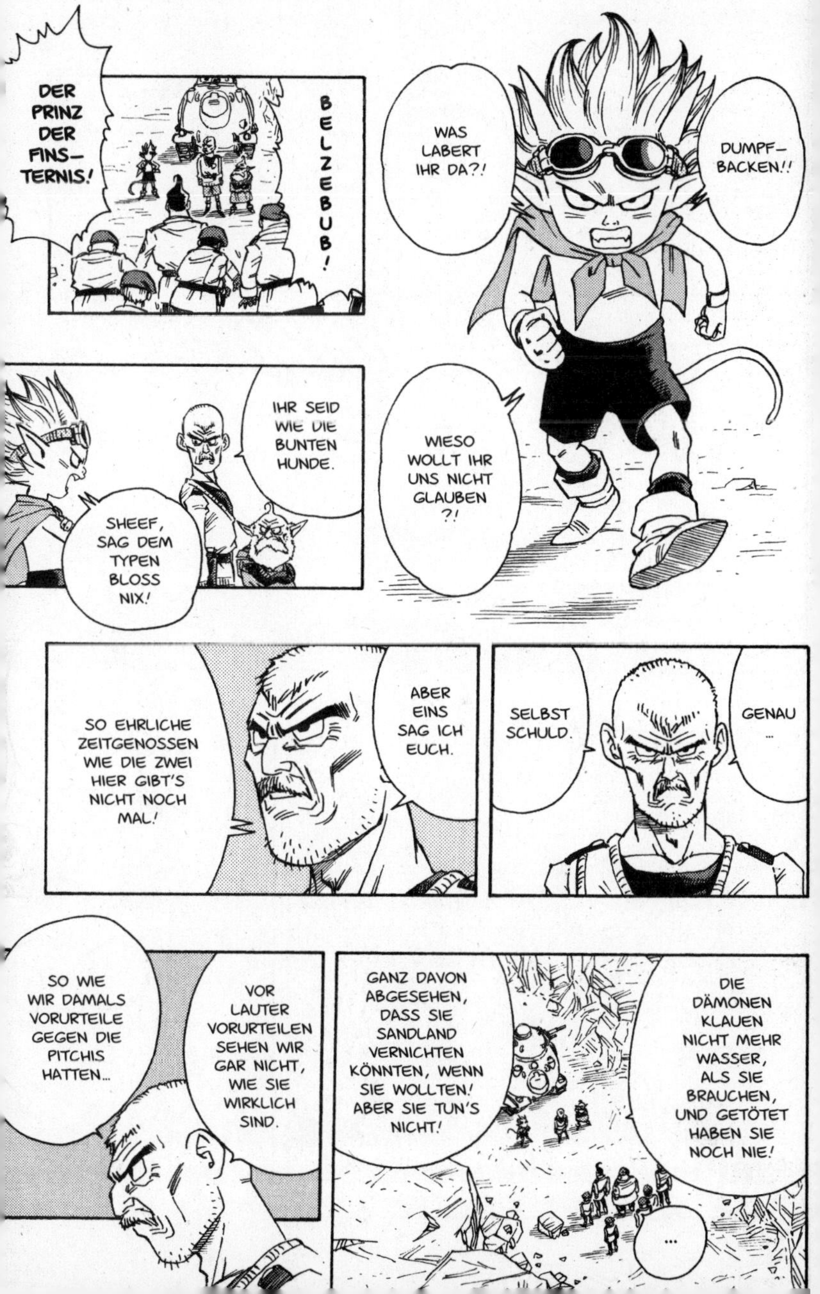
DER PRINZ DER FINS-TERNIS!
BELZEBUB!
DUMPF-BACKEN!!
WAS LABERT IHR DA?!
WIESO WOLLT IHR UNS NICHT GLAUBEN?!
IHR SEID WIE DIE BUNTEN HUNDE.
SHEEF, SAG DEM TYPEN BLOSS NIX!
GENAU ...
SELBST SCHULD.
ABER EINS SAG ICH EUCH.
SO EHRLICHE ZEITGENOSSEN WIE DIE ZWEI HIER GIBT'S NICHT NOCH MAL!
DIE DÄMONEN KLAUEN NICHT MEHR WASSER, ALS SIE BRAUCHEN, UND GETÖTET HABEN SIE NOCH NIE!
GANZ DAVON ABGESEHEN, DASS SIE SANDLAND VERNICHTEN KÖNNTEN, WENN SIE WOLLTEN! ABER SIE TUN'S NICHT!
...
VOR LAUTER VORURTEILEN SEHEN WIR GAR NICHT, WIE SIE WIRKLICH SIND.
SO WIE WIR DAMALS VORURTEILE GEGEN DIE PITCHIS HATTEN...

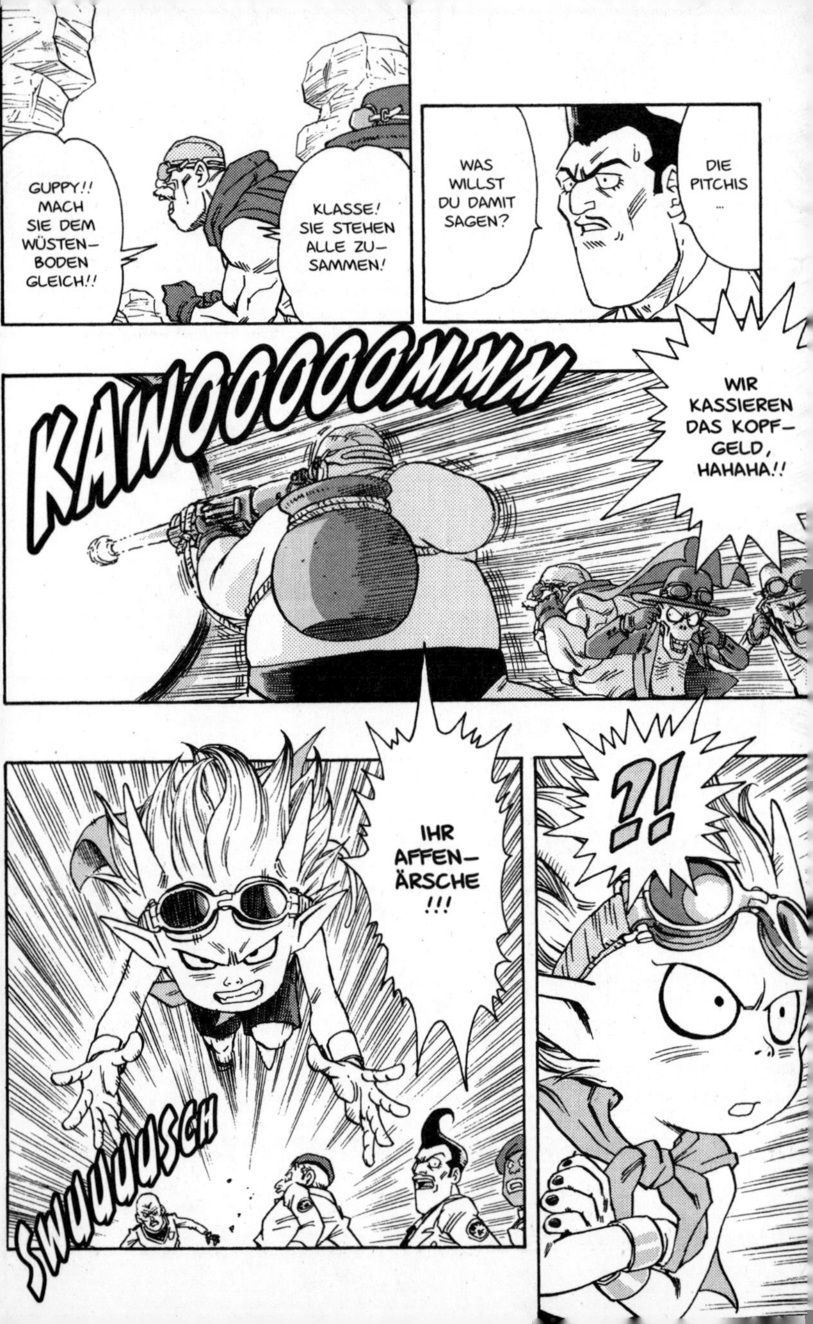
GUPPY!! MACH SIE DEM WÜSTEN-BODEN GLEICH!!
KLASSE! SIE STEHEN ALLE ZU-SAMMEN!
WAS WILLST DU DAMIT SAGEN?
DIE PITCHIS ...
KAWOOOOOMMM
WIR KASSIEREN DAS KOPF-GELD, HAHAHA!!
IHR AFFEN-ÄRSCHE !!!
SWUUUUSCH
?!

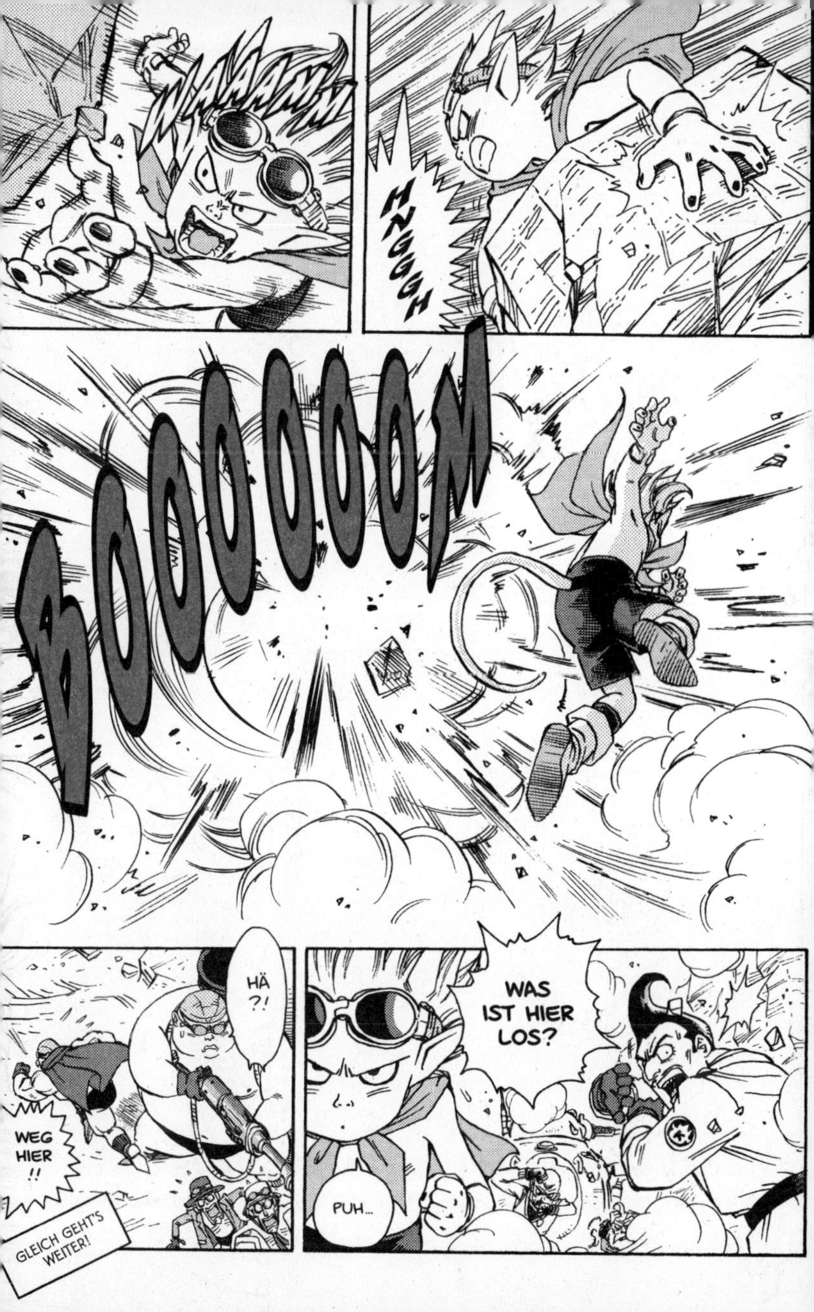
HNGGGH
BOOOOOOM
WAS IST HIER LOS?
PUH...
HÄ ?!
WEG HIER !!
GLEICH GEHT'S WEITER!

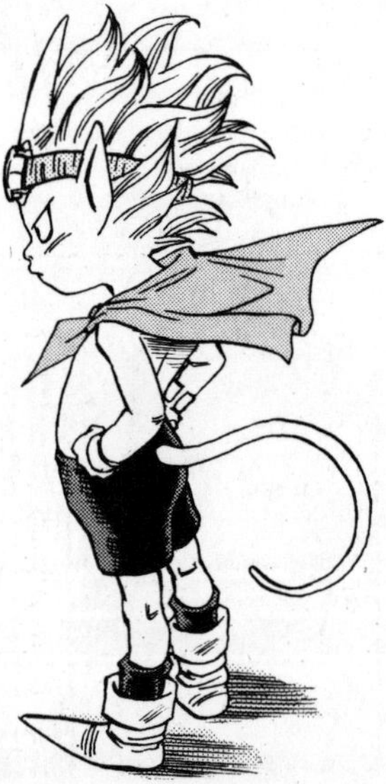

SAND LAND

KAPITEL 9: ÜBERRASCHUNG IM SANDSTURM

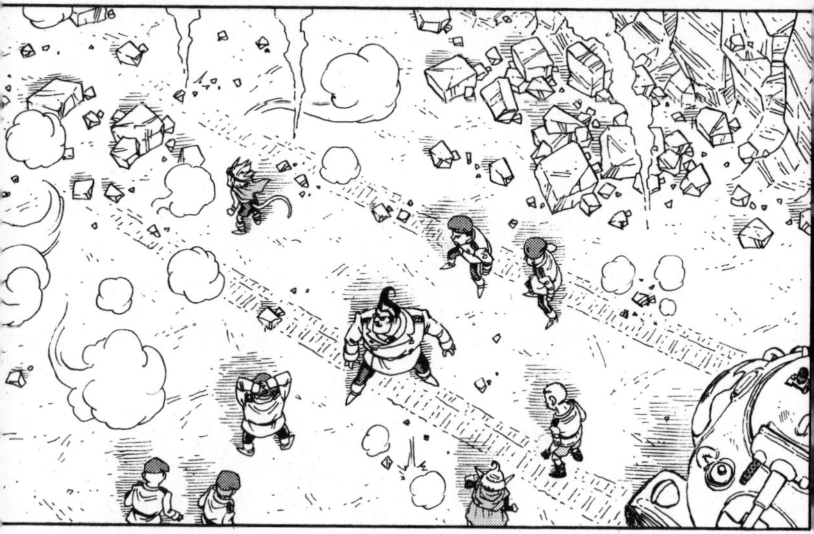

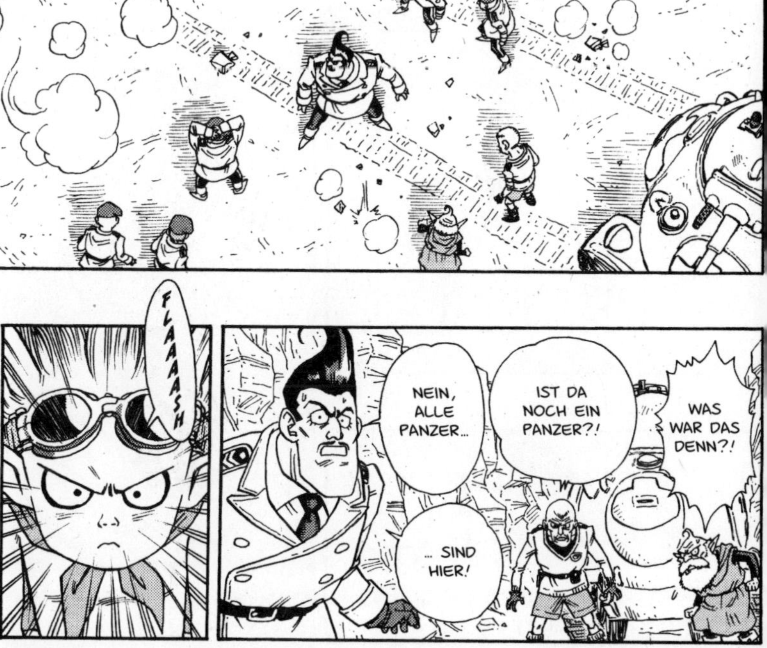

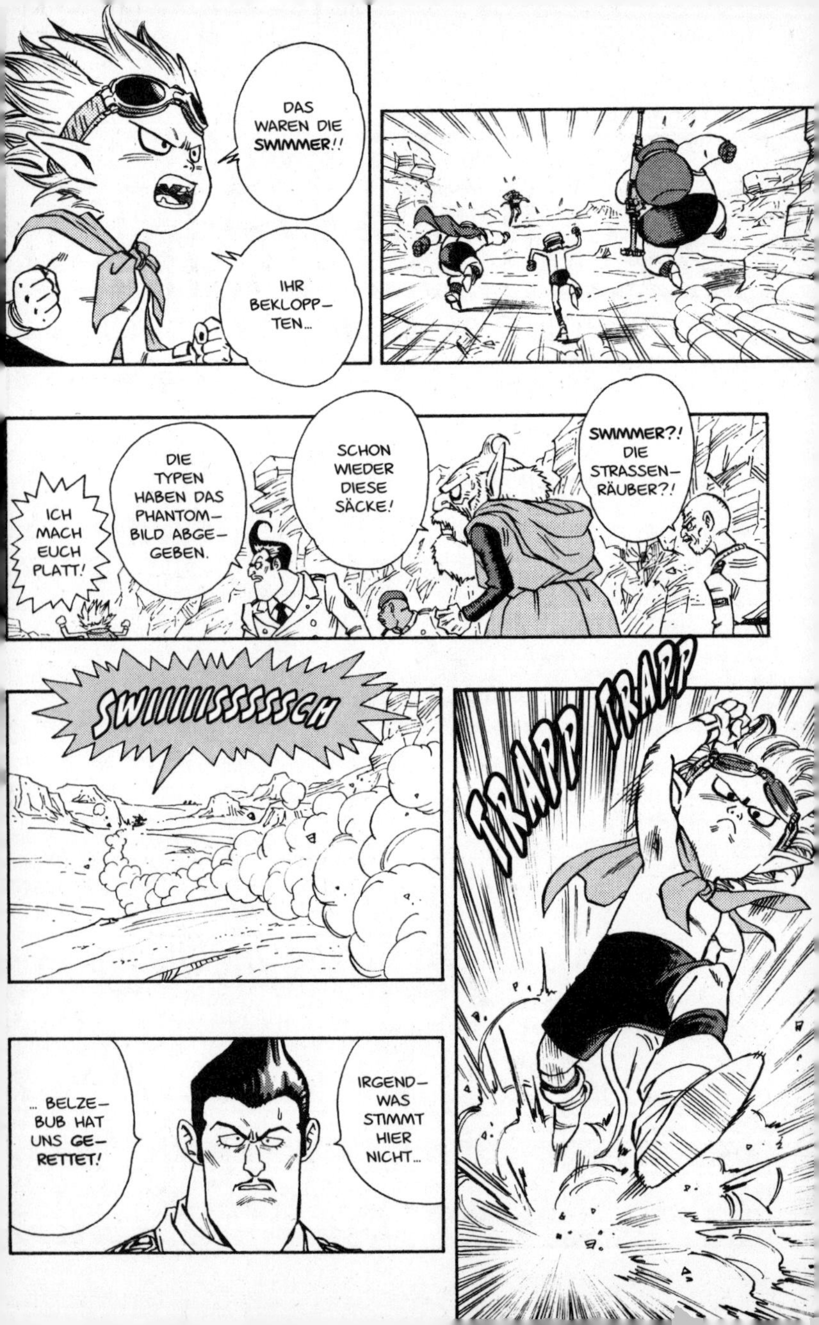
DAS WAREN DIE SWIMMER!!
IHR BEKLOPP-TEN...
SWIMMER?! DIE STRASSEN-RÄUBER?!
SCHON WIEDER DIESE SÄCKE!
DIE TYPEN HABEN DAS PHANTOM-BILD ABGE-GEBEN.
ICH MACH EUCH PLATT!
TRAPP TRAPP
SWIIIIIISSSSSCH
IRGEND-WAS STIMMT HIER NICHT...
... BELZE-BUB HAT UNS GE-RETTET!

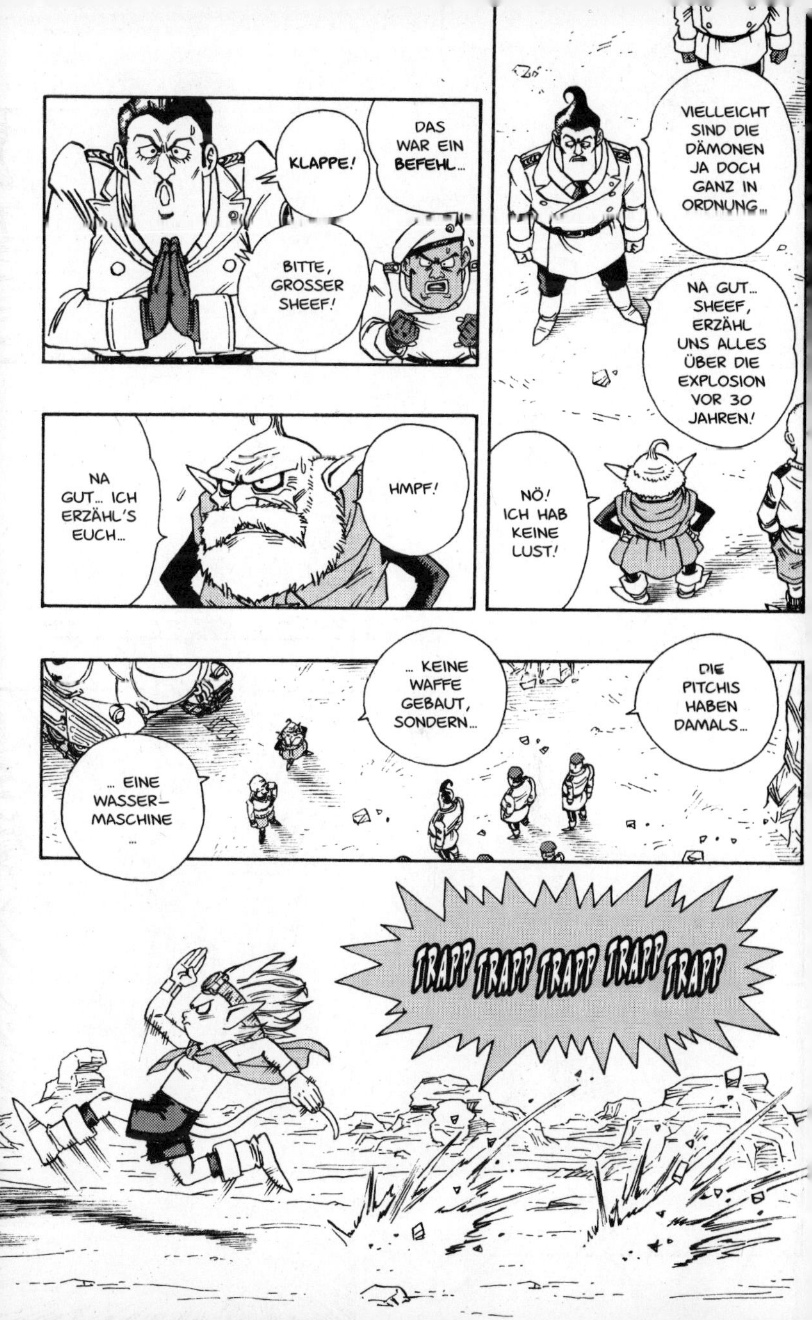
VIELLEICHT SIND DIE DÄMONEN JA DOCH GANZ IN ORDNUNG...
NA GUT... SHEEF, ERZÄHL UNS ALLES ÜBER DIE EXPLOSION VOR 30 JAHREN!
DAS WAR EIN BEFEHL...
KLAPPE!
BITTE, GROSSER SHEEF!
NÖ! ICH HAB KEINE LUST!
HMPF!
NA GUT... ICH ERZÄHL'S EUCH...
DIE PITCHIS HABEN DAMALS...
... KEINE WAFFE GEBAUT, SONDERN...
... EINE WASSER-MASCHINE ...
TRAPP TRAPP TRAPP TRAPP TRAPP

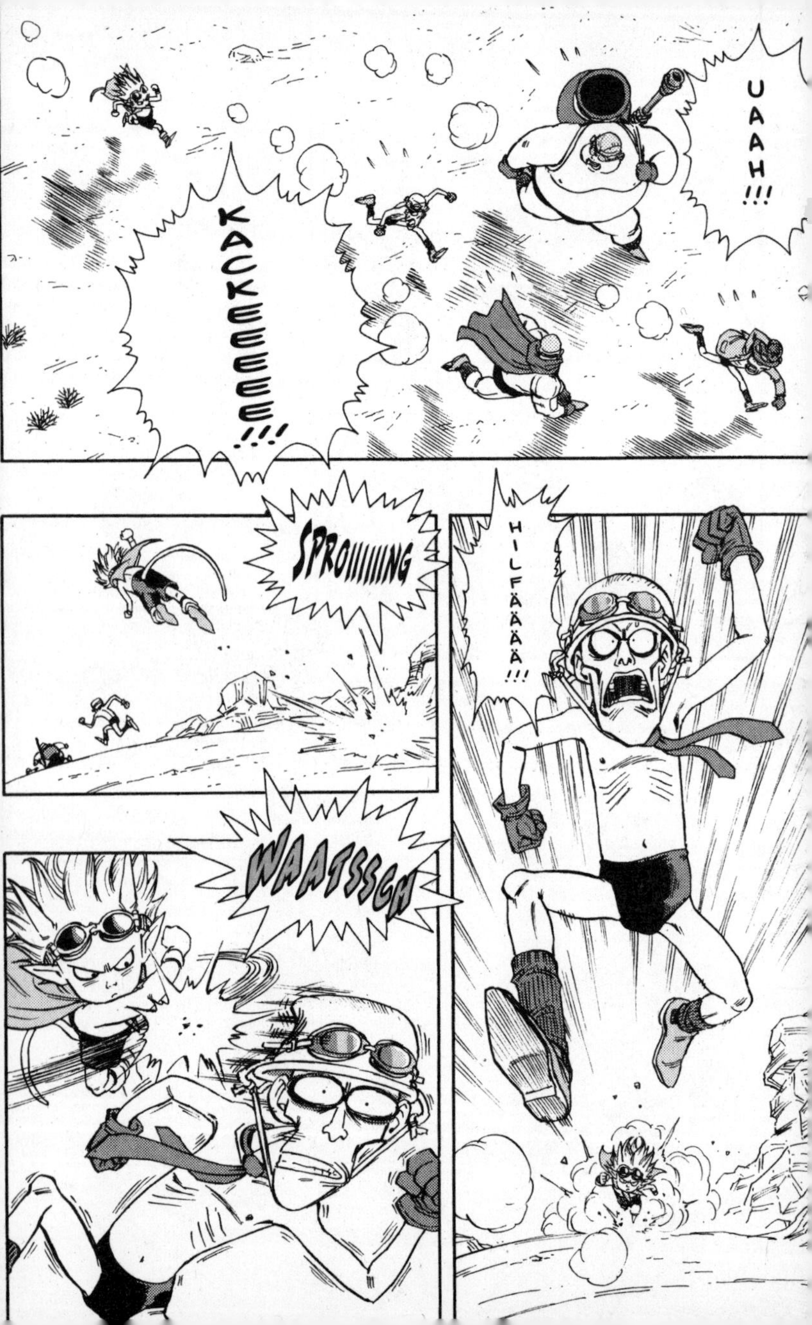
UAAAH!!!
KACKEEEEEE!!!
HILFÄÄÄÄ!!!
SPROIIIIIING
WAATSSCH

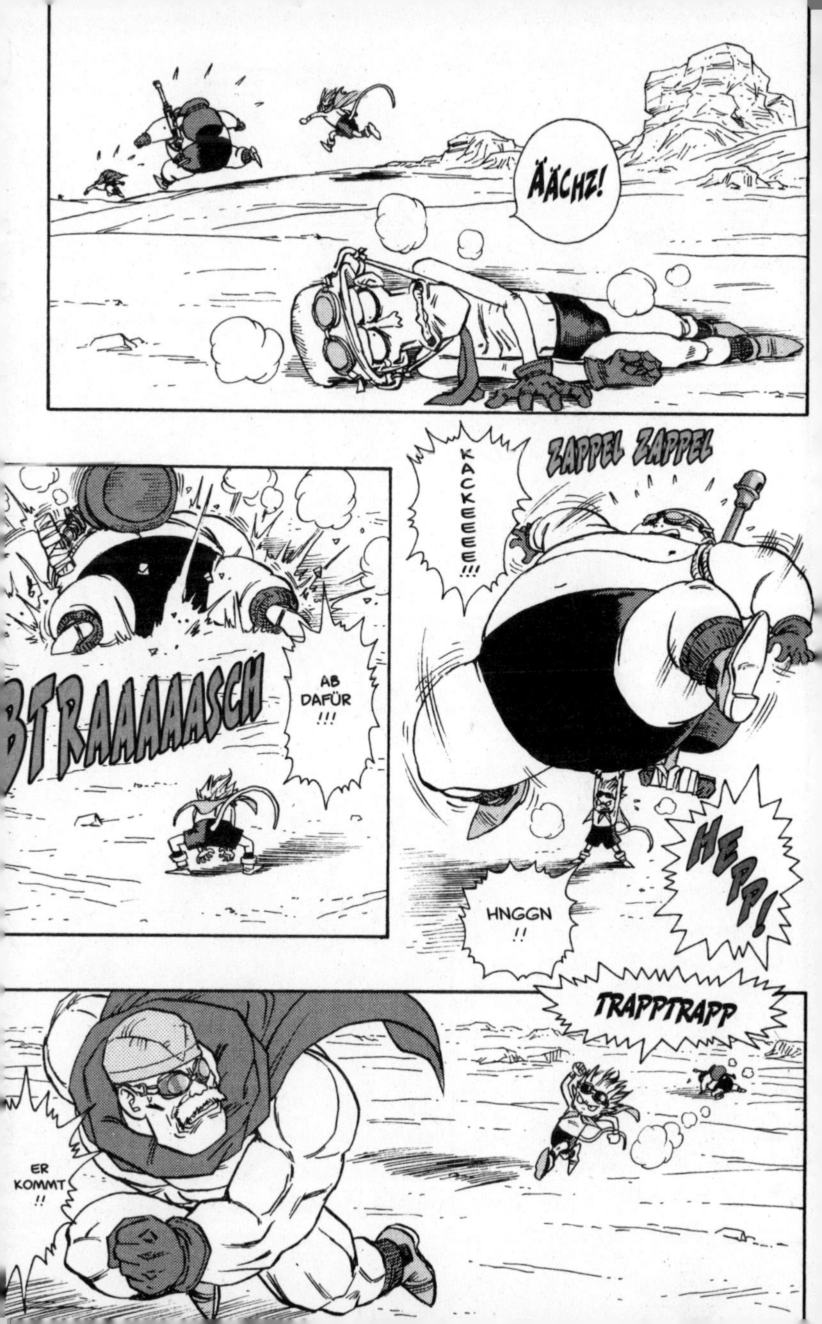

ÄÄCHZ!
ZAPPEL ZAPPEL
KACKEEEE!!!
HEPP!
HNGGN!!
BTRAAAAASCH
AB DAFÜR!!!
TRAPPTRAPP
ER KOMMT!!

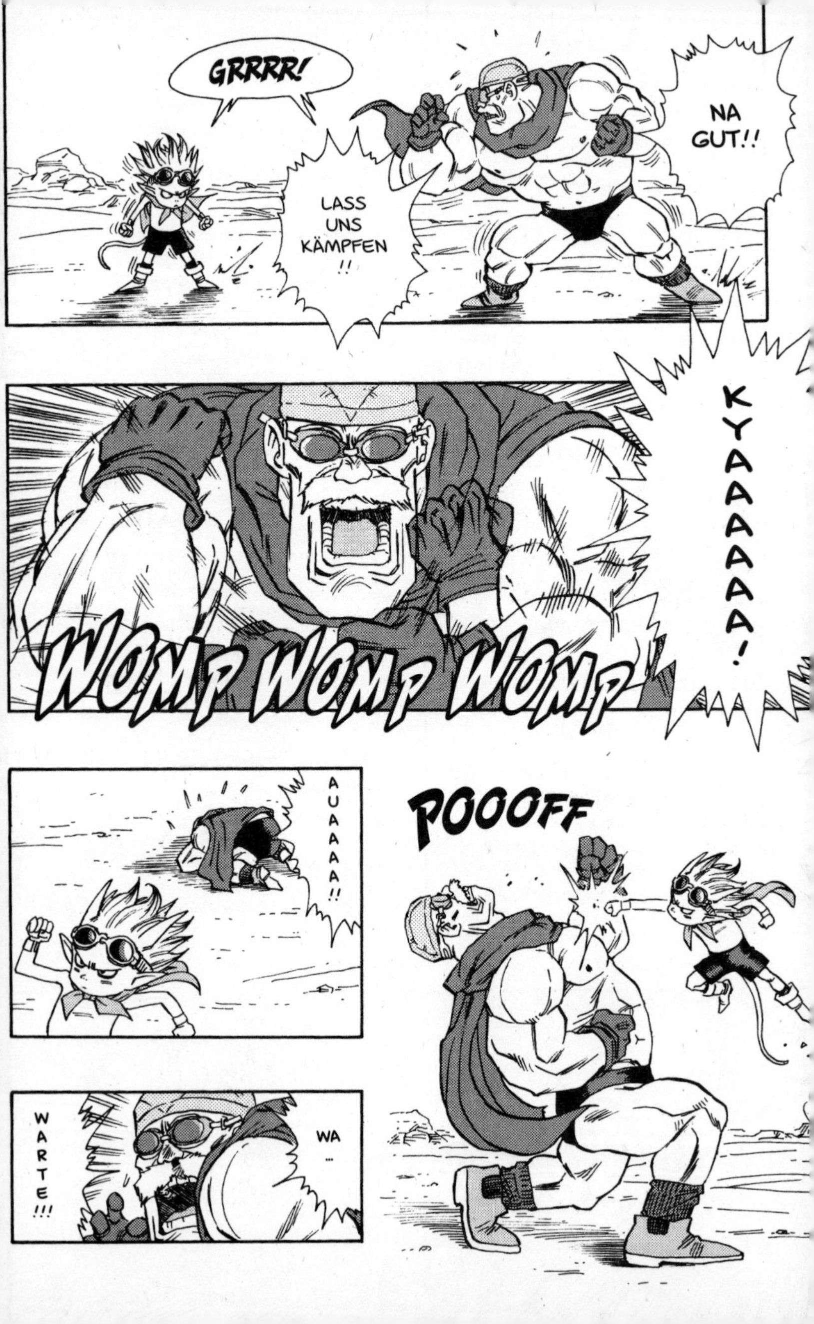

NA GUT!!
GRRRR!
LASS UNS KÄMPFEN !!
KYAAAAAAAA!
WOMP WOMP WOMP
POOOFF
AUAAAAA!!
WA ...
WARTE!!!

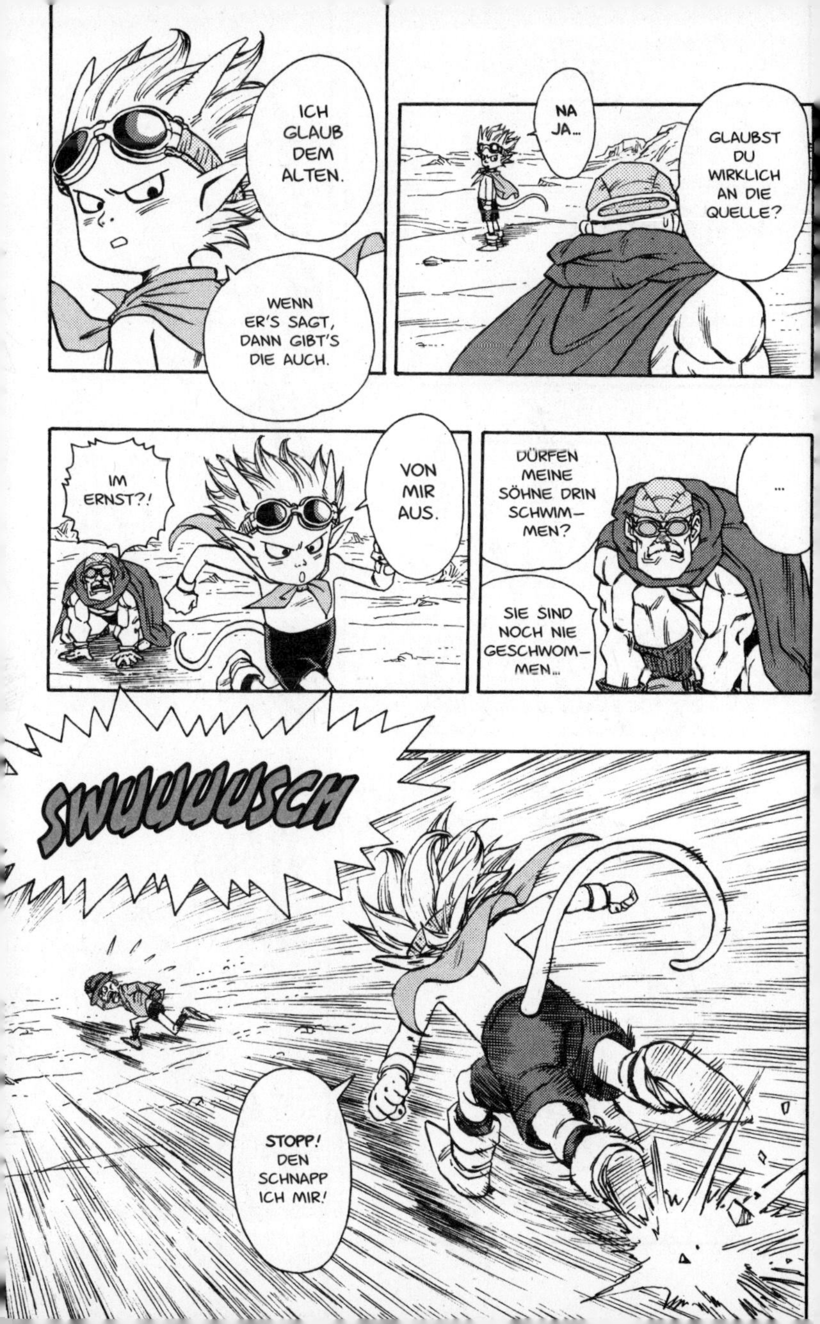
GLAUBST DU WIRKLICH AN DIE QUELLE?
NA JA...
ICH GLAUB DEM ALTEN.
WENN ER'S SAGT, DANN GIBT'S DIE AUCH.
...
DÜRFEN MEINE SÖHNE DRIN SCHWIM-MEN?
SIE SIND NOCH NIE GESCHWOM-MEN...
VON MIR AUS.
IM ERNST?!
SWUUUUUSCH
STOPP! DEN SCHNAPP ICH MIR!

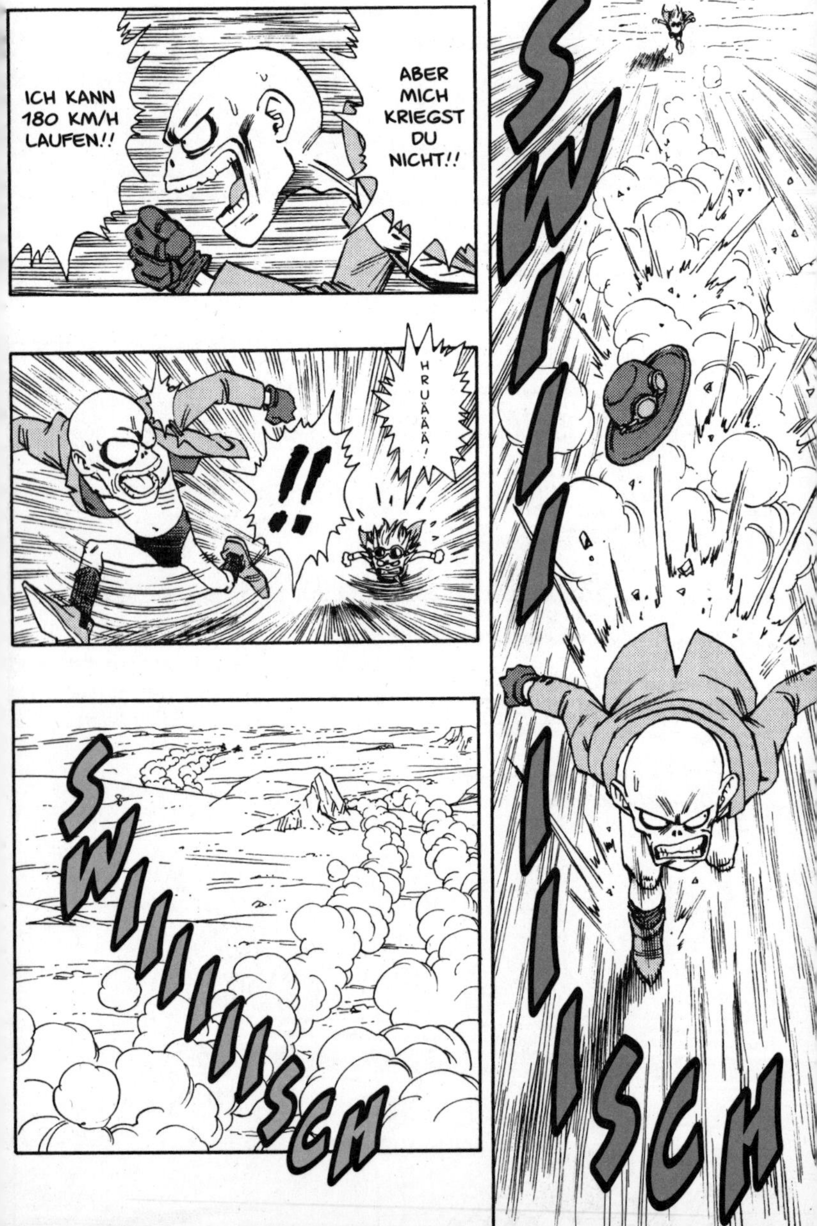

ICH KANN 180 KM/H LAUFEN!!
ABER MICH KRIEGST DU NICHT!!
!!
HRUÄÄÄ!
SWIIIIIIISCH
SWIIIIIISCH

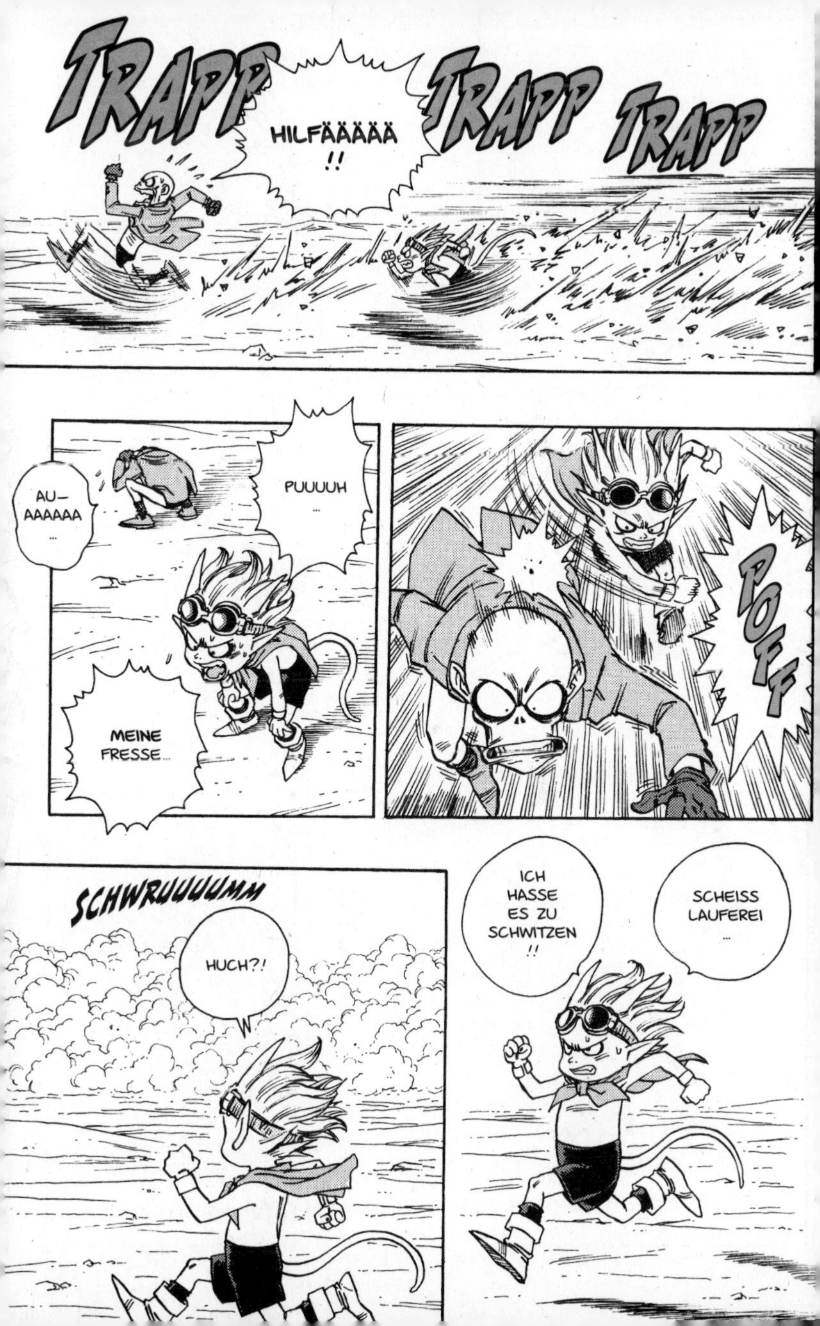
TRAPP TRAPP TRAPP
HILFÄÄÄÄÄ !!
PUUUUH ...
AU-AAAAAA ...
MEINE FRESSE...
POFF
SCHEISS LAUFEREI ...
ICH HASSE ES ZU SCHWITZEN !!
SCHWRUUUUUMM
HUCH?!

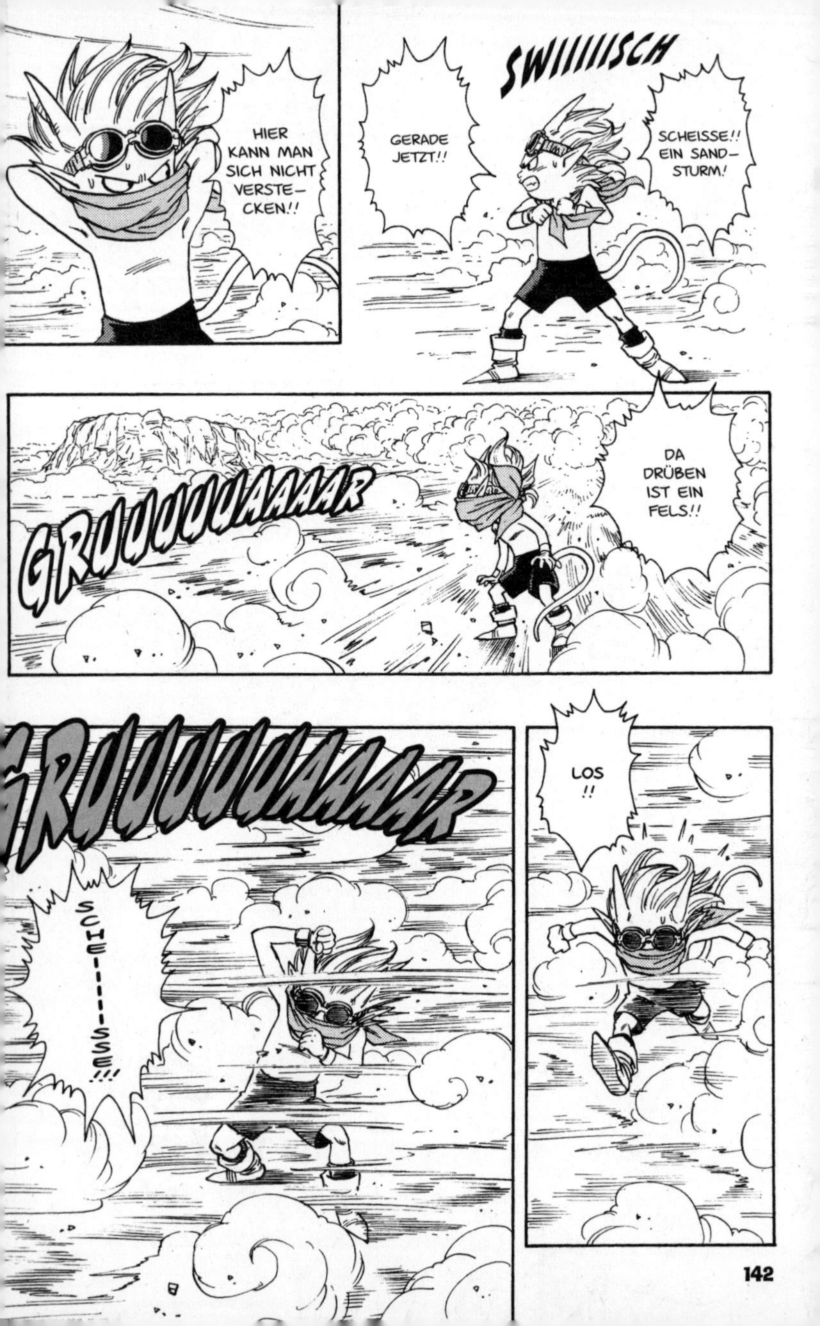
SWIIIIISCH
SCHEISSE!! EIN SANDSTURM!
GERADE JETZT!!
HIER KANN MAN SICH NICHT VERSTECKEN!!
DA DRÜBEN IST EIN FELS!!
GRUUUUUAAAAR
LOS!!
GRUUUUUUAAAAAR
SCHEI-I-I-ISSE!!!

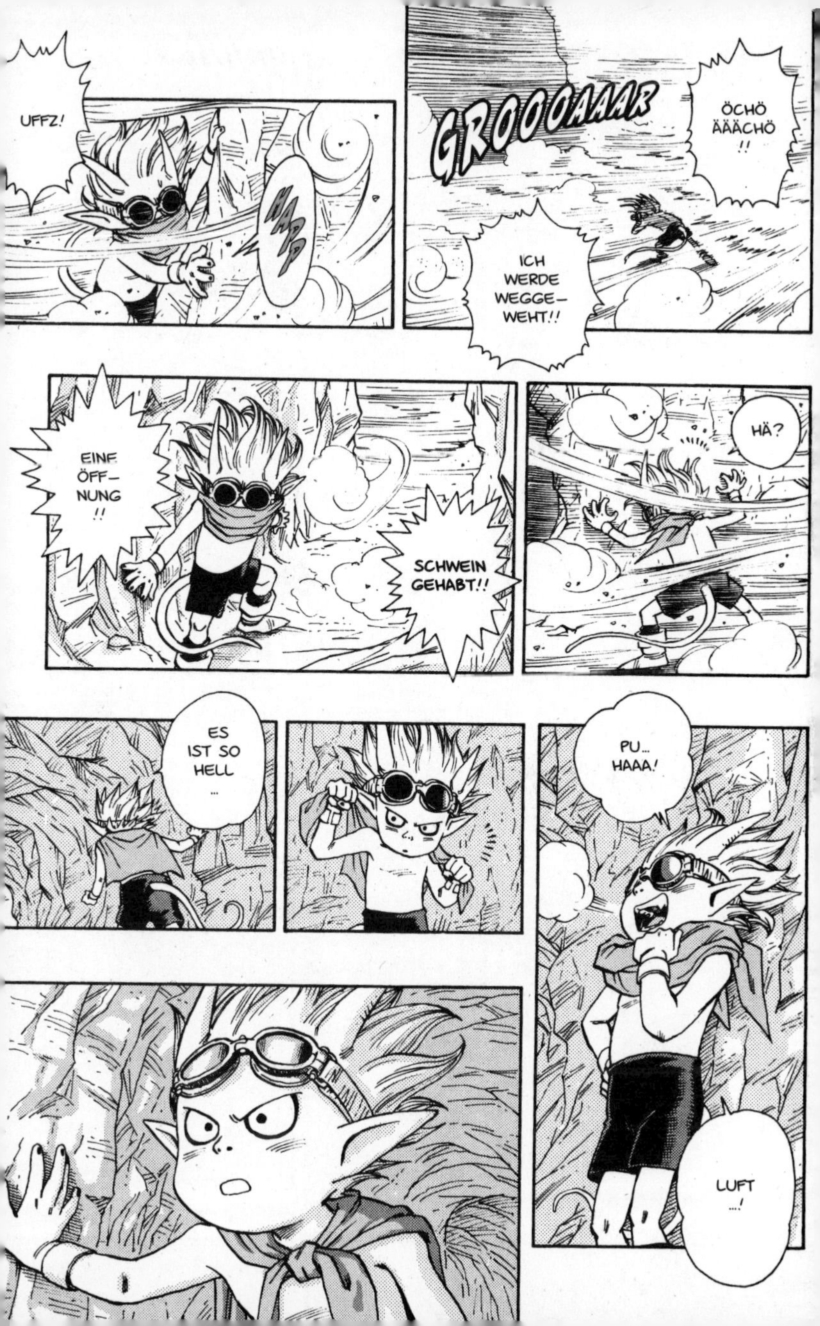
GROOOAAAR
ÖCHÖ ÄÄÄCHÖ!!
ICH WERDE WEGGE-WEHT!!
UFFZ!
HAPP
HÄ?
EINE ÖFF-NUNG!!
SCHWEIN GEHABT!!
PU... HAAA!
LUFT ...!
ES IST SO HELL ...

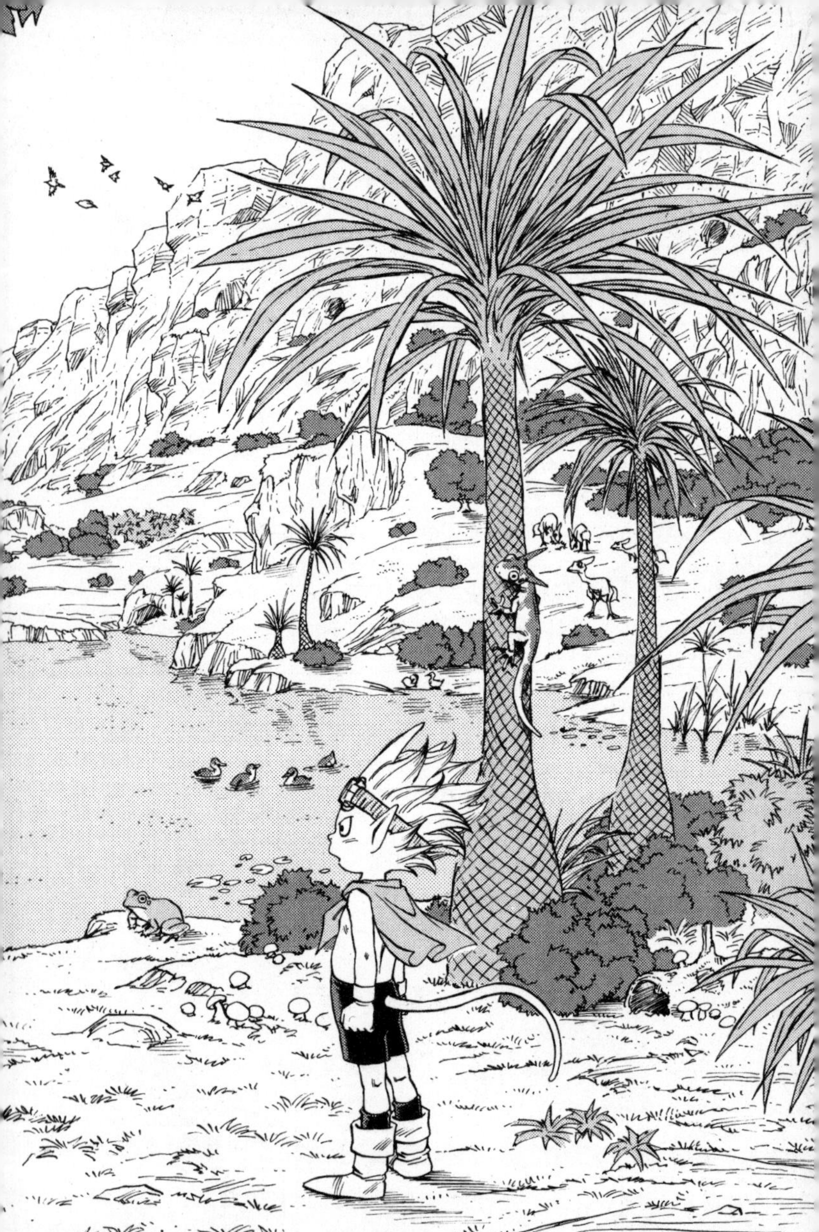

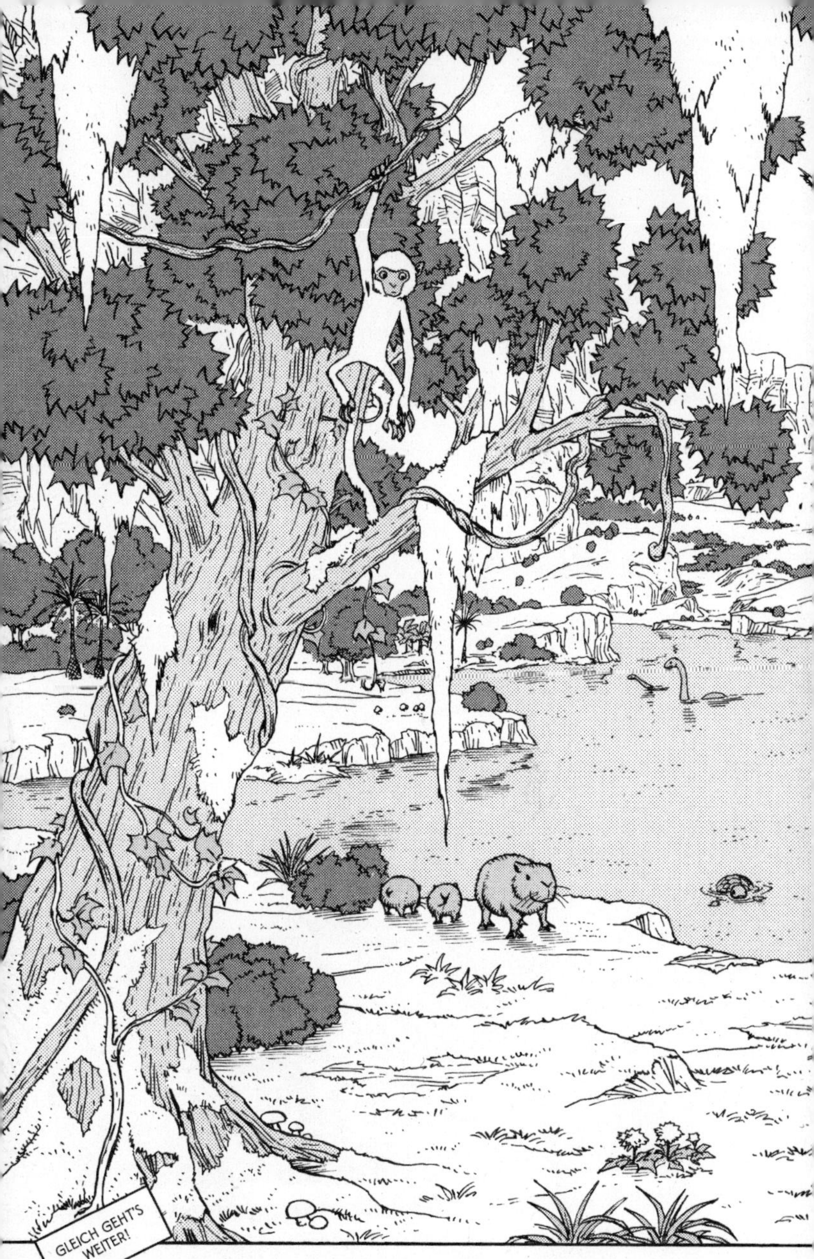
GLEICH GEHT'S WEITER!

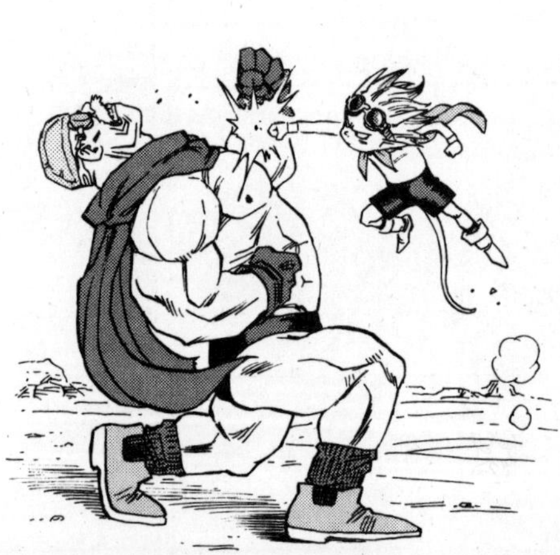

SANDLAND

KAPITEL 10: DIE PHANTOMQUELLE

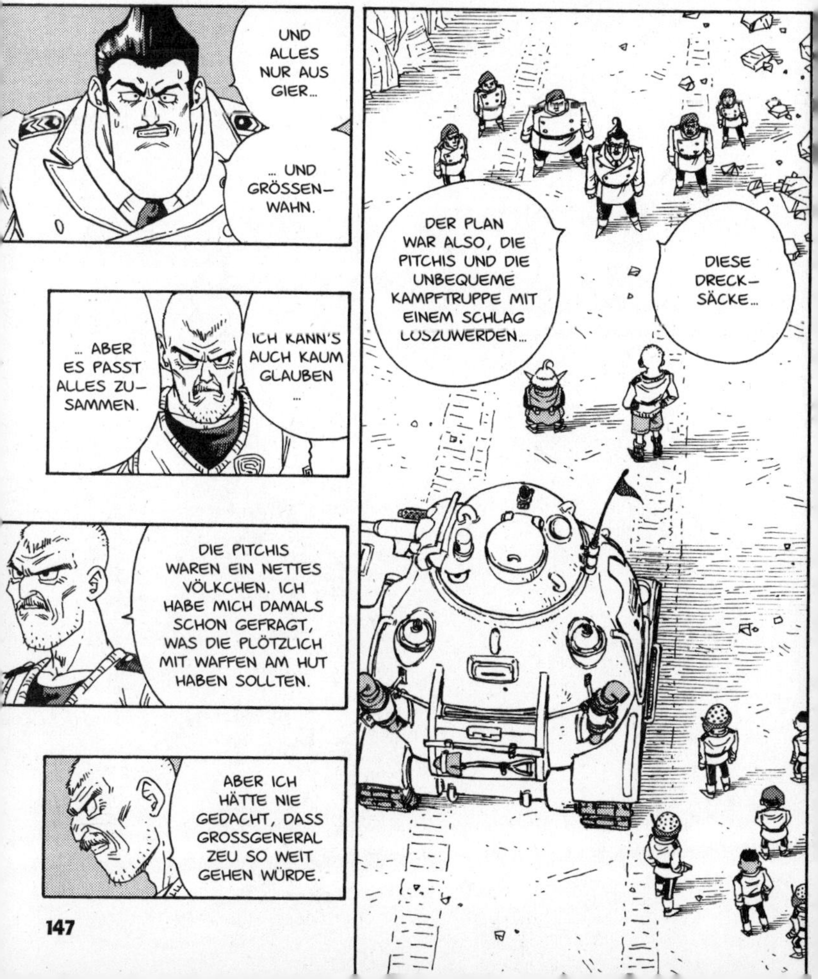

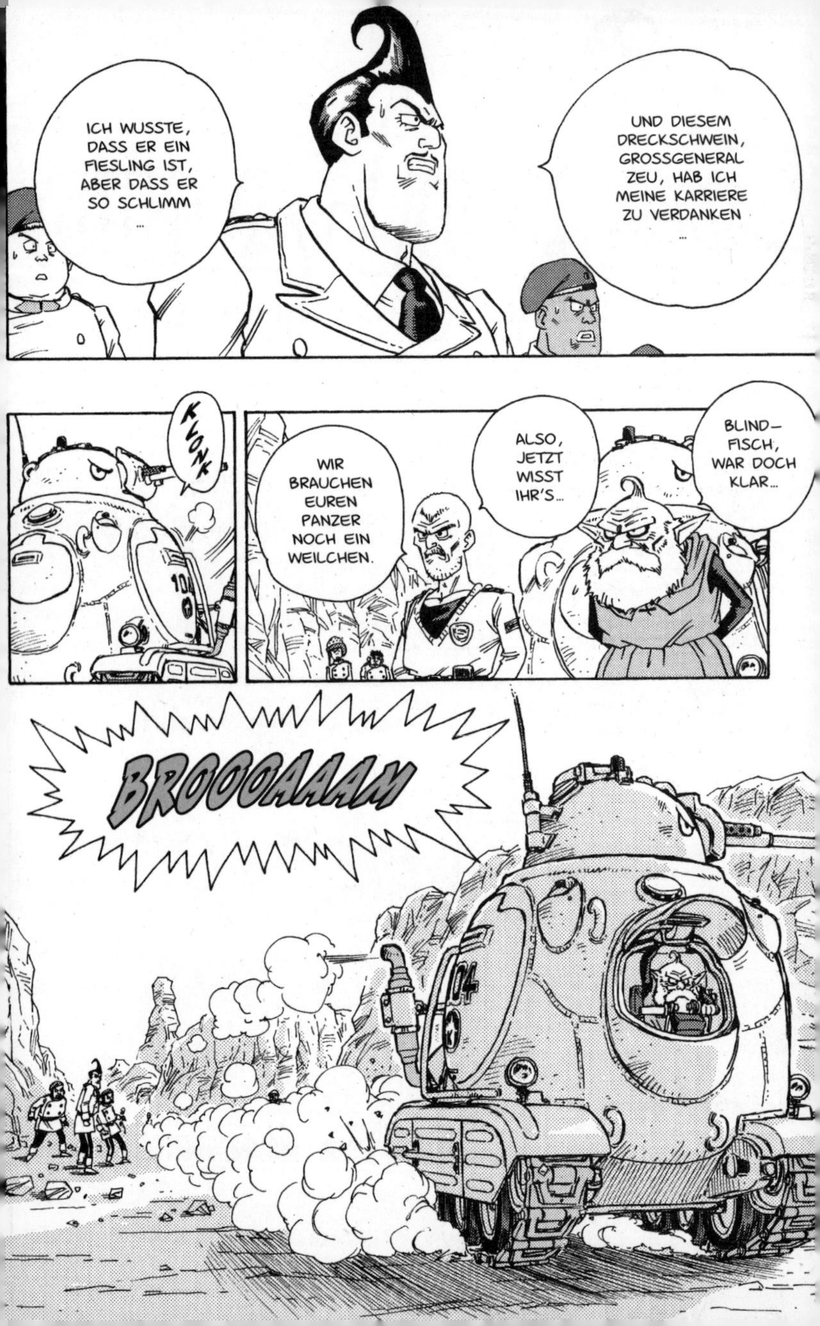
UND DIESEM DRECKSCHWEIN, GROSSGENERAL ZEU, HAB ICH MEINE KARRIERE ZU VERDANKEN …
ICH WUSSTE, DASS ER EIN FIESLING IST, ABER DASS ER SO SCHLIMM …
BLIND-FISCH, WAR DOCH KLAR…
ALSO, JETZT WISST IHR'S…
WIR BRAUCHEN EUREN PANZER NOCH EIN WEILCHEN.
KLONK
BROOOAAAAM

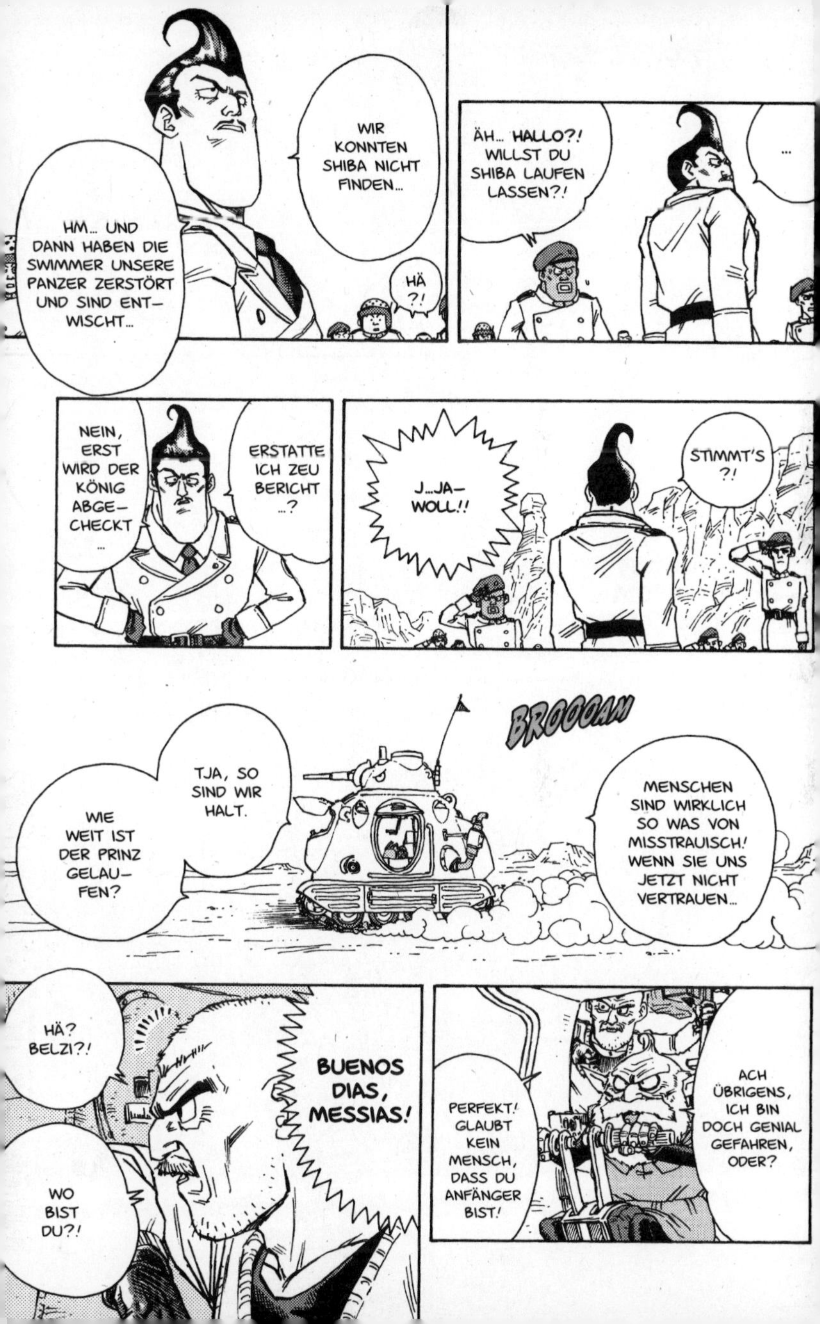

WIR KONNTEN SHIBA NICHT FINDEN...
HM... UND DANN HABEN DIE SWIMMER UNSERE PANZER ZERSTÖRT UND SIND ENT-WISCHT...
HÄ ?!
ÄH... HALLO?! WILLST DU SHIBA LAUFEN LASSEN?!
...
ERSTATTE ICH ZEU BERICHT ...?
NEIN, ERST WIRD DER KÖNIG ABGE-CHECKT ...
STIMMT'S ?!
J...JA-WOLL!!
BROOOAM
MENSCHEN SIND WIRKLICH SO WAS VON MISSTRAUISCH! WENN SIE UNS JETZT NICHT VERTRAUEN...
TJA, SO SIND WIR HALT.
WIE WEIT IST DER PRINZ GELAU-FEN?
HÄ? BELZI?!
WO BIST DU?!
BUENOS DIAS, MESSIAS!
ACH ÜBRIGENS, ICH BIN DOCH GENIAL GEFAHREN, ODER?
PERFEKT! GLAUBT KEIN MENSCH, DASS DU ANFÄNGER BIST!

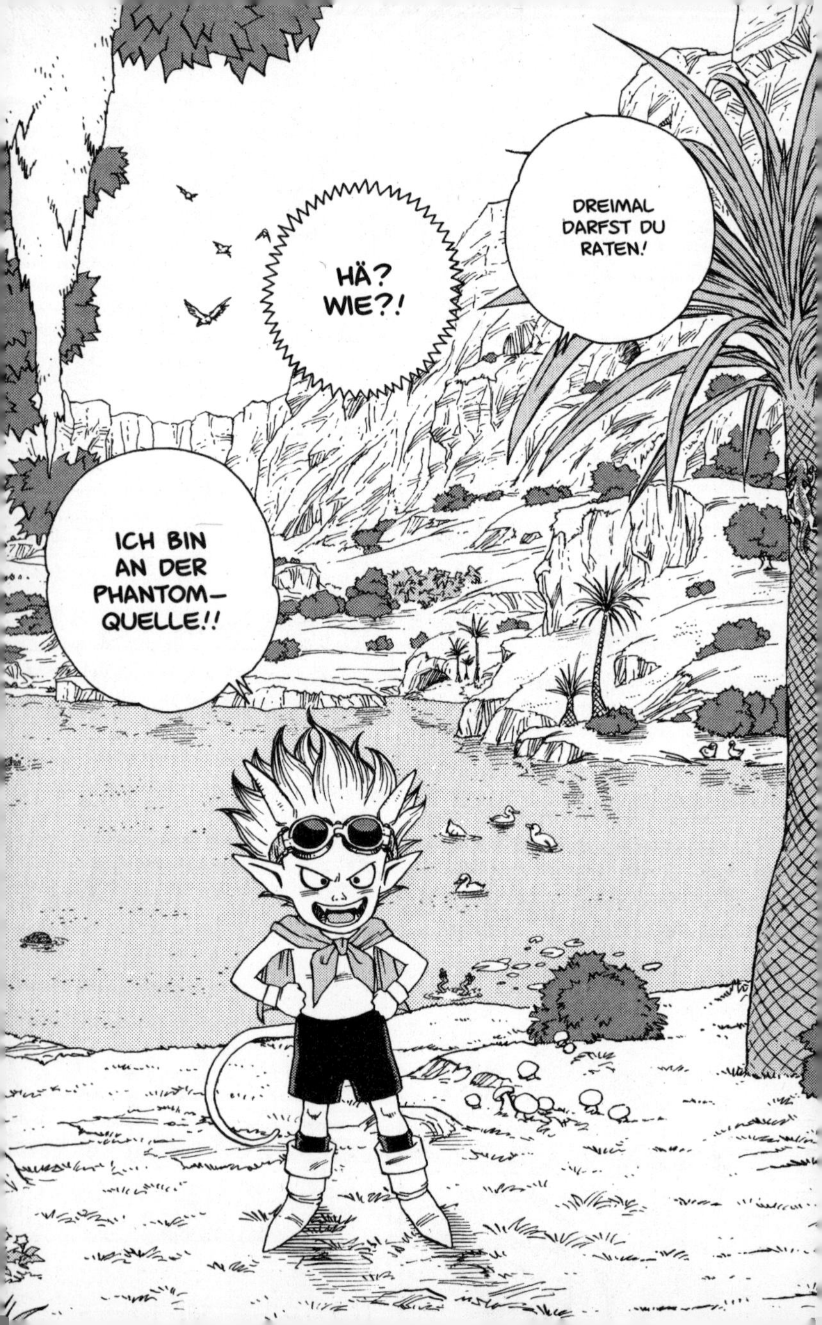
DREIMAL DARFST DU RATEN!
HÄ? WIE?!
ICH BIN AN DER PHANTOM-QUELLE!!

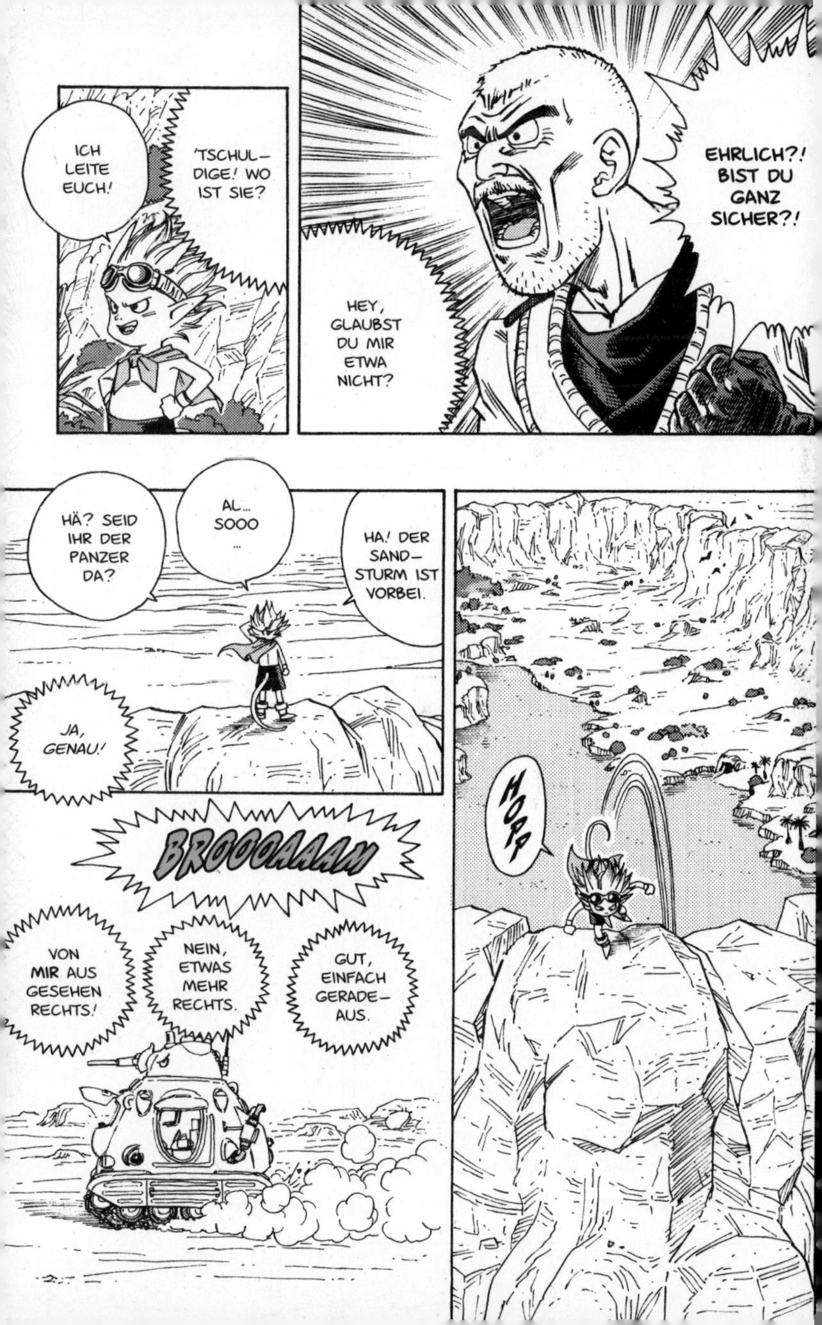

EHRLICH?! BIST DU GANZ SICHER?!
HEY, GLAUBST DU MIR ETWA NICHT?
'TSCHULDIGE! WO IST SIE?
ICH LEITE EUCH!
HOPP
HA! DER SANDSTURM IST VORBEI.
AL... SOOO ...
HÄ? SEID IHR DER PANZER DA?
JA, GENAU!
BROOOAAAAM
GUT, EINFACH GERADEAUS.
NEIN, ETWAS MEHR RECHTS.
VON **MIR** AUS GESEHEN RECHTS!

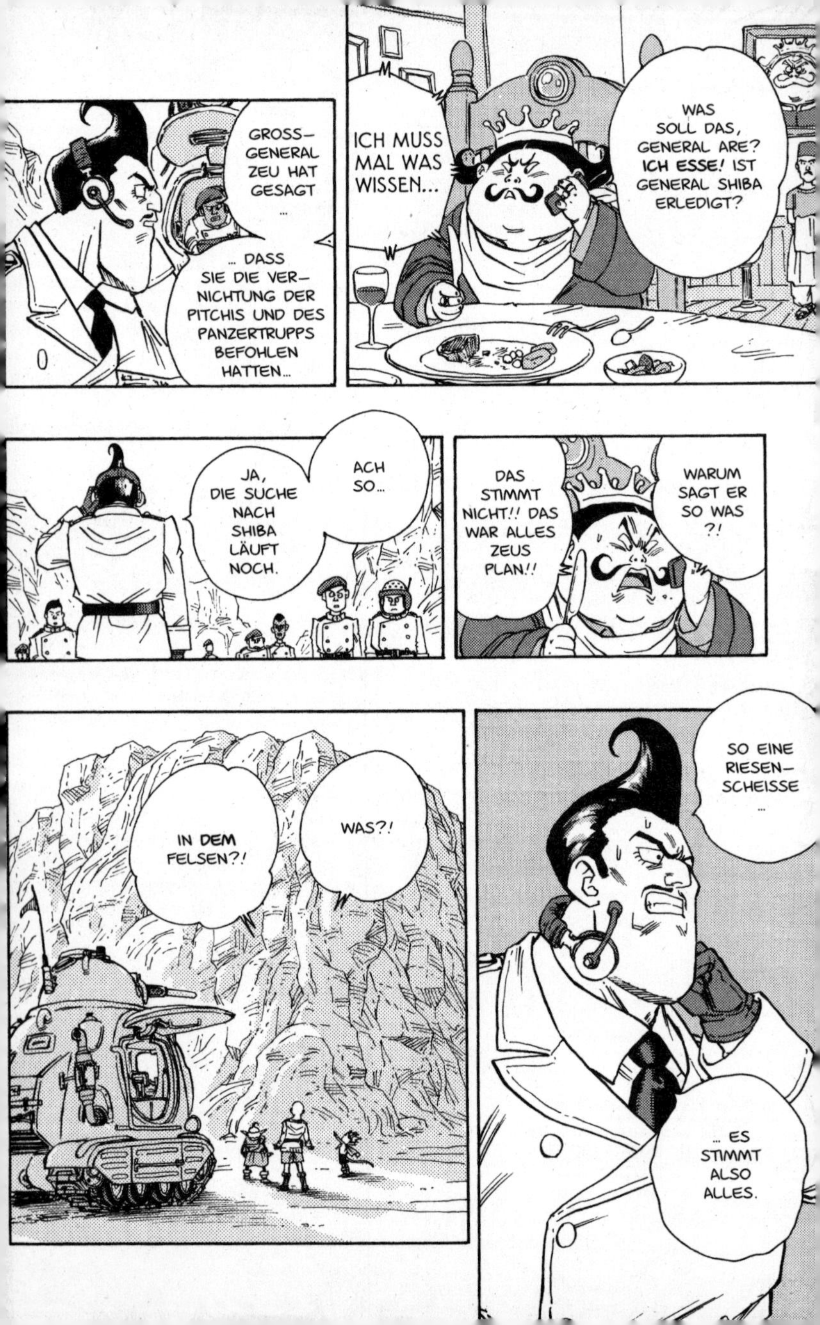
GROSS-GENERAL ZEU HAT GESAGT …
… DASS SIE DIE VER-NICHTUNG DER PITCHIS UND DES PANZERTRUPPS BEFOHLEN HATTEN…
ICH MUSS MAL WAS WISSEN…
WAS SOLL DAS, GENERAL ARE? **ICH ESSE!** IST GENERAL SHIBA ERLEDIGT?
JA, DIE SUCHE NACH SHIBA LÄUFT NOCH.
ACH SO…
DAS STIMMT NICHT!! DAS WAR ALLES ZEUS PLAN!!
WARUM SAGT ER SO WAS ?!
IN DEM FELSEN?!
WAS?!
SO EINE RIESEN-SCHEISSE …
… ES STIMMT ALSO ALLES.

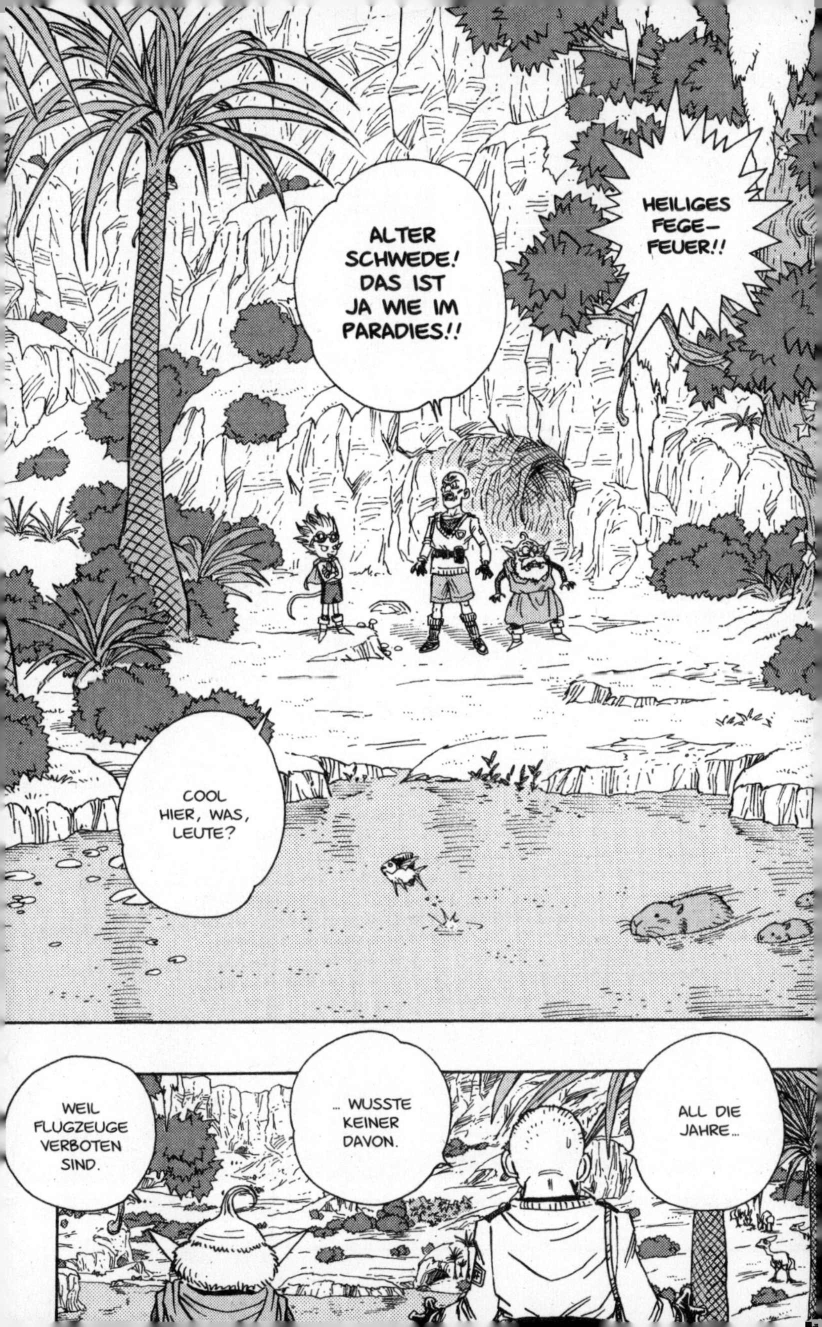
HEILIGES FEGE-FEUER!!
ALTER SCHWEDE! DAS IST JA WIE IM PARADIES!!
COOL HIER, WAS, LEUTE?
ALL DIE JAHRE...
... WUSSTE KEINER DAVON.
WEIL FLUGZEUGE VERBOTEN SIND.

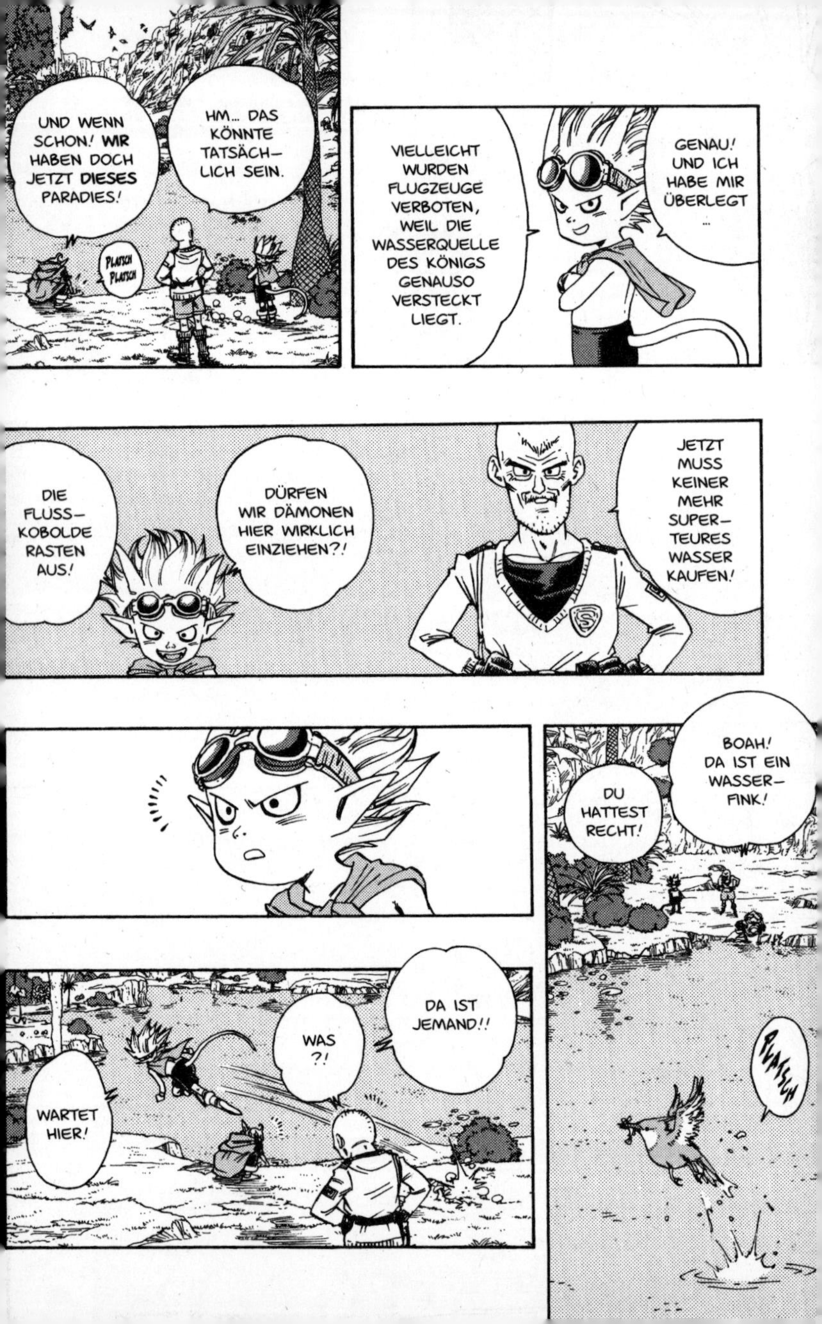
GENAU! UND ICH HABE MIR ÜBERLEGT …
VIELLEICHT WURDEN FLUGZEUGE VERBOTEN, WEIL DIE WASSERQUELLE DES KÖNIGS GENAUSO VERSTECKT LIEGT.
HM… DAS KÖNNTE TATSÄCH-LICH SEIN.
UND WENN SCHON! WIR HABEN DOCH JETZT DIESES PARADIES!
PLATSCH PLATSCH
JETZT MUSS KEINER MEHR SUPER-TEURES WASSER KAUFEN!
DÜRFEN WIR DÄMONEN HIER WIRKLICH EINZIEHEN?!
DIE FLUSS-KOBOLDE RASTEN AUS!
BOAH! DA IST EIN WASSER-FINK!
DU HATTEST RECHT!
PLATSCH
DA IST JEMAND!!
WAS ?!
WARTET HIER!

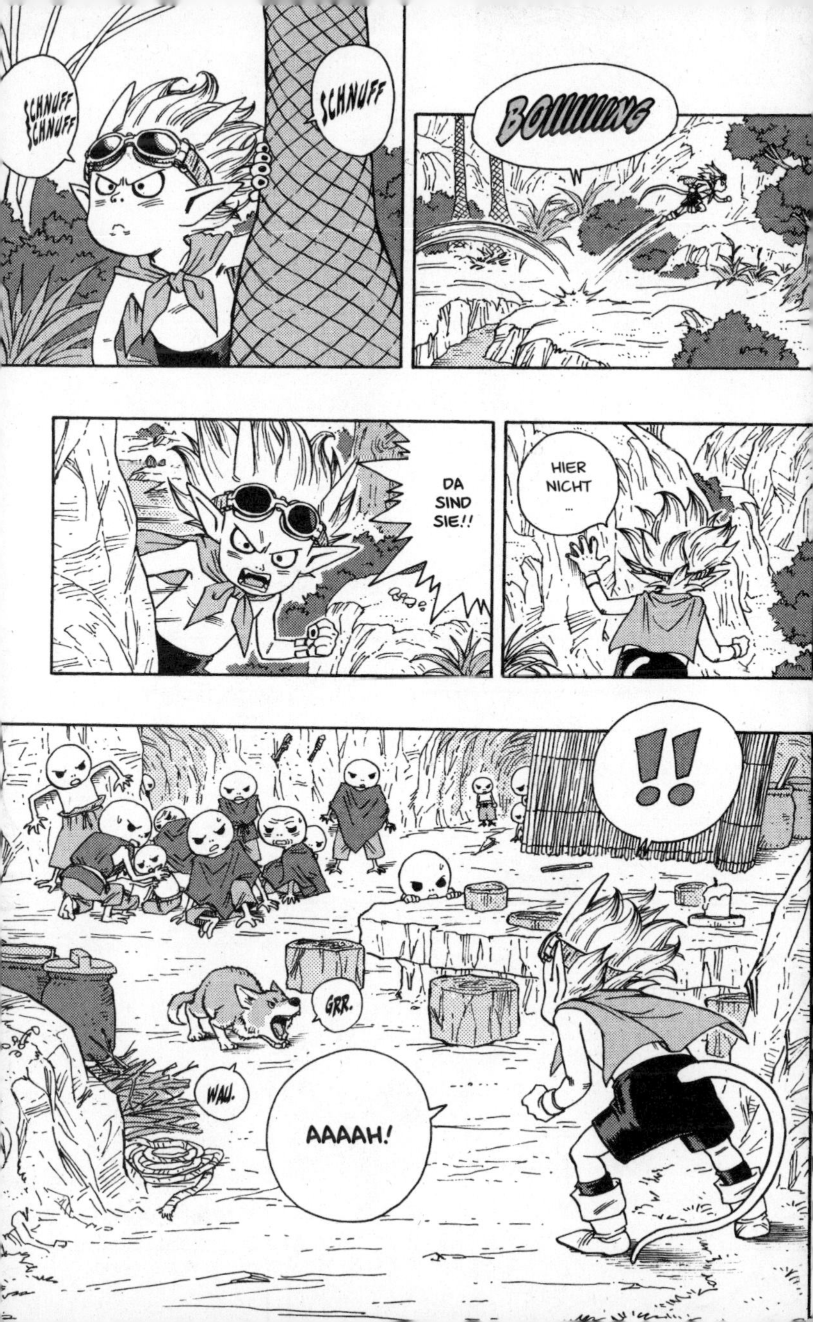
SCHNUFF SCHNUFF
SCHNUFF
BOIIIIIING
DA SIND SIE!!
HIER NICHT ...
!!
GRR.
WAU.
AAAAH!

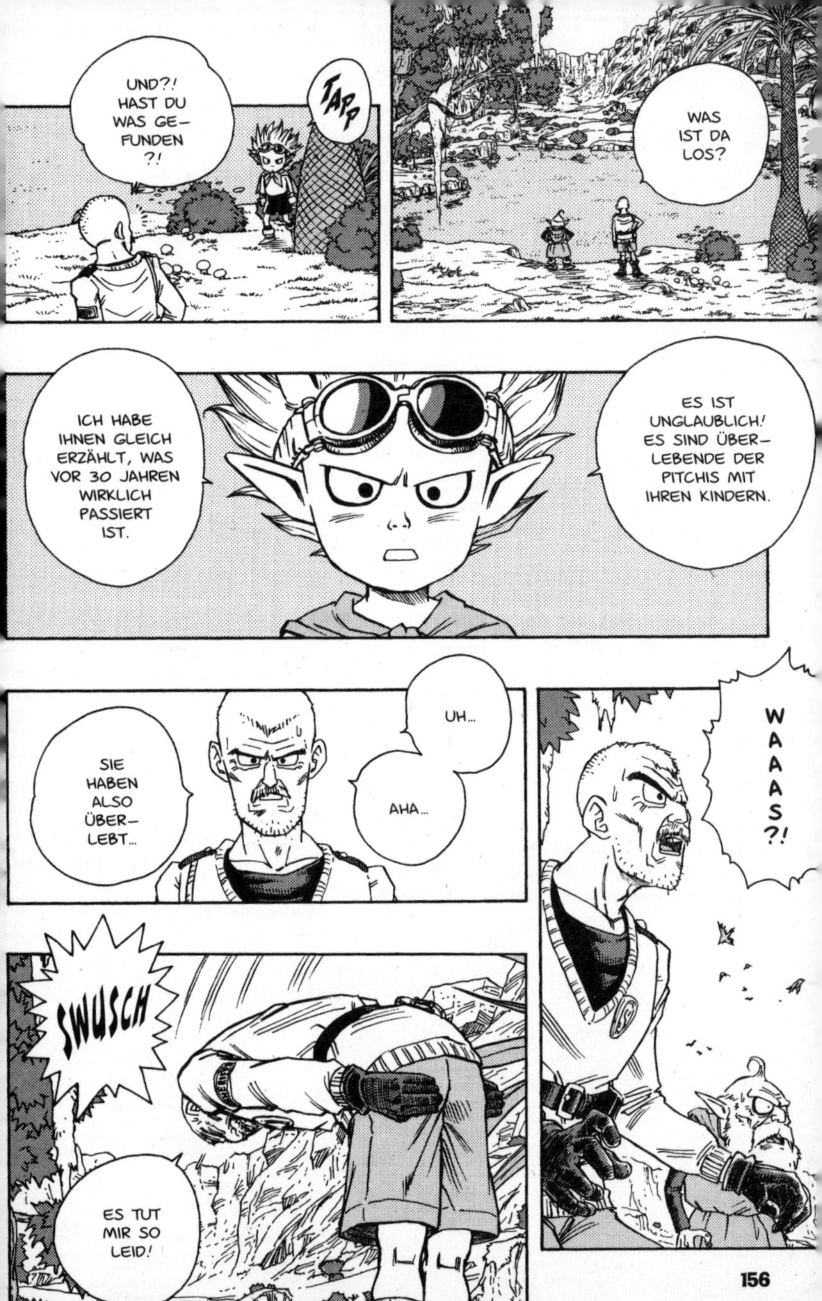
UND?! HAST DU WAS GE-FUNDEN ?!
TAPP
WAS IST DA LOS?
ICH HABE IHNEN GLEICH ERZÄHLT, WAS VOR 30 JAHREN WIRKLICH PASSIERT IST.
ES IST UNGLAUBLICH! ES SIND ÜBER-LEBENDE DER PITCHIS MIT IHREN KINDERN.
SIE HABEN ALSO ÜBER-LEBT...
UH...
AHA...
WAAAS?!
SWUSCH
ES TUT MIR SO LEID!

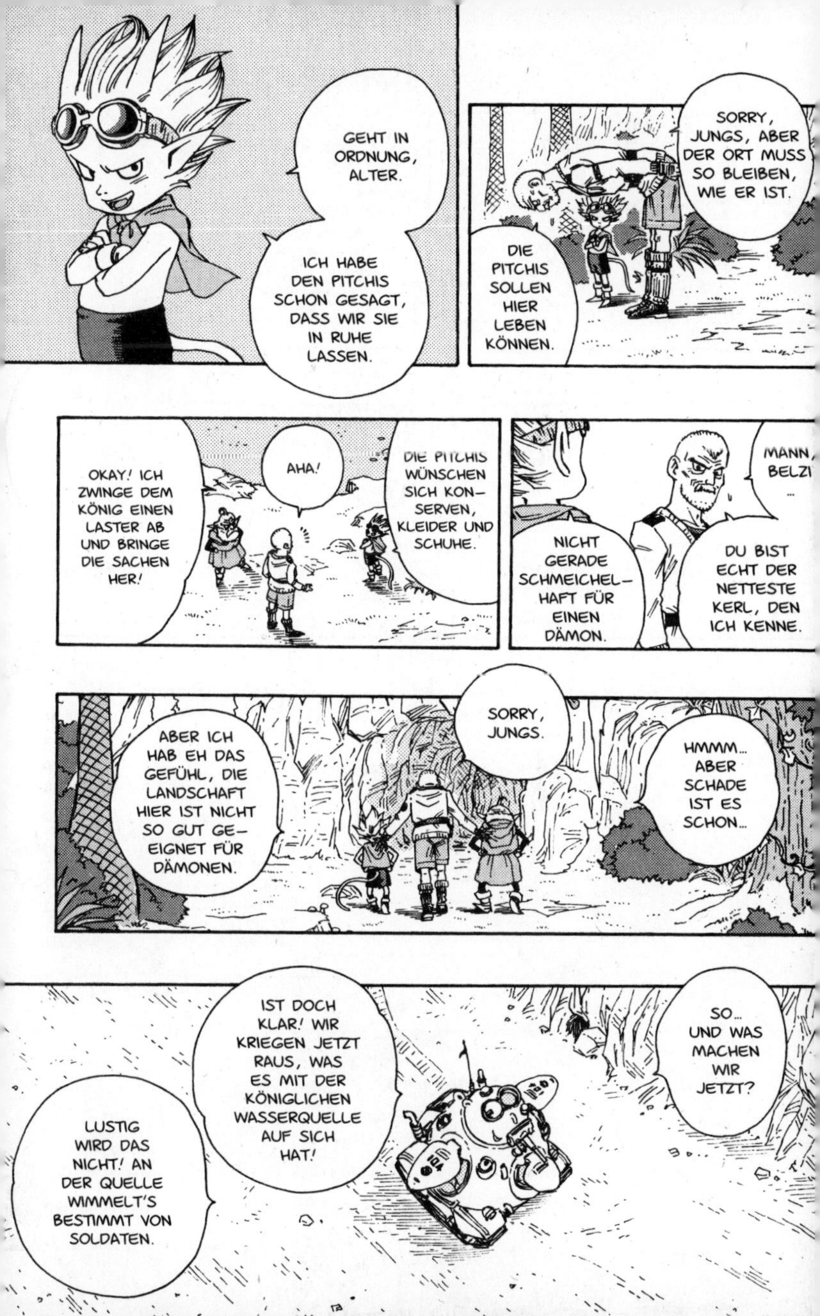
SORRY, JUNGS, ABER DER ORT MUSS SO BLEIBEN, WIE ER IST.
DIE PITCHIS SOLLEN HIER LEBEN KÖNNEN.
GEHT IN ORDNUNG, ALTER.
ICH HABE DEN PITCHIS SCHON GESAGT, DASS WIR SIE IN RUHE LASSEN.
MANN, BELZI ...
DU BIST ECHT DER NETTESTE KERL, DEN ICH KENNE.
NICHT GERADE SCHMEICHEL-HAFT FÜR EINEN DÄMON.
DIE PITCHIS WÜNSCHEN SICH KON-SERVEN, KLEIDER UND SCHUHE.
AHA!
OKAY! ICH ZWINGE DEM KÖNIG EINEN LASTER AB UND BRINGE DIE SACHEN HER!
HMMM... ABER SCHADE IST ES SCHON...
SORRY, JUNGS.
ABER ICH HAB EH DAS GEFÜHL, DIE LANDSCHAFT HIER IST NICHT SO GUT GE-EIGNET FÜR DÄMONEN.
SO... UND WAS MACHEN WIR JETZT?
IST DOCH KLAR! WIR KRIEGEN JETZT RAUS, WAS ES MIT DER KÖNIGLICHEN WASSERQUELLE AUF SICH HAT!
LUSTIG WIRD DAS NICHT! AN DER QUELLE WIMMELT'S BESTIMMT VON SOLDATEN.

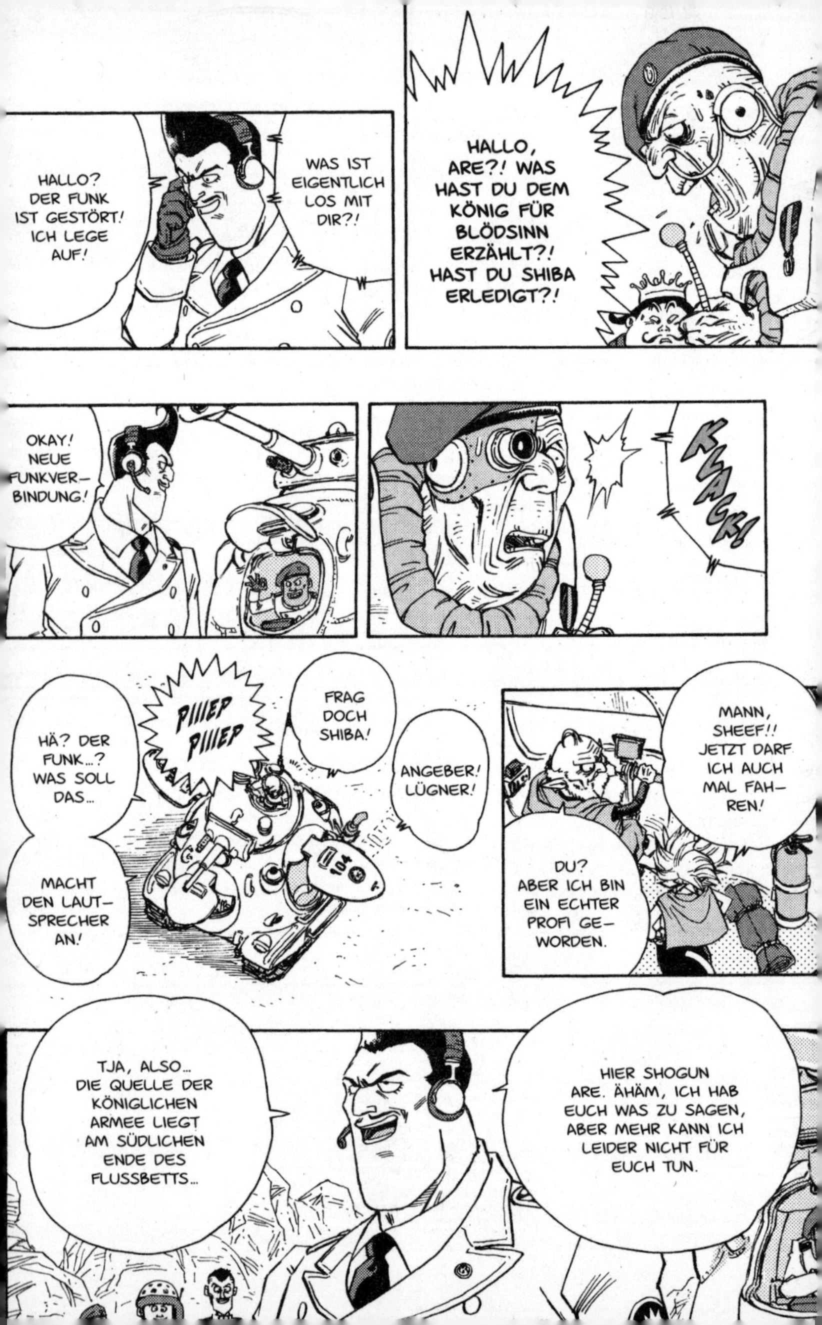
HALLO, ARE?! WAS HAST DU DEM KÖNIG FÜR BLÖDSINN ERZÄHLT?! HAST DU SHIBA ERLEDIGT?!
WAS IST EIGENTLICH LOS MIT DIR?!
HALLO? DER FUNK IST GESTÖRT! ICH LEGE AUF!
KNACK!
OKAY! NEUE FUNKVERBINDUNG!
MANN, SHEEF!! JETZT DARF ICH AUCH MAL FAHREN!
DU? ABER ICH BIN EIN ECHTER PROFI GEWORDEN.
FRAG DOCH SHIBA!
ANGEBER! LÜGNER!
PIIIEP PIIIEP
HÄ? DER FUNK...? WAS SOLL DAS...
MACHT DEN LAUTSPRECHER AN!
HIER SHOGUN ARE. ÄHÄM, ICH HAB EUCH WAS ZU SAGEN, ABER MEHR KANN ICH LEIDER NICHT FÜR EUCH TUN.
TJA, ALSO... DIE QUELLE DER KÖNIGLICHEN ARMEE LIEGT AM SÜDLICHEN ENDE DES FLUSSBETTS...

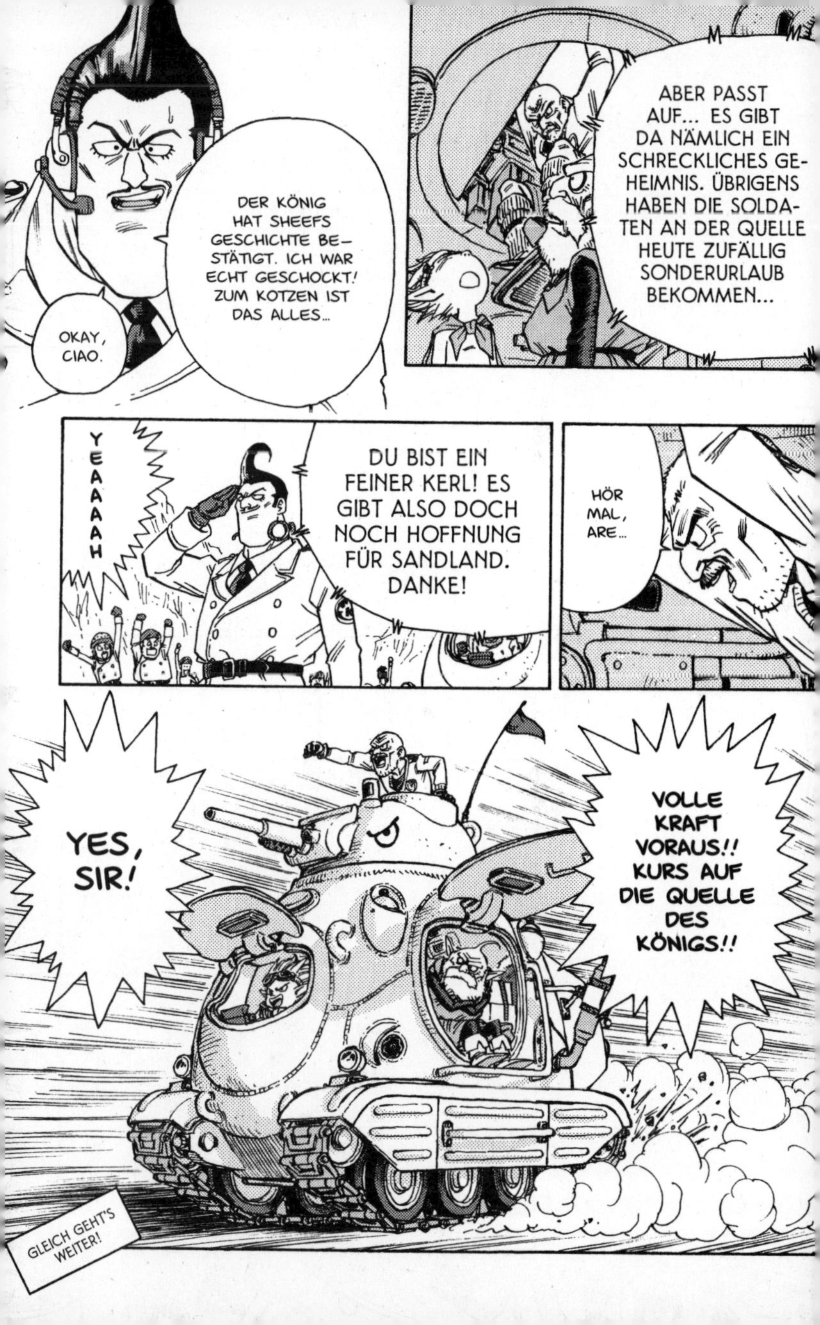

DER KÖNIG HAT SHEEFS GESCHICHTE BE-STÄTIGT. ICH WAR ECHT GESCHOCKT! ZUM KOTZEN IST DAS ALLES...
OKAY, CIAO.
ABER PASST AUF... ES GIBT DA NÄMLICH EIN SCHRECKLICHES GE-HEIMNIS. ÜBRIGENS HABEN DIE SOLDA-TEN AN DER QUELLE HEUTE ZUFÄLLIG SONDERURLAUB BEKOMMEN...
YEAAAAAH
DU BIST EIN FEINER KERL! ES GIBT ALSO DOCH NOCH HOFFNUNG FÜR SANDLAND. DANKE!
HÖR MAL, ARE...
YES, SIR!
VOLLE KRAFT VORAUS!! KURS AUF DIE QUELLE DES KÖNIGS!!
GLEICH GEHT'S WEITER!

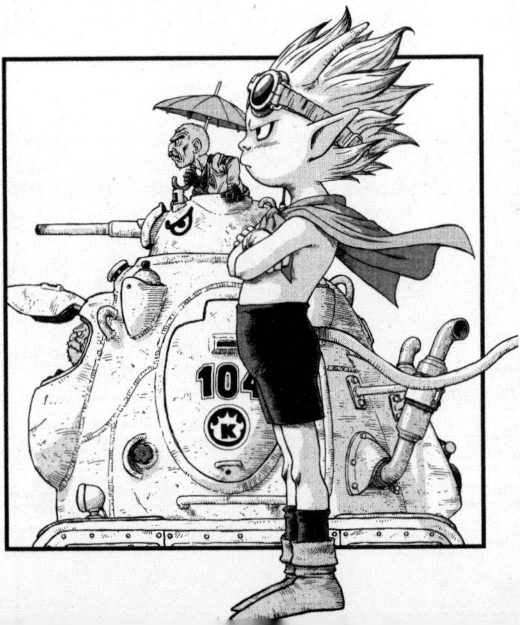

104
K

SANDLAND

KAPITEL 11: DAS GEHEIMNIS DER QUELLE

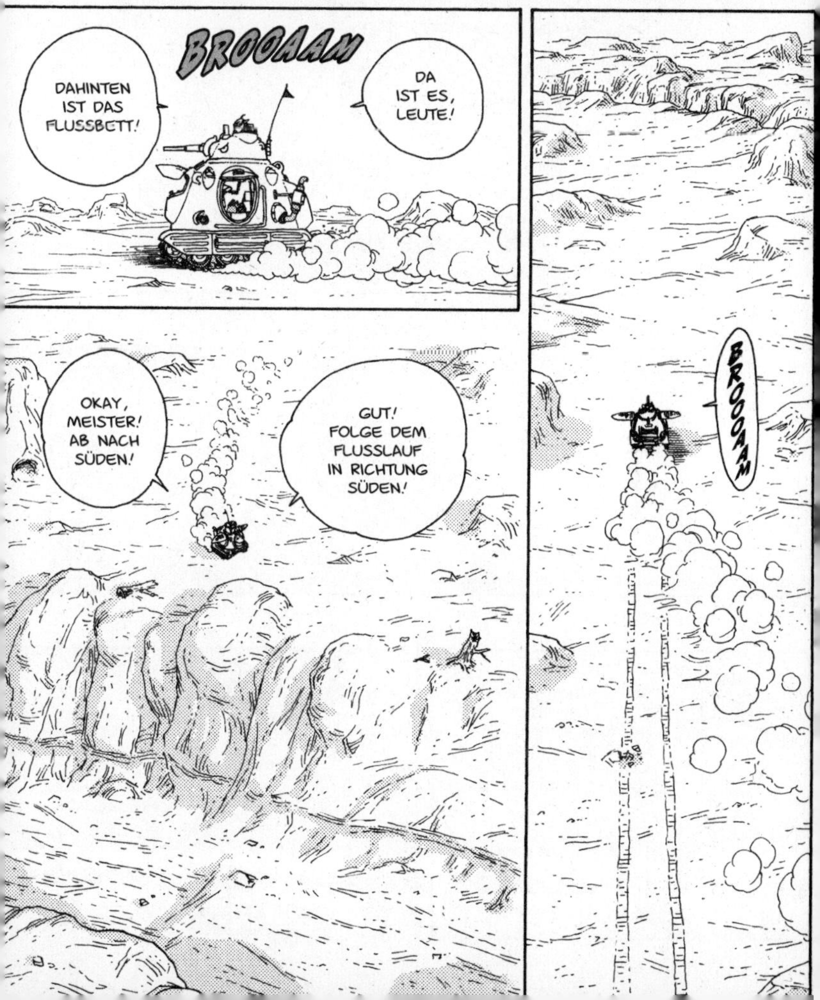

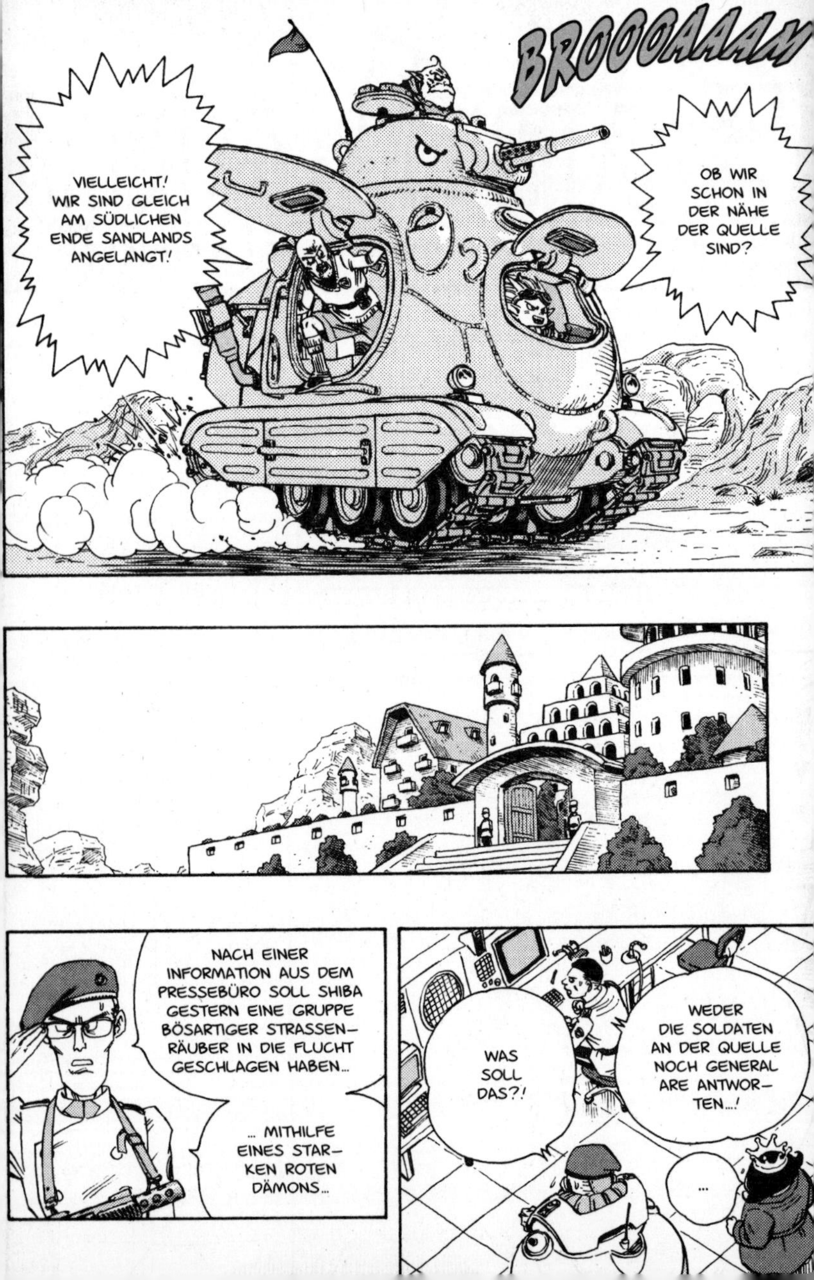
BROOOAAAAM
OB WIR SCHON IN DER NÄHE DER QUELLE SIND?
VIELLEICHT! WIR SIND GLEICH AM SÜDLICHEN ENDE SANDLANDS ANGELANGT!
WEDER DIE SOLDATEN AN DER QUELLE NOCH GENERAL ARE ANTWORTEN...!
WAS SOLL DAS?!
...
NACH EINER INFORMATION AUS DEM PRESSEBÜRO SOLL SHIBA GESTERN EINE GRUPPE BÖSARTIGER STRASSEN-RÄUBER IN DIE FLUCHT GESCHLAGEN HABEN...
... MITHILFE EINES STAR-KEN ROTEN DÄMONS...

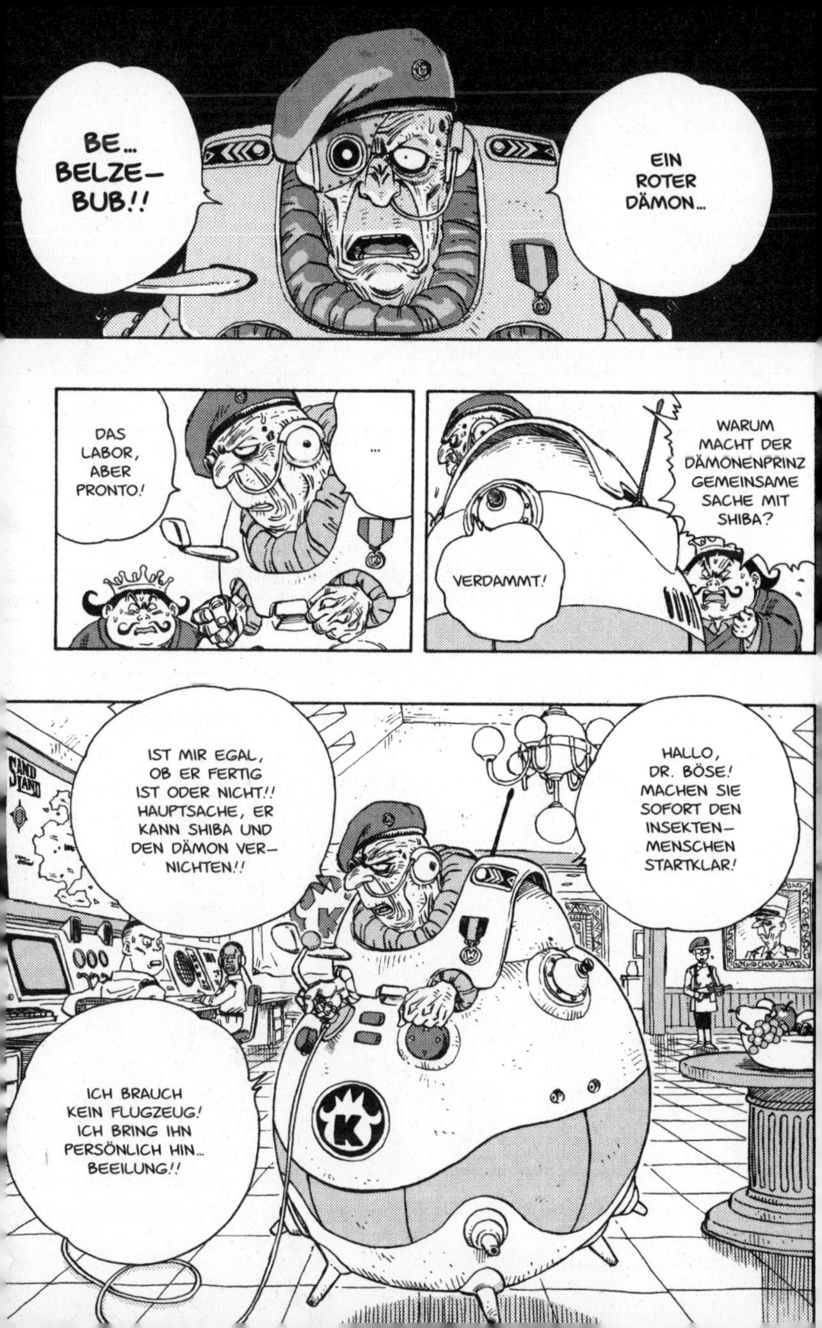
EIN ROTER DÄMON...
BE... BELZE-BUB!!
WARUM MACHT DER DÄMONENPRINZ GEMEINSAME SACHE MIT SHIBA?
VERDAMMT!
...
DAS LABOR, ABER PRONTO!
HALLO, DR. BÖSE! MACHEN SIE SOFORT DEN INSEKTEN-MENSCHEN STARTKLAR!
IST MIR EGAL, OB ER FERTIG IST ODER NICHT!! HAUPTSACHE, ER KANN SHIBA UND DEN DÄMON VER-NICHTEN!!
ICH BRAUCH KEIN FLUGZEUG! ICH BRING IHN PERSÖNLICH HIN... BEEILUNG!!

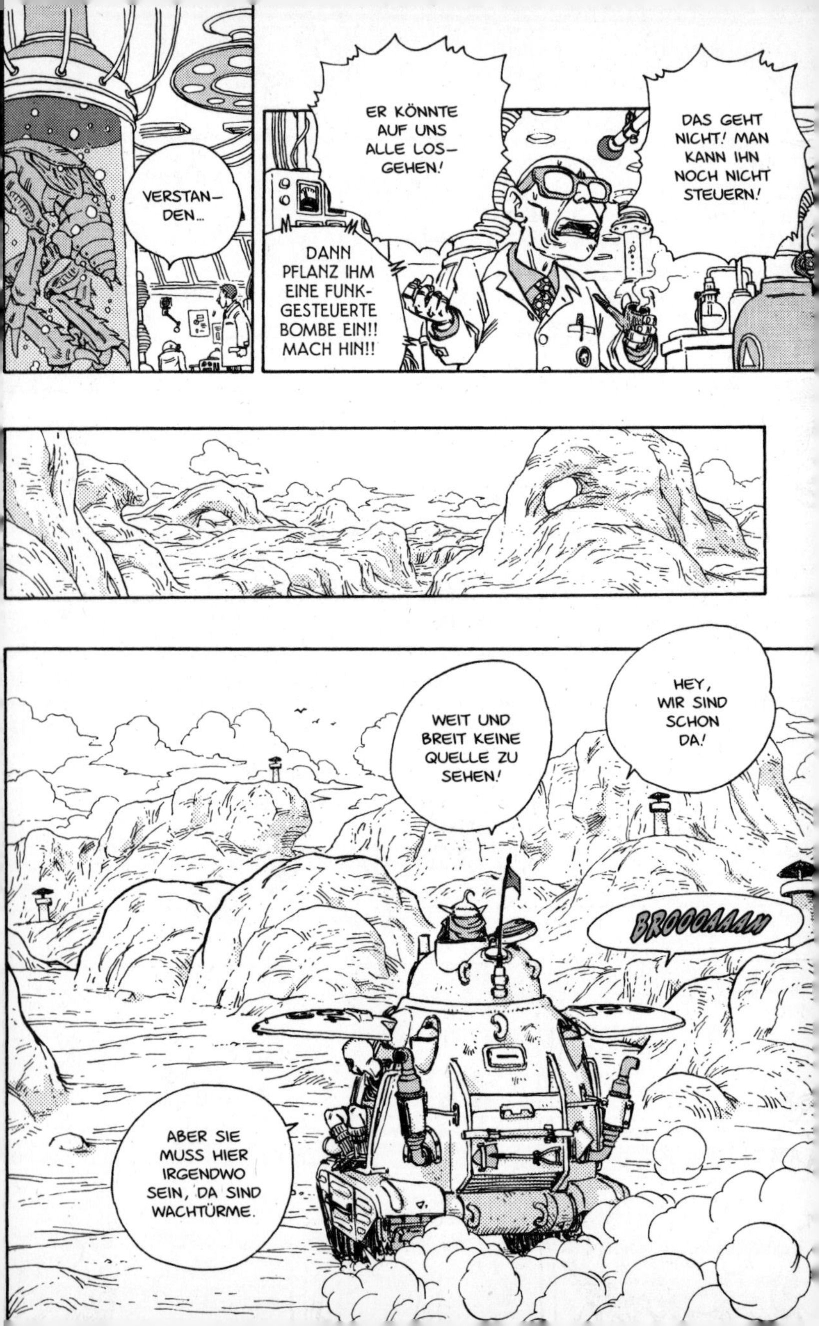
VERSTANDEN...
ER KÖNNTE AUF UNS ALLE LOSGEHEN!
DAS GEHT NICHT! MAN KANN IHN NOCH NICHT STEUERN!
DANN PFLANZ IHM EINE FUNKGESTEUERTE BOMBE EIN!! MACH HIN!!
HEY, WIR SIND SCHON DA!
WEIT UND BREIT KEINE QUELLE ZU SEHEN!
BROOOAAAAN
ABER SIE MUSS HIER IRGENDWO SEIN, DA SIND WACHTÜRME.

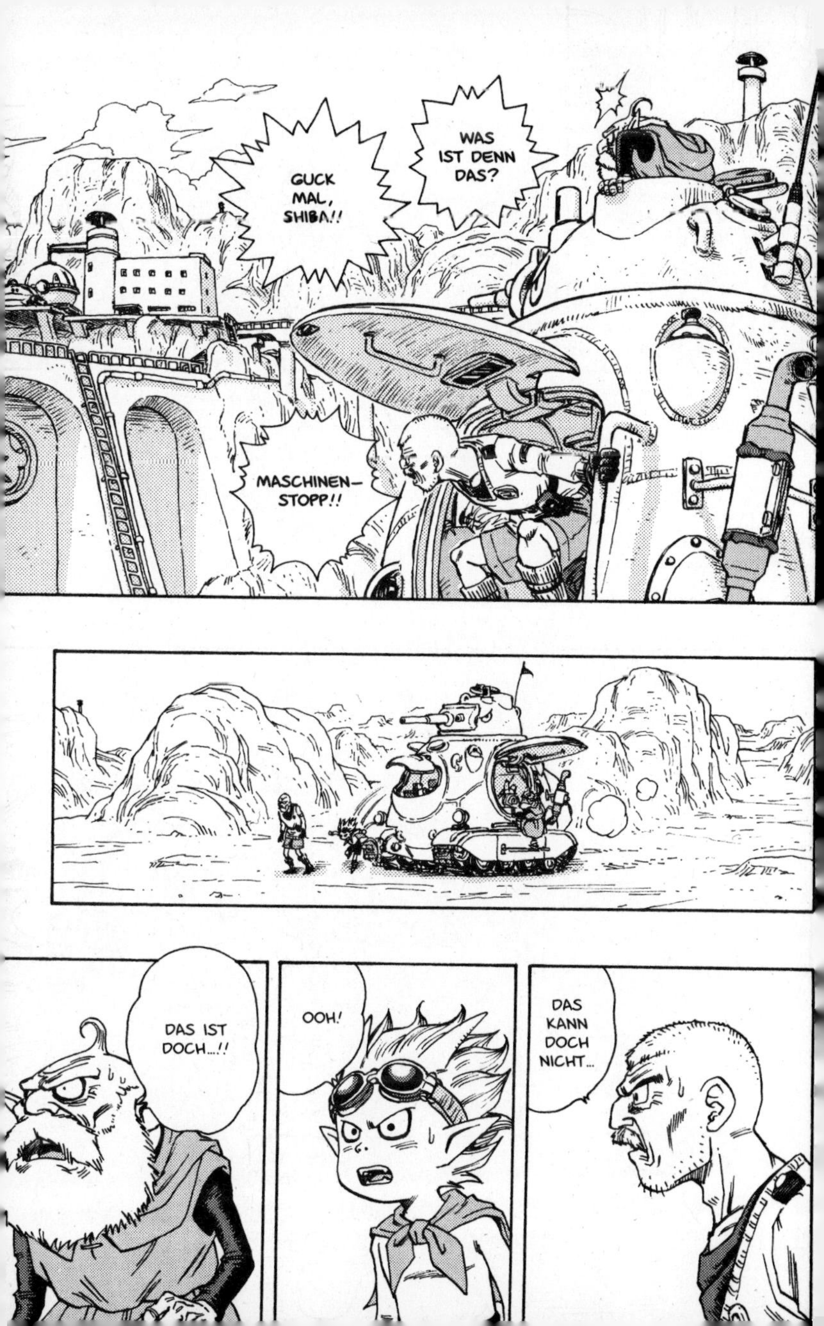
WAS IST DENN DAS?
GUCK MAL, SHIBA!!
MASCHINEN-STOPP!!
DAS KANN DOCH NICHT...
OOH!
DAS IST DOCH...!!

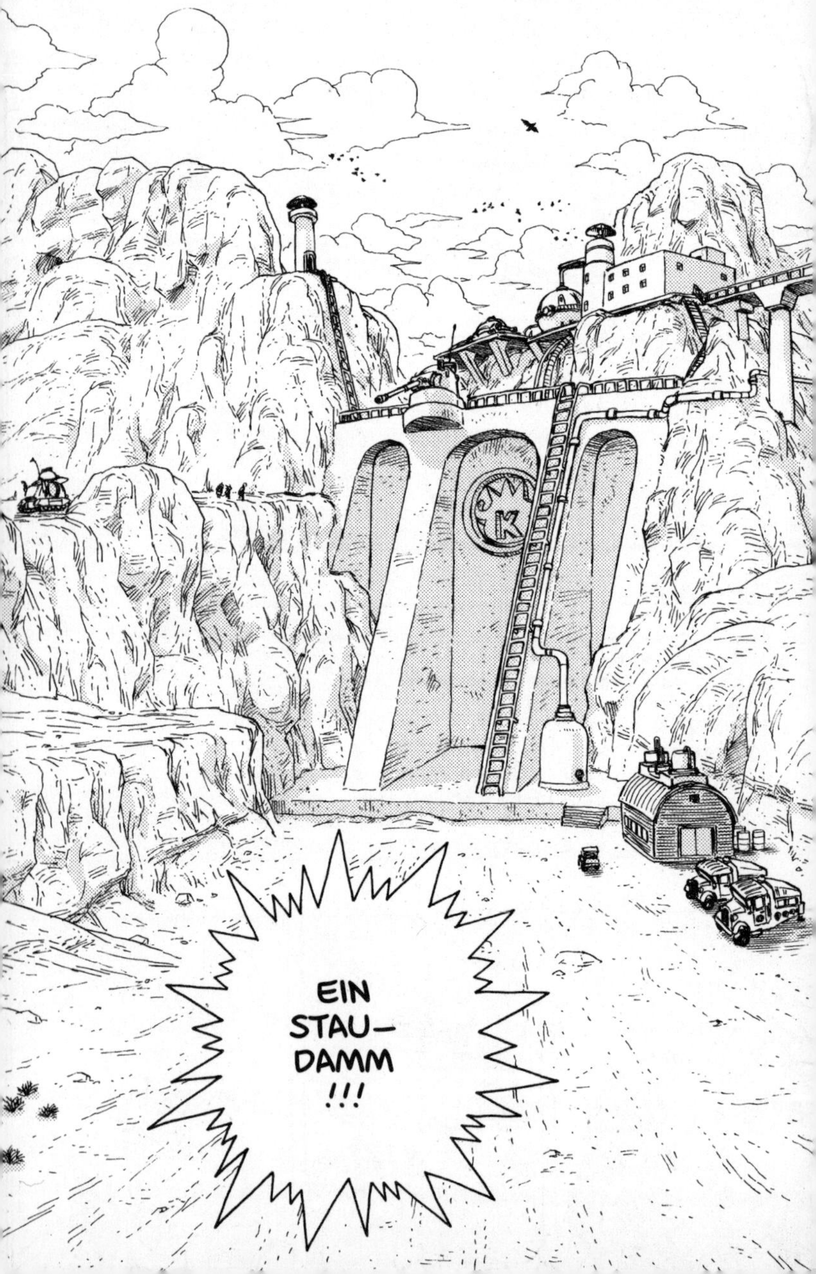
EIN STAU-DAMM !!!

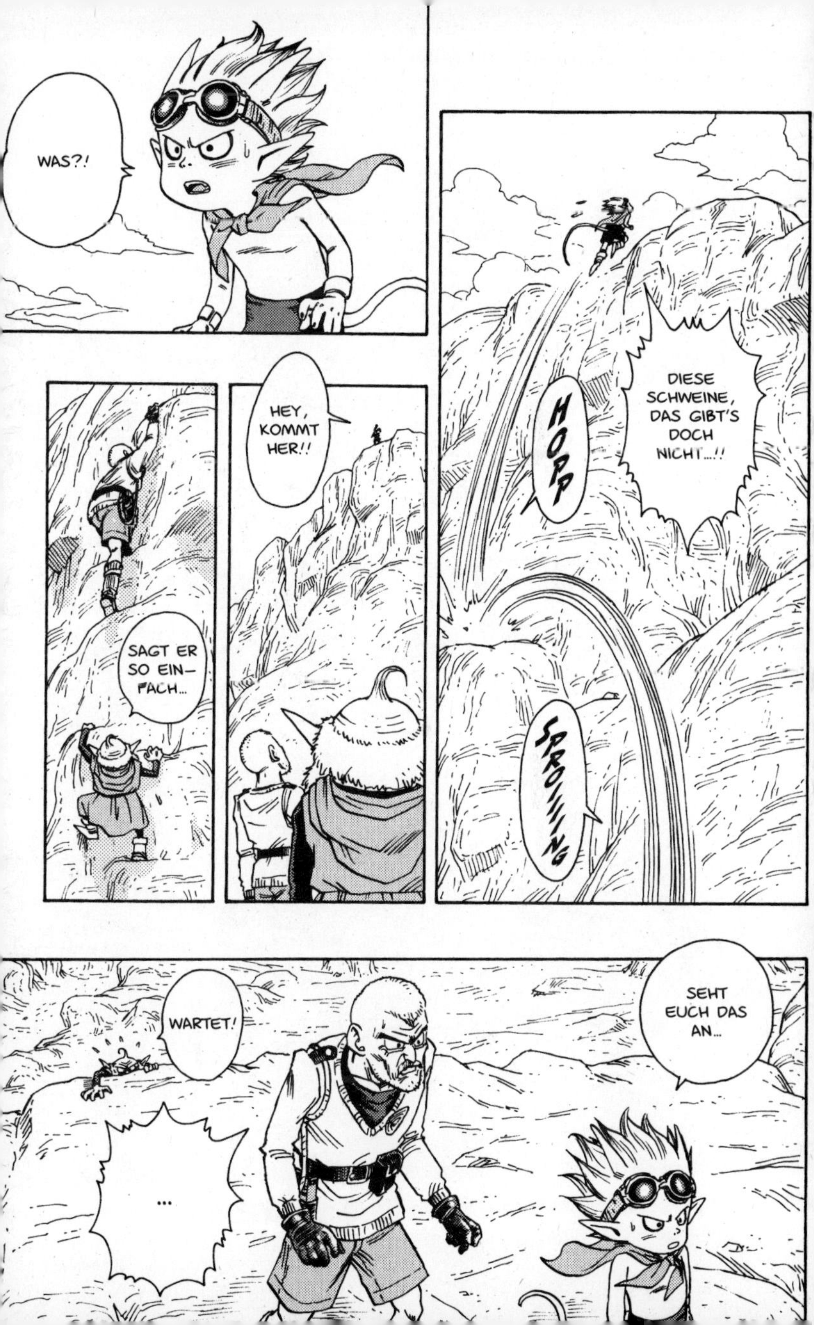
WAS?!
HOPP
DIESE SCHWEINE, DAS GIBT'S DOCH NICHT...!!
SPROIIIING
HEY, KOMMT HER!!
SAGT ER SO EIN-FACH...
SEHT EUCH DAS AN...
WARTET!
...

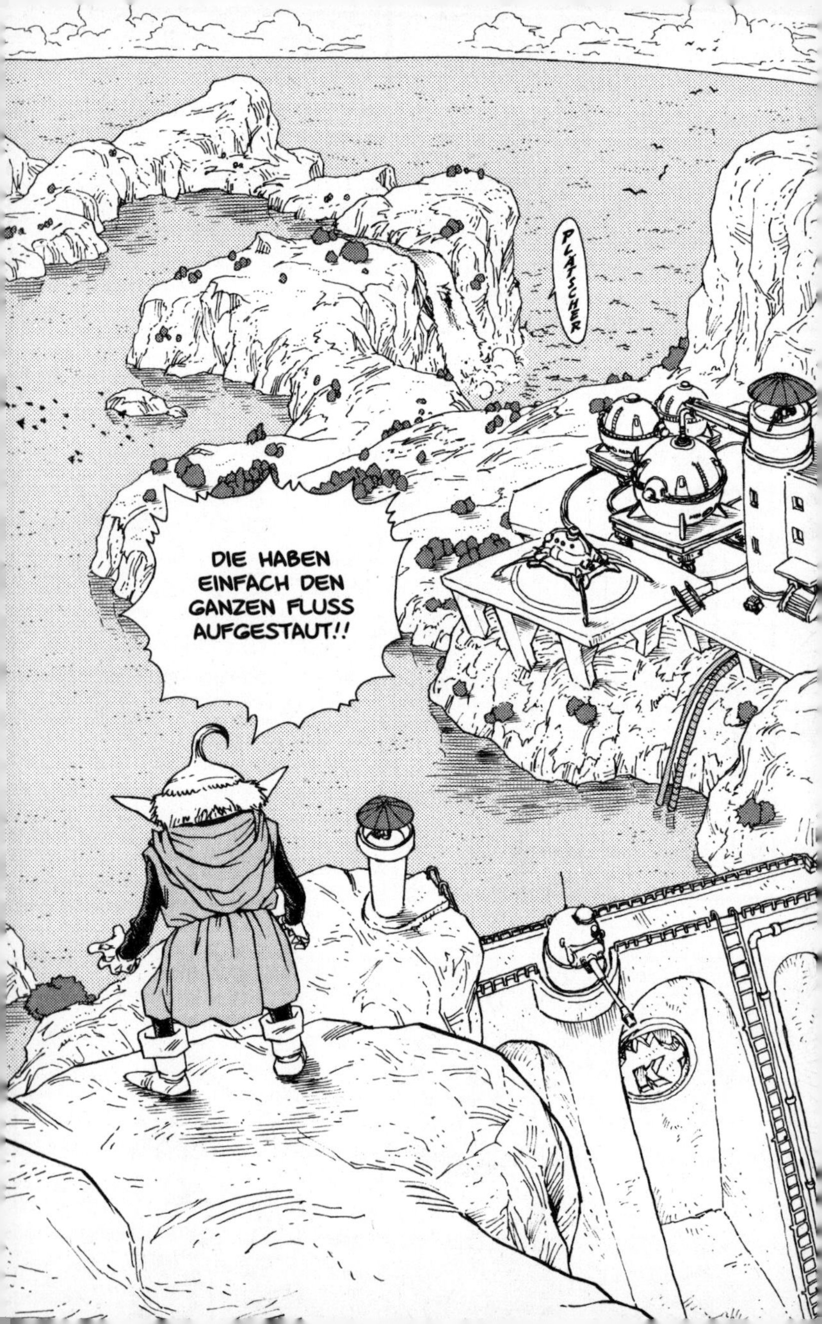
PLÄTSCHER
DIE HABEN EINFACH DEN GANZEN FLUSS AUFGESTAUT!!

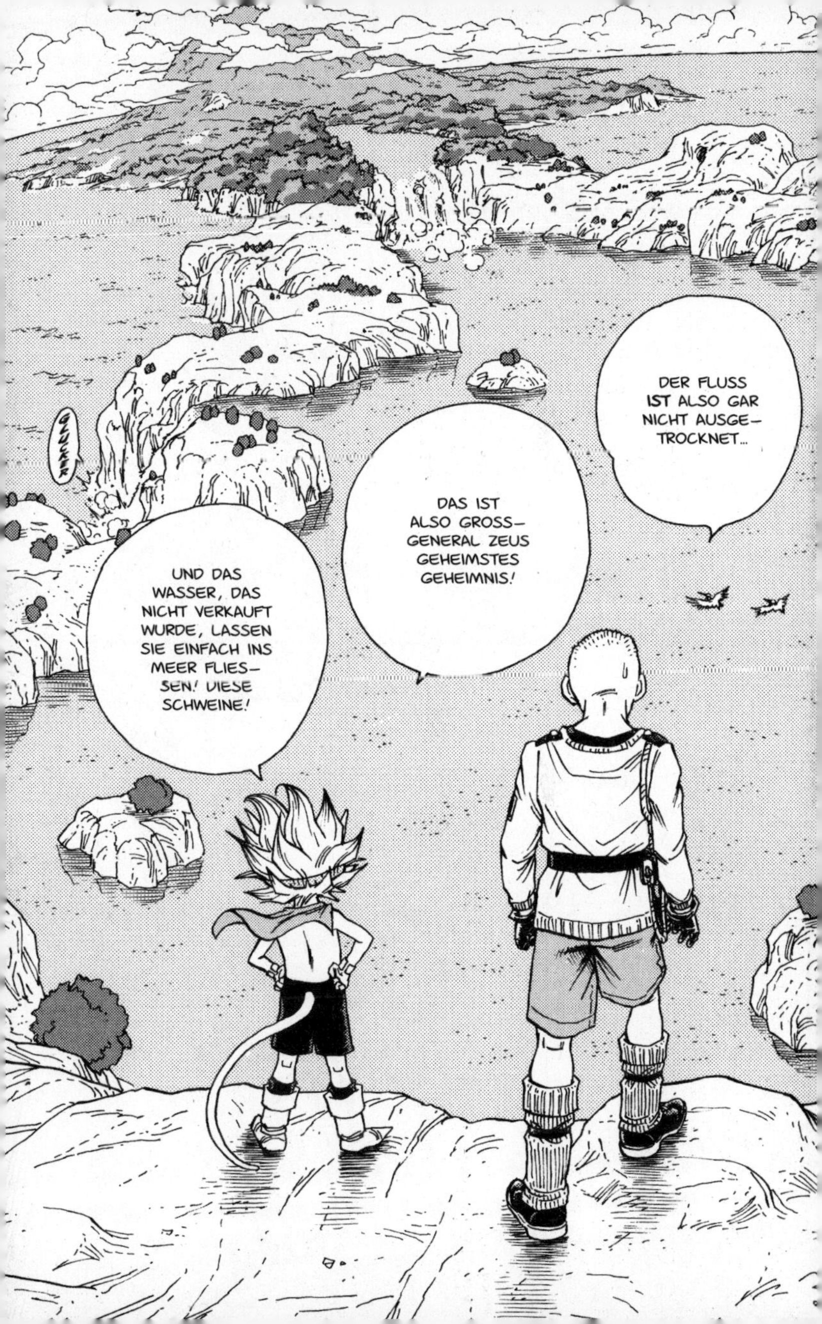
DER FLUSS IST ALSO GAR NICHT AUSGE- TROCKNET...
DAS IST ALSO GROSS- GENERAL ZEUS GEHEIMSTES GEHEIMNIS!
UND DAS WASSER, DAS NICHT VERKAUFT WURDE, LASSEN SIE EINFACH INS MEER FLIES- SEN! DIESE SCHWEINE!
GLUCKER

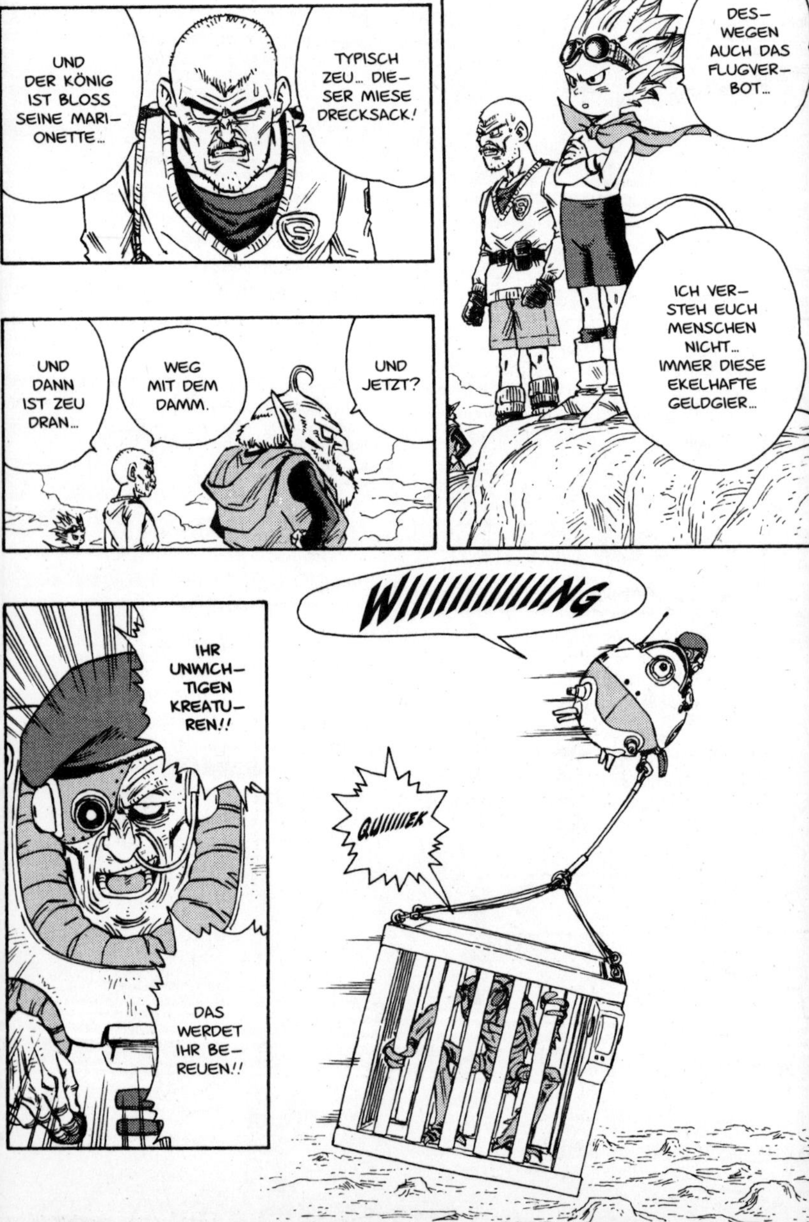
DES-
WEGEN
AUCH DAS
FLUGVER-
BOT...
ICH VER-
STEH EUCH
MENSCHEN
NICHT...
IMMER DIESE
EKELHAFTE
GELDGIER...
TYPISCH
ZEU... DIE-
SER MIESE
DRECKSACK!
UND
DER KÖNIG
IST BLOSS
SEINE MARI-
ONETTE...
UND
JETZT?
WEG
MIT DEM
DAMM.
UND
DANN
IST ZEU
DRAN...
WIIIIIIIIIIING
QUIIIIEK
IHR
UNWICH-
TIGEN
KREATU-
REN!!
DAS
WERDET
IHR BE-
REUEN!!

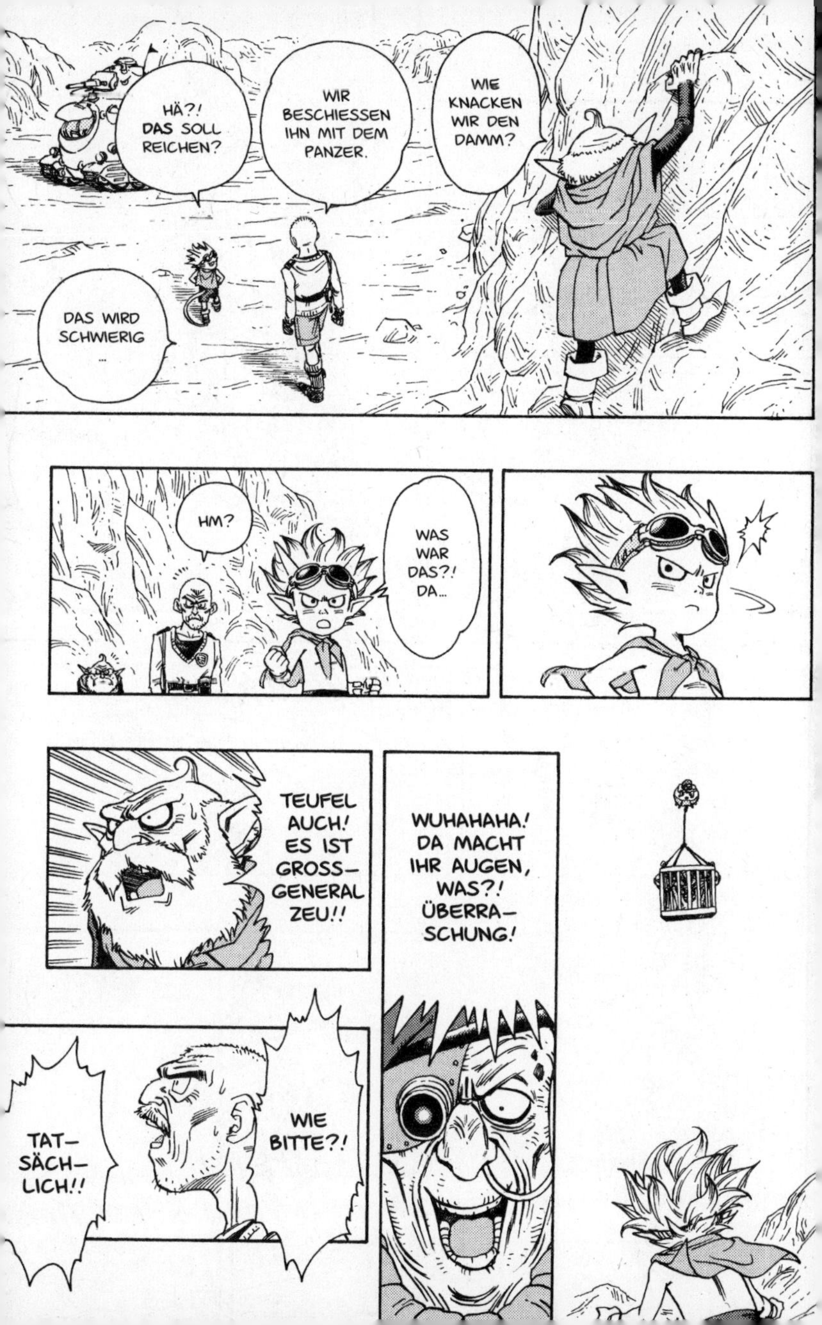
WIE KNACKEN WIR DEN DAMM?
WIR BESCHIESSEN IHN MIT DEM PANZER.
HÄ?! DAS SOLL REICHEN?
DAS WIRD SCHWIERIG …
WAS WAR DAS?! DA…
HM?
WUHAHAHA! DA MACHT IHR AUGEN, WAS?! ÜBERRASCHUNG!
TEUFEL AUCH! ES IST GROSSGENERAL ZEU!!
WIE BITTE?!
TATSÄCHLICH!!

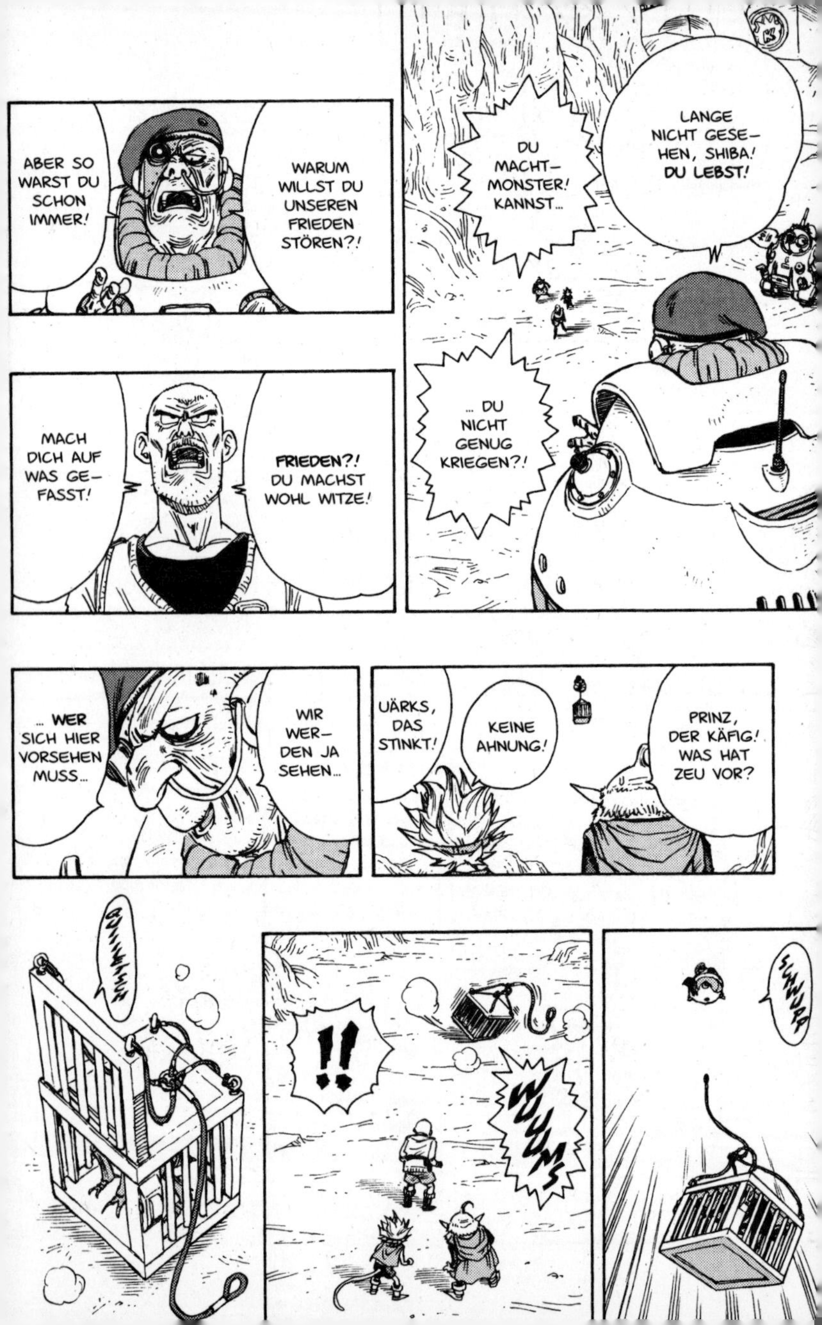
LANGE NICHT GESEHEN, SHIBA! DU LEBST!
DU MACHTMONSTER! KANNST...
... DU NICHT GENUG KRIEGEN?!
WARUM WILLST DU UNSEREN FRIEDEN STÖREN?!
ABER SO WARST DU SCHON IMMER!
FRIEDEN?! DU MACHST WOHL WITZE!
MACH DICH AUF WAS GEFASST!
PRINZ, DER KÄFIG! WAS HAT ZEU VOR?
KEINE AHNUNG!
UÄRKS, DAS STINKT!
WIR WERDEN JA SEHEN...
... WER SICH HIER VORSEHEN MUSS...
SCHWUPP
!!
WUUUMS

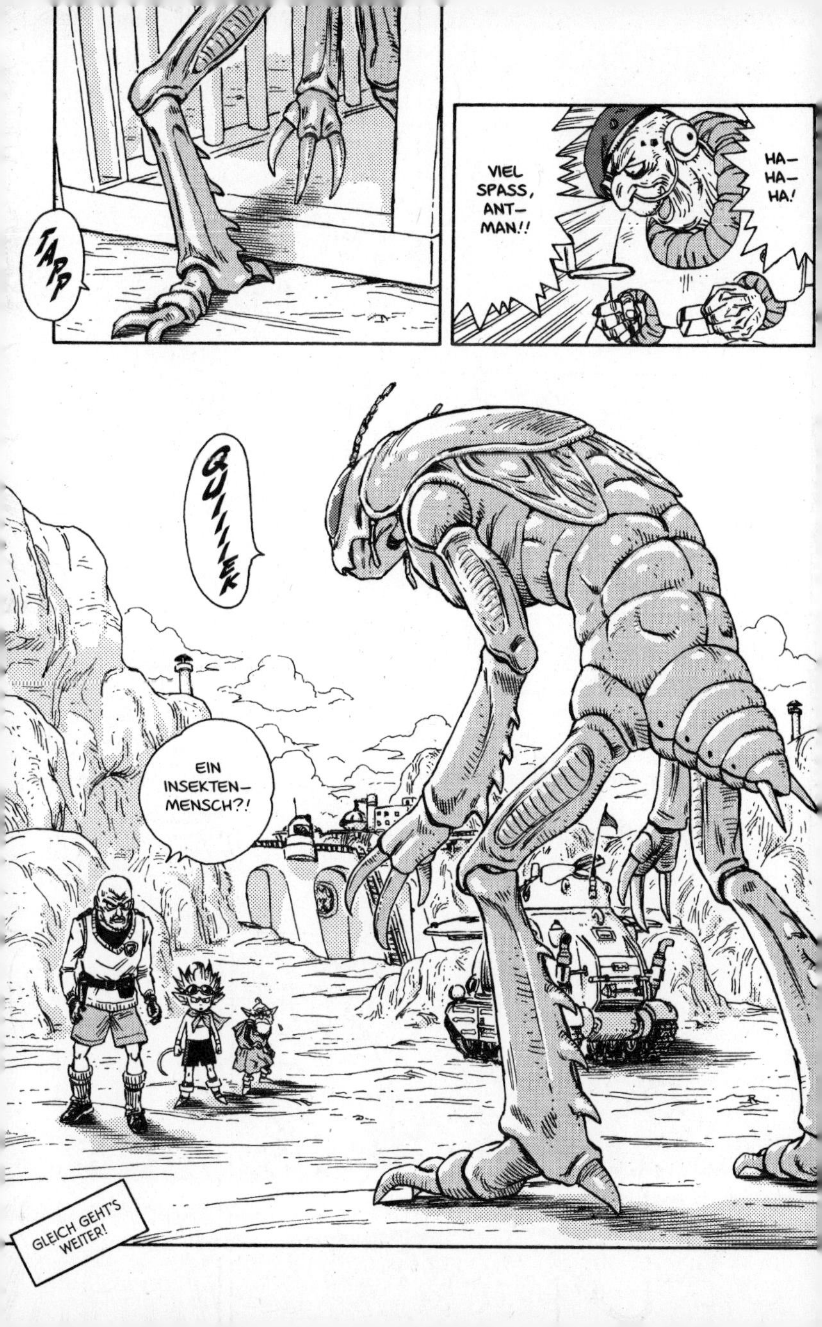
HA-HA-HA!
VIEL SPASS, ANT-MAN!!
TAPP
QUIIIEK
EIN INSEKTEN-MENSCH?!
GLEICH GEHT'S WEITER!

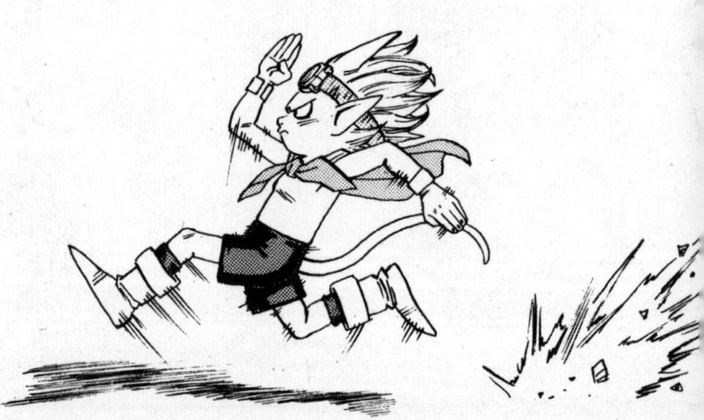

SANDLAND

KAPITEL 12: BELZEBUB SUPERSTAR!

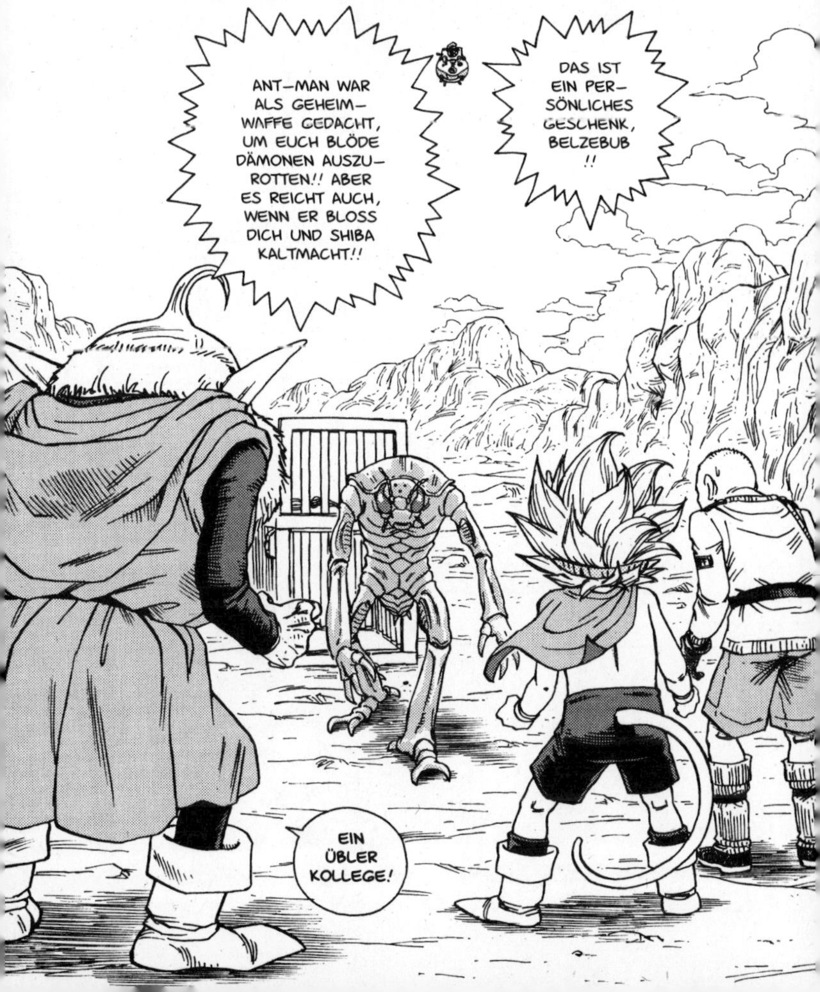

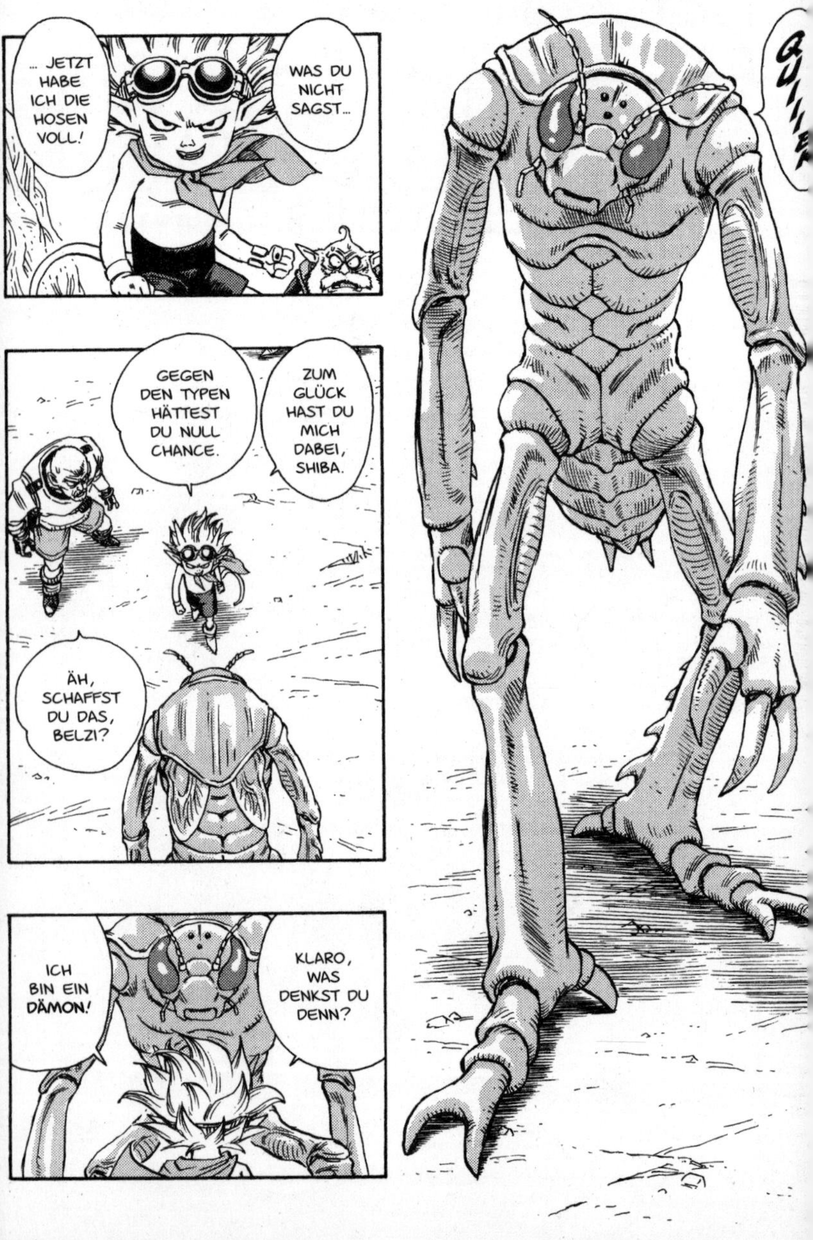
QUIIE
WAS DU NICHT SAGST...
... JETZT HABE ICH DIE HOSEN VOLL!
ZUM GLÜCK HAST DU MICH DABEI, SHIBA.
GEGEN DEN TYPEN HÄTTEST DU NULL CHANCE.
ÄH, SCHAFFST DU DAS, BELZI?
KLARO, WAS DENKST DU DENN?
ICH BIN EIN DÄMON!

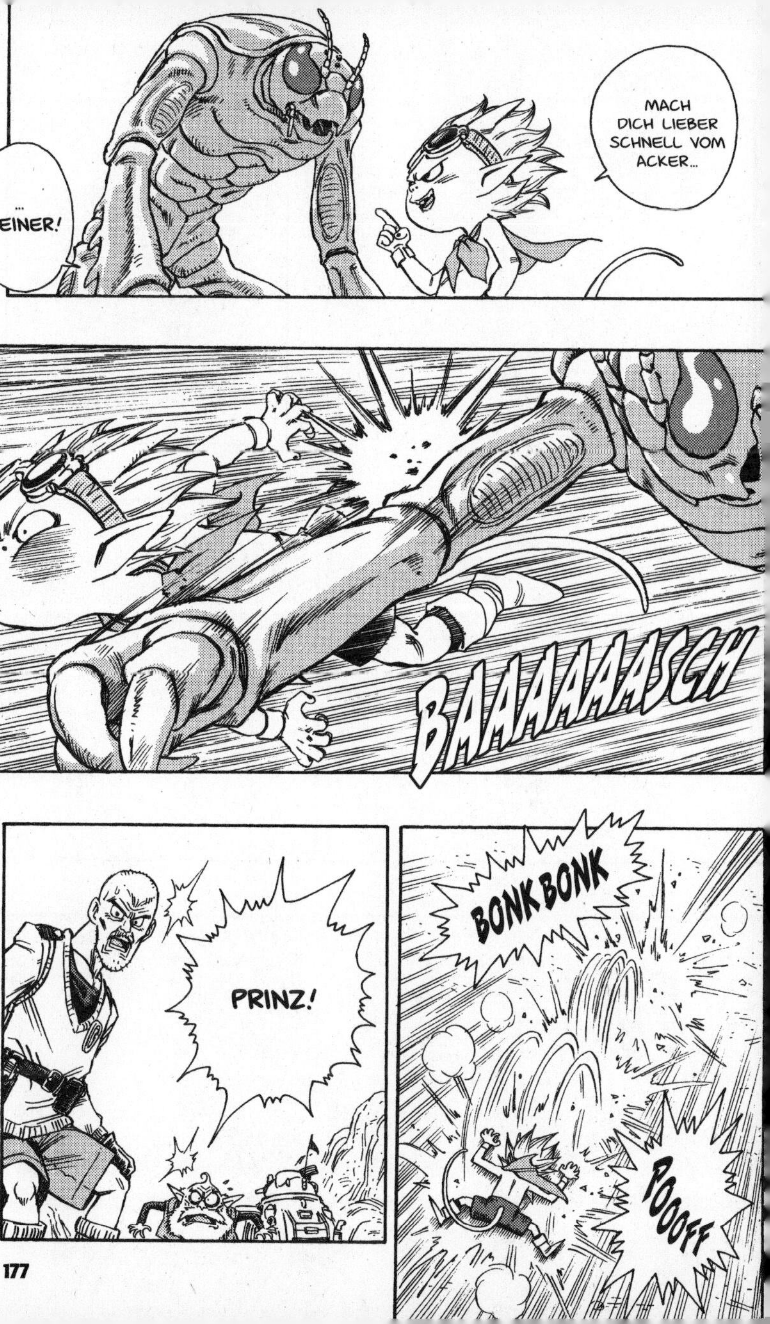
MACH DICH LIEBER SCHNELL VOM ACKER...
... KLEINER!
BAAAAAAASCH
BONK BONK
POOOFF
PRINZ!

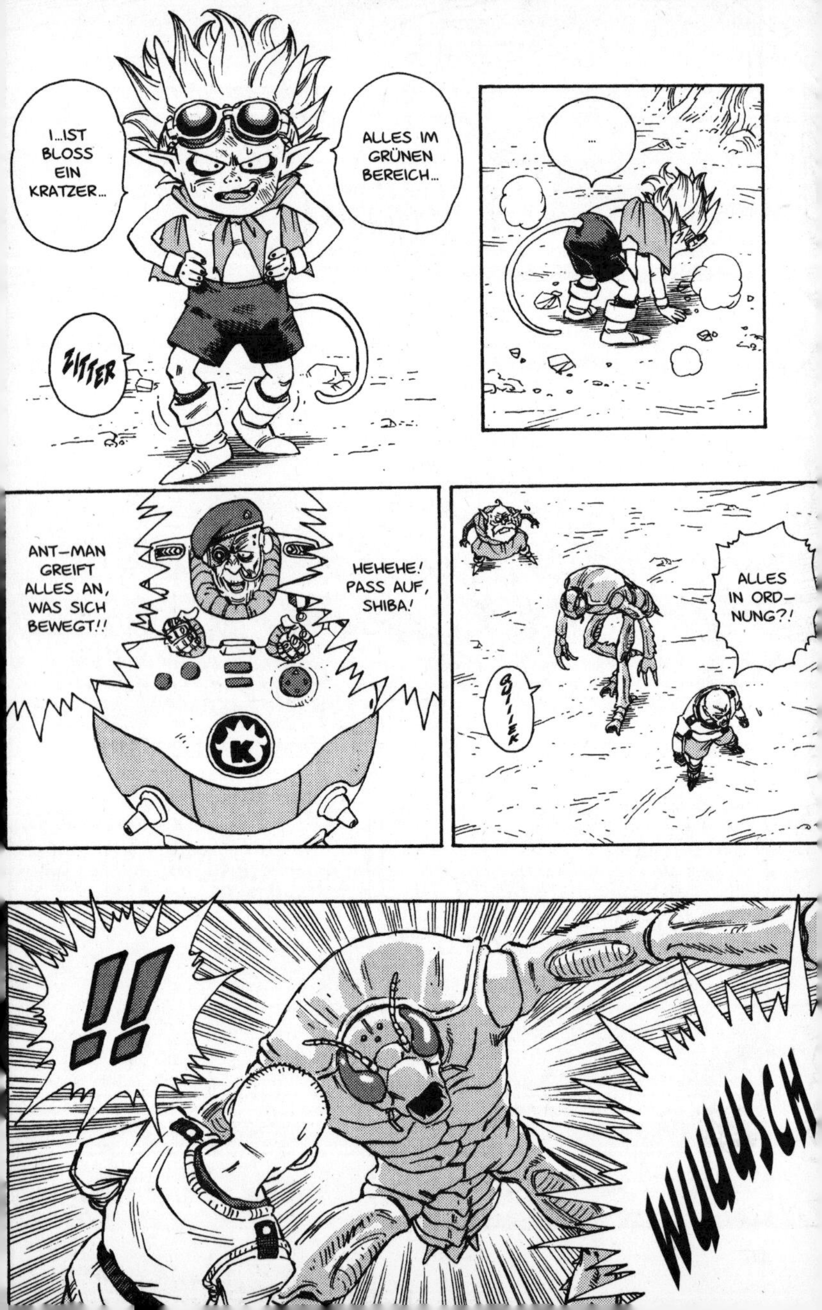
...
ALLES IM GRÜNEN BEREICH...
I...IST BLOSS EIN KRATZER...
ZITTER
ALLES IN ORDNUNG?!
QUIIIEK
HEHEHE! PASS AUF, SHIBA!
ANT-MAN GREIFT ALLES AN, WAS SICH BEWEGT!!
!!
WUUUSCH

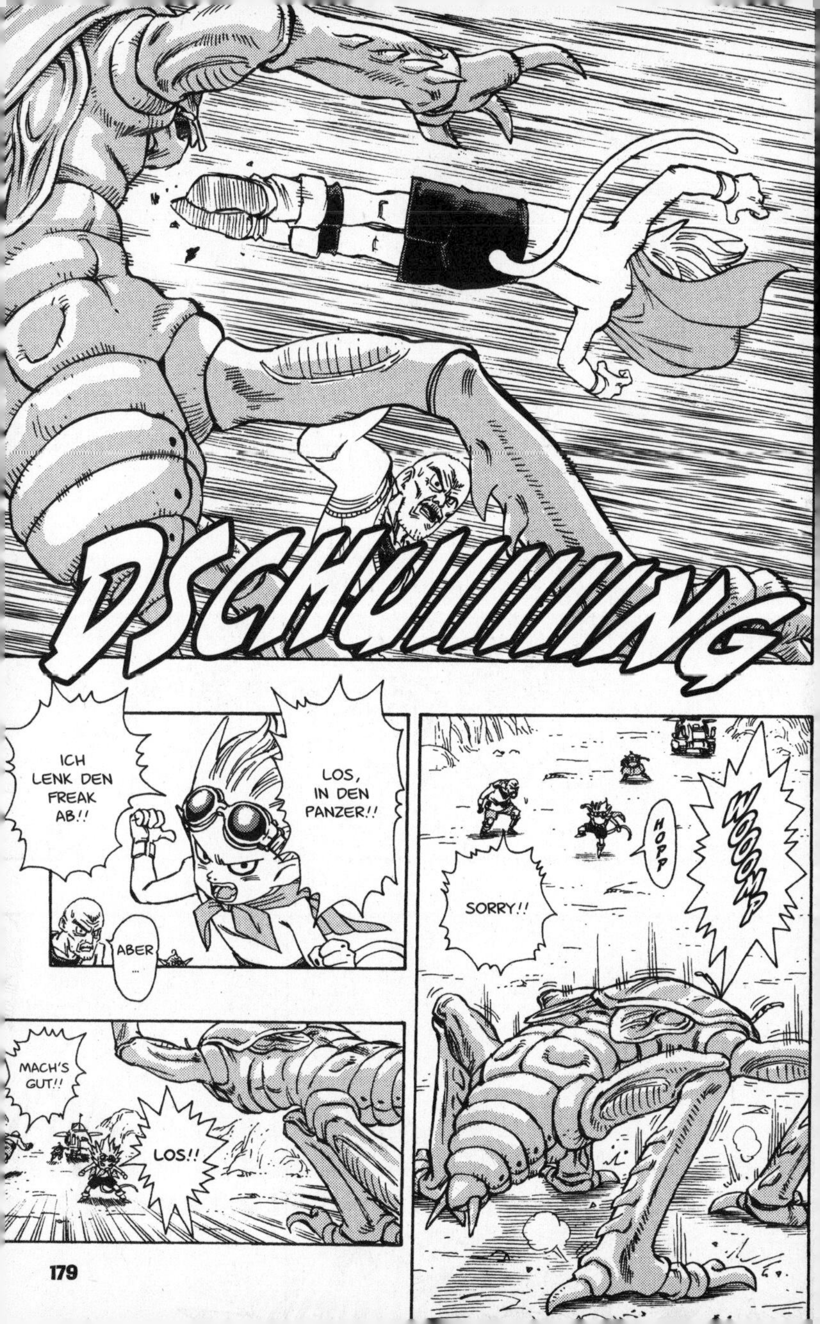
DSCHUIIIIING
WOOOM
HOPP
SORRY!!
LOS, IN DEN PANZER!!
ICH LENK DEN FREAK AB!!
ABER ...
MACH'S GUT!!
LOS!!

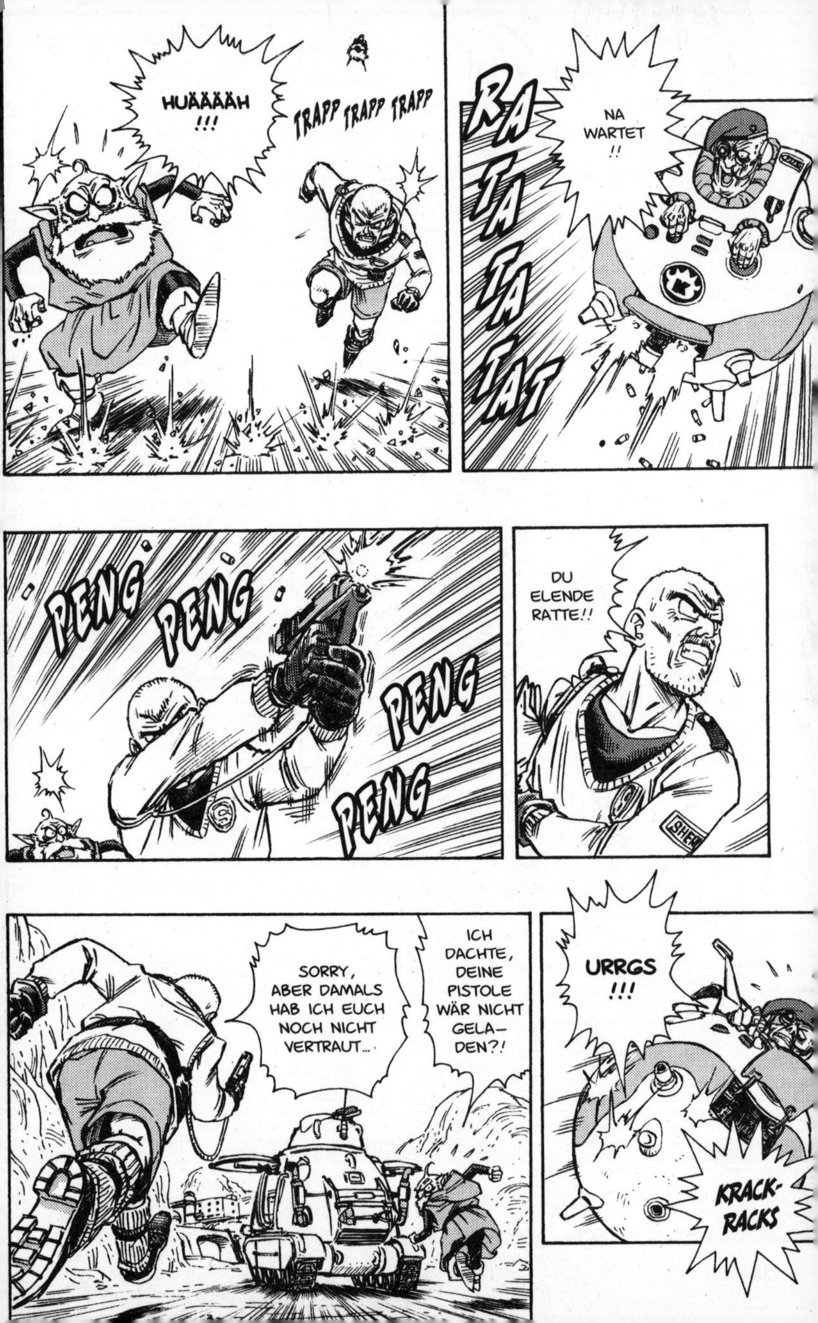
HUÄÄÄÄH !!!
TRAPP TRAPP TRAPP
RATATATAT
NA WARTET !!
PENG PENG
PENG PENG
DU ELENDE RATTE!!
SORRY, ABER DAMALS HAB ICH EUCH NOCH NICHT VERTRAUT...
ICH DACHTE, DEINE PISTOLE WÄR NICHT GELADEN?!
URRGS !!!
KRACK-RACKS

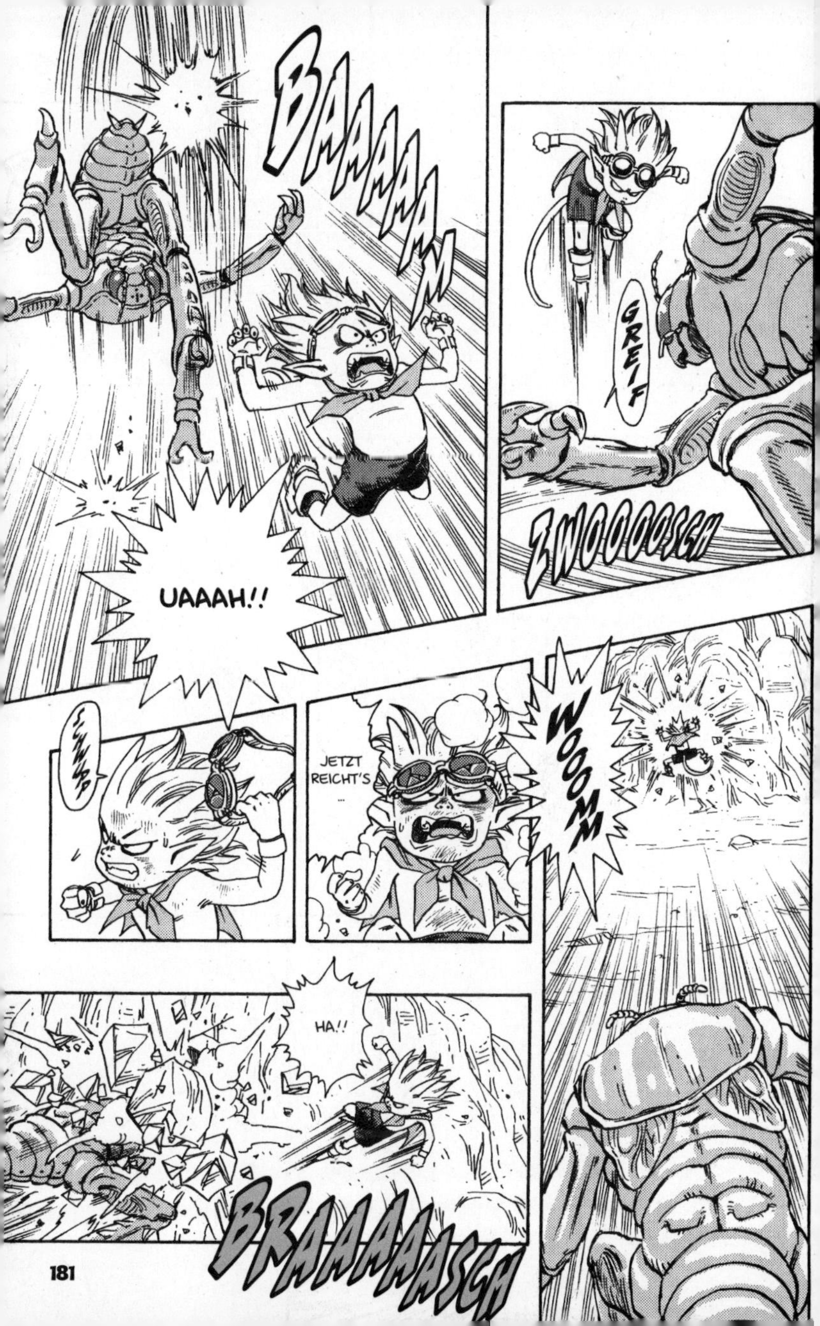
BAAAAAAM
UAAAH!!
GREIF
ZWOOOOSCH
SCHNAPP
JETZT REICHT'S ...
WOOOMM
HA!!
BRAAAAASCH

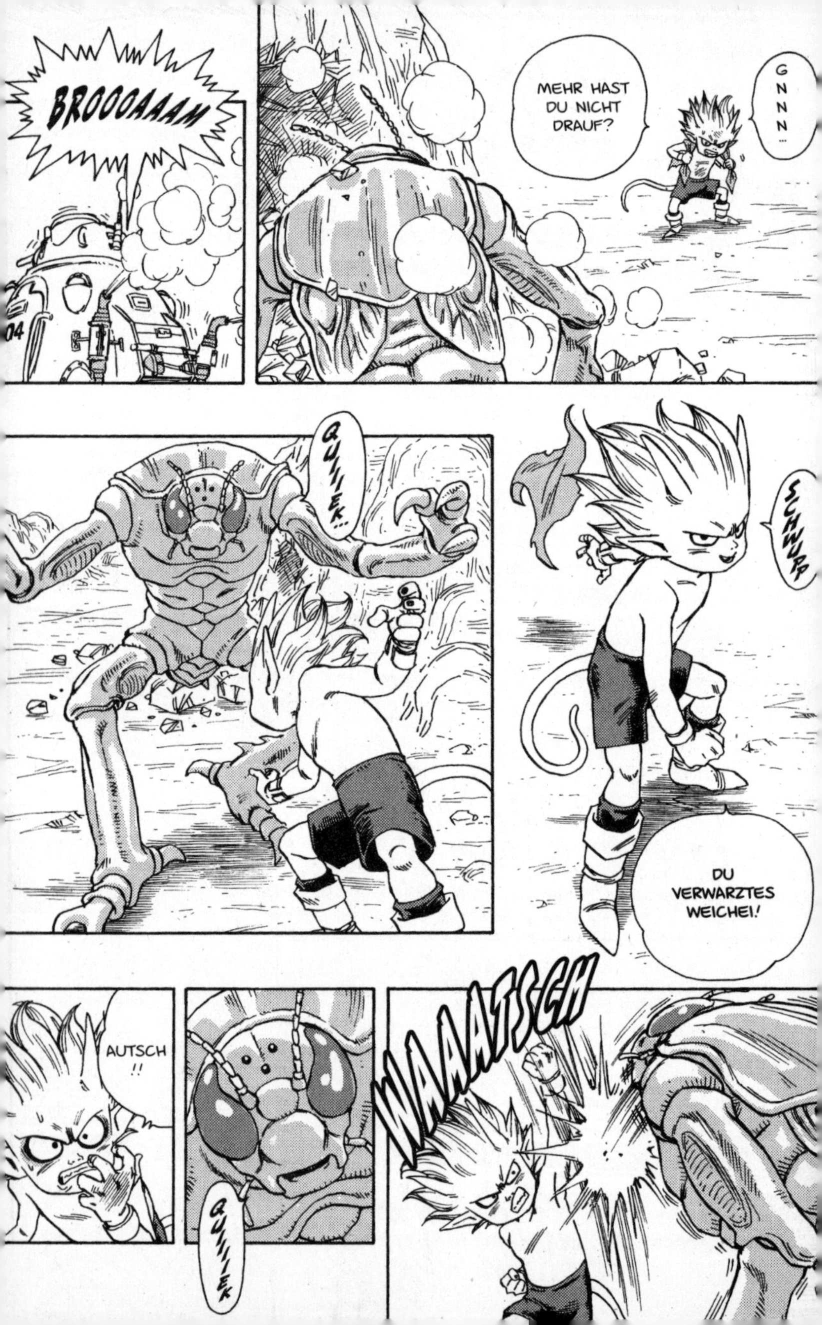
GNNN...
MEHR HAST DU NICHT DRAUF?
BROOOAAAAM
SCHWUPP
DU VERWARZTES WEICHEI!
QUIIIEK...
WAAATSCH
QUIIIEK
AUTSCH!!

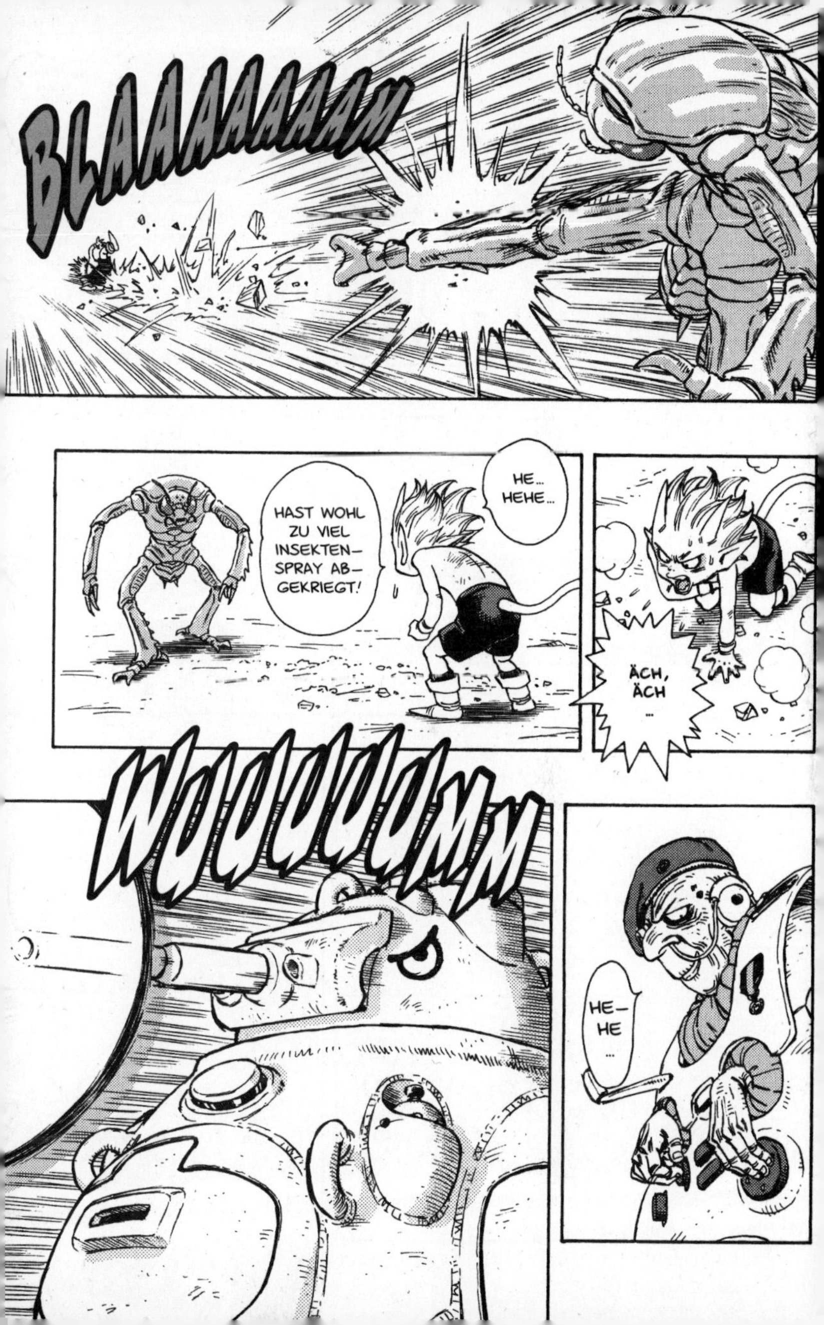
BLAAAAAAAM
HE… HEHE…
HAST WOHL ZU VIEL INSEKTEN-SPRAY AB-GEKRIEGT!
ÄCH, ÄCH …
WOOOOOOMM
HE-HE …

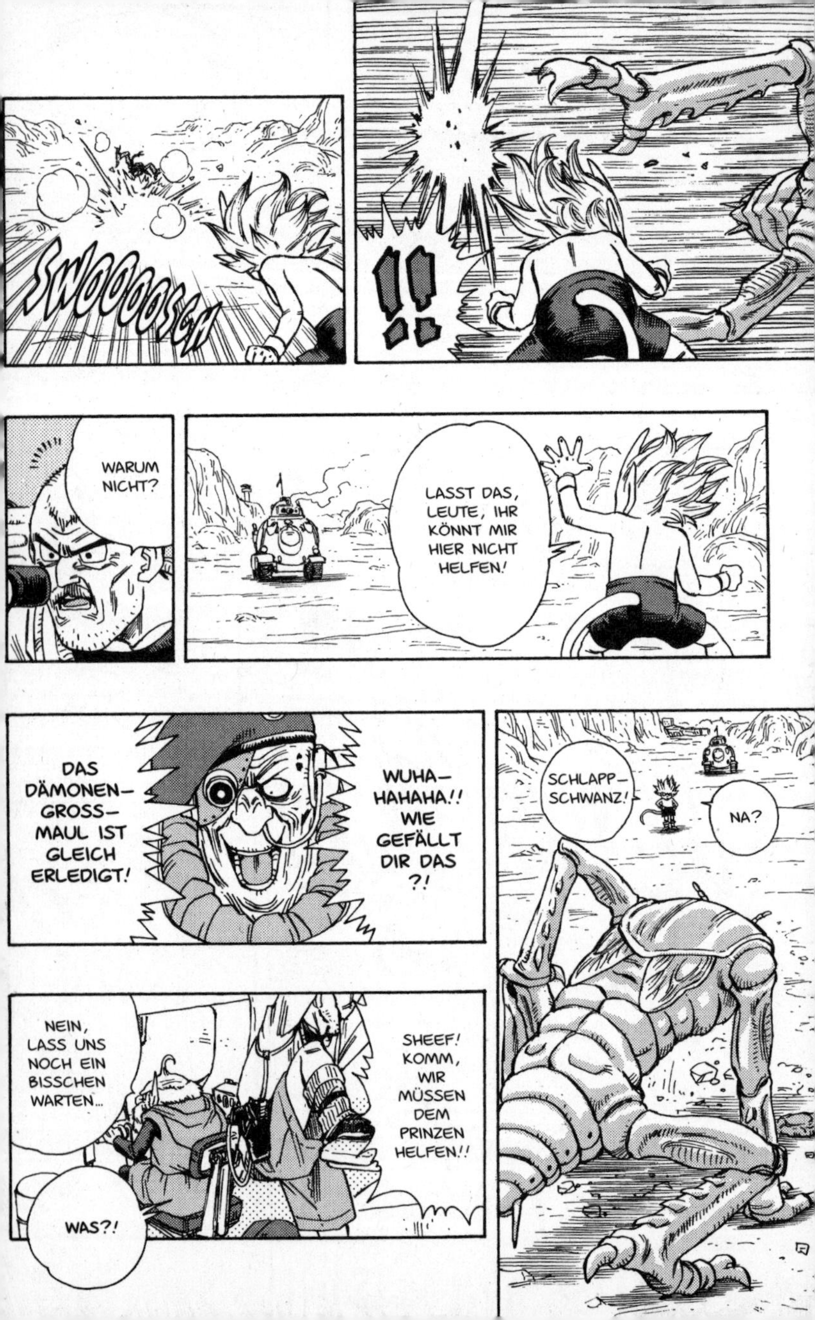

!!
SWOOOOSCH
LASST DAS, LEUTE, IHR KÖNNT MIR HIER NICHT HELFEN!
WARUM NICHT?
NA?
SCHLAPP-SCHWANZ!
WUHA-HAHAHA!! WIE GEFÄLLT DIR DAS?!
DAS DÄMONEN-GROSS-MAUL IST GLEICH ERLEDIGT!
SHEEF! KOMM, WIR MÜSSEN DEM PRINZEN HELFEN!!
NEIN, LASS UNS NOCH EIN BISSCHEN WARTEN...
WAS?!

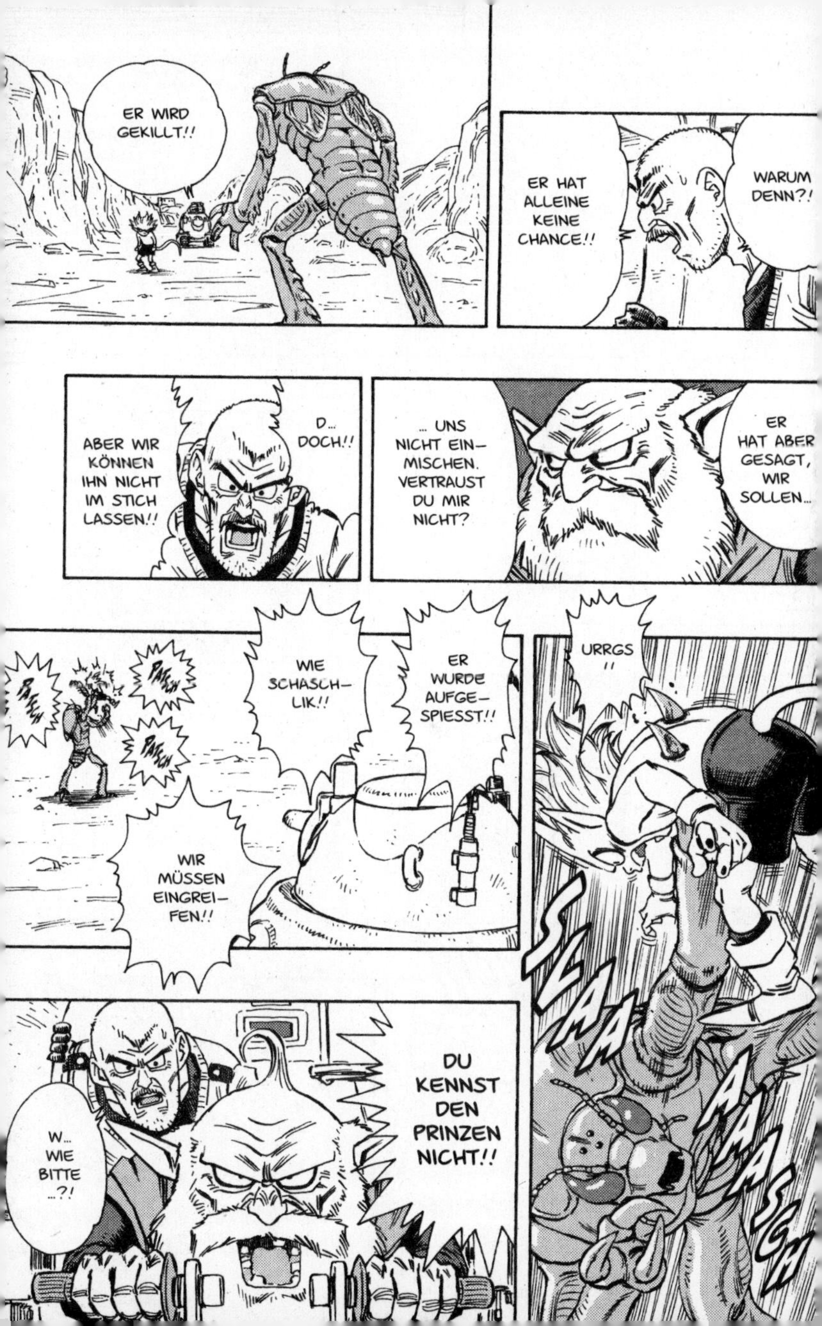
ER WIRD GEKILLT!!
WARUM DENN?!
ER HAT ALLEINE KEINE CHANCE!!
ER HAT ABER GESAGT, WIR SOLLEN...
... UNS NICHT EIN-MISCHEN. VERTRAUST DU MIR NICHT?
D... DOCH!!
ABER WIR KÖNNEN IHN NICHT IM STICH LASSEN!!
URRGS!!
SWAAAASH
ER WURDE AUFGE-SPIESST!!
WIE SCHASCH-LIK!!
PATSCH
PATSCH
PATSCH
WIR MÜSSEN EINGREI-FEN!!
DU KENNST DEN PRINZEN NICHT!!
W... WIE BITTE ...?!

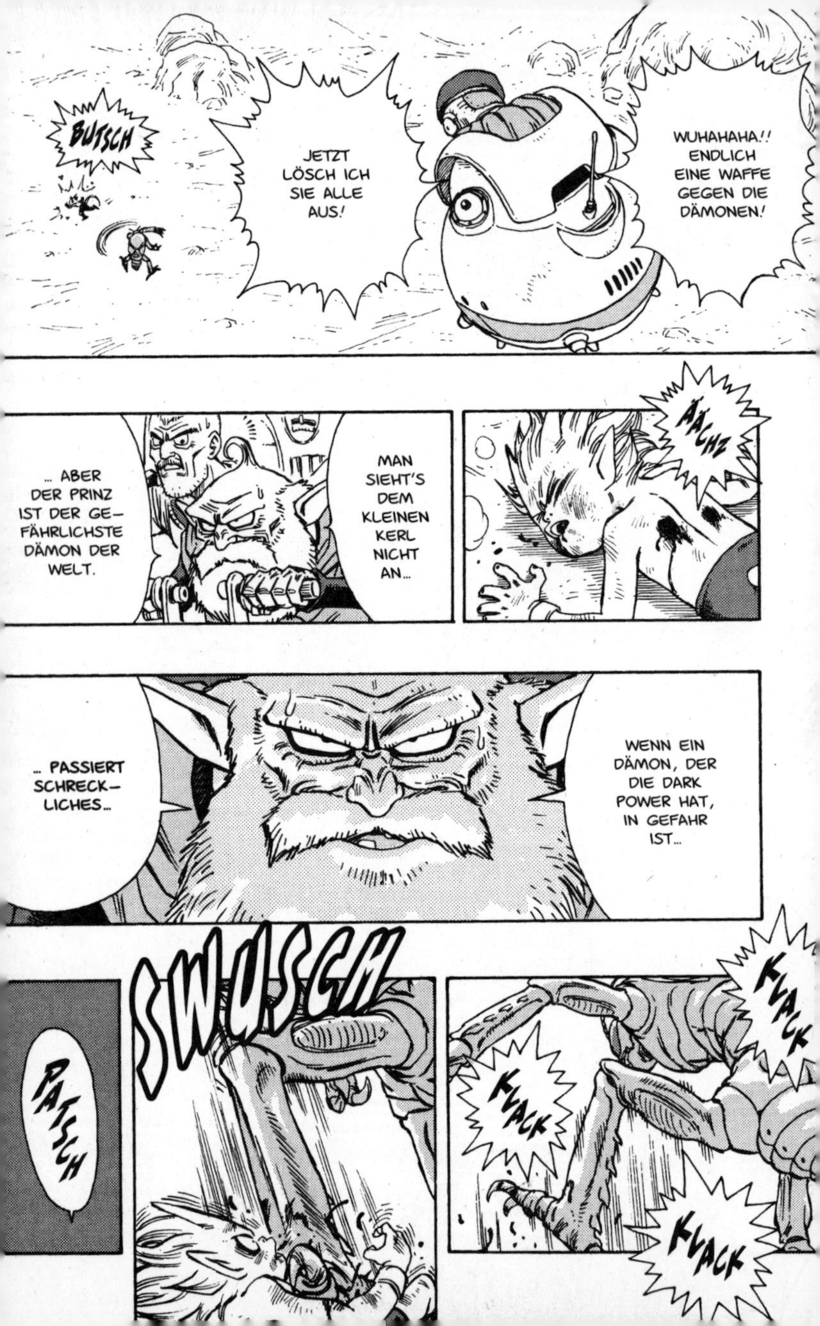
WUHAHAHA!! ENDLICH EINE WAFFE GEGEN DIE DÄMONEN!
JETZT LÖSCH ICH SIE ALLE AUS!
BUTSCH
ÄÄCHZ
MAN SIEHT'S DEM KLEINEN KERL NICHT AN...
... ABER DER PRINZ IST DER GE-FÄHRLICHSTE DÄMON DER WELT.
WENN EIN DÄMON, DER DIE DARK POWER HAT, IN GEFAHR IST...
... PASSIERT SCHRECK-LICHES...
KLACK
KLACK
KLACK
SWUSCH
PATSCH

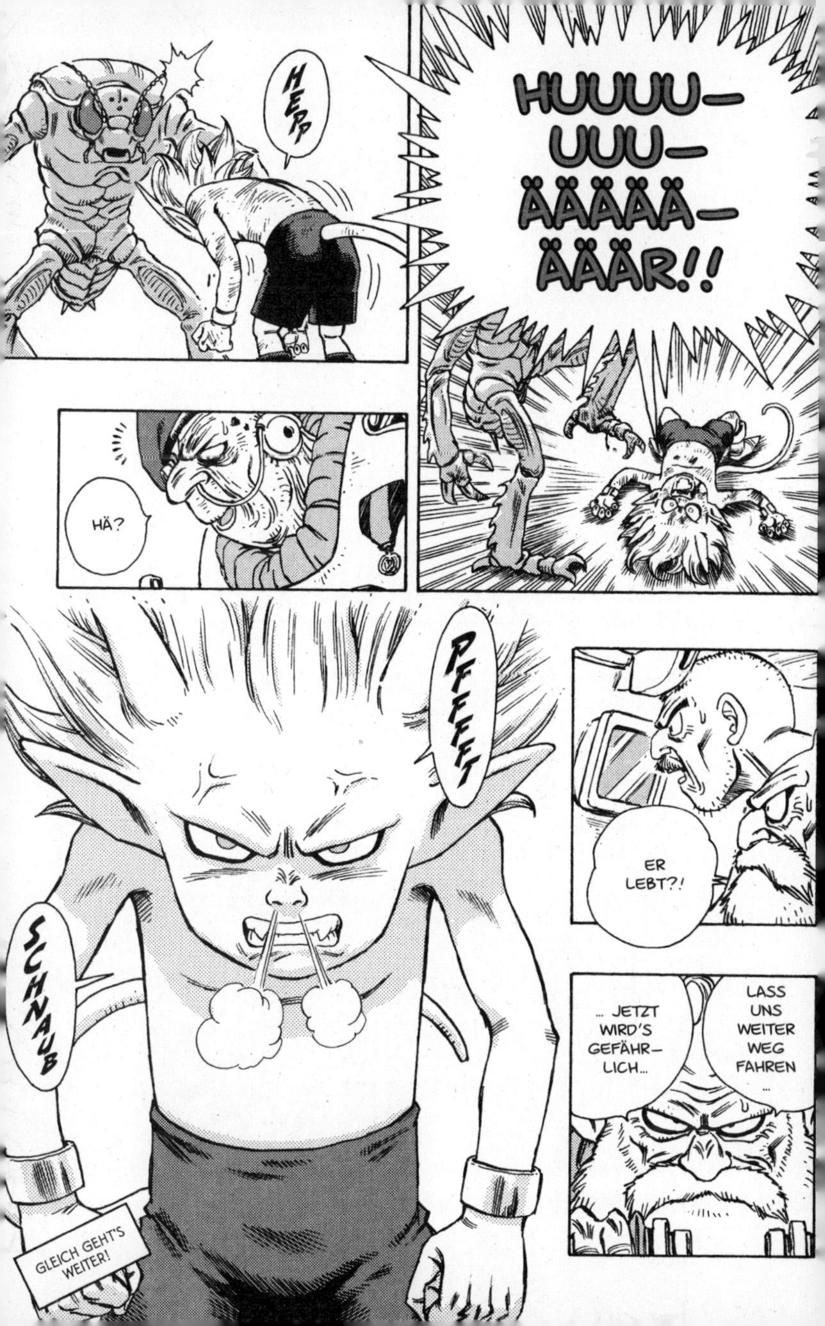

HUUUUU-UUU-ÄÄÄÄÄ-ÄÄÄR!!
HEPP
HÄ?
ER LEBT?!
LASS UNS WEITER WEG FAHREN ...
... JETZT WIRD'S GEFÄHR-LICH...
PFFFFT
SCHNAUB
GLEICH GEHT'S WEITER!

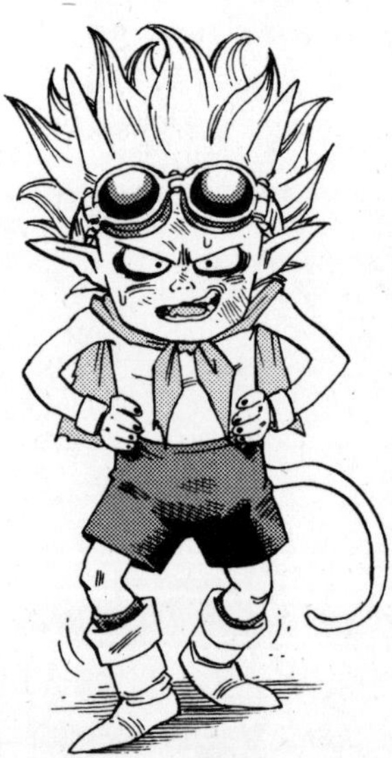

SANDLAND

KAPITEL 13: JUDGEMENT DAY

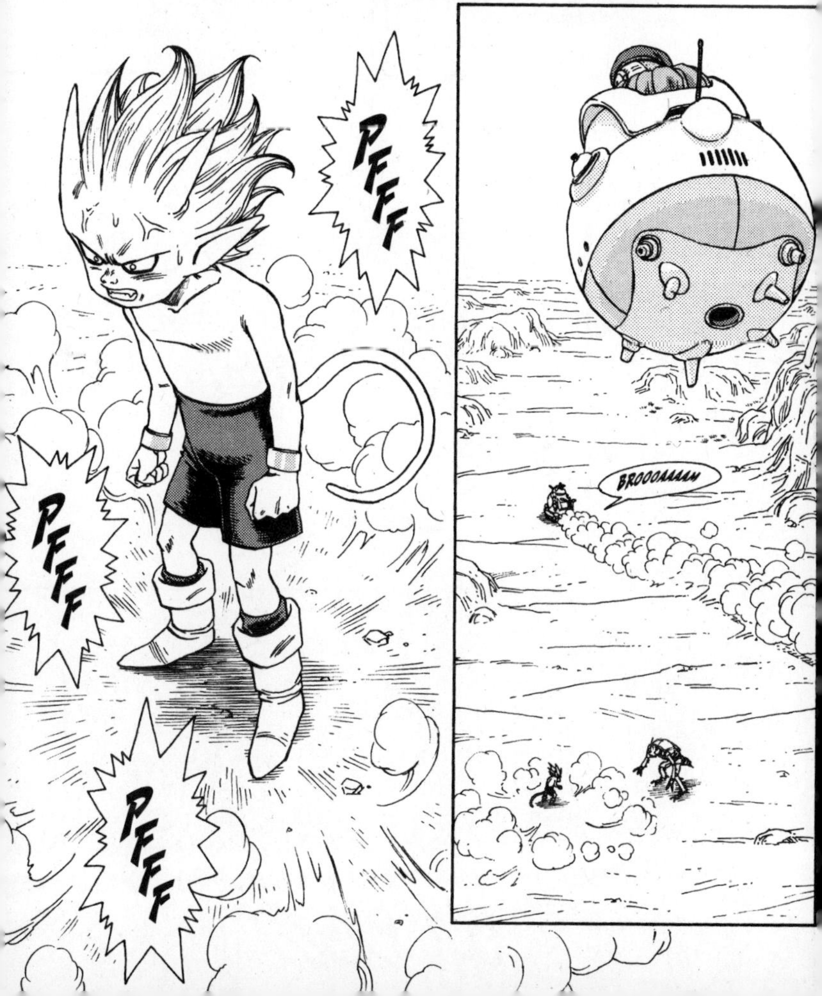

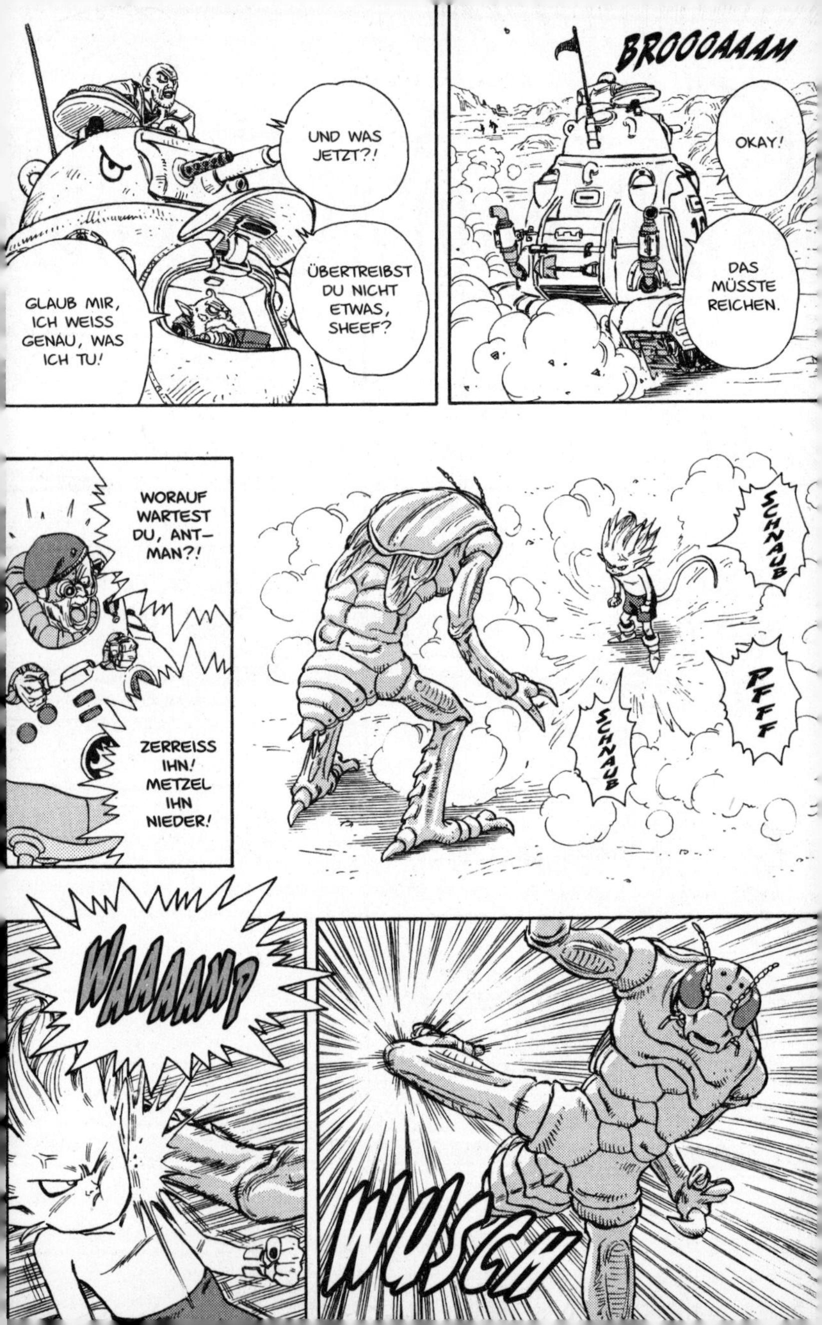
BROOOAAAM
OKAY!
DAS MÜSSTE REICHEN.
UND WAS JETZT?!
ÜBERTREIBST DU NICHT ETWAS, SHEEF?
GLAUB MIR, ICH WEISS GENAU, WAS ICH TU!
SCHNAUB
PFFF
SCHNAUB
WORAUF WARTEST DU, ANT-MAN?!
ZERREISS IHN! METZEL IHN NIEDER!
WUSCH
WAAAAMP

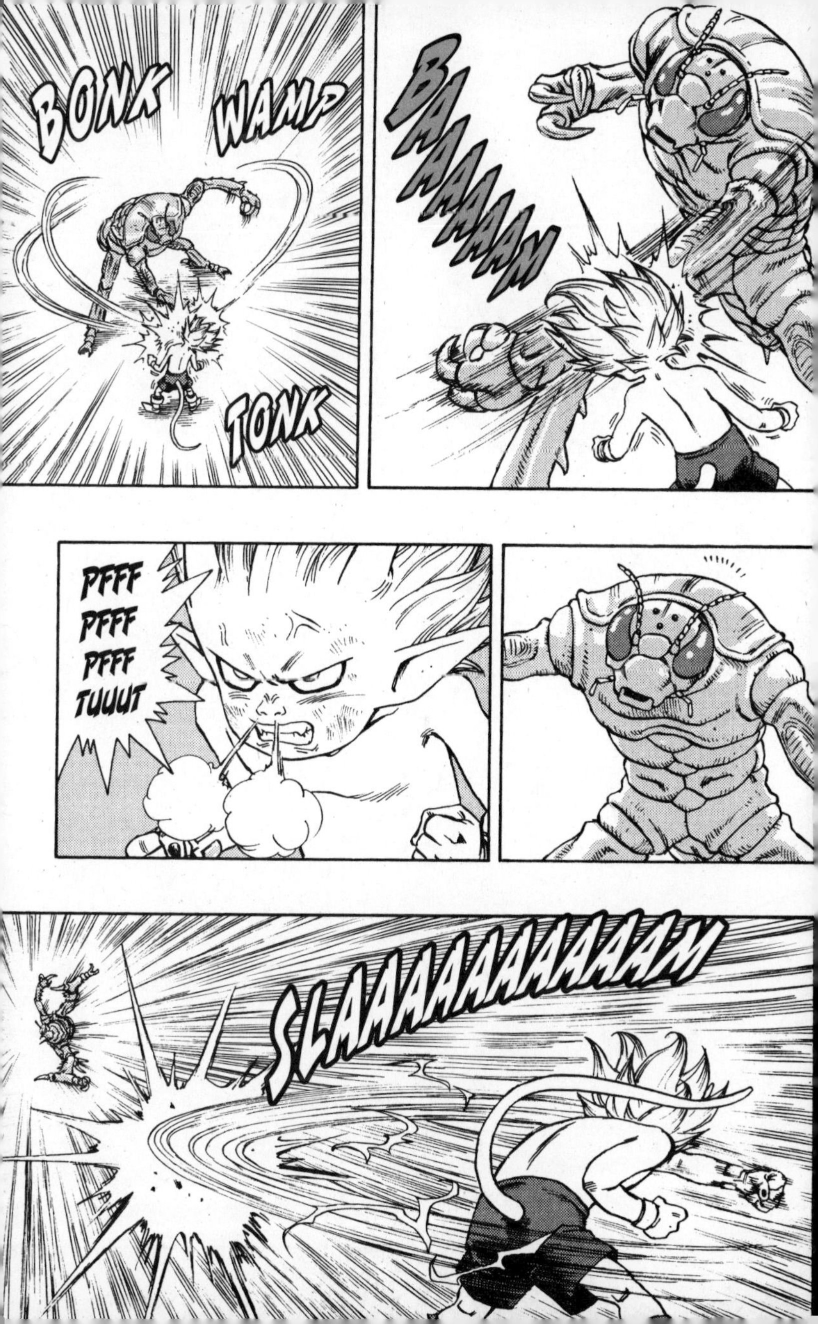
BONK
WAMP
TONK
BAAAAAAAM
PFFF
PFFF
PFFF
TUUUT
SLAAAAAAAAAAAM

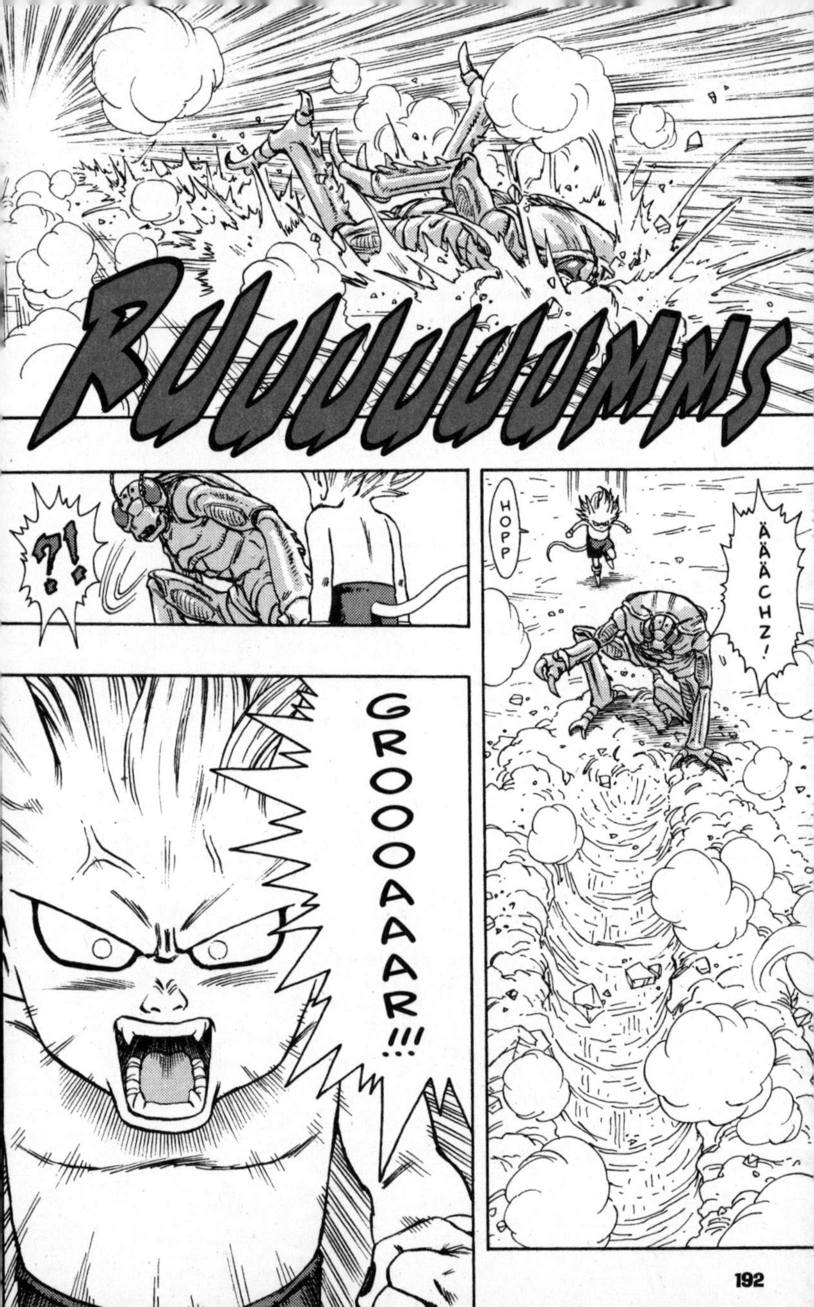
RUUUUUUMMS
HOPP
ÄÄÄCHZ!
?!
GROOOOAAAR!!!

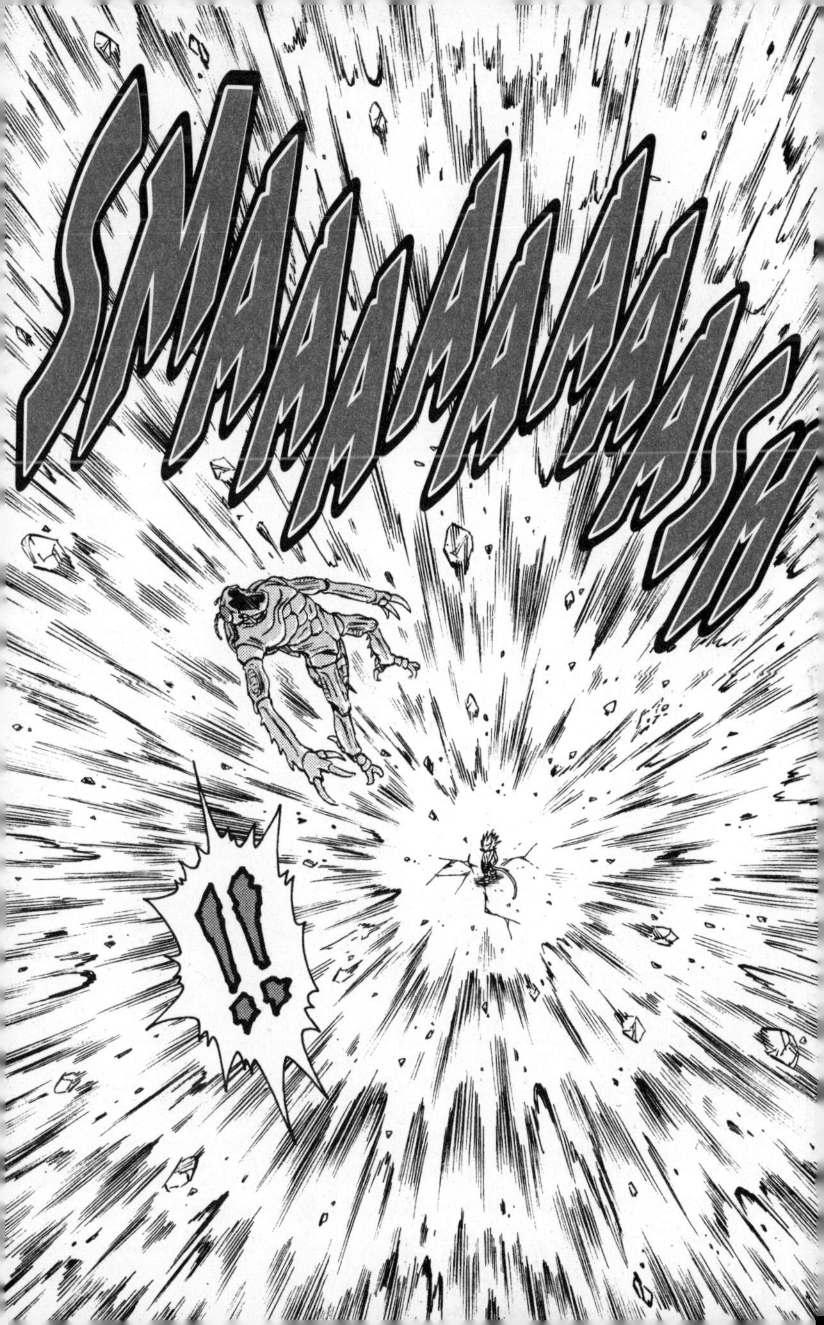
SMAAAAAAASH
!!

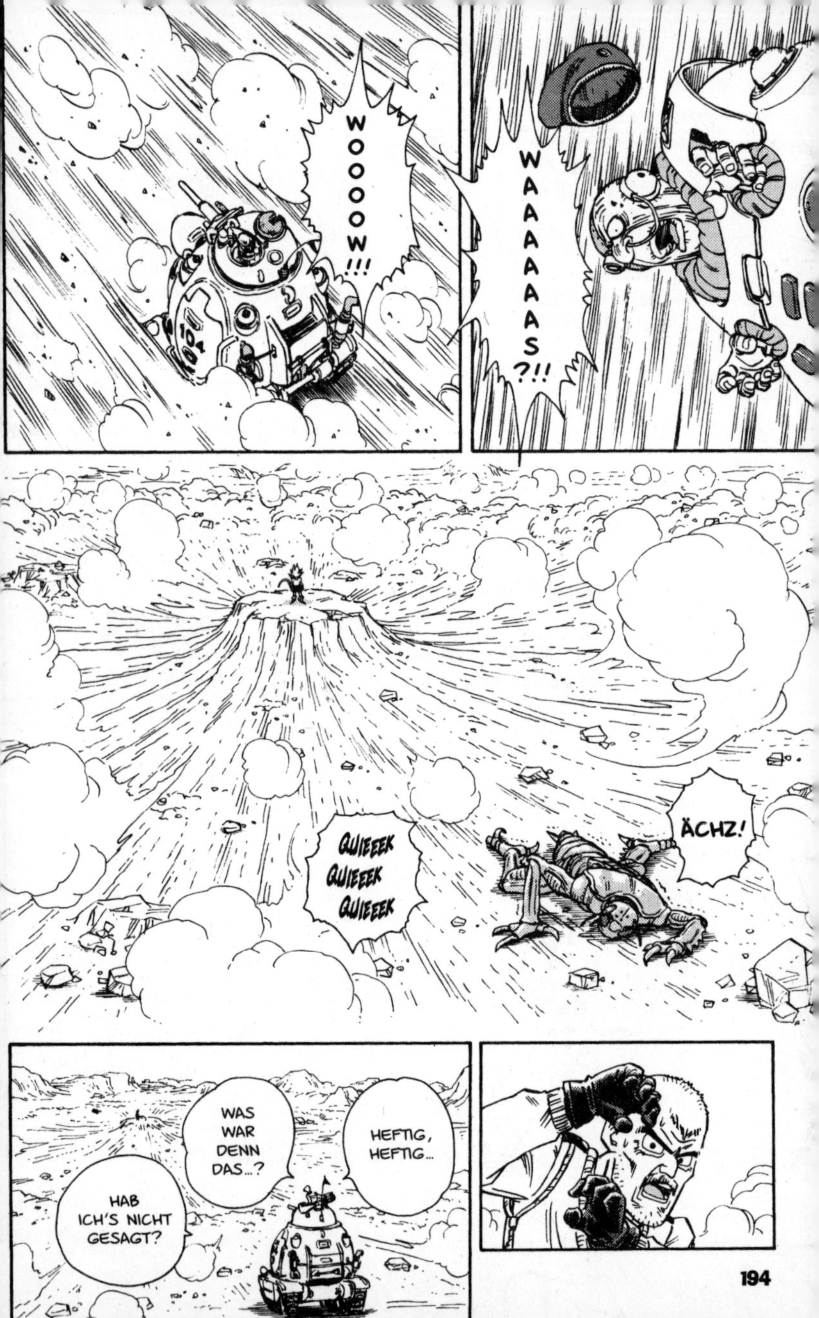
WOOOOW!!!
WAAAAAAS?!!
QUIEEEK QUIEEEK QUIEEEK
ÄCHZ!
WAS WAR DENN DAS...?
HEFTIG, HEFTIG...
HAB ICH'S NICHT GESAGT?

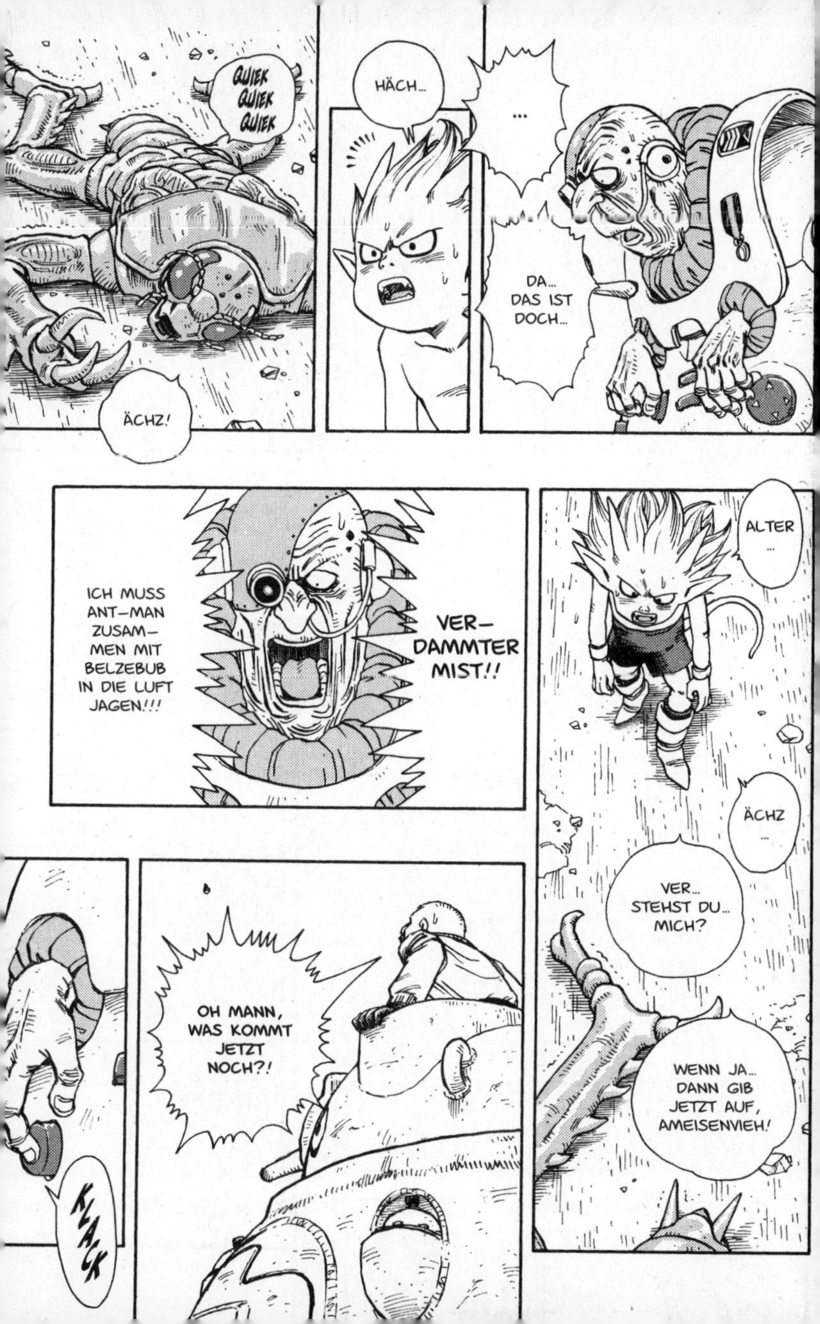
...
DA... DAS IST DOCH...
HÄCH...
QUIEK QUIEK QUIEK
ÄCHZ!
ALTER ...
ÄCHZ ...
VER... STEHST DU... MICH?
WENN JA... DANN GIB JETZT AUF, AMEISENVIEH!
VER-DAMMTER MIST!!
ICH MUSS ANT-MAN ZUSAM-MEN MIT BELZEBUB IN DIE LUFT JAGEN!!!
OH MANN, WAS KOMMT JETZT NOCH?!
KLACK

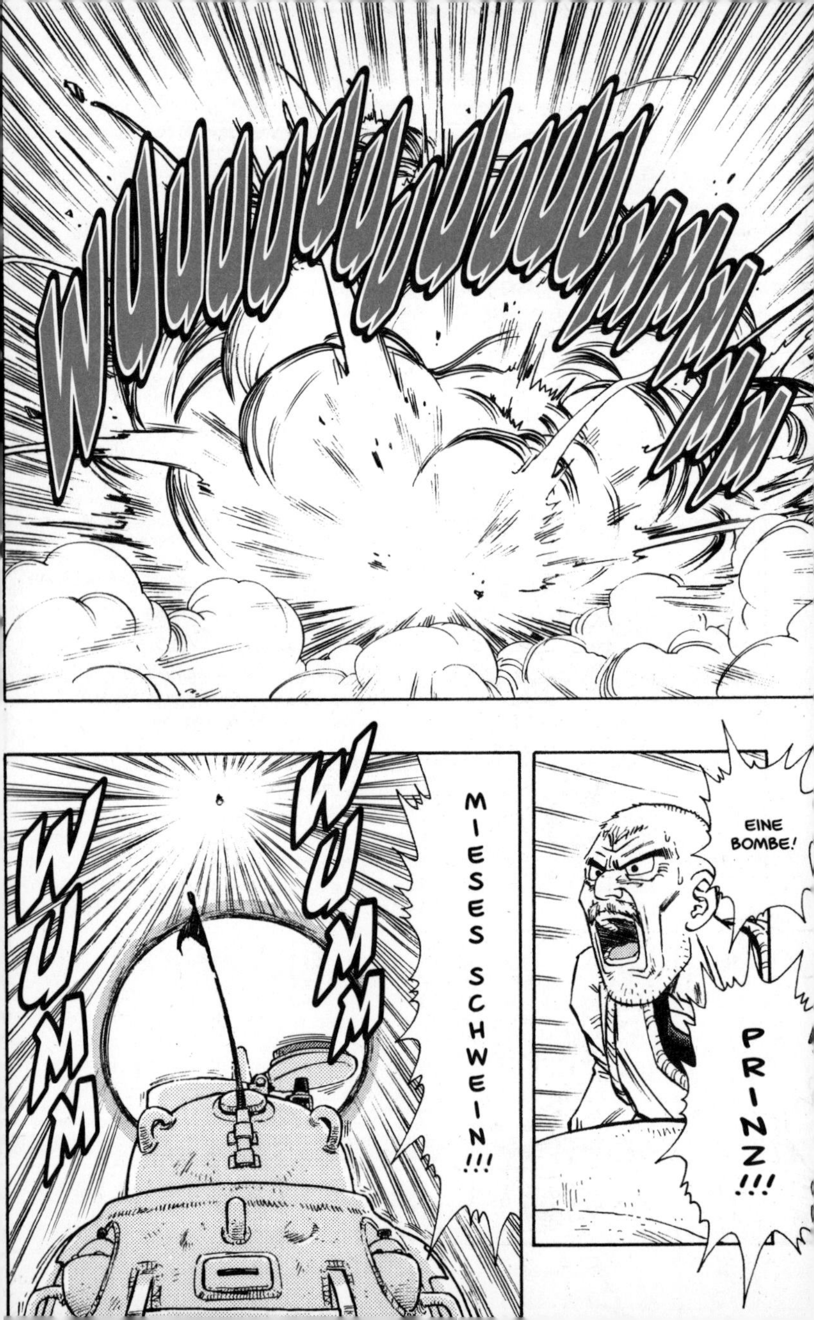
WUUUUUUUUUUUUMMMMMMM
EINE BOMBE!
PRINZ!!!
WUMMM
WUMMM
MIESES SCHWEIN!!!

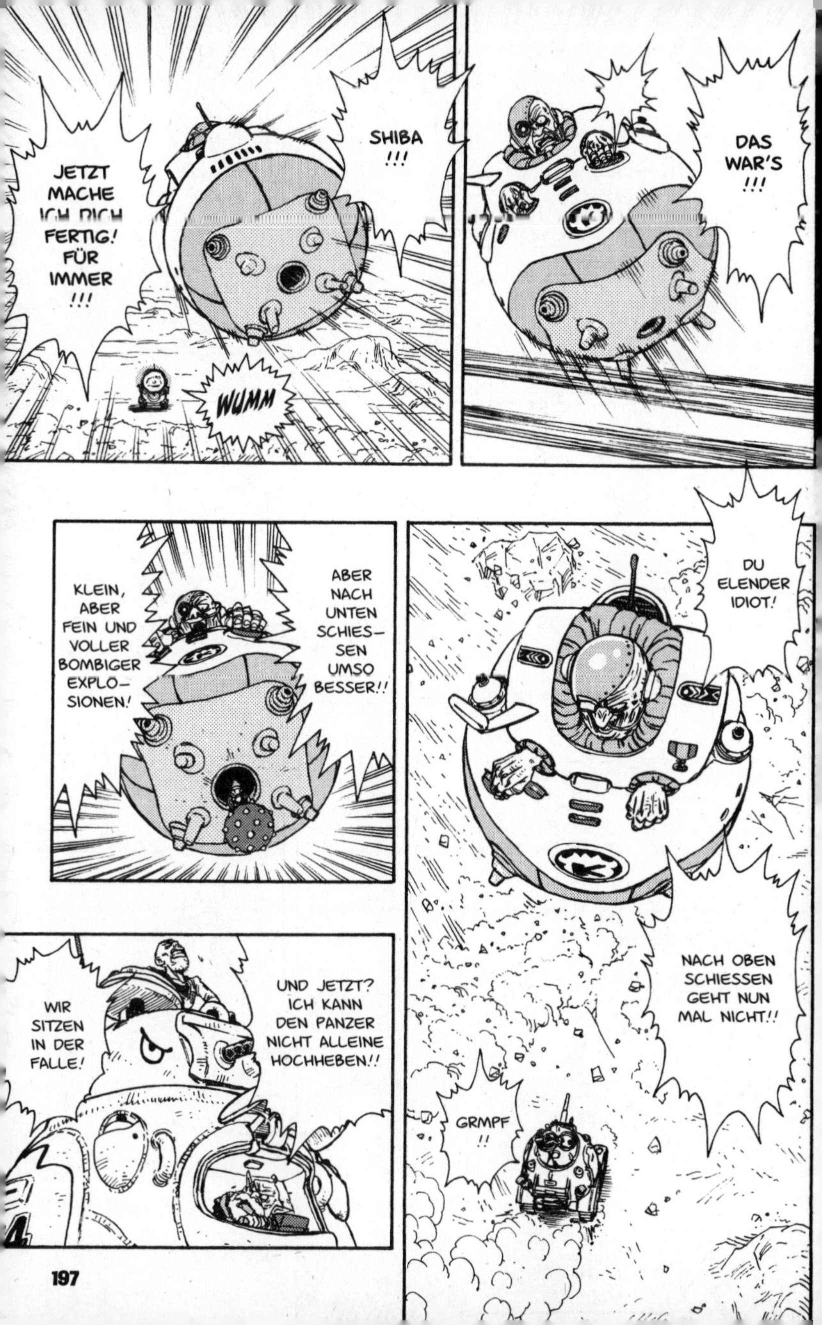
SHIBA !!!
JETZT MACHE ICH DICH FERTIG! FÜR IMMER !!!
WUMM
DAS WAR'S !!!
ABER NACH UNTEN SCHIESSEN UMSO BESSER!!
KLEIN, ABER FEIN UND VOLLER BOMBIGER EXPLOSIONEN!
DU ELENDER IDIOT!
NACH OBEN SCHIESSEN GEHT NUN MAL NICHT!!
GRMPF !!
UND JETZT? ICH KANN DEN PANZER NICHT ALLEINE HOCHHEBEN!!
WIR SITZEN IN DER FALLE!

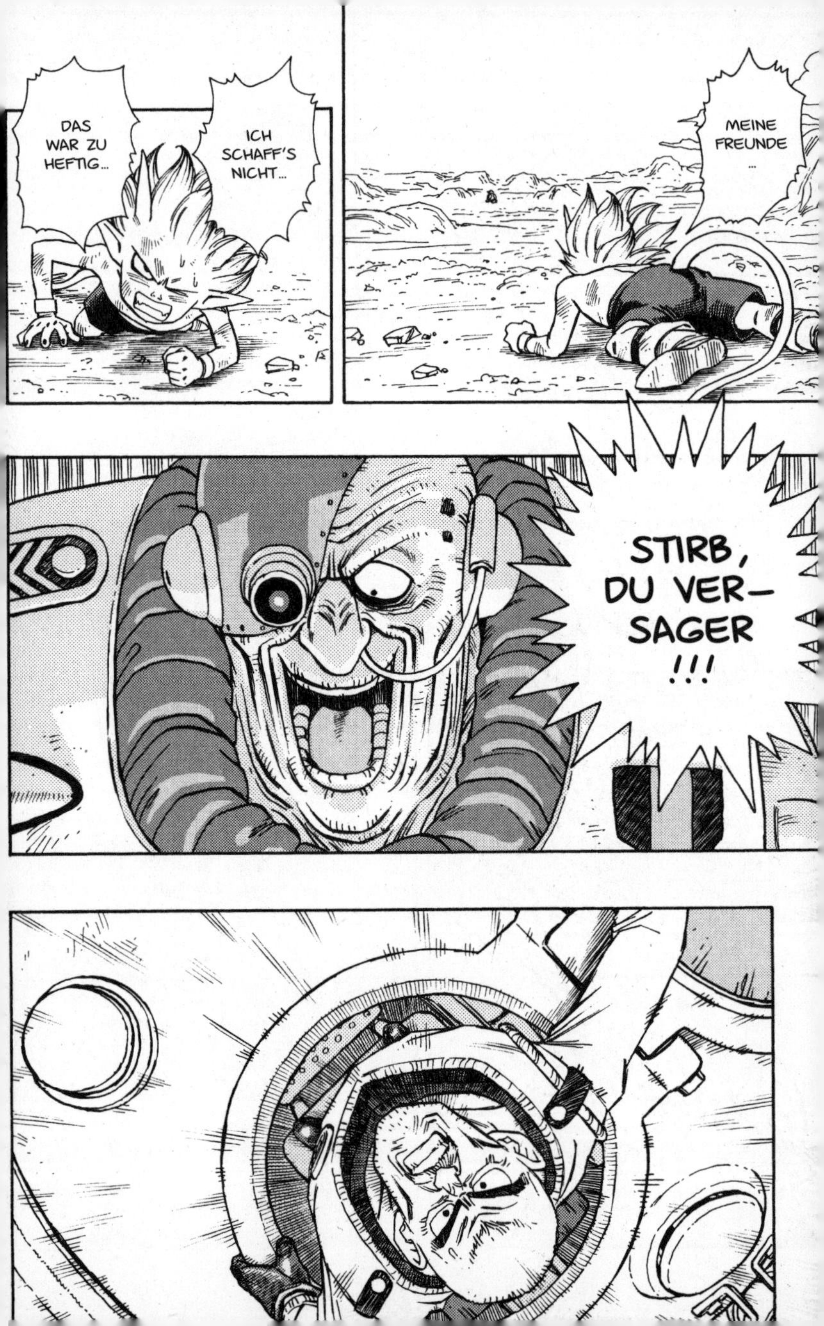
MEINE FREUNDE ...
DAS WAR ZU HEFTIG...
ICH SCHAFF'S NICHT...
STIRB, DU VER-SAGER !!!

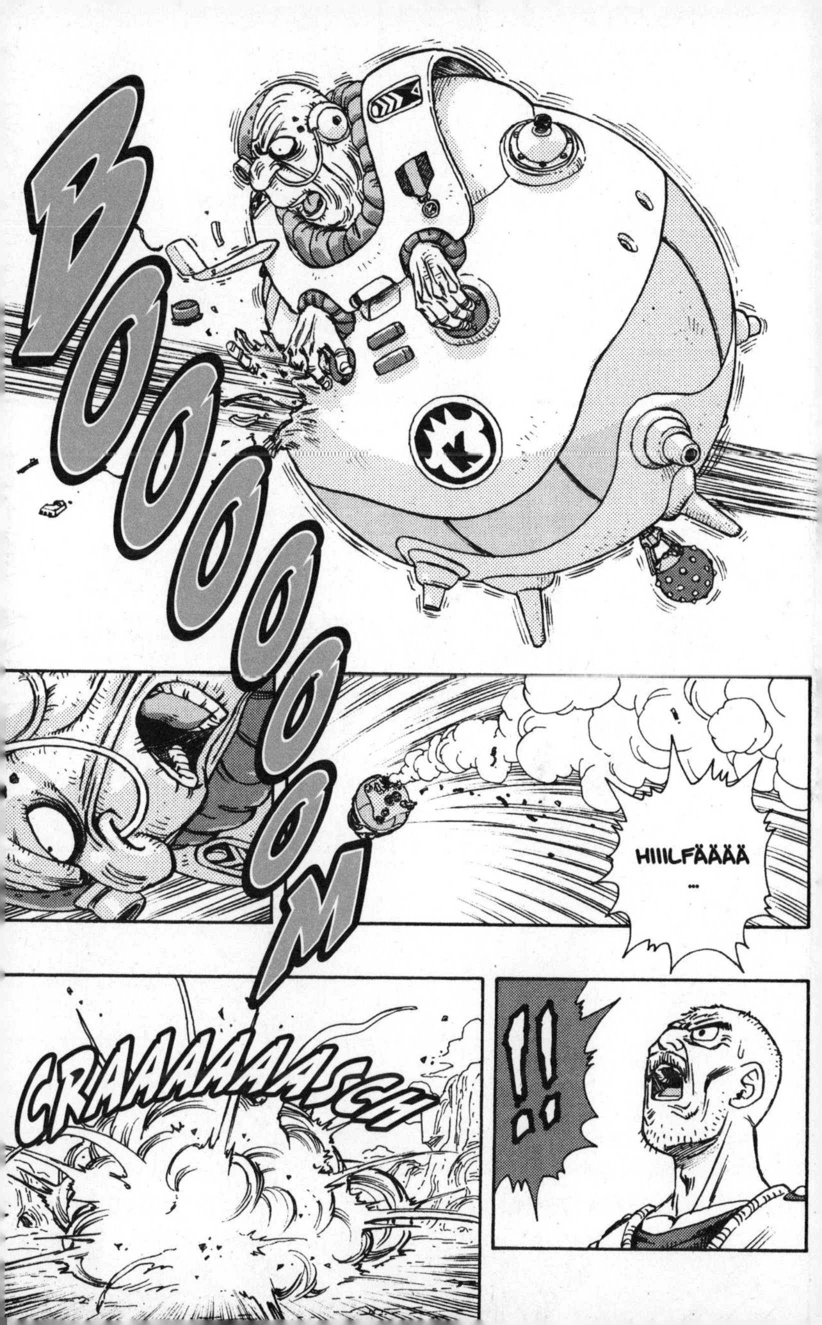
BOOOOOOOOOM
HIIILFÄÄÄÄ …
CRAAAAAAASCH
!!

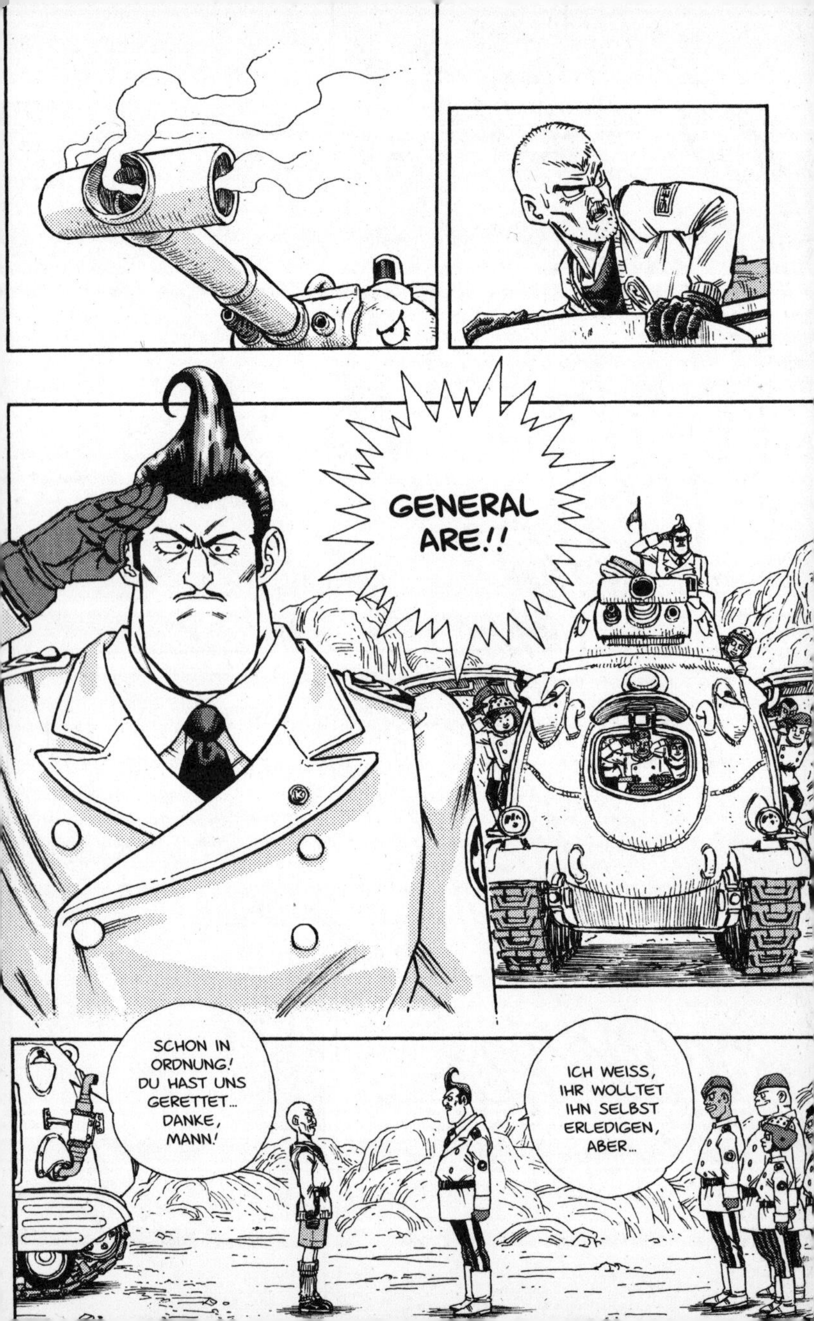
GENERAL ARE!!
SCHON IN ORDNUNG! DU HAST UNS GERETTET... DANKE, MANN!
ICH WEISS, IHR WOLLTET IHN SELBST ERLEDIGEN, ABER...

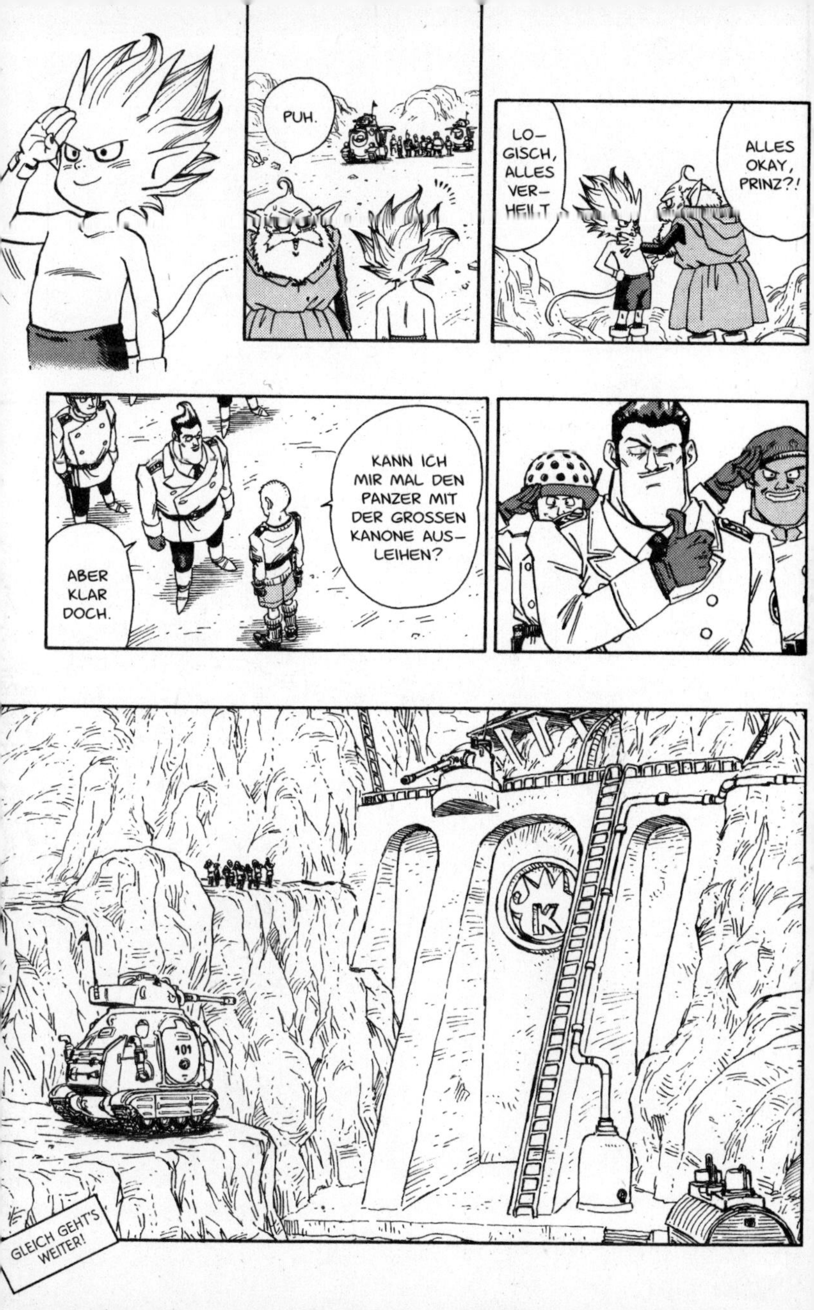
PUH.
ALLES OKAY, PRINZ?!
LOGISCH, ALLES VERHEILT
KANN ICH MIR MAL DEN PANZER MIT DER GROSSEN KANONE AUSLEIHEN?
ABER KLAR DOCH.
GLEICH GEHT'S WEITER!

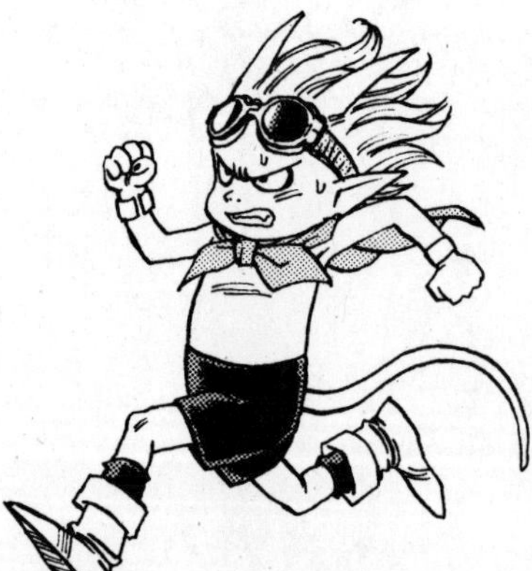

SANDLAND

LETZTES KAPITEL: DER FLUSS

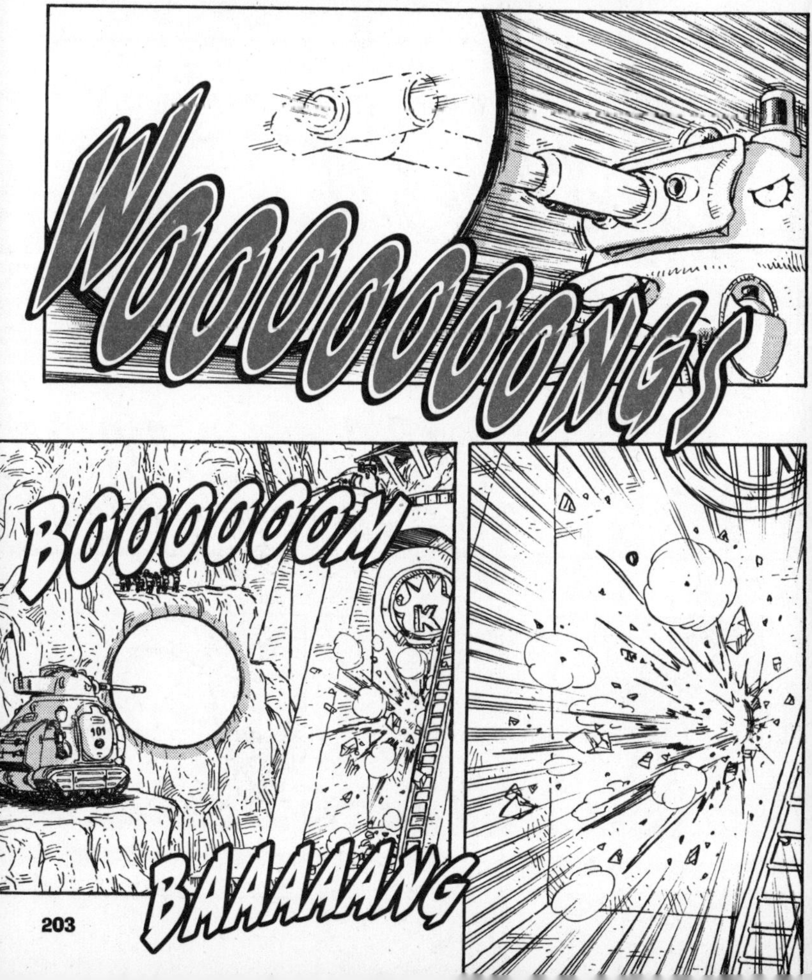

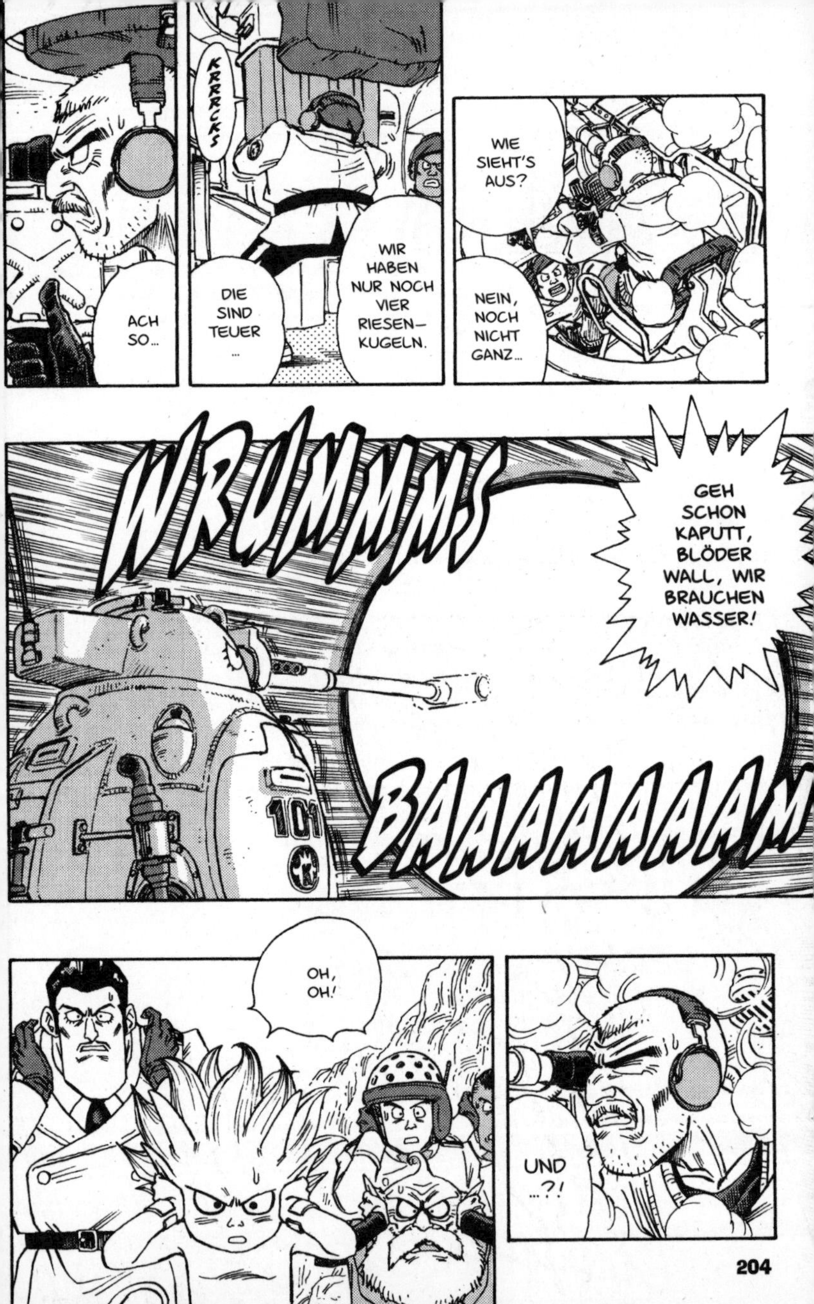
KRRRCKS
ACH SO...
WIR HABEN NUR NOCH VIER RIESEN-KUGELN.
DIE SIND TEUER ...
WIE SIEHT'S AUS?
NEIN, NOCH NICHT GANZ...
WRUMMMS
GEH SCHON KAPUTT, BLÖDER WALL, WIR BRAUCHEN WASSER!
BAAAAAAAAM
OH, OH!
UND ...?!

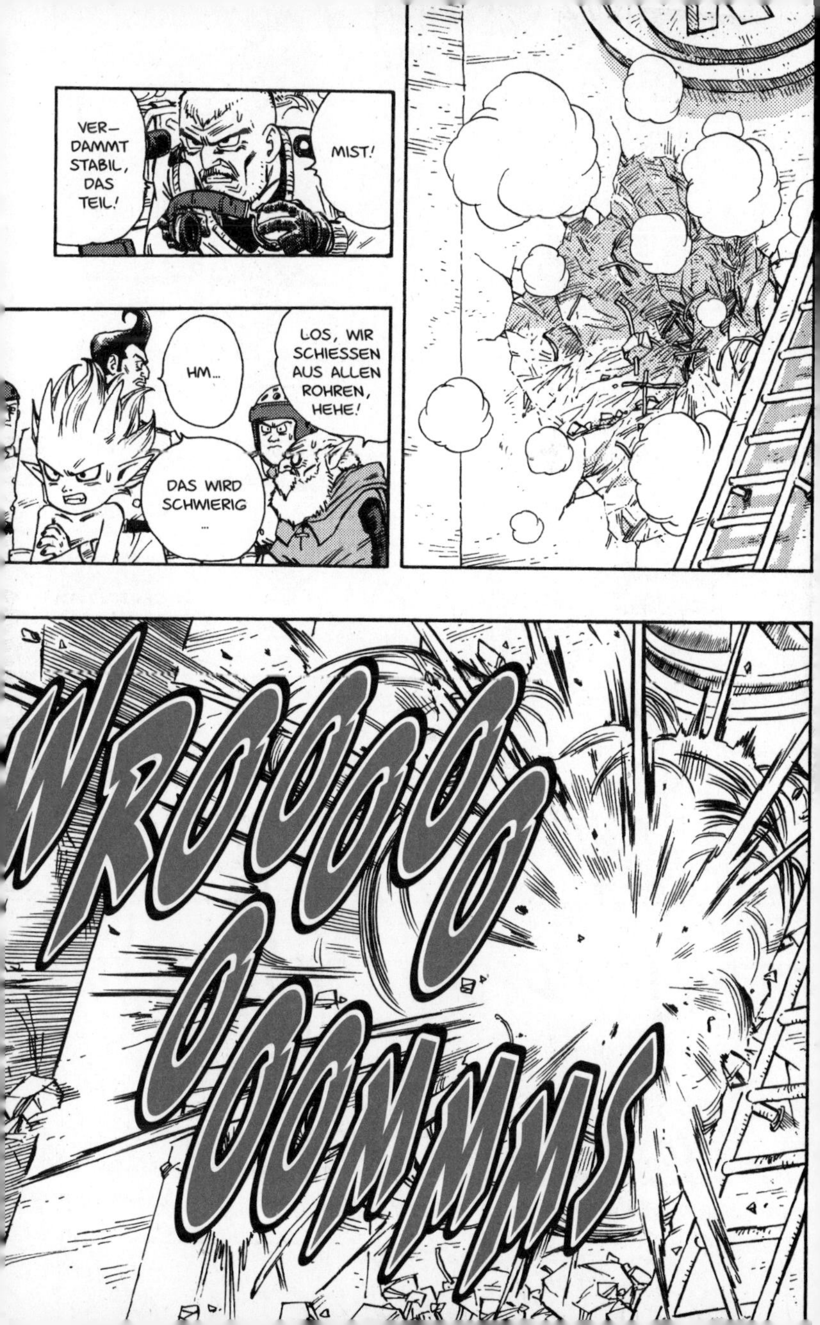
MIST!
VER-DAMMT STABIL, DAS TEIL!
LOS, WIR SCHIESSEN AUS ALLEN ROHREN, HEHE!
HM...
DAS WIRD SCHWIERIG ...
WROOOOOOOOOMMMS

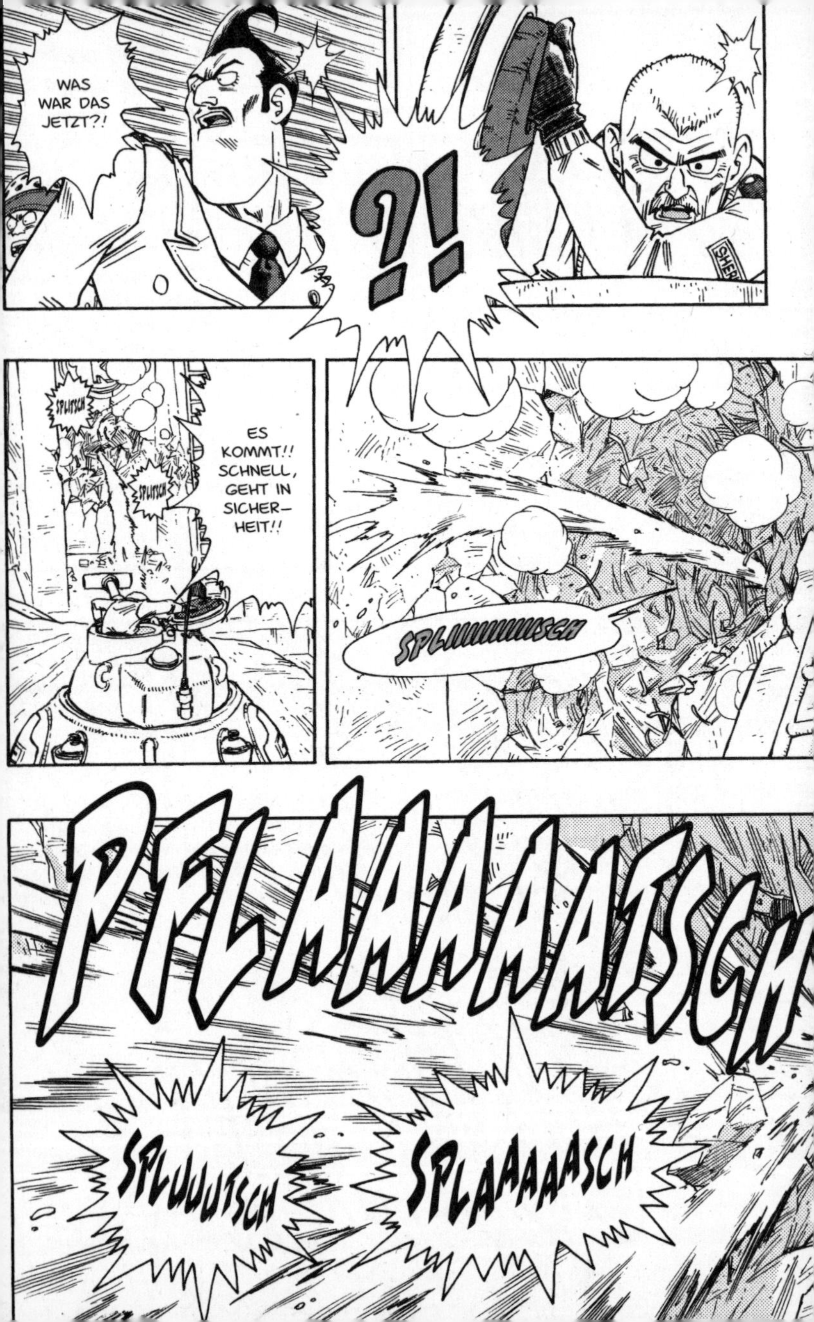
?!!
WAS WAR DAS JETZT?!
SPLIIIIIIIIIIIISCH
ES KOMMT!! SCHNELL, GEHT IN SICHER-HEIT!!
SPLITSCH
SPLITSCH
PFLAAAAATSCH
SPLAAAAASCH
SPLUUUTSCH

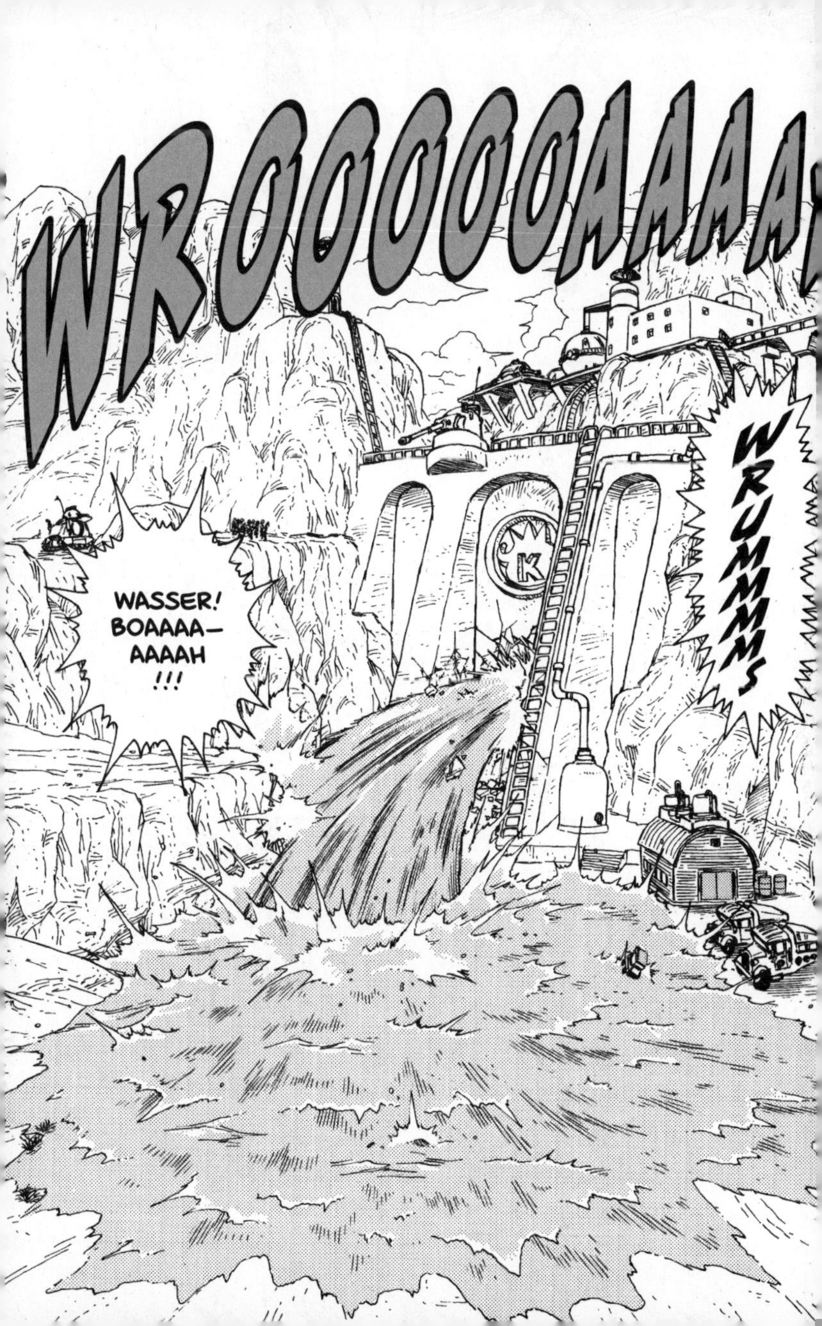
WROOOOOOAAAAA
WASSER! BOAAAA-AAAAH !!!
WRUMMMMS

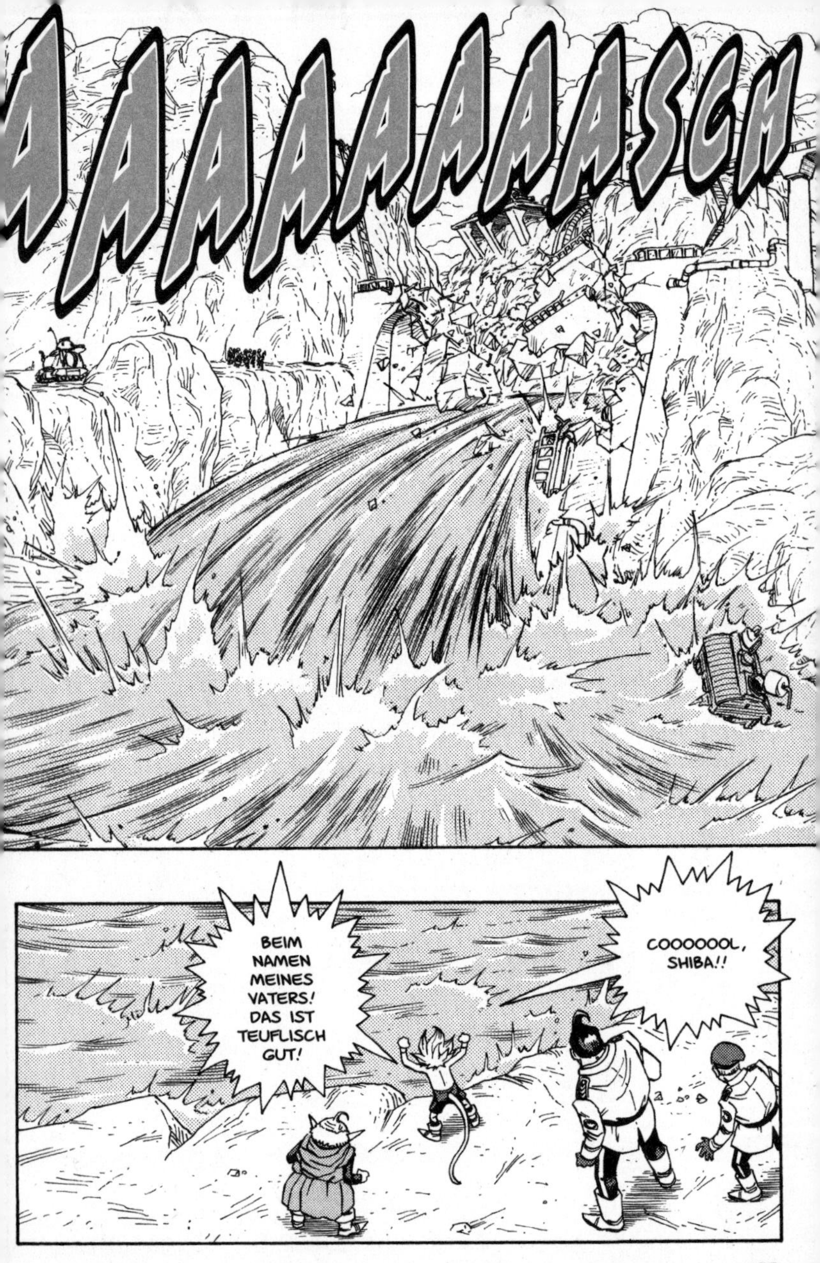
AAAAAAAASCH
COOOOOOL, SHIBA!!
BEIM NAMEN MEINES VATERS! DAS IST TEUFLISCH GUT!

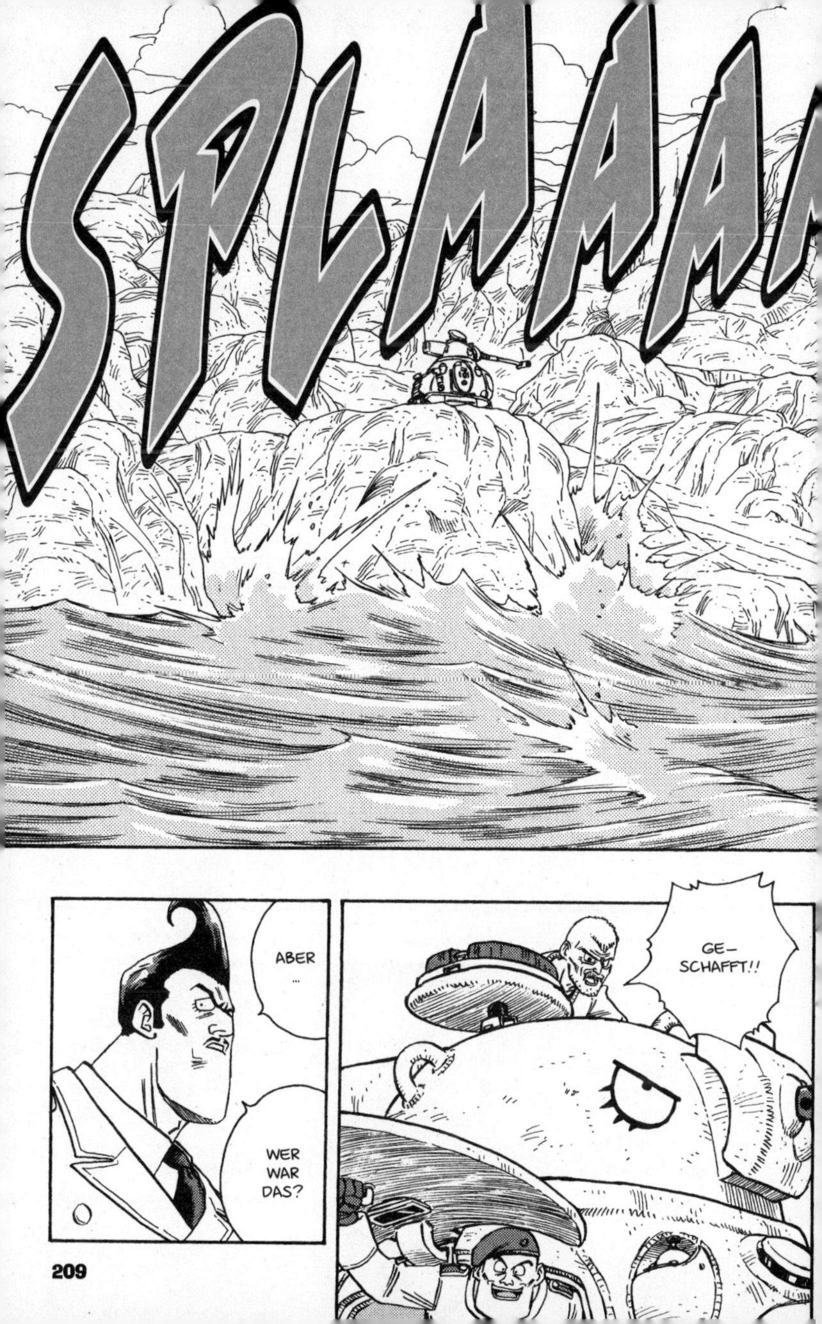
SPLAAA
GE-
SCHAFFT!!
ABER
...
WER
WAR
DAS?

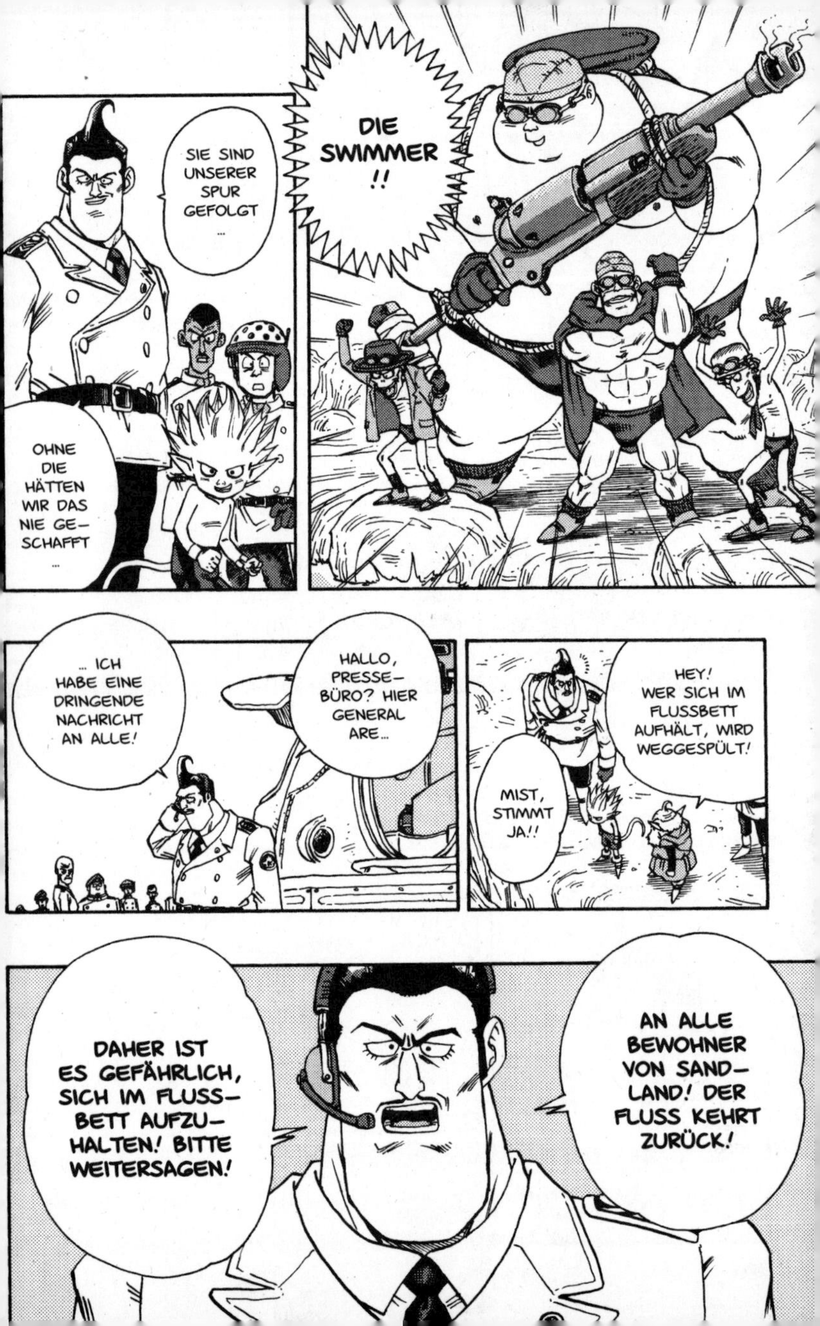
DIE SWIMMER !!
SIE SIND UNSERER SPUR GEFOLGT ...
OHNE DIE HÄTTEN WIR DAS NIE GESCHAFFT ...
HEY! WER SICH IM FLUSSBETT AUFHÄLT, WIRD WEGGESPÜLT!
MIST, STIMMT JA!!
HALLO, PRESSEBÜRO? HIER GENERAL ARE...
... ICH HABE EINE DRINGENDE NACHRICHT AN ALLE!
AN ALLE BEWOHNER VON SANDLAND! DER FLUSS KEHRT ZURÜCK!
DAHER IST ES GEFÄHRLICH, SICH IM FLUSSBETT AUFZUHALTEN! BITTE WEITERSAGEN!

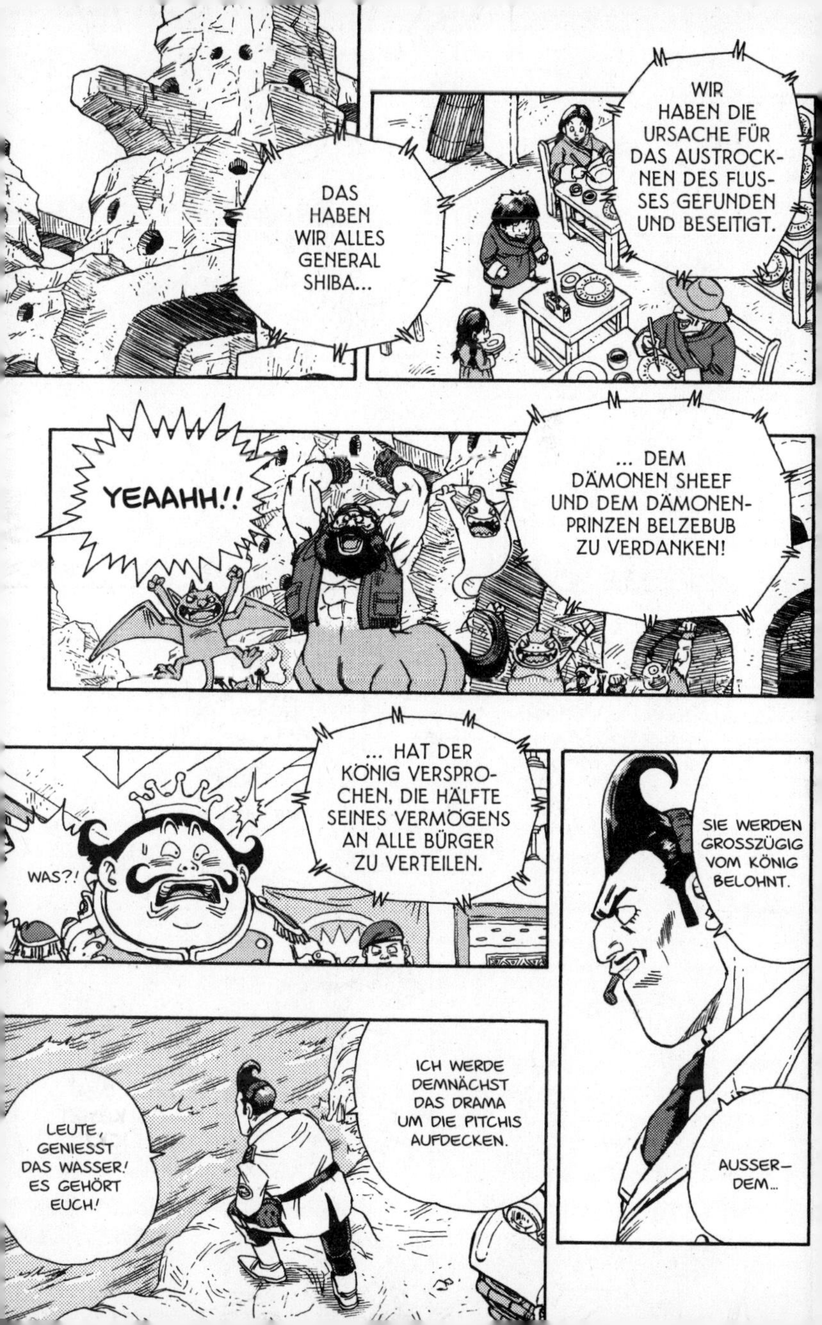
WIR HABEN DIE URSACHE FÜR DAS AUSTROCKNEN DES FLUSSES GEFUNDEN UND BESEITIGT.
DAS HABEN WIR ALLES GENERAL SHIBA...
... DEM DÄMONEN SHEEF UND DEM DÄMONENPRINZEN BELZEBUB ZU VERDANKEN!
YEAAHH!!
SIE WERDEN GROSSZÜGIG VOM KÖNIG BELOHNT.
AUSSERDEM...
... HAT DER KÖNIG VERSPROCHEN, DIE HÄLFTE SEINES VERMÖGENS AN ALLE BÜRGER ZU VERTEILEN.
WAS?!
ICH WERDE DEMNÄCHST DAS DRAMA UM DIE PITCHIS AUFDECKEN.
LEUTE, GENIESST DAS WASSER! ES GEHÖRT EUCH!

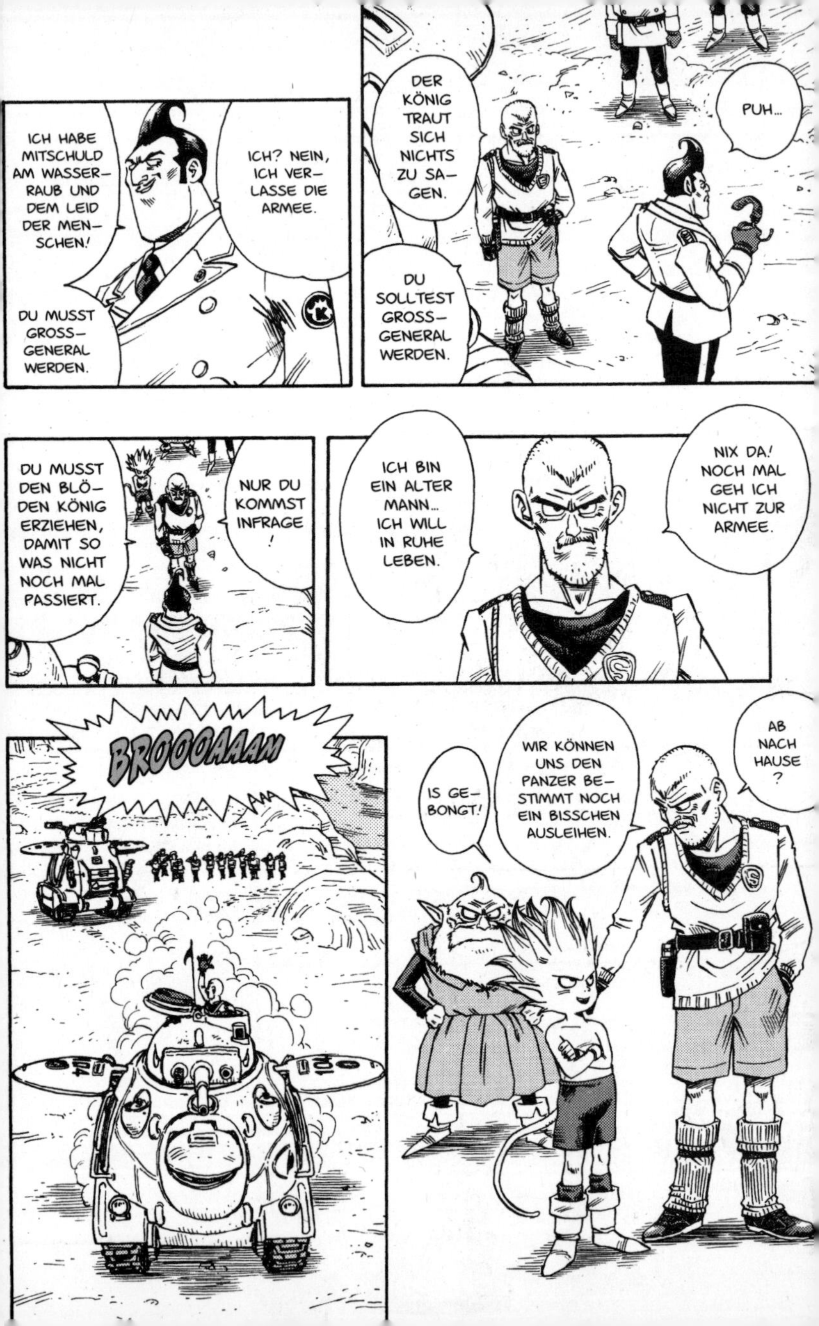
PUH...
DER KÖNIG TRAUT SICH NICHTS ZU SAGEN.
DU SOLLTEST GROSS-GENERAL WERDEN.
ICH? NEIN, ICH VERLASSE DIE ARMEE.
ICH HABE MITSCHULD AM WASSERRAUB UND DEM LEID DER MENSCHEN!
DU MUSST GROSSGENERAL WERDEN.
NIX DA! NOCH MAL GEH ICH NICHT ZUR ARMEE.
ICH BIN EIN ALTER MANN... ICH WILL IN RUHE LEBEN.
NUR DU KOMMST INFRAGE!
DU MUSST DEN BLÖDEN KÖNIG ERZIEHEN, DAMIT SO WAS NICHT NOCH MAL PASSIERT.
AB NACH HAUSE?
WIR KÖNNEN UNS DEN PANZER BESTIMMT NOCH EIN BISSCHEN AUSLEIHEN.
IS GEBONGT!
BROOOAAAM

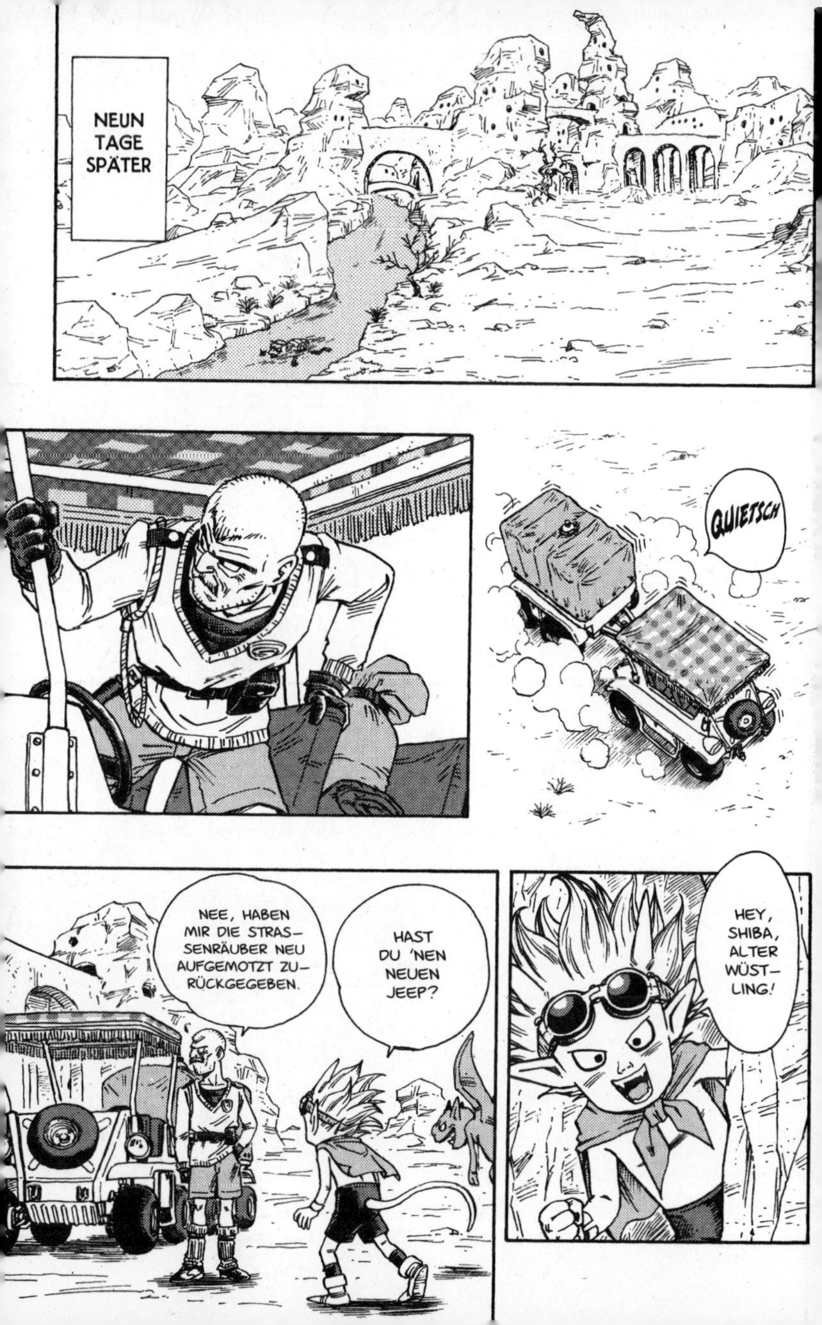
NEUN TAGE SPÄTER
QUIETSCH
HEY, SHIBA, ALTER WÜST-LING!
HAST DU 'NEN NEUEN JEEP?
NEE, HABEN MIR DIE STRAS-SENRÄUBER NEU AUFGEMOTZT ZU-RÜCKGEGEBEN.

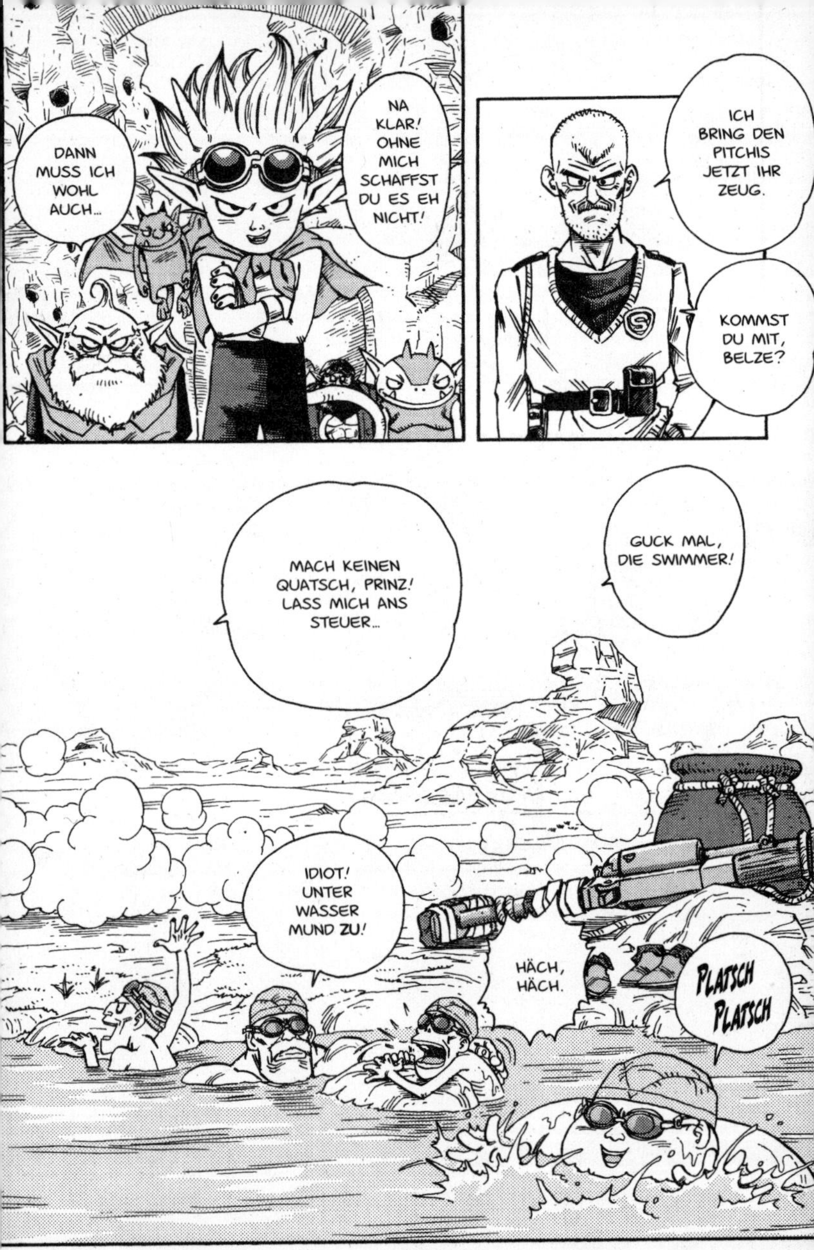
ICH BRING DEN PITCHIS JETZT IHR ZEUG.
KOMMST DU MIT, BELZE?
NA KLAR! OHNE MICH SCHAFFST DU ES EH NICHT!
DANN MUSS ICH WOHL AUCH...
GUCK MAL, DIE SWIMMER!
MACH KEINEN QUATSCH, PRINZ! LASS MICH ANS STEUER...
PLATSCH PLATSCH
HÄCH, HÄCH.
IDIOT! UNTER WASSER MUND ZU!

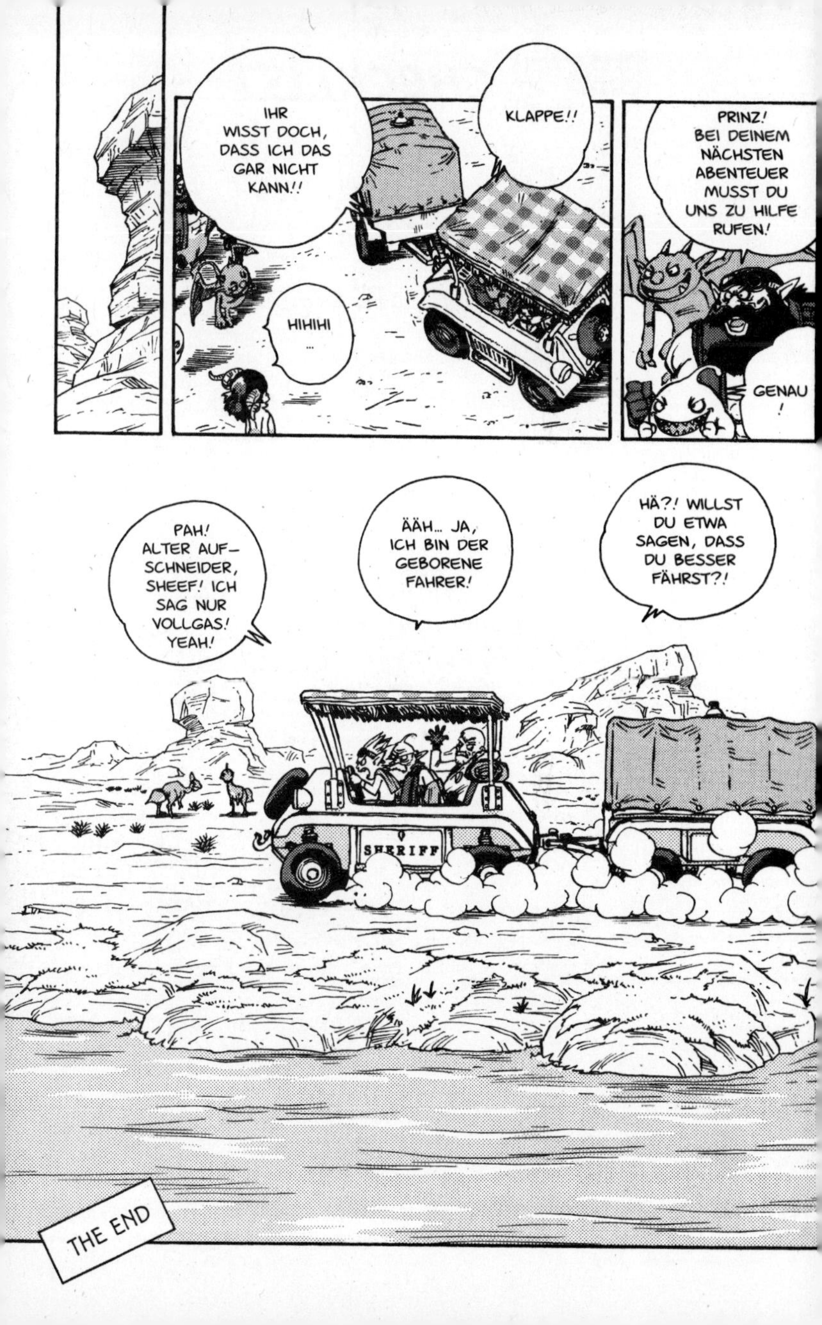
IHR WISST DOCH, DASS ICH DAS GAR NICHT KANN!!
HIHIHI ...
KLAPPE!!
PRINZ! BEI DEINEM NÄCHSTEN ABENTEUER MUSST DU UNS ZU HILFE RUFEN!
GENAU!
HÄ?! WILLST DU ETWA SAGEN, DASS DU BESSER FÄHRST?!
ÄÄH... JA, ICH BIN DER GEBORENE FAHRER!
PAH! ALTER AUF-SCHNEIDER, SHEEF! ICH SAG NUR VOLLGAS! YEAH!
SHERIFF
THE END

CARLSEN MANGA! CHECKLIST

ATTACK ON TITAN – THE HARSH MISTRESS OF THE CITY
von Hajime Isayama
€ 9,95 (D) / € 10,30 (A)
O Band 1 & 2
In 2 Bänden abgeschlossen

ATTACK ON TITAN – OUTSIDE
von Hajime Isayama
€ 12,90 (D) / € 13,30 (A)
O AoT– Outside

BARFUSS DURCH HIROSHIMA
von Keiji Nakazawa
€ 12,– (D) / € 12,40 (A)
O Band 1 bis 4
In 4 Bänden abgeschlossen

BATTLE ANGEL ALITA – LAST ORDER
von Yukito Kishiro
€ 6,95 (D) / € 7,20 (A)
O Band 17
€ 7,95 (D) / € 8,10 (A)
O Band 18 & 19
In 19 Bänden abgeschlossen

BATTLE ANGEL ALITA – MARS CHRONICLE
von Yukito Kishiro
€ 6,95 (D) / € 7,20 (A)
O Band 1
O Band 2 02/17
Bislang 3 Bände in Japan

BECOMING A GIRL ONE DAY
von Akane Ogura
€ 5,99 (D) / € 6,20 (A)
O Band 1
O Band 2
Bislang 2 Bände in Japan

BECOMING A GIRL ONE DAY – ANOTHER
von Akane Ogura
€ 5,99 (D) / € 6,20 (A)
O Band 1 03/17
In 7 Bänden abgeschlossen

BILLY BAT
von Naoki Urasawa & Takashi Nagasaki
€ 8,95 (D) / € 9,20 (A)
O Band 1 bis 15
O Band 16 03/17
In 21 Bänden abgeschlossen

ATTACK ON TITAN
von Hajime Isayama
€ 6,95 (D) / € 7,20 (A)
O Band 1 bis 16
O Band 17
Bislang 20 Bände in Japan
€ 9,95 (D) / € 10,20 (A)
O Band 10 im Schuber
O Band 15 im Schuber

ATTACK ON TITAN – SCHUBER
von Hajime Isayama
€ 36,– (D) / € 37,10 (A)
O Schuber inkl. Bd. 1-5
O Schuber inkl. Bd. 6-10
O Schuber inkl. Bd. 11-15

ATTACK ON TITAN – SHORT PLAY
von Isayama & hounori
€ 8,99 (D) / € 9,30 (A)
O Attack on Titan – short play 02/17

ATTACK ON TITAN – BEFORE THE FALL
von Hajime Isayama
€ 6,95 (D) / € 7,20 (A)
O Band 1 bis 6
O Band 7 03/17
Bislang 9 Bände in Japan

ATTACK ON TITAN – INSIDE
von Hajime Isayama
€ 12,90 (D) / € 13,30 (A)
O Attack on Titan – Inside

ATTACK ON TITAN – LOST GIRLS (Nippon Novel)
von Hiroshi Seko
€ 9,95 (D) / € 10,30 (A)
O AoT– Lost Girls (Nippon Novel)

ATTACK ON TITAN – NO REGRETS
von Hajime Isayama
€ 6,95 (D) / € 7,20 (A)
O Band 1 & 2
In 2 Bänden abgeschlossen

AKIRA – ORIGINAL EDITION
von Katsuhiro Otomo
€ 19,90 (D) / € 20,50 (A)
O Band 1 bis 6
In 6 Bänden abgeschlossen

ALICE IN MURDERLAND
von Killy Hachida
€ 7,95 (D) / € 8,20 (A)
O Band 1 bis 3
O Band 4 02/17
Bislang 6 Bände in Japan

ALISIK
von Helge Vogt & Hubertus Rufledt
€ 7,99 (D) / € 8,30 (A)
O Band 1 bis 4
In 4 Bänden abgeschlossen

ALPHA²
von Kamineo & Kamoi
€ 7,95 (D) / € 8,20 (A)
O Alpha²

ANGEL SANCTUARY DELUXE Hardcover Edition
von Kaori Yuki
€ 14,90 (D) / € 15,40 (A)
O Sammelband 1-2, 4-10
In 10 Bänden abgeschlossen

AREA D
von Yang Kyung-Il & Kyouichi Nanatsuki
€ 6,95 (D) / € 7,20 (A)
O Band 1 bis 11
O Band 12
O Band 13 03/17
In 14 Bänden abgeschlossen

ARISA
von Natsumi Ando
€ 5,95 (D) / € 6,20 (A)
O Band 2, 4-8, 10-12
In 12 Bänden abgeschlossen

ASSASSINATION CLASSROOM
von Yusei Matsui
€ 5,95 (D) / € 6,20 (A)
O Band 1 bis 13
O Band 14
O Band 15 03/17
In 21 Bänden abgeschlossen

10 DANCE
von Sato Inoue
€ 7,99 (D) / € 8,30 (A)
O Band 1
O Band 2 03/17
Bislang 2 Bände in Japan

A KISS FROM THE DARK
von Nadine Büttner & Michael Waaler
€ 5,95 (D) / € 6,20 (A)
O Band 1 bis 3
In 3 Bänden abgeschlossen

AB SOFORT DÄMONENKÖNIG!
von Tomo Takabayashi & Temari Matsumoto
€ 6,95 (D) / € 7,20 (A)
O Band 13 bis 16
O Band 17 02/17
Bislang 20 Bände in Japan

ACID TOWN
von KYUGO
€ 7,95 (D) / € 8,20 (A)
O Band 1 bis 4
O Band 5
Bislang 5 Bände in Japan

ADOLF
von Osamu Tezuka
€ 12,– (D) / € 12,40 (A)
O Band 1, 3-5
In 5 Bänden abgeschlossen

AFRO SAMURAI
von Takashi Okazaki
€ 14,90 (D) / € 15,40 (A)
O Band 1 & 2
In 2 Bänden abgeschlossen

AION
von Yuna Kagesaki
€ 5,95 (D) / € 6,20 (A)
O Band Band 1-3, 5-8, 10-11
In 11 Bänden abgeschlossen

AKIRA – LIMITIERTE GESAMTAUSGABE
von Katsuhiro Otomo
€ 199,10 (D) / € 204,70 (A)
O Akira Gesamtausg.

CARLSEN MANGA! CHECKLIST

DOUBT

von Yoshiki Tonogai
€ 7,95 (D) / € 8,20 (A)
O Band 1 bis 3
€ 8,95 (D) / € 9,20 (A)
O Band 4
In 4 Bänden abgeschlossen

DRAGON BALL

von Akira Toriyama
€ 5,95 (D) / € 6,20 (A)
O Band 1 bis 42
€ 6,99 (D) / € 7,20 (A)
O Doppelpack 1-2
In 42 Bänden abgeschlossen

DRAGON BALL SD

von Akira Toriyama (Original Story), Naho Ohishi
€ 7,95 (D) / € 8,20 (A)
O Band 1 & 2
Bislang 5 Bände in Japan

DRAGON BALL Z

von Akira Toriyama
€ 6,– (D) / € 6,20 (A)
O Band 10
In 15 Bänden abgeschlossen

DRAGON BALL Z – KAMPF DER GÖTTER

von Akira Toriyama
€ 7,95 (D) / € 8,20 (A)
O Band 1 & 2
In 2 Bänden abgeschlossen

DYSTOPIA

von Judith Park
€ 6,– (D) / € 6,20 (A)
O Dystopia

EINFACH NUR S UND ABSOLUT M!

von Rei Toma
€ 5,95 (D) / € 6,20 (A)
O Einfach nur S und absolut M!

EXISTENZEN UND ANDERE ABGRÜNDE

von Yoshihiro Tatsumi
€ 19,90 (D) / € 20,50 (A)
O Existenzen und ...

CHOPPERMAN

von Hirofumi Takei
€ 4,95 (D) / € 5,10 (A)
O Chopperman – Lehrer und Meister von Hirofumi Takei & Eiichiro Oda
O Chopperman: Band 1 bis 5
In 5 Bänden abgeschlossen

COOL AS YOU

von Kae Maruya
€ 6,95 (D) / € 7,20 (A)
O Band 2
€ 7,95 (D) / € 8,20 (A)
O Band 3
In 3 Bänden abgeschlossen

CRIMSON SHELL

von Jun Mochizuki
€ 6,95 (D) / € 7,20 (A)
O Crimson Shell

DAWN OF ARCANA

von Rei Toma
€ 5,95 (D) / € 6,20 (A)
O Band 1-3, 5-13
In 13 Bänden abgeschlossen

DEFENSE DEVIL

von Youn In-Wan & Yang Kyung-Il
€ 5,95 (D) / € 6,20 (A)
O Band 1 bis 10
In 10 Bänden abgeschlossen

DEVIL FROM A FOREIGN LAND

von Kaori Yuki
€ 6,95 (D) / € 7,20 (A)
O Band 1 bis 6
In 6 Bänden abgeschlossen

DEVILS & REALIST

von Utako Yukihiro & Madoka Takadono
€ 6,95 (D) / € 7,20 (A)
O Band 1 bis 10
O Band 11 02/17
Bislang 12 Bände in Japan

DOES YUKI GO TO HELL?

von Hiro Fujiwara
€ 6,95 (D) / € 7,20 (A)
O Band 1 bis 3
Bislang 5 Bände in Japan

BUSTER KEEL

von Kenshiro Sakamato
€ 5,95 (D) / € 6,20 (A)
O Band 1 bis 12
In 12 Bänden abgeschlossen

CALLING

von Kano Miyamoto
€ 6,95 (D) / € 7,20 (A)
O Band 1 bis 3
In 3 Bänden abgeschlossen

CHEEKY VAMPIRE

von Yuna Kagesaki
€ 5,95 (D) / € 6,20 (A)
O Band 2-4, 6-12
In 14 Bänden abgeschlossen
O Cheeky Vampire – Airmail

CHEEKY VAMPIRE X AION: KA-NON

von Yuna Kagesaki
€ 5,95 (D) / € 6,20 (A)
O Cheeky Vampire X Aion: Ka-Non

CHERRY LIPS

von Milk Morinaga
€ 6,95 (D) / € 7,20 (A)
O Band 1 & 2
In 2 Bänden abgeschlossen

CHIBI als @manga

€ 0,00 (D) / € 0,00 (A)
O **LUXUS**
von Judith Park
O **WHITE PEARL**
von Nadine Büttner
€ 1,49 (D) / € 1,49 (A)
O **KENTARO**
von Kim Liersch
€ 1,59 (D) / € 1,59 (A)
O **GEEKS**
von Michael Rühle
O **KENSEI**
von Christian Pick
O **LEGACY OF THE OCEAN**
von Marika Herzog
O **MASTERMINDS**
von Jeffrey Gold
O **PAPAYA**
von Reinhard Tent
O **RACOON**
von Melanie Schober
O **STRIKE BACK**
von Olga Rogalski
O **TARITO FAIRYTALE**
von Detta Zimmermann
O **TODERNST**
von Stella Brandner
O **TURNOVER**
von Marika Paul
O **UMBRA**
von Natalia Zaitseva

BLACK BUTLER

von Yana Toboso
€ 6,95 (D) / € 7,20 (A)
O Band 1 bis 21
O Band 22
€ 14,90 (D) / € 15,40 (A)
O Black Butler Character Guide
€ 6,99 (D) / € 7,20 (A)
O Doppelpack 1-2
Bislang 22 Bände in Japan

BLACK BUTLER ARTWORKS

von Yana Toboso
€ 24,90 (D) / € 25,60 (A)
O Band 1
O Band 2

BLACK LAGOON

von Rei Hiroe
€ 6,95 (D) / € 7,20 (A)
O Band 1 bis 10
Bislang 10 Bände in Japan

BLAST OF TEMPEST

von Saizaki, Shirodaira & Sano
€ 7,95 (D) / € 8,20 (A)
O Band 1-5, 10
€ 8,95 (D) / 9,20 (A)
O Band 6 bis 9
In 10 Bänden abgeschlossen

BLOOD HOUND DELUXE

von Kaori Yuki
€ 12,90 (D) / € 13,30 (A)
O Blood Hound Deluxe (HC)

BORDER

von Kazuma Kodaka
€ 6,95 (D) / € 7,20 (A)
O Band 1 bis 5
Bislang 6 Bände in Japan

BRONZE – THE LAST CHAPTER

von Minami Ozaki
€ 6,95 (D) / € 7,20 (A)
O Bronze – The Last Chapter

BUDDHA

von Osamu Tezuka
€ 22,90 (D) / € 23,60 (A)
O Band 1 bis 10
In 10 Bänden abgeschlossen

CARLSEN MANGA! CHECKLIST

HOW TO DRAW MANGA

von Hikaru Hayashi u. a.
€ 9,95 (D) / € 10,30 (A)
O Lebendige Manga Charaktere
O Manga-Charaktere in Bewegung
€ 16,90 (D) / € 17,40 (A)
O Hübsche Mädchen im Manga
O Ninja und Samurai
O Monster und Dämonen
€ 17,90 (D) / € 18,40 (A)
O Manga-Skizzen zeichnen
O Perfekte Proportionen im Manga
O Manga-Figuren entwickeln
O Manga in der dritten Dimension
O Süße Jungs im Manga
O Grundlagen der Manga-Kunst
€ 19,90 (D) / € 20,50 (A)
O Ausdrucksstarke Skizzen im Manga
O Manga aus der richtigen Perspektive
O Von Accessoires bis Zubehör
O Manga-Figuren in dynamischen Posen
O Oberflächen und Strukturen
O Manga-Figuren in ihrer Umwelt
O Roboter und Mechanical Girls
€ 24,90 (D) / € 25,60 (A)
O Manga-Geschichten entwickeln

I AM A HERO

von Kengo Hanazawa
€ 7,95 (D) / € 8,20 (A)
O Band 1 bis 16
O Band 17
Bislang 20 Bände in Japan

ICH HASSE IHN

von Masara Minase
€ 6,95 (D) / € 7,20 (A)
O Ich hasse ihn

I HATE THE DENTIST!

von Kyoko Aiba
€ 6,99 (D) / € 7,20 (A)
O I hate the dentist!

IKIGAMI – DER TODESBOTE

von Motoru Manase
€ 7,95 (D) / € 8,20 (A)
O Band 1 bis 10
In 10 Bänden abgeschlossen

GREEN BLOOD

von Masasumi Kakizaki
€ 7,95 (D) / € 8,20 (A)
O Band 1 bis 5
In 5 Bänden abgeschlossen

HE'S MY VAMPIRE

von Aya Shouoto
€ 6,95 (D) / € 7,20 (A)
O Band 1 bis 10
In 10 Bänden abgeschlossen

HIDDEN FLOWER

von Shoko Hidaka
€ 6,95 (D) / € 7,20 (A)
O Band 1 & 2
€ 7,95 (D) / € 8,20 (A)
O Band 3 & 4
€ 9,95 (D) / € 10,30 (A)
O Band 5
In 5 Bänden abgeschlossen

HIGHSCHOOL OF THE DEAD

von Daisuke Sato & Shouji Sato
€ 6,95 (D) / € 7,20 (A)
O Band 1 bis 7
Bislang 7 Bände in Japan

HIGHSCHOOL OF THE DEAD – FULL COLOR EDITION

von Daisuke Sato
€ 17,90 (D) / € 18,40 (A)
O Band 1 bis 7
Bislang 7 Bände in Japan

HIGHSCHOOL OF THE HEAD

von Daisuke Sato & Shouji Sato
€ 6,95 (D) / € 7,20 (A)
O Highschool of the Head

HOT DOG

von Kazusa Takashima
€ 7,95 (D) / € 8,20 (A)
O Hot Dog

FOOD WARS – SHOKUGEKI NO SOMA

von Yuto Tsukuda
€ 6,99 (D) / € 7,20 (A)
O Band 1 bis 4
O Band 5
O Band 6 [02/17]
Bislang 20 Bände in Japan

FURIOUS LOVE

von Kazuo Kamimura
€ 14,90 (D) / € 15,40 (A)
O Band 1 bis 3
In 3 Bänden abgeschlossen

GANGSTA.

von Kohske
€ 7,95 (D) / € 8,20 (A)
O Band 1 bis 5
O Band 6
Bislang 7 Bände in Japan

GANGSTA: CURSED.

von Kohske/Kamo
€ 7,99 (D) / € 8,30 (A)
O Band 1 [03/17]
Bislang 2 Bände in Japan

GEGEN DEN STROM

von Yoshihiro Tatsumi
€ 44,– (D) / € 44,60 (A)
O Gegen den Strom

GELIEBTER AFFE

von Yoshihiro Tatsumi
€ 19,90 (D) / € 20,50 (A)
O Geliebter Affe

GHOST TOWER

von Taro Nogizaka
€ 7,95 (D) / € 8,20 (A)
O Band 1 bis 6
O Band 7
In 9 Bänden abgeschlossen

GLANZ DER STERNE

von Rei Toma
€ 5,95 (D) / € 6,20 (A)
O Glanz der Sterne

GOFORIT

von Christina Plaka
€ 6,95 (D) / € 7,20 (A)
O Band 1 & 2
In 2 Bänden abgeschlossen

FAIRY TAIL

von Hiro Mashima
€ 5,95 (D) / € 6,20 (A)
O Band 1 bis 47
O Band 48
O Band 49 [03/17]
Bislang 57 Bände in Japan
€ 19,95 (D) / € 20,60 (A)
O Fantasia Artbook

FAIRY TAIL BLUE MISTRAL

von Hiro Mashima
€ 5,95 (D) / € 6,20 (A)
O Band 1
O Band 2
In 4 Bänden abgeschlossen

FAIRY TAIL+

von Hiro Mashima
€ 8,95 (D) / € 9,20 (A)
O Fairy Tail+

FAIRY ZERO

von Hiro Mashima
€ 7,99 (D) / € 8,30 (A)
O Fairy Zero

FEED ME POISON

von Evelyne Bösch
€ 5,95 (D) / € 6,20 (A)
O Feed me Poison

FESSELN DES VERRATS

von Hotaru Odagiri
€ 6,– (D) / € 6,20 (A)
O Band 1 bis 3
€ 5,95 (D) / € 6,20 (A)
O Band 6 bis 8
€ 6,95 (D) / € 7,20 (A)
O Band 10 bis 11
Bislang 12 Bände in Japan

FINAL FANTASY - TYPE-0

von Takatoshi Shiozawa
€ 6,99 (D) / € 7,20 (A)
O Band 1 bis 3
O Band 4
In 5 Bänden abgeschlossen

CARLSEN MANGA! CHECKLIST

LOST CTRL
von Evelyne Bösch
€ 6,95 (D) / € 7,20 (A)
O Band 1 & 2
In 2 Bänden abgeschlossen

LOVE CONTRACT
von Kae Maruya
€ 6,– (D) / € 6,20 (A)
O Love Contract

LOVE PRISM
von Kae Maruya
€ 6,99 (D) / € 7,20 (A)
O Love Prism

LUPUS IN FABULA
von Kamineo
€ 7,95 (D) / € 8,20 (A)
O Band 1 & 2
In 3 Bänden abgeschlossen

MAID-SAMA
von Hiro Fujiwara
€ 5,95 (D) / € 6,20 (A)
O Band 1 bis 18
In 18 Bänden abgeschlossen

MANGA LOVE STORY
von Katsu Aki
€ 6,95 (D) / € 7,20 (A)
O Band 1, 3-6, 11-21, 23-24, 27, 29-37, 39-50, 52-63
O Band 64
Bislang 67 Bände in Japan

MANGA LOVE STORY FOR LADIES
von Katsu Aki
€ 6,95 (D) / € 7,20 (A)
O Band 1 & 2
In 2 Bänden abgeschlossen
€ 16,– (D) / € 16,50 (A)
O Artbook »Yura Yura«

MANGA-ZEICHENSTUDIO
von Kaneda Koubou u.a.
€ 19,90 (D) / € 20,50 (A)
O Hände und Füße
O Gesichter und Emotionen
O Manga Master Book
O Grundlagen der Anatomie
O Mädchen in coolen Posen
€ 24,90 (D) / € 25,60 (A)
O Spannende Geschichten erzählen 02/17

KITCHEN PRINCESS
von Natsumi Ando & Miyuki Kobayashi
€ 5,95 (D) / € 6,20 (A)
O Band 1 bis 5
O Band 6
O Band 7
In 10 Bänden abgeschlossen

KLEINE KATZE CHI
von Konami Kanata
€ 9,95 (D) / € 10,30 (A)
O Band 1 bis 10
O Band 11 02/17
In 12 Bänden abgeschlossen

K-ON!
von kakifly
€ 7,95 (D) / € 8,20 (A)
O Band 2 & 4
In 4 Bänden abgeschlossen

K-ON! COLLEGE
von kakifly
€ 7,95 (D) / € 8,20 (A)
O K-ON! College

K-ON! HIGHSCHOOL
von kakifly
€ 7,95 (D) / € 8,20 (A)
O K-ON! Highschool

LADY SNOWBLOOD
von Kazuo Koike & Kazuo Kamimura
€ 14,90 (D) / € 15,40 (A)
O Lady Snowblood: Extra

DAS LIBERI-PROJEKT
von Tamasaburo
€ 6,95 (D) / € 7,20 (A)
O Band 1
O Band 2 03/17
In 3 Bänden abgeschlossen

LILIENTOD
von Anne Delseit & Martina Peters
€ 5,95 (D) / € 6,20 (A)
O Lilientod – Rosenkönig
O Lilientod – Vergissmeinnicht
In 3 Bänden abgeschlossen

KIGURUMI PLANET
von Ellie Mamahara
€ 6,95 (D) / € 7,20 (A)
O Band 1 & 2
In 2 Bänden abgeschlossen

KILLING BITES
von Shinya Murata & Kazasa Sumita
€ 7,95 (D) / € 8,20 (A)
O Band 1 bis 3
O Band 4 02/17
Bislang 6 Bände in Japan

KILLING IAGO
von Zofia Garden
€ 5,95 (D) / € 6,20 (A)
O Band 2 & 3
In 3 Bänden abgeschlossen

KIMBA, DER WEISSE LÖWE
von Osamu Tezuka
€ 19,90 (D) / € 20,50 (A)
O Band 1 & 2 (HC)
In 2 Bänden abgeschlossen

KIMI HE – WORTE AN DICH
von Christina Plaka
€ 12,90 (D) / € 13,30 (A)
O Kimi He – Worte an Dich

KIRIHITO
von Osamu Tezuka
€ 16,90 (D) / € 17,40 (A)
O Band 1 bis 3
In 3 Bänden abgeschlossen

KISS & HUG
von Kaco Mitsuki
€ 5,95 (D) / € 6,20 (A)
O Band 1 bis 3
In 3 Bänden abgeschlossen

KISS MY ASS
von Takeshi Ohmi
€ 7,95 (D) / € 8,20 (A)
O Band 1 & 2
In 2 Bänden abgeschlossen

KISS OF ROSE PRINCESS
von Aya Shouoto
€ 6,95 (D) / € 7,20 (A)
O Band 2-7, 9
In 9 Bänden abgeschlossen

INSEL DER BESONDEREN KINDER, DIE
von Ransom Riggs, Cassandra Jean
€ 14,90 (D) / € 15,20 (A)
O Insel der besonderen Kinder, Die

INTERVIEW MIT EINEM VAMPIR – CLAUDIAS STORY
von Anne Rice
€ 19,90 (D) / € 20,50 (A)
O Interview mit einem Vampir – Claudias Story

JAPANISCH FÜR MANGA-FANS
von Thora Kerner & Jin Baron
€ 14,90 (D) / € 15,40 (A)
O Sammelband

JUDGE
von Yoshiki Tonogai
€ 7,95 (D) / € 8,20 (A)
O Band 1 bis 5
€ 8,95 (D) / € 9,20 (A)
O Band 6
In 6 Bänden abgeschlossen

JUICY CIDER
von Rize Shinba
€ 5,95 (D) / € 6,20 (A)
O Juicy Cider

JUNJO ROMANTICA
von Shungiku Nakamura
€ 6,95 (D)/€ 7,20 (A)
O Band 1 bis 17
Bislang 18 Bände in Japan

KATSURA & TORIYAMA SHORT STORIES
von Akira Toriyama und Masakazu Katsura
€ 6,95 (D) / € 7,20 (A)
O Katsura & Toriyama Short Stories

KEEP MY SECRET!
von Kyoko Aiba
€ 6,99 (D) / € 7,20 (A)
O Keep my Secret! 02/17

CARLSEN MANGA! CHECKLIST

NAUSICAÄ AUS DEM TAL DER WINDE

von Hayao Miyazaki
€ 12,– (D) / € 12,40 (A)
O Band 1, 4-6
€ 16,– (D) / € 16,50 (A)
O Band 7
In 7 Bänden abgeschlossen

NEON GENESIS EVANGELION

von Gainax
& Yoshiyuki Sadamoto
€ 6,95 (D)/€ 7,20 (A)
O Band 1 bis 14
In 14 Bänden abgeschlossen

NINJA! HINTER DEN SCHATTEN

von Baron Malte
& Miyuki Tsuji
€ 5,95 (D) / € 6,20 (A)
O Band 1 & 2
In 2 Bänden abgeschlossen

NO EXIT

von Haruhu Seta
€ 6,99 (D) / € 7,20 (A)
O Band 1
O Band 2
O Band 3 [03/17]
In 11 Bänden abgeschlossen

NOBLE CONTRACT

von Kae Maruya
€ 6,95 (D) / € 7,20 (A)
O Noble Contract

OKITENEMURU

von Hitori Renda
€ 7,99 (D) / € 8,20 (A)
O Band 1
O Band 2
O Band 3 [03/17]
Bislang 5 Bände in Japan

OLD BOY

von Tsuchiya Garon
& Minegishi Nobuaki
€ 12,– (D) / € 12,40 (A)
O Band 1 bis 4
In 4 Bänden abgeschlossen

NARUTO – THE MOVIE: GEHEIMMISSION IM LAND DES EWIGEN SCHNEES

von Masashi Kishimoto
& JUMP Comics
€ 7,95 (D) / € 8,20 (A)
O Band 1 & 2
In 2 Bänden abgeschlossen

NARUTO – THE MOVIE: DIE LEGENDE DES STEINS GELEL

von Masashi Kishimoto
€ 7,95 (D) / € 8,20 (A)
O Band 1 & 2
In 2 Bänden abgeschlossen

NARUTO – THE MOVIE: SHIPPUDEN

von Masashi Kishimoto
€ 7,95 (D) / € 8,20 (A)
O Naruto - The Movie: Shippuden

NARUTO – THE MOVIE: SONDERMISSION IM LAND DES MONDES

von Masashi Kishimoto
€ 7,95 (D) / € 8,20 (A)
O Band 1 & 2
In 2 Bänden abgeschlossen

NARUTO (Nippon Novel)

von Masashi Kishimoto
& Masatoshi Kusakabe
€ 7,95 (D) / € 8,20 (A)
O Unsch. Herz, blutr. Dämon
von Masashi Kishimoto
& Akira Higashiyama
O Die Gesch. e. unb. Ninja
O Blood Prison – Die Rückkehr des Helden
von Masatoshi Kusakabe
& Akira Higashiyama
O Jinraiden – Das Heulen des Wolfes
von Akira Higashiyama
& Masashi Kishimoto
O Dojunjo Ninden – Ein reines Herz [02/17]
von Akira Higashiyama
& Masashi Kishimoto

NAUGHTY TEASE

von Kyoko Aiba
€ 6,99 (D) / € 7,20 (A)
O Naughty Tease

MONSTER HUNTER ORAGE

von Hiro Mashima
€ 5,95 (D) / € 6,20 (A)
O Band 1-2, 4
In 4 Bänden abgeschlossen

MONSTER SOUL

von Hiro Mashima
€ 5,95 (D) / € 6,20 (A)
O Band 1 & 2
In 2 Bänden abgeschlossen

MURCIÉLAGO

von Yoshimura Kana
€ 7,99 (D) / € 8,30 (A)
O Band 1 [02/17]
Bislang 6 Bände in Japan

MY HERO ACADEMIA

von Kohei Horikoshi
€ 6,99 (D) / € 7,20 (A)
O Band 1 & 2
O Band 3
O Band 4 [02/17]
Bislang 10 Bände in Japan

MYSTERIOUS HONEY

von Rei Toma
€ 5,95 (D) / € 6,20 (A)
O Band 1
In 2 Bänden abgeschlossen

NARUTO

von Masashi Kishimoto
€ 5,95 (D) / € 6,20 (A)
O Band 1 bis 72
In 72 Bänden abgeschlossen
O Naruto – Der siebte Hokage und der scharlachrote Frühling
€ 8,– (D) / € 8,30 (A)
O Naruto: Die Schriften des Hyo
€ 8,95 (D) / € 9,20 (A)
O Naruto: Die Schriften des Rin
O Naruto: Die Schriften des Tō
€ 9,95 (D) / € 10,30 (A)
O Naruto: Die Schriften des Sha
€ 12,95 (D) / € 13,40 (A)
O Naruto: Die Schriften des Jin
€ 19,95 (D) / € 20,60 (A)
O Artbook »Uzumaki«
O Artbook »Naruto«
O Artbook »Naruto Uzumaki«

MANHOLE

von Tetsuya Tsutsui
€ 7,95 (D) / € 8,20 (A)
O Band 1 bis 3
In 3 Bänden abgeschlossen

MANN OHNE LIEBE

von Kano Miyamoto
€ 6,95 (D) / € 7,20 (A)
O Mann ohne Liebe

MARCH STORY

von Kim Hyung Min
& Yang Kyung-Il
€ 6,95 (D) / € 7,20 (A)
O Band 1 bis 5
In 5 Bänden abgeschlossen

MASHIMA-EN

von Hiro Mashima
€ 6,95 (D) / € 7,20 (A)
O Band 1 & 2
In 2 Bänden abgeschlossen

MELANCHOLISCHER MORGEN, EIN

von Shoko Hidaka
€ 6,95 (D) / € 7,20 (A)
O Band 1 & 2
€ 7,95 (D) / € 8,20 (A)
O Band 3 bis 5
O Band 6
Bislang 6 Bände in Japan

MIMIC ROYAL PRINCESS

von Yukihiro & Musashino
€ 6,95 (D) / € 7,20 (A)
O Band 1 bis 4
Bislang 5 Bände in Japan

MISHONEN PRODUCE

von Kaoru Ichinose
€ 5,95 (D) / € 6,20 (A)
O Band 1 bis 4
In 4 Bänden abgeschlossen

MONSTER HUNTER FLASH HUNTER

von Keiichi Hikami
& Shin Yamamoto
€ 6,95 (D) / € 7,20 (A)
O Band 1 bis 10
In 10 Bänden abgeschlossen

CARLSEN MANGA! CHECKLIST

PUELLA MAGI MADOKA MAGICA
von Magica Quartet/ Hanokage
€ 5,95 (D) / € 6,20 (A)
O Band 1 bis 3
In 3 Bänden abgeschlossen

PUELLA MAGI ORIKO MAGICA
von Magica Quartet/ Kuroe Mura
€ 5,95 (D) / € 6,20 (A)
O Band 1 & 2
In 2 Bänden abgeschlossen

REAKTOR 1F EIN BERICHT AUS FUKUSHIMA
von Kazuto Tatsuta
€ 12,99 (D) / € 13,40 (A)
O Band 1 & 2
O Band 3 03/17
In 3 Bänden abgeschlossen

REGELN DER LIEBE
von Ren Kitakami
€ 5,95 (D) / € 6,20 (A)
O Regeln der Liebe

RENTAL HEARTS
von Sawaki Otonaka
€ 6,95 (D) / € 7,20 (A)
O Band 1 bis 3
Bislang 4 Bände in Japan

ROCK LEE
von Kenshi Taira
€ 4,95 (D) / € 5,10 (A)
O Band 1 bis 7
In 7 Bänden abgeschlossen

ROYAL LIP SERVICE
von Marika Paul
€ 6,95 (D) / € 7,20 (A)
O Royal Lip Service
O Royal Lip Service Solitude
O Royal Lip Service Symphony
In 3 Bänden abgeschlossen

RUST BLASTER
von Yana Toboso
€ 7,95 (D) / € 8,20 (A)
O Rust Blaster

PERFUME MASTER
von Kaori Yuki
€ 10,– (D) / € 10,30 (A)
O Perfume Master

PERSONAL PARADISE
von Melanie Schober
€ 6,– (D) / € 6,20 (A)
O P.P. – Miss Misery
€ 5,95 (D) / € 6,20 (A)
O P.P. – Assassin Angel
O P.P. – Killer Kid I

PIL
von Mari Yamazaki
€ 16,90 (D) / € 17,40 (A)
O Pil

PIRAT GESUCHT!
von Matsuri Hino
€ 6,– (D) / € 6,20 (A)
O Pirat gesucht!

PLUTO: URASAWA X TEZUKA
von Tezuka, Urasawa & Nagasaki
€ 12,90 (D) / € 13,30 (A)
O Band 1 bis 7
€ 16,90 (D) / € 17,40 (A)
O Band 8
In 8 Bänden abgeschlossen

POISON CITY
von Tetsuya Tsutsui
€ 7,99 (D) / € 8,30 (A)
O Band 1
In 2 Bänden abgeschlossen

PROPHECY
von Tetsuya Tsutsui
€ 7,95 (D) / € 8,20 (A)
O Band 1 bis 3
In 3 Bänden abgeschlossen

PUELLA MAGI KAZUMI MAGICA
von Magica Quartet/ Takashi Tensugi/ Masaki Hiramatsu
€ 5,95 (D) / € 6,20 (A)
O Band 1 bis 5
In 5 Bänden abgeschlossen

ONE WEEK FRIENDS
von Matcha Hazuki
€ 6,99 (D) / € 7,20 (A)
O Band 1
In 7 Bänden abgeschlossen

ONLY THE RING FINGER KNOWS (Nippon Novel)
von Satoru Kannagi & Hotaru Odagiri
€ 7,95 (D) / € 8,20 (A)
O Band 1
€ 8,95 (D) / € 9,20 (A)
O Band 5
In 5 Bänden abgeschlossen

OPUS
von Satoshi Kon
€ 14,90 (D) / € 15,40 (A)
O Band 1 & 2
In 2 Bänden abgeschlossen

ORANGE
von Ichigo Takano
€ 7,99 (D) / € 8,30 (A)
O Band 1 & 2
O Band 3
O Band 4 03/17
In 5 Bänden abgeschlossen

OUSAMA GAME – SPIEL ODER STIRB!
von Renda/Kanazawa
€ 6,95 (D) / € 7,20 (A)
O Band 1 bis 5
In 5 Bänden abgeschlossen

OUSAMA GAME EXTREME
von Kanazawa/Kuriyama
€ 6,95 (D) / € 7,20 (A)
O Band 1 bis 5
In 5 Bänden abgeschlossen

OUSAMA GAME ORIGIN
von Kanazawa/Yamada
€ 6,99 (D) / € 7,20 (A)
O Band 1
In 6 Bänden abgeschlossen

PANDORA HEARTS
von Jun Mochizuki
€ 6,95 (D) / € 7,20 (A)
O Band 1 bis 24
In 24 Bänden abgeschlossen

ONE PIECE
von Eiichiro Oda
€ 5,95 (D) / € 6,20 (A)
O Band 1 bis 79
O Band 80
O Band 81 03/17
€ 6,99 (D) / € 7,20 (A)
O Doppelpack 1-2
Bislang 82 Bände in Japan
€ 8,95 (D) / € 9,20 (A)
O One Piece Red
O One Piece Blue
€ 9,95 (D) / € 10,30 (A)
O One Piece Blue Deep
O One Piece Yellow
€ 12,95 (D) / € 13,40 (A)
O One Piece Green

ONE PIECE: CHOPPER UND DAS WUNDER DER WINTERKIRSCHBLÜTE
von Eiichiro Oda und Jump Comics & JUMP Comics
€ 7,95 (D) / € 8,20 (A)
O Band 1 & 2

ONE PIECE: FLUCH DES HEILIGEN SCHWERTS
von Eiichiro Oda
€ 7,95 (D) / € 8,20 (A)
O Band 1 & 2
In 2 Bänden abgeschlossen

ONE PIECE PARTY
von Andu & Oda
€ 5,99 (D) / € 6,20 (A)
O Band 1
Bislang 2 Bände in Japan

ONE PIECE STRONG WORLD
von Eiichiro Oda
€ 9,95 (D) / € 10,30 (A)
O Band 1 & 2
In 2 Bänden abgeschlossen

ONE PIECE (Nippon Novel)
von Eiichiro Oda & Tatsuya Hamazaki
€ 6,95 (D) / € 7,20 (A)
O One Piece – Nieder mit Ganzack!

ONE PIECE Z
von Eiichiro Oda
€ 9,95 (D) / € 10,20 (A)
O Band 1 & 2
In 2 Bänden abgeschlossen

CARLSEN MANGA! CHECKLIST

STRAY LOVE HEARTS
von Aya Shouoto
€ 6,95 (D) / € 7,20 (A)
O Band 1 bis 3
In 5 Bänden abgeschlossen

SÜSSE VERSUCHUNG
von Mio Ayukawa
€ 6,95 (D) / € 7,20 (A)
O Band 2
In 2 Bänden abgeschlossen

SUPER DARLING!
von Aya Shouoto
€ 6,95 (D) / € 7,20 (A)
O Band 1 & 2
In 2 Bänden abgeschlossen

SUMMER WARS
von Mamoru Hosoda
& Iqura Sugimoto
€ 6,95 (D) / € 7,20 (A)
O Band 1 bis 3
In 3 Bänden abgeschlossen

TANIGUCHI, JIRO
von Jiro Taniguchi
€ 14,– (D) / € 14,40 (A)
O Träume von Glück
€ 14,90 (D) / € 15,40 (A)
O Der Himmel ist blau, die Erde ist weiß – Bd. 1
O Der spazierende Mann
O Der Gourmet
€ 16,– (D) / € 16,50 (A)
O Der Kartograph
O Der Himmel ist blau, die Erde ist weiß – Bd. 2
O Ein Zoo im Winter
O Von der Natur des Menschen
€ 16,90 (D) / € 17,40 (A)
O Die Sicht der Dinge
O Ihr Name war Tomoji
€ 19,90 (D) / € 20,50 (A)
O Vertraute Fremde
€ 12,– (D) / € 12,40 (A)
O Der geheime Garten v. Nakano Broadway
€ 29,90 (D) / € 30,80 (A)
O Die Wächter des Louvre

TEMPEST CURSE
von Martina Peters
€ 6,95 (D) / € 7,20 (A)
O Band 1 bis 3
In 3 Bänden abeschlossen

THE BOOK OF LIST - GRIMM'S MAGICAL ITEMS
von Izuco Fujiya
€ 6,95 (D)/€ 7,20 (A)
O Band 1 bis 6
In 6 Bänden abeschlossen

SONATE DES SCHICKSALS
von Kaoru Ichinose
€ 5,95 (D)/€ 6,20 (A)
O Son. d. Schicksals

SOUL EATER
von Atsushi Ohkubo
€ 5,95 (D) / € 6,20 (A)
O Band 1 bis 25
In 25 Bänden abgeschlossen

SOUL EATER NOT!
von Atsushi Ohkubo
€ 6,95 (D) / € 8,95 (A)
O Band 1 bis 5
In 5 Bänden abgeschlossen

SOUL EATER GUIDE BOOK
von Atsushi Ohkubo
€ 8,95 (D) / € 9,20 (A)
O Soul Eater Guide Book

SOUL EATER SOUL ART
von Atsushi Ohkubo
€ 24,90 (D) / € 25,60 (A)
O Band 1
O Band 2 02/17

SOULLESS
von Gail Carriger/REM
€ 14,90 (D) / € 15,40 (A)
O Band 1 bis 3
In 3 Bänden abgeschlossen

SPRITE
von Yugo Ishikawa
€ 7,95 (D) / € 8,20 (A)
O Band 1 bis 11
O Band 12
In 15 Bänden abgeschlossen

STERNBILDER DER LIEBE
von Chisako Sakuragi
& Yukine Honami
€ 7,50 (D) / € 7,80 (A)
O Sternbilder der Liebe

STILLE WASSER
von Kan Takahama
€ 16,90 (D) / € 17,40 (A))
O Stille Wasser

SEKAIICHI HATSUKOI
von Shungiku Nakamura
€ 6,95 (D) / € 7,20 (A)
O Band 1 bis 8
Bislang 9 Bände in Japan

SEVEN DEADLY SINS
von Suzuki Nakaba
€ 5,95 (D) / € 6,20 (A)
O Band 1 bis 10
O Band 11
O Band 12 02/17
Bislang 22 Bände in Japan

SHAMAN KING
von Hiroyuki Takei
€ 5,– (D) / € 5,20 (A)
O Bd. 5-11, 17-18, 23
In 32 Bänden abgeschlossen

SHINANOGAWA
von Hideo Okazaki
& Kazuo Kamimura
€ 12,90 (D) / € 13,30 (A)
O Band 1 & 2
In 2 Bänden abgeschlossen

SKIP BEAT!
von Yoshiki Nakamura
€ 5,95 (D) / € 6,20 (A)
O Band 1 bis 35
O Band 36
€ 6,99 (D) / € 7,20 (A)
O Doppelpack 1-2
Bislang 39 Bände in Japan

SHURIKEN UND FALTENROCK
von Matsuri Hino
€ 6,99 (D) / € 7,20 (A)
O Band 1
O Band 2 03/17
In 2 Bänden abgeschlossen

SKULL PARTY
von Melanie Schober
€ 6,95 (D) / € 7,20 (A)
O Band 1 bis 4
In 4 Bänden abgeschlossen

SLEEPING MOON
von Kano Miyamoto
€ 6,95 (D) / € 7,20 (A)
O Band 1
€ 7,95 (D) / € 8,20 (A)
O Band 2
In 2 Bänden abgeschlossen

SCHATTENARIE
von Zofia Garden
& Anne Delseit
€ 6,95 (D) / € 7,20 (A)
O Band 1 bis 2
In 2 Bänden abgeschlossen

SCHNEEBALLENS FALL
von Inga Steinmetz
€ 12,- (D) / € 12,40 (A)
O Schneeballens Fall

SCHOKOHEXE, DIE
von Rino Mizuho
€ 5,95 (D) / € 6,20 (A)
O Band 1 bis 12
O Band 13
€ 6,99 (D) / € 7,20 (A)
O Doppelpack 1-2
Bislang 14 Bände in Japan

SECRET
von Yoshiki Tonogai
€ 7,95 (D) / € 8,20 (A)
O Band 1 bis 3
In 3 Bänden abgeschlossen

SECRET CONTRACT
von Shinobu Gotoh
& Kae Maruya
€ 5,95 (D) / € 6,20 (A)
O Secret Contract

SECRET SERVICE
von Cocoa Fujiwara
€ 14,90 (D) / € 15,40 (A)
O Band 0
€ 6,95 (D) / € 7,20 (A)
O Band 1 bis 11
In 11 Bänden abgeschlossen

SEHNSUCHT NACH IHM
von Ren Kitakami
€ 5,95 (D) / € 6,20 (A)
O Sehnsucht nach ihm

SEHNSUCHTSSPLITTER
von Ako Shimaki
€ 5,95 (D) / € 6,20 (A)
O Sehnsuchtssplitter

SEHR WOHL – MAID IN LOVE
von Rei Toma
€ 5,95 (D) / € 6,20 (A)
O Sehr wohl – Maid in Love

CARLSEN MANGA! **CHECKLIST**

WILD ROCK (Neuausgabe)
von Kazusa Takashima
€ 7,95 (D) / € 8,20 (A)
O Wild Rock

WIR! JETZT! HIER!
von Akira Nikata
€ 6,95 (D) / € 7,20 (A)
O Wir! Jetzt! Hier!

WIR BEIDE!
von Milk Morinaga
€ 6,95 (D) / € 7,20 (A)
O Band 1 bis 5
In 5 Bänden abgeschlossen

WUNDERBARE LEBEN DES SUMITO KAYASHIMA, DAS
von Mamahara/Tono
€ 6,95 (D) / € 7,20 (A)
O Band 1 bis 3
In 3 Bänden abeschlossen

Y SQUARE
von Judith Park
€ 6,– (D) / € 6,20 (A)
O Y Square Plus

YAMADA-KUN AND THE SEVEN WITCHES
von Miki Yoshikawa
€ 5,95 (D)/€ 6,20 (A)
O Band 1 bis 14
O Band 15
O Band 16 03/17
Bislang 24 Bände in Japan

YOU & ME, ETC.
von Kyugo
€ 7,95 (D)/€ 8,20 (A)
O You & me, etc.

YU-GI-OH!
von Kazuki Takahashi
€ 5,– (D) / € 5,20 (A)
O Band 8
In 38 Bänden abgeschlossen

ZEUS COLLECTION
von You Higuri
€ 9,95 (D) / € 10,30 (A)
O Zeus Collection

ZWEI ESPRESSO
von Kan Takahama
€ 12,90 (D) / € 13,30 (A)
O Zwei Espresso

VAMPIRE KNIGHT
von Matsuri Hino
€ 6,– (D) / € 6,20 (A)
O Band 5
€ 5,95 (D) / € 6,20 (A)
O Band 1 bis 4, 6 bis 19
In 19 Bänden abgeschlossen
€ 7,95 (D) / € 8,20 (A)
O Vampire Knight: X (Official Fan Book)

VAMPIRE KNIGHT (Nippon Novel)
von Matsuri Hino & Ayuna Fujisaki
€ 7,95 (D) / € 8,20 (A)
O Band 3
In 3 Bänden abgeschlossen

VANILLA STAR
von Kano Miyamoto
€ 6,95 (D) / € 7,20 (A)
O Vanilla Star

VENUS VERSUS VIRUS
von Atsushi Suzumi
€ 6,95 (D) / € 7,20 (A)
O Band 1 bis 6, 8
In 8 Bänden abgeschlossen

VINLAND SAGA
von Makoto Yukimura
€ 7,95 (D) / € 8,20 (A)
O Band 1 bis 15
Bislang 18 Bände in Japan

WANTED!
von Eiichiro Oda
€ 5,95 (D) / € 6,20 (A)
O Wanted!

WARUM BIST DU NUR SO HEISS?!
von Killy Hachida
€ 6,95 (D) / € 7,20 (A)
O Warum bist du nur ...

WAS ZUM NASCHEN!
von Yaya Sakuragi
€ 6,– (D) / € 6,20 (A)
O Was zum Naschen!

WET MOON
von Atsushi Kaneko
€ 19,90 (D) / € 20,50 (A)
O Band 1 bis 3
In 3 Bänden abgeschlossen

TOUCH OF PAIN
von Kano Miyamoto
€ 6,95 (D) / € 7,20 (A)
O Touch of Pain

TRIAGE X
von Shouji Sato
€ 6,95 (D) / € 7,20 (A)
O Band 1 bis 5
€ 7,95 (D) / € 8,20 (A)
O Band 6 bis 11
O Band 12
Bislang 14 Bände in Japan

TWILIGHT: BIS(S) ZUM MORGENGRAUEN – DER COMIC
von Stephenie Meyer & Kim Young
€ 14,90 (D) / € 15,40 (A)
O Band 1 & 2 (HC)

TWILIGHT: BIS(S) ZUR MITTAGSSTUNDE – DER COMIC
von Stephenie Meyer & Kim Young
€ 14,90 (D) / € 15,40 (A)
O Band 1

UNLUCKY YOUNG MEN
von Fujiwara/Otsuka
€ 19,90 (D) / € 20,50 (A)
O Band 1 03/17
In 2 Bänden abgeschlossen

UZUMAKI
von Junji Ito
€ 7,95 (D) /€ 8,20 (A)
O Band 1 & 2
€ 8,95 (D) / € 9,20 (A)
O Band 3
In 3 Bänden abgeschlossen

UNDENIABLE
von Kyugo
€ 7,95 (D) /€ 8,20 (A)
O Undeniable

VAMPIRE HUNTER D
von Hideyuki Kikuchi & Saiko Takano
€ 7,50 (D) / € 7,80 (A)
O Band 1
€ 8,95 (D) / € 9,20 (A)
O Band 2, 6, 7
€ 7,95 (D) / € 8,20 (A)
O Band 3 bis 5
€ 9,95 (D) / € 10,30 (A)
O Band 8
In 8 Bänden abgeschlossen

THE DEMON PRINCE
von Aya Shouoto
€ 6,95 (D) / € 7,20 (A)
O Band 1 bis 6
O Band 7
Bislang 9 Bände in Japan

THE HEROIC LEGEND OF ARSLAN
von Yoshiki Tanaka
€ 6,99 (D) / € 7,20 (A)
O Band 1 & 2
O Band 3 02/17
Bislang 5 Bände in Japan

THE LADY AND HER DEMON BUTLER
von Cocoa Fujiwara
€ 5,95 (D)/€ 6,20 (A)
O The Lady And Her Demon Butler

THE ROYAL DOLL ORCHESTRA
von Kaori Yuki
€ 5,95 (D) / € 6,20 (A)
O Band 1 bis 5
In 5 Bänden abgeschlossen

3/11 – TAGEBUCH NACH FUKUSHIMA
von Yuko Ichimura & Tim Rittmann
€ 12,90 (D) / € 13,30 (A)
O 3/11-Tagebuch nach Fukushima

TOKYO MEW MEW
von Mia Ikumi & R. Yoshida
€ 5,95 (D) / € 6,20 (A)
O Band 1 bis 7
In 7 Bänden abgeschlossen

TOKYO MEW MEW Á LA MODE
von Mia Ikumi & R. Yoshida
€ 5,95 (D) / € 6,20 (A)
O Band 2
In 2 Bänden abgeschlossen

TORIYAMA SHORT STORIES
von Akira Toriyama
€ 5,95 (D) / € 6,20 (A)
O Band 1 bis 6
O Band 7
Bislang 7 Bände in Japan

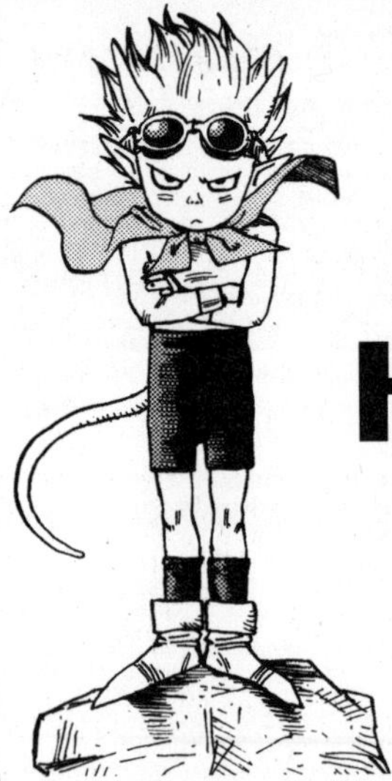

HALT!

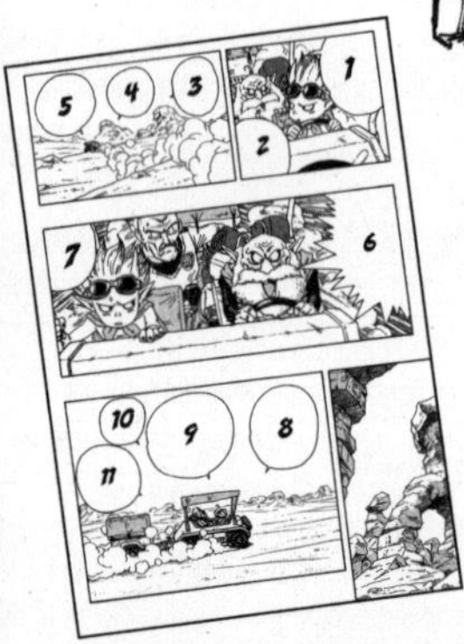

»TORIYAMA SHORT STORIES« ist eine japanische Serie, und in Japan wird von »hinten« nach »vorn« und von rechts nach links gelesen.
Weil wir Manga so originalgetreu wie möglich übernehmen möchten, erscheint auch »TORIYAMA SHORT STORIES« auf Deutsch in der ursprünglichen Leserichtung.
Ihr müsst diesen Manga also »hinten« aufschlagen und Seite für Seite nach »vorn« weiterblättern.
Auch die Bilder auf jeder Seite und die Sprechblasen innerhalb der Bilder werden von rechts oben nach links unten gelesen.

VIEL SPASS MIT TORIYAMA SHORT STORIES!

CARLSEN MANGA
Deutsche Ausgabe / German Edition

Aus dem Japanischen von Dorothea Überall

Redaktion: Philipp Nakata • Lettering: Vibrraant Publishing Studio
Schrift: Dirk Rehm • Alle deutschen Rechte vorbehalten • ISBN 978-3-551-77410-1

Klimaneutrales Produkt

FSC
www.fsc.org
MIX
Papier | Fördert gute Waldnutzung
FSC® C083411